L'ALGÉRIE

FAISANT APPEL A LA FRANCE

L'ALGÉRIE

FAISANT APPEL A LA FRANCE

CHAPITRE PREMIER

Pour bien connaître un pays, il faut le voir.

Ne sachant que penser de l'Algérie, d'après les choses contradictoires que j'entendais débiter en France sur ce pays, je compris que je devais le visiter pour savoir ce qu'il y avait de fondé dans cette contradiction de langage.

En Algérie, la colonisation rétrograde plutôt qu'elle n'avance, disaient les uns. Ses progrès sont lents, mais elle ne cesse de marcher, disaient les autres.

Après avoir vu les choses par moi-même, je puis dire, avec pleine connaissance de cause, que la vérité se trouve entre ces deux assertions.

Pour obtenir des résultats plus grands dans cette entreprise nationale par excellence, la France n'avait besoin que de faire preuve d'un peu d'esprit pratique ; car l'Algérie est une de ces contrées privilégiées où l'humanité peut trouver autant de bonheur que ce monde lui en offre en germe.

Combien de fautes administratives n'a-t-il pas fallu commettre pour éloigner l'émigration européenne d'un si beau pays ! Les prétextes n'ont jamais manqué pour justifier ces funestes erreurs ; mais il arrive un moment où les excuses ne sont plus possibles; il faut des faits.

Dans les mains d'une puissance de premier ordre, comme la France, la colonisation de l'Algérie n'offre que des obstacles secondaires. Une œuvre de cette nature ne doit pas seulement trouver de l'impulsion dans les capitaux qu'on lui accorde, mais encore dans de bonnes institutions gouvernementales. C'est justement ce qui a manqué jusqu'à ce jour à cette grande conquête ; et c'est là qu'il faut chercher la cause des embarras qui entravent le développement de sa prospérité.

J'ai vécu dans un grand nombre de pays étrangers ; mais je n'en ai pas connu qui exerce sur ses habitants une plus grande puissance attractive que l'Algérie. Ce n'est que quand on n'y est plus, qu'on sent le charme de son influence; et pour ne pas y revenir, il faut que des obstacles invincibles s'y opposent.

« L'Algérie est un paradis terrestre, me disait un jour un touriste anglais qui connaissait les plus belles parties du monde. Il ne faut pas s'étonner, ajouta-t-il, si tant de peuples se sont disputé ce pays, béni de Dieu, durant des siècles, dans l'antiquité. »

Comment se fait-il donc que la France garde encore une si grande indifférence envers une colonie qui provoque de tels éloges? C'est parce que les Français ne la connaissent pas, et qu'ils se font presque un devoir de la décrier en propageant les calomnies dont elle est l'objet de la part d'un certain parti, qui a ses raisons pour agir ainsi contre la colonisation de l'Algérie.

Puisque la France veut bien prendre au sérieux les mensonges malveillants qu'on lui débite sur sa plus importante possession coloniale, il est urgent de combattre cette funeste crédulité par les armes de la vérité; et à force de montrer à nos compatriotes l'Algérie telle qu'elle est, ils finiront peut-être par accorder autant de confiance à ceux qui défendent la cause de la France, qu'à ceux qui paraissent prendre plaisir à la compromettre.

Voilà le motif qui m'a fait entreprendre ce travail sur cette riche conquête; et si cette publication peut lui attirer de nouveaux amis, je me trouverai récompensé comme je le désire.

CHAPITRE II

Esquisse géographique sur l'Algérie.

Il est bien nécessaire de faire connaître au lecteur la place qu'occupe l'Algérie dans la carte du globe; et je dois dire, d'abord, que j'ai largement mis à contribution un très-bon livre de M. Jules Duval, « *Tableau de l'Algérie,* » dans cette rapide description géographique.

L'Algérie forme la partie extrême nord de l'Afrique. Elle est bornée par la Méditerranée, sur une étendue de 1,000 kilomètres, au nord; à l'est, par la Tunisie; à l'ouest, par le Maroc; et au sud, le désert du Sahara n'oppose à la France qu'une barrière de chaleur ardente et d'aridité désolante. C'est une frontière qui s'est défendue, jusqu'ici, sans forteresse et sans canons; mais qui n'est pas infranchissable pour les armes régénératrices du progrès; comme rien ne résiste à sa douce puissance, il finira bien par prendre possession de cet espace pour y implanter des auxiliaires.

L'Algérie est à la porte de l'Europe méridionale. Elle n'est qu'à 200 kilomètres des côtes sud-est de l'Espagne; à 658 kilomètres de Port-Vendres et à 760 kilomètres de Marseille, côtes de France. L'Italie est séparée de notre colonie africaine par une distance de 710 kilomètres.

La Sardaigne, la Sicile, la Corse, les Baléares et Malte,

sont des îles qui forment des jalons intermédiaires pour relier intimement l'Europe à l'Afrique. La mer est la voie de communication que ces deux grands continents suivent pour se rendre l'un chez l'autre dans un but d'intérêt réciproque. Ces relations commerciales datent des temps les plus reculés ; elles ont été souvent difficiles, mais jamais interrompues complétement, tant elles répondent à des besoins internationaux de premier ordre. Du jour qu'une race, aussi barbare que fanatique, est venue prendre possession du nord de l'Afrique, en menaçant d'opprimer le monde entier par sa marche envahissante, les débris de la civilisation romaine se sont peu à peu dégagés des ténèbres du moyen âge pour résister au fléau de cette barbarie, qui voulait tout anéantir au profit d'une grossière imposture religieuse.

Quand deux races, dont l'une est avancée en civilisation, et l'autre barbare, se trouvent forcément en contact par un voisinage géographique, l'une des deux doit disparaître ; et c'est communément la barbarie qui succombe dans cette lutte ; car son existence finit par s'affaisser sous le poids de la force brutale. Le progrès est seul invincible de sa nature, parce que sa puissance vient du souffle de CELUI qui dirige l'univers dans le chemin de l'éternité. Or la civilisation, après avoir été abreuvée, durant des siècles, d'outrages cruels de la part de la barbarie algérienne, a dit un jour à une nation héroïque d'aller la venger. Et ce fut pour obéir à cette noble mission que la France mit le pied en conquérante sur cette terre africaine.

La violence forme le fond du caractère des races barbares, ce qui fait qu'elles frappent au lieu de raisonner. Les indigènes n'ont jamais cherché à se rendre compte des causes multiples qui font leur infériorité envers nous. Ils ignorent encore, que, dans les victoires que nous avons remportées sur eux, la tête jouait un plus grand rôle que le bras. Mais nous n'avons jamais oublié, nous, de leur prouver que la justice escorte toujours le triomphe chez les peuples civilisés. Nous tiennent-ils compte de cette conduite ? Les faits disent le contraire chaque jour. Mais continuons notre esquisse.

L'Algérie, par sa position centrale et ses deux cent cinquante lieues de côtes, commande la Méditerranée. Elle peut contrôler tous les événements qui se passent dans cette mer intérieure. Dans les mains de la France, l'Algérie annule presque les avantages qu'offrent Gibraltar et le Bosphore. Les Anglais le savent mieux que personne. A tous les points de vue, c'est une précieuse conquête pour nous; les ressources en sont immenses; mais nous semblons prendre plaisir à l'ignorer. Ne viendra-t-il pas le moment où la France saura apprécier à sa juste valeur une possession qui la complète elle-même ? Espérons que la lumière se fera sur ce point de notre grandeur nationale, et qu'elle ne sera plus obscurcie par de coupables ambitions.

La délimitation de l'Algérie, telle qu'on la fait aujourd'hui, embrasse cinq degrés du nord au sud, et dix de l'est à l'ouest. Elle se trouve située entre le 32° et le 37° de latitude nord ; entre le 4° de longitude occidentale, et le 6° de longitude orientale.

L'Algérie n'est que de un à deux degrés plus méridionale que le sud de l'Espagne et de l'Italie; elle est de trois à six degrés plus au nord que l'Égypte. L'Algérie occupe une région moyenne du globe, où la température n'a rien d'excessif, pas plus en chaleur qu'en froid.

L'étendue superficielle de l'Algérie est estimée à près de 400,000 kilomètres carrés; c'est-à-dire aux trois quarts environ de la superficie de la France. Mais par suite de sa surface onduleuse et tourmentée, l'Algérie ne laisse guère à l'agriculture qu'une vingtaine de millions d'hectares sur les quarante millions que donne son étendue totale. En effet, prise dans son ensemble, l'Algérie présente un aspect hérissé de montagnes très-variées de forme et d'élévation. Le nord de l'Afrique ressemble assez à une île qui surgit du sein de la Méditerranée, au septentrion, et d'un océan de sable, au sud. Cette grande région est baignée à l'intérieur par une multitude de lacs et de cours d'eau d'une longueur trop limitée et trop étroitement encaissés pour offrir des voies navigables.

La chaîne principale des montagnes qui existent en Algérie, porte le nom de Grand-Atlas. Cette chaîne forme, à l'ouest de notre colonie, les monts Amour, et à l'est les monts Aurès, groupes les plus élevés et les plus considérables de l'Algérie méridionale. Vient ensuite une chaîne secondaire, mais plus accidentée. Elle se rapproche de la côte en se développant parallèlement à la chaîne principale, et porte le nom de Petit-Atlas dans ses ramifications les plus voisines de la mer. Entre ces deux chaînes de montagnes, se rencontrent de vastes plateaux déprimés en bassins fermés. Des contreforts, des mamelons, des pics innombrables, jaillissent de ces deux chaînes, et vont se fondre dans la province orientale en se rapprochant.

Malgré ces ondulations confuses, on reconnaît trois régions distinctes en Algérie. La première forme le versant du littoral, dont toutes les eaux se jettent dans la Méditerranée. La seconde forme le plateau central qui s'égoutte dans des lacs intérieurs. La troisième se compose du versant saharien, dont toutes les eaux vont se perdre dans le désert.

Le versant qui borde la mer regarde l'Europe. A partir du littoral, cette région s'élève jusqu'à une hauteur variable de mille à deux mille mètres environ, et avec une grande irrégularité. Ce versant décrit de vastes gradins, où se trouvent des plateaux et des plaines magnifiques.

Le plateau central s'étend de l'est à l'ouest dans toute l'Algérie, entre les deux chaînes de l'Atlas. De loin en loin, le sol s'affaisse pour former les grands réservoirs où se jettent les eaux d'écoulement. C'est ainsi que sont formés et alimentés les lacs que possède cette région.

Le versant saharien présente un caractère distinct par la forme physique aussi bien que par le climat. Il se subdivise en deux pentes, l'une se dirigeant à droite, l'autre à gauche ; puis elles se réunissent au centre, formant le dos d'âne, et fuyant en s'inclinant par ondulations irrégulières dans les plis desquelles se trouvent des bassins, des lacs et de verdoyantes oasis ; mais peu à peu le désert montre son aspect austère, et finit par régner en maître absolu dans tout le pays.

Au point de vue de l'agriculture, l'Algérie compose deux grandes divisions, dont l'une prend le nom de *Tell*, et l'autre celui de *Sahara*.

Le Tell représente la terre de labour, où les céréales croissent par le seul effet des pluies ordinaires de l'automne et du printemps. Les terres où les céréales ne viennent qu'après des pluies exceptionnelles, ou au moyen d'irrigations, ne sont pas classées parmi les terres du Tell.

Le Sahara signifie une contrée susceptible de produire des pâturages par l'effet des pluies.

Il n'est pas possible de tracer une ligne de démarcation rigoureuse entre ces deux régions algériennes ; car une délimitation de ce genre laisserait des terres de Tell dans le Sahara, et des terres de Sahara dans le Tell.

Le Tell peut se comparer à la partie méridionale de la France, ayant en plus un sol d'une richesse prodigieuse. Dans le Tell se trouvent les plus grandes ressources de notre vaste colonie. L'élévation du sol n'y exclut pas la fertilité, car elle se révèle sur les rapides versants des montagnes jusqu'au sommet. C'est là, dans le Tell, qu'on trouve de magnifiques forêts dont on a cru l'Algérie privée jusque dans ces derniers temps ; et quand le pays sera doté de bonnes voies de communication, les montagnes étant soigneusement interrogées, contribueront, dans une mesure considérable, à la prospérité de la colonie, ainsi qu'à celle de sa métropole, par l'exploitation des richesses minérales que renferment ces nombreuses et gigantesques ondulations terrestres.

Le Sahara est la patrie du chameau et du mouton. On y voit des troupeaux innombrables de ces précieux animaux domestiques. C'est aussi le pays favori du cheval, de l'autruche et de la gazelle. La datte vient dans sa perfection dans le Sahara; elle constitue la base alimentaire des habitants indigènes de cette chaude région, et sa surabondance donne lieu à une branche de commerce d'une certaine importance comme denrée d'exportation.

La culture est presque nulle dans le Sahara; elle ne se pratique que par les habitants sédentaires des oasis. La grande masse de la population est nomade en cette région. Elle se livre à une migration périodique, ayant pour limite, d'un côté, les bords du désert, et de l'autre, les montagnes du Tell. C'est là que ces peuples pasteurs échangent leurs produits avant de se remettre en marche vers le pays qu'ils viennent de parcourir avec la ponctualité des saisons qui les guident. L'herbe que les pluies ont fait pousser dans l'intervalle du passage rétrograde de ces nomades indigènes, offre une nourriture abondante aux troupeaux, qui font toute la richesse de ceux qui les possèdent. On ne doit pas ignorer que la zone du Sahara présente une étendue double de celle du Tell; mais cette dernière région ne forme pas moins à présent, comme toujours, la tête et le cœur de l'Algérie, par suite des avantages naturels que lui donnent sa position géographique et ses ressources agricoles. C'est là, en effet, que tout est forcé de converger pour arriver à la mer, où se trouvent les centres commerciaux qui réunissent la colonie à l'Europe par des liens puissants, les plus puissants de tous, puisqu'ils prennent leur source dans d'impérieux besoins internationaux.

On sait que l'Algérie est divisée politiquement et administrativement en trois provinces, dont chacune d'elles prend le nom de sa capitale ; c'est-à-dire qu'il y a la province d'Alger, celle d'Oran et celle de Constantine.

Le centre de la colonie compose la province d'Alger ; celle de Constantine est à l'est, et celle d'Oran à l'ouest. Les trois provinces décrivent chacune une forme perpendiculaire, allant de la mer au désert ; et leur étendue superficielle présente une différence notable.

La province d'Alger mesure 113,000 kilomètres carrés, celle de Constantine 175,000, celle d'Oran 102,000 ; ce qui donne un total de 390,000 kilomètres carrés.

CHAPITRE III

Rapprochement historique entre l'Afrique et l'Amérique.

En rapprochant aujourd'hui l'Afrique de l'Amérique, on trouve un grand sujet d'enseignement dans cette comparaison historique. En considérant ces deux vastes parties du monde, on se demande comment la civilisation est restée jusqu'ici impuissante envers l'une, tandis qu'elle a effectué des prodiges chez l'autre.

L'histoire de l'Afrique occupe cependant une page glorieuse parmi celle des peuples de l'antiquité. Il y a, en effet, plus de trois mille ans que les Phéniciens, dans leurs courses maritimes, ont semé le germe d'une civilisation avancée sur les bords de la Méditerranée, en y fondant de nombreuses colonies, dont l'importance politique et commerciale de quelques-unes s'est transmise jusqu'à nous par la voie de la postérité.

Après avoir existé des siècles, rempli le monde d'une renommée éclatante, joui d'une prospérité prodigieuse, Carthage, Hippone, Utique, Adrumette et Leptis, n'offraient plus, depuis longtemps, que des ruines méconnaissables quand la sauvage Amérique fut découverte. Pourquoi donc le flambeau de la civilisation s'est-il éteint dans les mains puissantes des Grecs et des Romains, après l'avoir porté victorieusement chez toutes les nations barbares du vieux monde ?

Il est facile de répondre à cette question. Les Grecs et les Romains ne se firent jamais conquérants pour servir la noble cause de l'humanité ; mais seulement pour assouvir une ambition dominatrice qui leur permettait de se procurer les jouissances sensuelles qui énervent et dégradent les peuples qui s'y abandonnent aveuglément. Les vainqueurs opprimaient les vaincus pour que ceux-ci reconnussent sans cesse la supériorité de la force qui les avait conquis ; et la corruption aggravait encore cet état de choses en faisant main basse sur la fortune publique.

Voilà ce qui a tué la Grèce et Rome ; et voilà ce qui tuera toutes les nations qui les imiteront.

Il est juste de dire, cependant, que l'empire d'Orient fit de louables efforts pour conserver les derniers vestiges de l'ancienne civilisation. L'histoire lui en tient compte ainsi que la postérité. La résistance opposée par les défenseurs de la croix aux sectaires du croissant, forme un des plus intéressants épisodes des longues luttes qui ont ensanglanté l'Afrique septentrionale dans ces temps reculés. La fameuse Carthage, bien que déchue depuis des siècles de sa splendeur et de sa puissance, exerça néanmoins son prestige sur les Arabes jusqu'à sa dernière heure.

Cette dernière heure sonna enfin en 697, à la suite d'une

révolution qui venait de faire tomber Justinien II du trône de Byzance. Jusque-là aucun des généraux des Sarrasins n'avait osé attaquer cette ville célèbre. Mais Abd-el-Malek, en apprenant la chute de l'empereur, crut l'occasion favorable pour renouveler ses tentatives sur cette belle région de l'Afrique. Il envoya des troupes à Hassan, gouverneur de l'Égypte, avec l'ordre de marcher sans délai sur les provinces occidentales pour en achever la conquête. Hassan joignit à cette armée un corps de quarante mille hommes, qu'il entretenait en Égypte. Après avoir pénétré sans résistance dans Kairoan, que ses habitants avaient abandonnée, et fait reposer ses troupes, il marcha droit sur Carthage. Les soldats qui la défendaient prouvèrent qu'ils n'étaient plus qu'une race dégénérée par la faible résistance qu'ils opposèrent à l'ennemi. A peine arrivés devant cette ville fameuse, les Sarrasins l'emportèrent d'assaut. Les habitants se jetèrent dans leurs vaisseaux et se sauvèrent en pays étrangers. Les uns firent voile pour la Sicile, les autres pour l'Espagne. Ceux qui ne purent s'embarquer, furent passés au fil de l'épée. Hassan fit tendre une grosse chaîne pour fermer l'entrée du port aux flottes romaines qui pourraient tenter de reprendre cette capitale.

Cette défaite jeta le découragement parmi ceux qui soutenaient le parti de l'empereur en Afrique. Ils firent cependant encore un dernier effort pour ramener à eux la victoire. Les Berbères et les Maures, toujours ennemis des Sarrasins, accoururent pour reprendre l'offensive, et les deux nations réunies formèrent une armée assez considérable pour pouvoir espérer de ramener à elle la victoire. Mais la valeur des soldats de Hassan triompha du nombre de l'ennemi. Après cette nouvelle victoire, les Sarrasins rentrèrent dans Kairoan, chargés de dépouilles. L'armée vaincue se réfugia dans Hippone, la seule ville des provinces de Carthage et de Numidie restant au pouvoir de l'empereur. Dès que ce monarque avait eu connaissance de cette expédition des Sarrasins, il s'était empressé de mettre en mer une flotte chargée de soldats, commandés par le patrice Jean, guerrier plein de valeur et d'expérience. Malgré la diligence que mit ce chef célèbre à se rendre à sa destination, il n'arriva devant Carthage qu'après que cette ville fut tombée au pouvoir de l'ennemi. Ce désastre ne l'empêcha pas, cependant, de faire usage de son armée pour arracher des mains des vainqueurs une proie si importante. Jean, ne prenant conseil que de son courage, rompt la chaîne qui fermait l'entrée du port en faisant force de rames et de voiles et débarque ses troupes malgré l'héroïque résistance que lui opposent les Sarrasins. Le choc des combattants est terrible; mais les infidèles sont taillés en pièces, et Carthage est reprise par Jean, qui s'occupe sans délai de réparer les fortifications de la fameuse cité africaine. Cette glorieuse victoire a coûté assez cher aux vainqueurs pour que leur général ait besoin de renfort pour en conserver les avantages. Jean se hâta de demander de nouvelles troupes pour réparer ses pertes; mais la cour de Byzance ne pouvait se persuader qu'après un succès aussi éclatant, le patrice eût besoin de secours. Cette faute de l'empereur lui coûta le reste de sa domination dans le nord de l'Afrique.

En effet, Abd-el-Malek fit partir une flotte beaucoup plus considérable que celle des Grecs pour aller réparer l'échec des Sarrasins. Hassan, qui l'attendait au port d'Adrumette, y embarqua ses troupes, et cingla vers Carthage. A l'approche de cette flotte redoutable, celle de Byzance sortit du port et se rangea en bataille. Mais les officiers, par leur lâcheté et leur inexpérience des combats de mer, rendirent inutile l'héroïsme du général. La plupart des vaisseaux grecs furent coulés à fond, et les autres se dispersèrent. Se voyant sur le point d'être accablé dans le port même, Jean gagna la terre avec ce qui lui restait de soldats, et prit position sur une éminence voisine du rivage, où se rassemblaient les débris de sa flotte. Les Sarrasins investirent son camp et l'attaquèrent si vigoureusement, que Jean put à peine s'échapper et regagner ses vaisseaux pour se rendre à Constantinople. Par suite de sa victoire, Hassan redevint maître de Carthage, en rasa les murailles, abattit les édifices, et livra aux flammes les demeures des particuliers. Ce fut ainsi que cette puissante fille de Tyr, cette rivale redoutable de Rome, cette gloire de l'Afrique et l'arbitre de ses destinées, aussi fameuse par ses conciles dans l'histoire de l'Église que par ses guerres et son commerce dans les annales des nations, ce fut ainsi, disons-nous, que Carthage disparut sous ses ruines, d'où les khalifes essayèrent vainement de la relever.

La dévastation s'étendit alors dans toutes les provinces civilisées. Hippone, Constantine, Julia Cæsarea eurent le même sort que Carthage et Utique. D'autres villes importantes, situées plus avant dans l'intérieur des terres, furent également ruinées, bien que leur éloignement parût les mettre à l'abri des incursions des barbares. Ce qui reste de *Lambessa* peut donner une grande idée du degré de prospérité où était arrivé ce pays. La célébrité dont a joui si longtemps Carthage, nous dispense de parler de l'importance de Lambessa pour mieux faire ressortir le rang que le nord de l'Afrique occupait dans le monde, au moment de sa chute sous le joug des Sarrasins.

Les sectaires de Mahomet prirent donc possession de l'Afrique septentrionale à la suite de la bataille que nous venons de mentionner; mais leur domination en ce beau pays ne cessa d'être troublée par les guerres intestines qui naissaient de la rapacité de ce peuple, de son humeur belliqueuse, de son caractère instable que ses chefs savaient si bien exploiter. La Sicile et une partie de l'Espagne tombèrent également sous la puissance des infidèles, pour y rester aussi longtemps que la nuit du moyen âge envelopperait l'Europe.

Les Arabes qui envahissaient l'Occident, au nom d'un culte nouveau et offert par eux comme régénérateur, auraient dû prouver la vérité de cette doctrine par des faits irrécusables, pouvant attirer à eux les défenseurs de la croix. Un culte qui s'impose par le sabre, est destiné à périr le jour où le sabre sera vaincu par la simple force de la raison humaine. C'est à sa violente intolérance que l'islamisme doit sa sanguinaire décadence et celle des peuples qui l'observent encore avec autant d'ignorance que de fanatisme.

Cependant les Arabes avaient de justes prétentions à opposer à celles des Grecs et des Romains, sous le rapport de la culture intellectuelle, quand la civilisation avait son foyer chez ces peuples célèbres. Les Arabes étaient barbares, mais non sauvages, à l'époque où ils se ruèrent comme un fléau invincible sur le monde chrétien. S'ils avouent eux-mêmes que tout le temps qui a précédé la venue de Mahomet fut une période d'ignorance, il n'en faut point conclure que l'art y ait été sans germe. Selon la tradition, la langue arabe remonterait, sans altération, jusqu'à Yareb, fils de Jectan, chef de l'une des colonies qui se dispersèrent lors de la confusion de Babel. Sous la conduite de leurs scheiks, les nomades qui erraient au milieu des paysages délicieux de l'Arabie Heureuse, possédaient toutes les qualités qui favorisent le développement de la poésie naturelle ; ils avaient l'imagination vive et une exquise sensibilité. Plusieurs passages des livres juifs donnent lieu de croire que les anciens Arabes jouissaient d'un degré d'instruction assez élevé. Le livre de Job fut attribué à cette nation par d'éminents critiques, parce qu'il offre le type et les caractères distinctifs des poésies écloses dans cette Arabie Heureuse. Les images grandioses, les métaphores pleines de hardiesse, les descriptions pittoresques, les sentences et les énigmes dont se trouve semé le livre de Job, lui donnent, en effet, une certaine ressemblance avec les fragments que les premiers écrivains arabes ont laissés. Cette nation s'est toujours fait remarquer par la vivacité de son esprit; elle s'est particulièrement distinguée par des productions poétiques pleines de verve. On sait qu'à la foire de la Mecque, il y avait des réunions où les poëtes les plus célèbres faisaient assaut de talent. Les poëmes auxquels on décernait le prix étaient écrits en lettres d'or, sur des feuilles de byssus, et on les suspendait dans la Caaba. Il reste sept de ces chants couronnés, et un grand nombre d'autres pièces de moindre importance. Dans presque toutes ces productions littéraires, les querelles des tribus, la soif de la vengeance, la valeur dans des expéditions de brigandage, l'orgueil et les jalousies de races, forment les sujets principaux. On retrouve dans ces écrits les mauvaises propensions qui prédominent dans le caractère de ce peuple. Ces poëmes anciens offrent un style surchargé d'images, de maximes et de sentences, qui révèlent dans leurs auteurs plus de puissance d'imagination que de jugement, plus de passion que de grandeur d'âme, plus de plaisir à céder à la vengeance qu'à la générosité.

Il est bien regrettable que Mahomet ait dépassé les bornes de la sagesse, pour gratifier une ambition flétrissante pour son génie. Combien il se fût élevé aux yeux de la postérité, s'il eût employé sa rare intelligence à effectuer une régénération morale chez son peuple, par de sages lois, au lieu de recourir à l'imposture pour obtenir le titre mensonger de prophète. Les connaissances étendues qu'il avait des doctrines religieuses des Juifs et des chrétiens, qui habitaient alors l'Arabie, lui offraient de grandes facilités à remplir la noble mission d'un législateur équitable autant qu'éclairé. Mais il préféra chercher l'immortalité en dénaturant les sublimes préceptes du Christ, en les confondant avec les légendes et les traditions de ses compatriotes, plutôt que de les interpréter religieusement comme l'exige leur divine clarté de langage.

Le Koran, qui contient la doctrine de Mahomet, est écrit en vers. On dit que la publication de ce livre remarquable s'effectua dans l'espace de vingt-trois ans, partie à la Mecque, partie à Médine, suivant que son auteur avait besoin de faire parler le ciel pour marcher à son but en ce monde. Les versets furent écrits sur des feuilles de palmier et sur du parchemin. On les déposait confusément dans un coffre. Abou Bekr, après la mort de Mahomet, les recueillit en un volume, mais sans ordre. Othman, le troisième khalife de Damas, le revit et le disposa tel qu'il est aujourd'hui. A partir de cette époque, la langue écrite des Arabes fut fixée, et leur littérature avait atteint son apogée.

Le Koran est écrit dans le dialecte de la tribu des Koreïchs, le plus poli, le plus noble des dialectes arabes. Ce livre est reconnu pour le modèle du langage, en Arabie ; et les musulmans, se fondant sur le Koran même, croient que cette production ne peut être imitée par aucun écrivain. Il est vrai que le style passe pour être très-pur et très-élégant. Mais ce n'est pas une preuve suffisante du caractère divin que lui accordent les mahométans. Cette rare perfection est considérée par les sectaires du prophète comme un miracle, qui défie le génie de l'homme ; et cela est pour eux une affirmation irrécusable de l'origine céleste du chef-d'œuvre du fondateur, de leur culte intolérant.

Pour confirmer sa mission, Mahomet en appela au mérite de son livre. Il défia publiquement l'homme le plus éloquent de l'Arabie, de faire un seul chapitre qui pût être comparé au Koran. Ce défi s'adressait surtout aux écrivains dont la seule étude avait pour but la gloire d'exceller dans l'éloquence de la composition et du style. On cite, à ce sujet, un fait assez curieux. Un poëme d'Abid, l'un des plus grands écrivains de l'Arabie et le contemporain de Mahomet, ayant été affiché sur la porte du temple de la Mecque, honneur qu'on ne faisait qu'aux ouvrages les plus estimés, il ne se trouva aucun autre poëte qui osât produire une composition pour être mise en concurrence avec l'ouvrage d'Abid. Mais le second chapitre du Koran ayant été placé à côté de ce poëme, Abid lui-même, quoiqu'il fût idolâtre, fut, dit-on, transporté d'admiration à la lecture des premiers versets. Dès lors il embrassa le culte que ce livre enseignait, déclarant que de telles paroles ne pouvaient venir que d'une personne inspirée par un être surhumain. Est-ce vrai ?

Les Arabes avaient donc déjà une littérature quand Mahomet rêvait l'empire du monde. Le siècle qui suivit les prédications de ce belliqueux imposteur, fut une période de conquêtes à l'étranger, et d'affermissement intérieur pour ses successeurs. Les Arabes étaient sous l'influence absolue du fanatisme guerrier. Le germe des lettres ne pouvait pas se développer chez un peuple agité sans cesse par des passions sanguinaires et la vie tumultueuse des camps. Cette âpreté de mœurs, ce caractère farouche, inquiet et ambitieux, que les Arabes avaient contractés, furent un peu adoucis par le temps et les rapports commerciaux qu'ils eurent avec les nations policées. En 750, sous le règne des khalifes Abbassides, les lettres et les sciences commencèrent à fleurir. Le khalife Haroun-al-Raschid, qui régna depuis 786 jusqu'à 808, appela les savants de tous les pays à sa cour, et récompensa leurs travaux avec une munificence vraiment royale. Par son ordre, les ouvrages des meilleurs auteurs grecs furent traduits en arabe. Un de ses successeurs, Al-Mamoun, offrit à l'empereur de Constantinople cent quintaux d'or et une paix perpétuelle, à condition qu'il enverrait le philosophe Philon pour quelque temps à sa cour de Bagdad.

La dynastie des khalifes Fathimites, qui régnèrent en Afrique, établit, à Alexandrie et à Kairoan, des académies et des universités qui acquirent de la célébrité et une grande importance. Leur bibliothèque contenait cent mille manuscrits, d'une très-belle écriture ; et les étudiants du Caire jouissaient de la faveur de pouvoir emprunter ces ouvrages classiques pour y puiser l'instruction dont ils avaient besoin.

Quand les Arabes eurent conquis l'Espagne, la ville de Cordoue devint pour les sciences, en Europe, un foyer aussi lumineux que Bagdad l'était en Asie. A une époque où les lettres étaient négligées par les Européens, au point de s'abandonner à une dégradante ignorance, les Arabes s'occupaient à recueillir le dépôt des précieuses connaissances que nous avait léguées l'antiquité. Ils ont cultivé avec succès l'histoire, la géographie, la philosophie, la physique, les mathématiques ; ils ont fait faire des progrès notables à la géométrie, à l'algèbre, à l'astronomie. Ils enrichirent la science géographique par des découvertes importantes. Ils s'avancèrent jusqu'au Niger et au Sénégal. Dès leurs premières conquêtes, les généraux arabes avaient reçu ordre des khalifes de faire lever des cartes des pays qu'ils avaient soumis.

La philosophie des Arabes est d'origine grecque ; elle dérive principalement des doctrines d'Aristote, qu'ils répandirent en Espagne, d'où elles se propagèrent dans les autres contrées de l'Europe occidentale. La plupart de leurs savants étaient en même temps médecins. Ils ont rendu de grands services aux sciences médicales et physiques, qui étaient enseignées avec beaucoup de succès dans les universités de Cordoue, de Bagdad, d'Ispahan et d'Alexandrie. Comme le Koran défend les dissections cadavériques, l'anatomie ne put marcher avec les autres branches de l'art de guérir chez les Arabes; en récompense, ils possédaient, pour cette époque reculée, de précieuses connaissances en thérapeutique et en botanique ; on peut même les considérer comme les inventeurs de la chimie. S'ils furent moins heureux dans leurs travaux sur la physique, cela provenait de ce que, pour mettre les principes d'Aristote en harmonie avec les préceptes du Koran, ils traitaient la nature d'après les principes de la métaphysique. De là sont venues tant d'erreurs accréditées dans le moyen âge sur les sciences occultes, l'astrologie, la recherche du grand œuvre, l'art de la divination et tant d'hypothèses enfantées dans le cabinet, sans consulter le guide indispensable de l'expérience que donnent les faits accomplis.

Les Arabes cultivèrent aussi avec gloire les sciences mathématiques, en y apportant d'heureuses simplifications, et en les enrichissant de découvertes importantes. Ce sont eux qui, les premiers, firent usage des chiffres ; ils introduisirent dans l'arithmétique le système de numération que nous suivons encore aujourd'hui. Ils ne se contentèrent point de traduire et de commenter les auteurs grecs, ils simplifièrent les méthodes et préparèrent la voie aux travaux lumineux des modernes.

L'algèbre et la trigonométrie ont reçu d'eux une grande impulsion ; mais l'astronomie fut leur science de prédilection. Dès le commencement du troisième siècle de l'hégire, ils fondèrent des observatoires. Le khalife Al-Mamoun fit fabriquer des instruments d'après le système de Ptolémée. Il fit mesurer dans les plaines de Sennaar, et une seconde fois dans celles de Cufa, un degré du grand cercle de la terre ; et les tables astronomiques furent rectifiées dans de nombreux détails.

Je retrouve une attestation de plus de l'antique gloire scientifique des Arabes dans un discours du docteur.Amédée Frison, prononcé par lui à la séance solennelle de rentrée de l'école de médecine d'Alger, dont il est le professeur.

« Nous devons aux Arabes, dit-il, la découverte de l'acide sulfurique, de l'acide nitrique, de l'eau régale, de la préparation du mercure, de certains oxydes et de la fermentation alcoolique.

» Ce sont eux les premiers qui corrigèrent les tables de Ptolémée, et qui nous transmirent des observations importantes sur les phénomènes de la réfraction, sur le lieu apparent de l'image dans les miroirs courbes, le foyer des miroirs caustiques, sur la grandeur apparente des objets, le grossissement du soleil et de la lune, vus à l'horizon. L'ouvrage d'Al-Hazen peut être regardé comme la source de toutes nos connaissances en optique.

» La découverte et l'application du pendule, comme mesure du temps, leur appartient; il faut cependant reconnaître qu'ils ne surent pas le rattacher à un rouage; car il n'est pas douteux aujourd'hui que l'horloge envoyée à Charlemagne par Haroun-al-Raschid avait l'eau pour moteur. »

Ce remarquable discours avait pour objet de faire ressortir la grande influence que les sciences en général, et la médecine en particulier, exercent sur la civilisation. Le jeune professeur cherchait à démontrer en même temps que les Arabes de nos jours seraient ramenés vers le sommet du progrès par le contact de notre culture intellectuelle. Mais nous ne devons pas encore aborder cette délicate question. Pour le moment, il ne s'agit que de faire voir la place élevée que ce peuple déchu occupait dans l'ancienne civilisation. Nous continuons.

La culture sérieuse des sciences exactes n'arrêta point,

chez les Arabes, l'essor de leurs facultés poétiques. Les chants nationaux furent recueillis en deux grandes collections. Mais, par la suite, cette poésie perdit son caractère oriental en dégénérant en un mysticisme nébuleux, plein d'images hyperboliques; et, peu à peu, la langue se corrompit de manière à indiquer la décadence littéraire, qui ne pouvait manquer d'être la conséquence de cette corruption regrettable.

Les Arabes se sont appliqués à tous les genres de poésie, le drame excepté. Ils ont inventé la romance, petit poëme dans lequel se peint vivement l'esprit chevaleresque et aventureux de cette nation. On ne peut leur refuser d'avoir exercé une puissante influence sur la poésie moderne de l'Europe. L'esprit romantique qui caractérise les productions poétiques du moyen âge vient, en grande partie, de cette littérature. C'est à elle que nous devons les contes de fées, les enchanteurs, l'exaltation chevaleresque, et peut-être aussi la rime.

Ce sont les Arabes aussi qui ont adopté le système des caravanes, pour établir des relations de commerce, de voyage, de pèlerinage, dans les immenses régions arides et presque désertes qu'on trouve en Afrique et en Asie.

Un peuple qui s'est élevé si haut dans la sphère intellectuelle de l'antiquité, cause une bien pénible surprise à l'homme sérieux qui le voit en ce moment plongé dans une barbarie aussi grossière que cruelle. Il reste sourd, ce peuple, à la voix de l'humanité, et ses yeux se ferment obstinément pour ne pas voir la lumière régénératrice de la civilisation.

Pour donner à ce travail tout le relief utile d'une comparaison historique, il est nécessaire de poursuivre nos remarques sur l'Afrique septentrionale, pour la montrer au lecteur telle qu'elle était à l'époque où l'Amérique fut découverte.

D'aussi loin que l'histoire permet de remonter le cours des siècles, nous voyons les hommes occupés à répandre le sang de leurs semblables pour des causes flétrissantes, et, conséquemment, contraires à la dignité humaine et à la justice divine, qui enseigne l'amour du prochain comme premier devoir.

Quand un peuple civilisé veut envahir le pays d'un autre peuple civilisé, sans autre motif que celui que dicte une coupable ambition, c'est un crime international qu'on ne saurait trop flétrir. Mais quand un peuple, pour une cause quelconque, reste dans la barbarie et constitue un danger permanent pour le progrès et la civilisation que pratiquent des nations voisines, la guerre est indispensable alors pour détruire, par la violence, ce qui résiste à la raison.

La soif du sang, le plaisir d'opprimer les voisins et de les dépouiller, faisaient le fond de toutes les guerres de l'antiquité, et les Arabes n'ont été surpassés par aucun peuple dans cette sanglante carrière.

Mais procédons par ordre. Dès que les Phéniciens eurent révélé les avantages que l'Afrique septentrionale pouvait offrir à une nation qui s'en rendrait maîtresse, Rome dirigea son insatiable ambition dominatrice vers ce magnifique pays. La lutte fut longue, terrible, acharnée, à la hauteur enfin du prix que les adversaires attachaient à l'enjeu de cette sanglante dispute ; mais Rome triompha de Carthage. Il est vrai que Rome n'avait rien négligé pour s'assurer le concours des peuples indigènes qui avaient été vaincus tant de fois par la riche et puissante colonie phénicienne.

A son tour, Rome fut toujours inquiétée dans la possession de sa conquête par les tribus sauvages de cette belle région africaine. Puis arrive la décadence de ces fiers Romains par l'abus qu'ils font de leur redoutable puissance et des jouissances sensuelles.

L'excès des vices enfante chez cette nation belliqueuse

les guerres civiles et les coupables ambitions personnelles qui détruisent les nationalités en les dégradant. En voyant les crimes atroces qu'un monstre comme Jugurtha se fait pardonner à l'unanimité dans le sénat de Rome, avec de l'or, on détourne les yeux des pages de l'histoire romaine avec dégoût. Aussi Jugurtha avait bien raison de se considérer moins coupable que ceux qui sanctionnaient ses forfaits pour de l'argent; et quand ses trésors furent épuisés, Rome lui déclara la guerre pour céder à l'opinion du peuple qui condamnait les crimes du chef africain par de menaçants murmures. Après que le sénat eut déclaré la guerre à Jugurtha, et lui avoir signifié de sortir de l'Italie, on dit que le redoutable adversaire des maîtres du monde tourna ses regards vers Rome en s'éloignant, et s'écria : « O ville vénale! il ne te manque plus qu'un acheteur! »

Il ne fallait pas moins que des hommes comme Métellus, Sylla et Marius, pour avoir raison de Jugurtha ; mais, pour être grand, le triomphe des vainqueurs n'est pas exempt de blâme pour la basse rivalité qu'il révèle parmi les chefs de l'armée romaine. Marius ne se fit pas scrupule de rabaisser les grands talents militaires de Métellus pour gratifier son ambition personnelle. Il briguait le consulat, et l'obtint plus encore par de coupables intrigues que par les droits qu'il pouvait invoquer comme habile capitaine.

Malgré la valeur de Marius, il ne put cependant vaincre Jugurtha qu'en faisant usage d'une ruse qui pouvait être pratiquée sans honte à cette époque sanguinaire, mais qui couvrirait d'infamie, de nos jours, le guerrier qui oserait l'appeler à son aide.

Sans s'arrêter au piège qu'il avait tendu au roi numide pour lui donner des fers, Marius, de retour à Rome, n'en accepta pas moins les honneurs insignes du triomphe. La populace de la ville éternelle fut charmée de voir ce terrible Jugurtha suivre enchaîné le char de Marius. Les crimes du chef africain étaient assez nombreux et horribles pour lui attirer la cruelle expiation que ses vainqueurs lui infligèrent dans ces temps de barbarie; mais la mort de Jugurtha ne consolida pas Rome dans ses belles possessions de l'Afrique septentrionale. Les guerres civiles que se firent Pompée et César, accélérèrent la ruine de la puissance romaine dans un pays comme la Numidie, envié et disputé par tant de peuples belliqueux.

Pour vaincre Carthage, les Romains avaient appelé les indigènes à leur secours, et, plus tard, un gouverneur romain, Boniface, faussement accusé de trahir ses devoirs, cherche un appui à sa révolte chez les Vandales, horde de peuples barbares, qui, vers la fin du IVe siècle, fondirent des régions septentrionales comme un fléau sur toute l'Europe, marquant les traces de leur passage par le carnage et la dévastation. Partis des bords de la mer Baltique, ils avaient ravagé d'immenses contrées et gagné l'extrémité de l'Espagne, disputant aux Romains l'Andalousie, et aux Suèves les provinces du centre.

Cette intervention des Vandales dans les guerres civiles de l'Afrique leur fournit une trop belle occasion de se rendre maîtres de ce riche pays pour la laisser échapper. Boniface, en appelant les Barbares, avait dépassé les bornes de la vengeance qu'il voulait tirer de l'injustice dont il avait été l'objet de la part de la reine Placidie; mais il ne fut pas en son pouvoir de réparer cette erreur, en renvoyant ses terribles auxiliaires en Espagne, d'où il les avait fait venir. Genseric, chef des Vandales, n'était pas homme à lâcher une si belle proie; et sous la domination de ces hordes de guerriers féroces, tout ce que les Grecs et les Romains avaient érigé comme peuples civilisés, dans l'Afrique septentrionale, fut détruit, saccagé par la main des nouveaux vainqueurs. Cela eut lieu dans la première partie du cinquième siècle; et pour mettre un terme à la puissante domination des Vandales en Afrique, ce fut une tâche qui mit le génie héroïque de Bélisaire à une rude épreuve. Cet événement survint en 534 ; il y avait cent cinq ans que ces barbares inondaient de sang, pour s'y maintenir, cette belle contrée africaine, si connue déjà dans l'histoire.

Si les conquérants du nord de l'Afrique furent nombreux, tous savaient aussi combien les vaincus avaient fait payer leur défaite. Les Berbères, issus de l'élément gétule, ne s'implantèrent pas sans lutte en ce pays. Ils formèrent le noyau primordial de la population de la Numidie, et virent passer devant eux les Phéniciens, les Romains, les Vandales et les Grecs.

En voyant tous ces vainqueurs devenir vaincus les uns après les autres, les Berbères avaient dû conserver, plus que les débris de ces races diverses, le sentiment de l'indépendance. Ce fut cet instinct qui les fit résister avec vigueur à la conquête arabe, bien que des souvenirs, plus éloignés encore que l'origine gétule, les rattachassent à l'Arabie comme à leur première patrie. Ils parvinrent à décider les Maures à les aider à soutenir la résistance qu'ils voulaient opposer aux Arabes. L'union des Maures aux Berbères fut opérée en 709, par l'influence d'une femme animée du plus ardent patriotisme. Cette femme, que l'histoire nomme Kahina, et à laquelle on avait accordé le titre de reine, recourut aux mesures extrêmes pour triompher des musulmans. Elle fit anéantir tout ce que le pays offrait à la convoitise des envahisseurs. De Tanger à Tripoli, on démolit les fortifications ; on coupa les arbres fruitiers, on détruisit les cultures, de sorte que des contrées fertiles et peuplées devinrent des déserts ravagés. Mais ces sacrifices, enfantés par l'aveuglement du désespoir, n'aboutirent qu'à rendre la victoire plus facile pour les Arabes. En effet, les maux affreux qui furent le résultat de cette destruction volontaire de toutes les richesses du pays désarmèrent le peuple par la misère, et les musulmans n'eurent qu'à se présenter pour se faire accueillir comme les sauveurs de cette province dévastée. Les efforts héroïques des Berbères furent inutiles pour reprendre aux Sarrasins cette conquête. A force de victoires terribles et sanguinaires, les musulmans parvinrent à se rendre maîtres de cette partie de l'Afrique, et à y imposer leur culte exterminateur. Puis de l'Afrique septentrionale, les vainqueurs passèrent dans l'Espagne méridionale, dont on leur avait fait un séduisant éloge. En agissant ainsi, les musulmans ne faisaient que suivre la marche indiquée par le prophète, qui avait promis à ses crédules et fanatiques sectaires la possession de l'Orient et de l'Occident.

Mais laissons de côté la gloire militaire des Sarrasins pour considérer un moment le fruit qu'ils surent tirer de si vastes conquêtes, et d'une puissance nationale redoutée dans toute l'Europe.

Le caractère belliqueux des Arabes et des Maures ne laissa jamais ces peuples jouir sagement du fruit de leurs conquêtes. La guerre semble être l'élément de leur bonheur individuel et de leur existence collective. Des luttes terribles et interminables prennent naissance dans l'ambition des chefs, qui ne s'occupent que de se supplanter pour exercer un pouvoir tyrannique et abrutissant sur les peuples qu'ils gouvernent. Cet esprit de rébellion se manifesta au suprême degré dans toute l'Afrique septentrionale, que les armes musulmanes avaient si rapidement annexée à l'empire des khalifes. En effet, cette belle conquête, par suite de révolutions dynastiques, échappa bientôt à la puissance des princes qui l'avaient reçue à titre d'héritiers légitimes des conquérants.

Lorsque les Ommiades furent renversés en Syrie par la maison des Abbassides, un des princes de la famille détrônée passa en Afrique, et de là en Espagne, où il éleva le khalifat de Cordoue pour la seconde dynastie des Ommiades. En même temps, le royaume de Fez s'élevait, dans l'ancienne Mauritanie, pour les Édrisites, dont le chef descendait de la famille de Mahomet. L'Algérie fut divisée en deux grandes provinces. L'une, à l'occident, forma une monarchie indépendante, appartenant aux Rostamytes, famille peu connue, qui établit sa résidence à Tahart, dont il ne reste presque aucun souvenir, et qui dut être bâtie dans le voisinage de Tekedempt, ou peut-être même sur l'emplacement de cette ville. L'autre, à l'Orient, relevait du royaume des Aghlabites ou d'Afrikiah, dont la capitale était Kairoan.

L'histoire de toutes les dynasties qui se succédèrent dans l'Afrique septentrionale, n'entre pas dans le cadre de ce travail, qui n'a pour objet que l'enseignement qu'on peut tirer, au profit du progrès, d'une simple comparaison entre la vieille Afrique et la jeune Amérique. Cependant il est utile d'établir, comme nous l'avons déjà dit, la condition de prospérité et de civilisation, dans laquelle se trouvait cette belle conquête des musulmans, au moment où l'Amérique fut découverte, afin de mettre nos lecteurs à même de se bien rendre compte des causes qui ont retenu l'une de ces deux parties du monde dans la barbarie, et des moyens qu'on a employés pour en tirer l'autre si rapidement.

A partir du viiie siècle, nous voyons le nord de l'Afrique sous la domination de la race arabe; mais l'antique civilisation que les Phéniciens, les Grecs et les Romains avaient importée dans le pays, ne reparut plus sous le long règne des musulmans. Leurs dynasties se succèdent sans amener un changement sensible dans cette belle région africaine. Les anciennes villes où les arts, les lettres, le commerce fleurirent à un si haut degré, restèrent couchées dans la tombe de la destruction que les barbares leur avaient creusée pour mieux consolider leur conquête. Ce fut en Espagne, dans cette délicieuse province de Grenade, que les sectaires de Mahomet ont fait le meilleur usage de leur puissance de conquérants. A cette époque de ténèbres, les Maures du royaume de Grenade pouvaient presque se flatter, par leur condition sociale, de marcher à la tête de toutes les nations qui obéissaient à des lois d'une équité plus ou moins équivoque et oppressive. Mais la Grèce et Rome n'avaient cependant pas à redouter de voir leur ancienne gloire éclipsée par les fiers souverains qui trônaient dans le somptueux palais de l'Alhambra.

Les peuplades de l'Afrique septentrionale ne s'inquiétaient guère de marcher sur les traces des Maures d'Espagne. Les Berbères triomphèrent des Arabes, dans l'Algérie; et le pays n'eut pas à se louer de ses nouveaux maîtres ; car ils se montrèrent moins généreux encore que leurs devanciers.

C'est de cette époque que date la férocité, qui distingua si odieusement la politique des gouvernements barbaresques. Il faut dire, cependant, qu'Abd-el-Moumen avait introduit dans le sien certaines formes qui pouvaient ressembler à du progrès gouvernemental pour ce temps reculé. Un sénat presque indépendant y traitait de toutes les affaires qui intéressaient directement la nation. Dans la suite, Edrys Ier répudia même les croyances de l'islamisme. Il combattit vigoureusement les Arabes partisans des Almoravides, et fit tomber, dans une occasion, 5,000 têtes, et dans une autre 1,400. Il exécuta fidèlement les promesses qu'il avait faites aux chrétiens. Sa propre croyance était une sorte de christianisme grossier ; car il n'admettait, disait-il, d'autre *Mahady*, ou Messie véritable, que Jésus-Christ. Mais à la chute de cette dynastie, ces doctrines religieuses de nuance chrétienne disparurent sous le joug de fer du culte du faux prophète.

Quelques traditions berbères font remonter l'origine de

cette race à Berr, fils de Mazyg, fils de Chanaan, fils de Cham. Le nom du fondateur, perpétué dans sa famille, serait un indice assez probable de la vérité de cette filiation. S'il en était ainsi, cette nation serait donc comme autochtone, et n'aurait point reçu d'altération notable depuis les temps diluviens. A ce point de vue, les branches qui en sont dérivées eussent été toujours le résultat de la division naturelle des groupes nombreux. Ils auraient peuplé surtout les contrées de l'Atlas, d'où ils se seraient répandus, par des rameaux successifs, sur la côte, et même dans l'Andalousie.

Cette origine ne s'appuyant que sur des probabilités, on est plus fondé à croire, sur l'autorité des anciens et des Arabes, que le nom de Berbères dérive de la désignation de *Barbares*, que les Grecs et les Romains donnaient à tous les peuples étrangers. Hérodote l'applique surtout aux populations de l'Afrique, et elles l'ont conservé, parce qu'elles furent presque toujours envahies par ces deux peuples conquérants. Quant à la race elle-même, elle est descendue, selon toute apparence, de cinq tribus arabes du Yémen, qui émigrèrent vers l'Occident, sous la conduite du roi Yfriqui. Celles de ces familles qui ont laissé le plus de souvenirs historiques, sont les Zénètes, issus de Zénètah, les Senehadgiens, de Senehedgah, les Massmondiens, de Massmondah.

Les cinq souches primordiales des Berbères produisirent, dit-on, plus de six cents tribus habitant l'Atlas. Cette multiplicité de groupes occasionna, entre eux, des guerres fréquentes ; enfanta des rivalités qui, en se perpétuant, facilitaient les établissements de tous les conquérants qui envahissaient le pays. L'importance historique de ces peuples ne date réellement que du commencement du viiie siècle.

A cette époque, les Berbères, qui avaient résisté vigoureusement aux Arabes, les suivirent, ou les devancèrent même, dans leurs expéditions en Espagne ; car trente-deux tribus et vingt-cinq scheiks contribuèrent à cette conquête. Depuis lors, leur influence s'accrut dans le pays ; et ils furent même prépondérants à la chute des Almohades.

Vers la fin du XIIIe siècle, Alger n'avait encore que peu d'importance ; cependant cette ville, élevée sur les ruines de la colonie d'*Icosium*, s'était développée dans une certaine mesure depuis la conquête des Arabes. Son nom d'Alger lui vient de la corruption du mot *Al-gézaïr*, qui signifie *les îles*, à cause des deux îlots situés jadis au pied de cette cité, dont la renommée sanguinaire porta l'épouvante dans toute l'Europe, jusqu'au jour du juste châtiment que la France devait lui infliger.

Après avoir occupé sans partage la plus belle contrée de l'Espagne pendant plusieurs siècles, la race arabe finit par hâter l'approche de l'adversité par ses incessantes révolutions dynastiques.

Le triomphe des Almorades substitua, en Espagne, comme en Afrique, des dynasties berbères aux princes Almoravides et aux familles qui avaient tenu si longtemps pour les Ommiades du khalifat de Cordoue. La maison des Amerytes qui produisit les Almanzor et les Abderrahman, après avoir géré des gouvernements et des vizirats au nom des khalifes, obtint, dans Valence, la puissance souveraine, à partir de 1031 jusqu'en 1078, et fraya le chemin de l'ambition à plusieurs chefs de tribus sortis d'Afrique. Les Abadytes ou Beni-Abed, fils d'Abed, jetèrent un grand éclat, pendant quatre générations, sur le trône de Séville ; et les Beni-Dzinnoun, sur celui de Tolède. Des guerres cruelles troublèrent tous les États, et facilitèrent aux princes chrétiens les conquêtes qu'ils firent sur les musulmans. Cette lutte héroïque de huit siècles, où l'islamisme fut refoulé pied à pied jusque dans Grenade, puis extirpé de l'Espagne et rejeté enfin en Afrique, aurait eu peut-être des résultats bien funestes pour les chrétiens, si des divisions intestines n'eussent paralysé les efforts des Maures. Le désastre d'Alorcon eût été suivi, sans doute, de nombreux revers, et la fameuse journée de Tolosa n'eût jamais été appelée, par les Arabes, la *Bataille du Châtiment*.

Ce fut le 4 janvier 1492, au lever de l'aurore, qu'Abou-Abdallah, après avoir envoyé sa famille et ses trésors dans les montagnes des Alpujarras, s'avança, accompagné de cinquante cavaliers, au-devant de Ferdinand, qu'il salua comme son seigneur. Les clefs de la ville lui furent remises par le ministre qui en était détenteur. Les chrétiens entrèrent, et leurs étendards furent aussitôt arborés sur les tours de l'Alhambra et sur toutes les fortifications de cette célèbre capitale.

La perte du royaume de Grenade pour la race arabe, fut pour elle aussi la fin de la gloire qu'elle avait acquise en Espagne, dans la sphère de la civilisation de ces temps d'ignorance. Les Maures étaient fiers à juste titre des soins agricoles dont leur belle province espagnole était l'objet. Nulle part, en Europe, le sol n'était cultivé comme dans le royaume de Grenade, quand les infidèles y régnaient en maîtres absolus; et l'Alhambra éclipsait les palais les plus somptueux des plus puissants monarques de la vieille chrétienté. Rien de semblable n'avait été fait en Afrique par les sectaires de Mahomet; et les Maures qui se réfugièrent sur le continent africain, après la chute de leur domination en Espagne, ne firent aucun effort sérieux pour implanter dans leur nouvelle patrie, le progrès intellectuel qui leur avait donné une supériorité incontestable, durant des siècles, sur la nation espagnole.

Après la soumission de Grenade, la résolution fut prise, dans le conseil de Ferdinand, de convertir ou d'expulser les Maures qui avaient fait fleurir cette province. Le culte des musulmans se distingue par une intolérance barbare, une inflexibilité sanguinaire et aveugle ; mais on peut reprocher aussi aux Espagnols d'avoir souvent profané les divins préceptes du Christ en oubliant la mansuétude qu'ils exigent de ceux qui les professent. L'expulsion immédiate et radicale des infidèles présentait des obstacles trop graves et trop complexes pour que les vainqueurs pussent l'exécuter selon leur désir. Faute de pouvoir purger la terre d'Espagne de ses anciens dominateurs, on voulut du moins les convertir à la foi chrétienne, sans tenir compte de la résistance excessive ; on voulait quand même convertir les infidèles, et ceux qui résistaient, étaient vaincus par la violence. Cette rigide conversion a fait naître une révolte qui ne demandait pas moins que la fermeté exceptionnelle du cardinal ministre pour se calmer. Ferdinand, en personne, marcha pour comprimer ce mouvement, occasionné par le prosélytisme trop ardent du prélat. Les Maures furent poursuivis jusqu'au cœur de leurs montagnes ; on les contraignit à se soumettre et à remettre les places dont ils s'étaient emparés par suite de cette rébellion.

Des missionnaires furent envoyés partout où il y avait un village mahométan, pour prêcher la nécessité d'une conversion immédiate. Ces ministres fanatiques étaient appuyés par des troupes qui dispersaient les rebelles, saisissaient les familles attachées à l'islamisme, et les dirigeaient vers les côtes, afin de les contraindre à s'embarquer pour l'Afrique. Des villes entières terrifiées se soumettaient à la foi chrétienne pour échapper à la proscription. L'amour de la patrie l'emportait souvent sur l'attachement au culte de Mahomet. Le baptême s'administrait sur des centaines de têtes à la fois. L'eau sainte et le temps ne suffisaient pas pour les cérémonies. Des conversions effectuées ainsi par la violence n'avaient aucune racine dans les sentiments religieux des néophytes. Aussi, l'année suivante, les monta gnards indépendants se révoltèrent de nouveau, et les chrétiens furent massacrés. Ces luttes religieuses, se renouvelant sans cesse entre les musulmans et les Espagnols, donnèrent lieu à un décret irrévocable d'expulsion pour les sectaires du prophète ; et la plupart d'entre eux s'éloignèrent, en pleurant, de cette terre favorisée de la nature, où ils avaient vécu dans la joie et l'abondance. On évalue à un million d'individus le nombre des Maures qui se réfugièrent en diverses fois sur la côte d'Afrique.

L'Espagne paya cher sa victoire et son intolérance envers les infidèles du royaume de Grenade ; car ce triomphe fut la ruine de l'industrie, de l'agriculture et des arts dans ce beau pays. Les Maures formaient la partie la plus laborieuse et la plus intelligente de la population des provinces espagnoles. Cette désastreuse mesure ne doit être attribuée qu'à la rigueur de Ximénès, qui ruinait son pays en interprétant la foi chrétienne contrairement à la sublime mansuétude de son divin fondateur.

Nous avons dit plus haut que les clefs de la fameuse ville de Grenade avaient été remises à Ferdinand, le 4 janvier 1492. Ce glorieux résultat d'une guerre terrible, devait bientôt pâlir devant un triomphe sans exemple dans les fastes des nations. Nous voulons parler de la découverte de l'Amérique, saluée avec enthousiasme par le monde entier, et qui survint aussi en 1492. A cette époque, l'Afrique, séparée de l'Europe par un détroit de quelques lieues, était encore presque inconnue, bien que ses plages septentrionales eussent été, durant des siècles, sous la domination des peuples les plus civilisés de la terre. Une barbarie sanguinaire, grossière, ignorante, régnait dans les anciennes colonies phéniciennes du continent africain, au moment même où Christophe Colomb découvrait une des plus vastes, des plus belles parties du globe.

Pour donner plus de relief à notre comparaison, nous

allons laisser les Arabes se disputer entre eux l'Afrique septentrionale, en la souillant de crimes et de sang. Nous allons nous transporter dans le Nouveau-Monde, afin d'y être témoin de la condition où se trouvaient les indigènes de cet immense continent, à l'époque de sa découverte. En procédant ainsi par comparaisons alternatives, nous démontrerons mieux les causes qui ont agi pour ou contre le progrès et la civilisation, dans l'une et l'autre de ces deux parties de la terre.

CHAPITRE IV

De l'Amérique.

Parmi les grands événements de ce monde, il faut placer au premier rang, la découverte de l'Amérique. Mais ce nom d'Amérique rappelle l'usurpation d'une glorieuse célébrité, trop injuste pour que je ne me joigne pas à tous les écrivains qui l'ont condamnée en la signalant à la postérité.

Cette vaste partie du globe, nous ayant été révélée par Christophe Colomb, devait donc prendre le nom de cet illustre navigateur, et s'appeler *Colombie*, au lieu d'Amérique. Cet honneur était le moindre qu'on devait accorder à un homme qui a légué un si riche héritage à la civilisation moderne. On ne comprend pas qu'une telle imposture ait pu se faire accepter jusqu'ici, après avoir été reconnue et proclamée par les hommes qui avaient la plus haute autorité historique pour la marquer du sceau d'une réprobation incontestable.

Améric Vespuce n'était pas dépourvu de connaissances

scientifiques ; au contraire, il passait parmi ses contemporains pour un habile pilote dans la haute acception du mot, et pour un savant cosmographe. Mais son ambition dépassait encore de beaucoup ses lumières intellectuelles ; et pour la satisfaire, il n'a pas reculé devant une bassesse qui flétrit sa mémoire, au lieu de l'illustrer, comme il l'a cru faire en foulant la vérité à ses pieds avec l'audace astucieuse d'un vulgaire charlatan. Comment a-t-on pu s'abuser un moment sur les droits qui lui revenaient dans la découverte de cet immense continent transatlantique ? Du jour où Colomb a rencontré les Antilles sur le chemin qu'il suivait en allant à la recherche de l'Asie, tout le *Nouveau-Monde* était découvert par anticipation ; car il ne s'agissait plus que de se livrer à des explorations maritimes pour reconnaître cette partie de la terre qui touche aux régions antipodes par chacune de ses extrémités.

C'est par hommage pour la gloire immortelle de Colomb, que nous rappelons dans ce simple travail, la basse usurpation dont il a été victime, à l'aide de la crédulité aveugle des nations européennes ; et si notre influence égalait le vif et légitime désir que nous éprouvons de voir restituer à cette prodigieuse découverte le nom qui lui appartient, dès ce moment l'Amérique porterait celui de *Colombie*. Pour effectuer dignement cet acte de réparation, il faudrait que tous les peuples civilisés s'entendissent pour instituer la célébration de la découverte du *Nouveau-Monde*, et qu'à la première de ces fêtes internationales, un comité, composé des hommes scientifiques les plus éminents de notre époque, déclarât, au nom de la postérité reconnaissante, que, désormais, l'Amérique prendrait le nom de Colombie.

Mais en attendant ce jour réparateur d'une si grave imposture, nous allons esquisser les obstacles que Christophe Colomb a rencontrés avant de pouvoir arriver au merveilleux triomphe de sa noble entreprise.

Colomb s'adressa aux souverains d'Espagne pour trouver les moyens qui lui manquaient pour conduire à bonne fin son vaste projet. Si Ferdinand et Isabelle ne souscrivirent pas aux premières ouvertures du célèbre navigateur italien, la faute en était en partie à ce dernier, qui mettait, dit-on, de trop grandes prétentions à léguer aux deux monarques espagnols, le fruit d'un voyage dont l'importance égalait les dangers. Selon l'équité, les prétentions de Colomb ne pouvaient être exagérées, si le succès couronnait sa difficile entreprise. Il voulait, à titre de récompense, obtenir la place de vice-roi et d'amiral, avec hérédité en faveur de sa famille. Certes, un continent qui constitue le tiers du globe habitable, valait bien le prix qu'en demandait Colomb. Voyant qu'on hésitait à céder à ses justes prétentions, il envoya son frère près de Henri VII, roi d'Angleterre, pour lui faire la même proposition.

Ce souverain fit un très-bon accueil au messager; et lorsque Colomb fut sur le point de se rendre à Londres pour terminer cette négociation, on persuada à Isabelle de ne pas laisser échapper une occasion, qui pouvait lui donner des possessions sur lesquelles le soleil ne cesserait jamais de luire. A partir de ce moment, l'Espagne devint, pour de longues années, la plus riche et la plus vaste nation du monde. Sa puissance contrôlait tous les gouvernements de l'Europe. On ne s'en douterait pas aujourd'hui, en voyant la position secondaire qu'elle occupe parmi les nations de second ordre.

Laissons de côté les minutieuses difficultés que le célèbre explorateur italien rencontra dans les préparatifs de son expédition. Disons seulement que le trésor des souverains espagnols était si mal pourvu, qu'Isabelle fut dans la nécessité de mettre en gage une partie de ses bijoux pour faire face aux frais de cette entreprise, bien qu'elle ne se composât que de trois petits navires, coûtant ensemble environ cent mille francs.

Il n'est pas inutile de faire remarquer, en passant, que Colomb n'allait pas à la découverte d'un nouveau monde, mais seulement à la recherche d'un chemin maritime pour aller aux grandes Indes. Ce fut en cherchant à se rendre en Asie par l'ouest, qu'il rencontra sur son passage un des plus grands continents du globe.

Le 3 août 1492, Colomb fit voile du port de Palos, et se dirigea vers les Canaries. Le cadre de ce travail ne me permet pas de donner le récit de cet intéressant voyage. Je me bornerai à répéter de ce navigateur ce qu'en ont dit ses historiens : c'est qu'il se montra toujours à la hauteur de sa noble et périlleuse mission. Les hommes qui lui obéissaient étaient loin de comprendre toute la grandeur de cette entreprise, ni même de soupçonner la gloire qu'elle pouvait leur donner. Des historiens ont avancé que Colomb avait été à la veille de ne pas réussir dans son vaste projet par la mutinerie de son équipage, qui lui avait fixé un court délai pour retourner en Europe, si le pays qu'il cherchait ne se montrait pas à l'expiration du laps de temps indiqué. D'autres écrivains prétendent que cet intrépide marin ne s'est jamais laissé dicter de loi par son équipage, et qu'il restait libre de poursuivre encore son exploration, quand l'Amérique lui barra le chemin des Grandes-Indes. Comme ces deux assertions contraires ne retirent rien à l'importance du fait accompli, Colomb n'en est pas moins l'auteur de la découverte d'un continent, dont la présence a permis de rectifier la forme supposée alors de la terre, et doté les Européens d'un héritage d'une valeur incalculable pour les précieux avantages qu'en retirent en ce moment toutes les nations modernes.

La mer, à la veille de la découverte, offrait des indices qui confirmaient, aux yeux d'un marin aussi expérimenté que l'était Colomb, l'approche d'une terre inconnue. Il ne s'abusait pas, car, dans la nuit du 11 octobre, une lumière parut à une distance peu éloignée. Aussitôt le cri de : *Terre!* retentit à bord avec une joie indescriptible. Après cette première expansion d'allégresse, les explorateurs éprouvèrent une vive anxiété, causée par la crainte d'avoir une déception de plus à consigner dans le livre du bord. Cette inquiétude cessa avec le retour du soleil, dont les premières lueurs révélèrent la présence de cette terre qu'on avait saluée avec enthousiasme sous la forme d'un flambeau qui éclairait une cabane indigène. Le voile qui dissimulait à l'Europe un autre hémisphère, était complétement déchiré : le vieux monde et le nouveau se trouvaient alors face à face pour la première fois.

Cette terre qui, par sa nouveauté et les difficultés qu'on avait surmontées pour la découvrir, semblait un paradis à nos navigateurs, c'était une des îles Bahama, appelée *Guanahani* par les indigènes, nom qui voulait dire *chat* dans leur langage. Plus tard, cette île reçut le nom de San-Salvador par les Espagnols ; et Colomb en prit possession au nom de la couronne d'Espagne. Mais, par la pauvreté des natifs, il comprit que ce pays n'était pas la riche contrée qu'il cherchait. Sans perdre de temps, il fit voile un peu plus au sud, et découvrit successivement les grandes îles de Cuba et d'Haïti. Les premiers soins de Colomb furent d'établir de bonnes relations avec les indigènes de ces riches pays, et de construire un fort à Haïti où il laissa une faible garnison. Puis il fit voile pour l'Espagne.

Cet important voyage fut accompli en sept mois et onze jours, et couronné du plus grand succès. Colomb rapporta des lingots d'or et un certain nombre de natifs, pour mieux prouver la véracité du récit qu'il ferait de sa merveilleuse découverte. Son arrivée fut saluée avec le plus vif enthousiasme, et sa personne était l'objet de l'admiration de toute l'Espagne. L'Europe entière paya bientôt ce juste et même tribut de gloire à cet homme de génie.

En septembre de la même année, Colomb fit voile comme chef d'une expédition se composant de sept navires de dimensions diverses. Dans ce voyage, il découvrit la Jamaïque, et fut ravi de l'aspect de cette île. Colomb pensait encore que ce pays formait la sentinelle avancée de l'Asie, à laquelle il croyait arriver par cette direction occidentale.

De retour en Espagne, cet illustre navigateur en repartit de nouveau pour effectuer un troisième voyage. Cette fois, l'intrépide marin s'avança vers la partie méridionale de l'Amérique. En 1502, il entreprit un quatrième voyage, cherchant toujours le chemin de l'Inde. Il pénétra dans le golfe de Darien, mais sans soupçonner qu'il n'était séparé d'un autre océan que par une langue de terre.

On sait que Colomb avait nommé l'île d'Haïti *Hispaniola* (petite Espagne), et le gouvernement général des possessions espagnoles, en Amérique, résidait à Santo-Domingo, ville principale de cette île. Ce fut du port de Santo-Domingo que Colomb fit voile, le 12 septembre 1504, pour rentrer en Espagne où l'attendait l'ingratitude d'un grand souverain à la puissance duquel il avait tant contribué. Le voyage fut long et périlleux; mais on arriva sain et sauf à San-Lucar, vers la fin de l'année. Une nouvelle désastreuse attendait Colomb dans cette ville : Isabelle, reine de Castille, était morte le 9 novembre. Cette mort privait le célèbre marin de sa plus équitable et plus influente protectrice. Dans une audience que Colomb eut du roi Ferdinand, mari de la défunte reine, il s'aperçut de suite que sa position allait changer.

En effet, le roi, qui n'avait jamais donné une marque de faveur à cet homme célèbre, lui fit proposer de renoncer à tous ses priviléges, en lui offrant pour récompense des terres en échange dans la Castille. Cette proposition formulait une odieuse disgrâce, qui se fit sentir si profondément sur celui qui en était l'objet, qu'il en mourut de chagrin.

Colomb rendit le dernier soupir le 20 mai 1506, à Valladolid. Son corps fut déposé en grande pompe au couvent de Saint-François, et transporté, en 1513, au monastère des Chartreux de Séville, où l'on déposa aussi les restes mortels de son fils Diégo, en 1526. Dix ans après, on les transporta à *Hispaniola*, où ils furent inhumés dans la grande chapelle de la cathédrale de Santo-Domingo. En décembre 1795, lorsque les possessions espagnoles de cette île furent cédées aux Français, ces restes précieux furent enlevés avec un grand appareil religieux et militaire, et transportés à la Havane, où ils reposent dans un des murs de la cathédrale de cette grande métropole de l'île de Cuba.

Colomb n'était âgé que de soixante-cinq ans quand la mort le délivra des chagrins que lui causait l'injustice inqualifiable de Ferdinand. Sa taille était haute et bien proportionnée; son regard et toute sa personne annonçaient de la noblesse et une intelligence supérieure. Il avait le visage long, le nez aquilin, les yeux bleus et vifs, et le fond du teint blanc, quoiqu'un peu animé. Dans sa jeunesse, ses cheveux avaient été d'un blond ardent; mais la fatigue et les soucis les firent blanchir avant le temps. Il avait, du reste, le corps bien constitué et autant de force que d'agilité dans les membres. Son abord était facile et prévenant; ses mœurs douces et aisées. Il était affable pour les étrangers, humain envers ses domestiques, enjoué avec ses amis, et d'une admirable égalité d'humeur. Les grandes choses qu'il a accomplies prouvent qu'il avait l'âme aussi forte que généreuse, l'esprit fécond en ressources, et le cœur capable de lutter contre tous les dangers. Tel était l'homme illustre qui a doté l'Espagne d'un monde nouveau, et qui en fut récompensé par la plus noire ingratitude.

Maintenant, nous allons esquisser l'aspect géographique de ce nouveau continent, et examiner sommairement la condition dans laquelle se trouvaient les indigènes quand on en fit la découverte.

La conformation physique de l'Amérique ne ressemble à aucune des autres parties de notre globe. Cet immense continent représente une des plus belles et des plus fertiles divisions de la terre ; il s'étend du nord au sud, traversant l'équateur en prenant l'aspect de deux vastes péninsules, reliées presque à leur centre par l'isthme de Darien ou de Panama. Ce continent touche aux régions polaires par chacune de ses extrémités, et sépare les deux grands océans : l'Atlantique et le Pacifique. Sa longueur se trouve du nord au sud, et fournit une distance d'environ 15,776 kilomètres. La partie nord se prolonge jusqu'au 72e degré de latitude, et celle du sud atteint le 56e degré.

La première porte le nom d'Amérique du Nord, et l'autre celui d'Amérique du Sud.

La superficie de cet hémisphère, d'après les meilleures autorités, se résume comme suit :

Amérique du Nord. . . .	8,850,000 kil. carrés.
Amérique du Sud.	8,448,000 —
Groënland et ses îles. . .	1,200,000 —
Antilles. . . , . . , . . .	200,000 —
Total.	18,698,000 kil. carrés.

Par sa vaste étendue, ce continent offre tous les climats, depuis le plus rigoureux jusqu'au plus énervant. Les montagnes, les bois, les lacs, les fleuves, les cataractes, les forêts et les prairies naturelles, s'y trouvent dans des proportions aussi nombreuses que gigantesques. Sous ces divers rapports, ce continent surpasse toutes les autres parties du globe. Ses richesses minérales embrassent tout ce que le sein de la terre contient de plus utile, de plus rare et de plus précieux; le règne végétal n'a rien à y envier au minéral, mais il n'en est pas de même pour le règne animal, car il s'y trouve inférieur à celui des autres parties du monde qui possèdent une température aussi élevée. C'est en vain qu'on y cherche, dans les plus chaudes régions, l'éléphant, le chameau, le lion, le tigre et autres espèces d'animaux qu'offrent en si grand nombre l'Afrique et l'Asie.

L'Amérique septentrionale est, plus que toute autre partie du globe, parsemée d'immenses golfes et de bras de mer. Parmi ces derniers, il faut mettre en première ligne ce que Balbi appelle la mer des Esquimaux, parce que ses côtes sont constamment parcourues par des tribus appartenant à cette race. Ce bras de mer se compose du détroit de Davis et de la baie de Baffin, qui sépare le Groënland du reste du continent. La baie d'Hudson se joint à la précédente par de nombreux canaux, dont quelques-uns sont d'une récente découverte.

La navigation de ces mers est extrêmement difficile, même dans la saison la plus favorable. Les glaces y étant éternelles, les navires sont toujours exposés à être brisés par le contact des montagnes de glace flottantes que le soleil de l'été détache du rivage. Vient ensuite le golfe Saint-Laurent, qui tire son nom de celui de la grande rivière qui débouche à son extrémité sud-ouest.

La partie sud des États-Unis, est baignée par le golfe du Mexique, qui se trouve bordé, à l'est, au nord et au nord-ouest, par les côtes de la Floride, de la Louisiane et du Texas; les côtes de l'île de Cuba et du Mexique règnent au sud. Le golfe du Mexique, se joignant à la mer Caraïbe, forment ensemble une nouvelle Méditerranée à cette extrémité occidentale de l'Atlantique. Il est présumable que la péninsule de la Floride se rattachait à l'archipel des Antilles, et qu'elle en fut violemment séparée par un de ces terribles cataclysmes dont notre globe porte tant de traces. En résumé, cette grande mer intérieure est séparée en deux par la péninsule du Yacatan et le cap Saint-Antoine, situé à l'extrémité occidentale de l'île de Cuba. La partie septentrionale de cette mer prend le nom de golfe du Mexique ; celle méridionale s'appelle mer des Caraïbes ou des Antilles.

Les côtes de l'Amérique du Sud ressemblent d'une manière frappante à celles de l'Afrique. Elles sont beaucoup plus compactes que celles de l'Amérique du Nord, et moins édentées par des bras de mer. Les grands fleuves de l'Amazone, de la Plata et de l'Orénoque, peuvent cependant être considérés, dans leur ensemble, comme des espèces de mers intérieures, plus utiles que ces vastes nappes d'eau, sous plusieurs rapports, à cause de la rareté des ports sur ces côtes méridionales. La Terre de Feu, située à l'extrémité sud de cette partie de l'Amérique, n'est, à proprement parler, qu'un archipel, séparé seulement du continent par le détroit de Magellan.

Quant aux montagnes, il est reconnu aujourd'hui que toutes les hautes élévations du *Nouveau Monde* appartiennent à cette grande chaîne qui, sous diverses dénominations, s'étend de l'une à l'autre extrémité des côtes occidentales de ce continent, parcourant un espace qui n'a pas moins de 13,600 kilomètres de long. Ces montagnes peuvent néanmoins être divisées en huit systèmes, ou principaux groupes, dont trois appartiennent au sud, trois au nord, un aux Antilles et un à l'archipel arctique.

L'Amérique possède une grande variété de plateaux, parmi lesquels il s'en trouve d'une élévation prodigieuse. Les plus remarquables sont : le plateau de Titicaca, entre la Bolivie et le Pérou, ayant une superficie d'environ 24,000 kilomètres carrés ; son élévation est, en moyenne, de 13,000 pieds au-dessus du niveau de la mer. Le plateau de Quito, d'une hauteur d'environ 9,600 pieds, est passablement cultivé et compte une nombreuse population. Le vaste plateau d'Amahuac, au Mexique, d'une élévation de 6,000 à 9,000 pieds, est le plus remarquable de ceux qui existent dans la partie nord de ce continent. De tous les plateaux de l'Amérique, le plus considérable, sous le rapport de l'étendue, se trouve au centre de la partie sud. Il embrasse la grande province de Matto-Grosso, une région de Gayoz et San-Paulo, au Brésil ; tout le Paraguay, Chaco, dans la confédération de Rio de la Plata, et une partie du pays de Chiquitos et Moxes, en Bolivie ; son élévation varie de 750 jusqu'à 1,300 pieds au-dessus du niveau de la mer.

Les volcans sont nombreux en Amérique ; ils sont situés dans la région de l'Équateur, de la Colombie, de Nicaragua, San-Salvador, Guatemala, dans l'Amérique centrale, au Chili, dans les possessions russes et en Island.

Géographiquement parlant, la nature a traité l'Amérique d'une manière grandiose. Les plaines y sont en harmonie avec les fleuves et les lacs ; cette masse liquide est fournie par les féconds réservoirs qui se dissimulent dans le sein des longues chaînes de montagnes, qui règnent dans le pays d'une extrémité à l'autre. Sur aucun point du globe on ne trouve en si grand nombre les cours d'eau, et nulle part on ne rencontre des fleuves comme l'Amazone et le Mississipi ; de même qu'on ne peut opposer ni comparer aucun lac à ceux que possède la partie nord de ce continent. Les deux plus grands fleuves de l'Amérique reçoivent plusieurs tributaires plus considérables que le Volga et le Danube. Le cours total du Mississipi proprement dit, en tenant compte de ses sinuosités, dépasse 6,000 kilomètres. L'Amazone offre une longueur semblable, si nous en croyons ses plus célèbres explorateurs.

Les lacs sont innombrables en Amérique, et répandus dans toutes les contrées. Mais la partie nord en possède plus qu'aucune autre région de ce vaste continent. Là se trouvent les lacs Supérieur, Michigan, Huron, Erié, Ontario, qui se déchargent les uns dans les autres pour former ensuite le fameux fleuve Saint-Laurent. L'incomparable chute du Niagara est située entre l'Erié et l'Ontario; elle se compose de l'immense volume d'eau que le premier de ces lacs laisse échapper dans le dernier. De l'extrémité septentrionale du lac Supérieur jusqu'à l'embouchure du Saint-Laurent, il y a une distance navigable qui est presque aussi grande que celle de l'Atlantique, séparant la ville de New-York de celle du Havre.

Le climat de cet hémisphère est comparativement d'un froid plus rigoureux que sur les autres parties du globe. Des contrées que, par leur position géographique, nous pourrions croire douces et tempérées, sont exposées à des hivers longs et rudes, pendant lesquels la terre reste couverte de neige jusqu'à l'approche d'un tardif printemps qui commence à peine au mois de mai. Tout le continent septentrional de l'Amérique, à partir du 50º degré de latitude, est presque inhabitable. En revenant vers le 45º degré parallèle, du côté du nord des lacs canadiens, on trouve des glaces qui durent plus de six mois de l'année. Il n'est même pas rare de voir geler jusqu'aux confins de la Floride, près du 30º degré de latitude, se trouvant dans le parallèle du Maroc, du Caire et de Suez.

Cette prédomination du froid est attribuée à diverses causes sur lesquelles la science n'est pas toujours d'accord. Les uns disent qu'elle provient de la grande élévation de ce nouveau continent, c'est-à-dire des nombreuses et hautes chaînes de montagnes qui le traversent d'une extrémité à l'autre, et dont les sommets sont couverts de neiges éternelles. D'autres pensent, avec raison sans doute, que toutes les nappes d'eau intérieures qui forment plutôt de petites mers que des lacs, exercent aussi une grande influence sur le climat de cet hémisphère. Il faut dire cependant que les régions tropicales et équatoriales de l'Amérique, offrent des chaleurs accablantes ; dans les contrées du nord, il y fait, en été, des excès de chaleur que la rigueur des hivers ne laisserait pas soupçonner. Les changements de température s'y font si rapidement que la santé souffre beaucoup de ces transitions subites du froid à la chaleur. La végétation s'y montre sous des aspects aussi variés que le climat. Le voyageur admire ces vastes forêts peuplées d'arbres gigantesques, dont la variété des espèces ne le cède pas à la grosseur des troncs ni à la majesté des rameaux.

La basse température qui se fait sentir dans certaines régions américaines, provient peut-être en partie de ce qu'il n'y a pas, comme en Afrique, de si vastes déserts, qui s'imprègnent de la chaleur que les vents répandent ensuite sur les contrées lointaines. Il est reconnu que dans l'Amérique du Nord le climat est moins rigoureux maintenant que jadis ; cet adoucissement est attribué au défrichement de ces immenses forêts, dont l'influence doit être très-sensible sur les rayons solaires. En résumé, la rigueur comparative qu'offre le climat, en Amérique, peut donc provenir de l'élévation du sol, du grand nombre de ses lacs, de la prédominance des vents du nord-ouest durant presque toute la saison d'hiver. Les côtes de l'Amérique du Sud qui se trouvent sur le Pacifique, étant abritées des vents glacials du nord-ouest, jouissent d'une délicieuse température, exempte des changements subits qui surviennent dans les autres parties du continent.

Les richesses minérales de l'Amérique ne sont sans doute pas égalées par celles d'aucune autre division du globe. La découverte du Mexique et du Pérou, a causé une véritable révolution dans la valeur des métaux précieux ; et, depuis lors, ces pays n'ont cessé d'être les grandes sources où l'on puise l'or et l'argent pour alimenter le monde civilisé. Mais aujourd'hui le Mexique et le Pérou sont éclipsés par la Californie, dont les mines d'or cessent à peine d'être d'une richesse prodigieuse. De cette abondance aurifère, il s'en est suivi que ce métal est moins rare maintenant que l'argent, dont la valeur fictive pourrait bien profiter de cette disproportion numérique.

Mais, outre l'or et l'argent, l'Amérique possède des mines de cuivre, de plomb, de fer, de houille, des carrières de marbres, etc., aussi nombreuses qu'abondantes.

Le cuivre, la houille et le plomb, font une source de richesses inépuisables aux États-Unis ; et depuis quelques années, le pétrole est venu ajouter un chiffre considérable au profit que donnent ces diverses exploitations minérales. Le pétrole est un produit des gîtes houillers ; et c'est comme tel qu'il figure dans les richesses minéralogiques des États-Unis. Il ne faut pas remonter bien loin dans le passé pour voir que cette huile ne servait jadis que comme médicament. Mais à mesure qu'elle se produisait avec une abondance croissante, le commerce la fit entrer dans les besoins de l'industrie. Ce précieux liquide fournit maintenant un éclairage qui ne demande que de simples précautions pour surpasser, à tous les points de vue, ceux qu'on obtient des huiles provenant du règne végétal. C'est à l'aide de forage qu'on arrive aux couches du liquide contenues dans le sol parmi le roc, à des profondeurs plus ou moins grandes. Il arrive souvent de voir l'huile jaillir à la surface avec impétuosité, par suite de l'essor que lui donne le gaz qui se dégage par l'orifice des puits.

L'exploitation du pétrole, se fait par les Américains avec cette intelligence pratique qui caractérise ce peuple. Les pompes à vapeur sont chargées de tirer l'huile qui s'agglomère au fond des puits, effectués pour livrer passage à ce produit rémunérateur. Pour qu'on puisse se faire une idée de l'importance de cette richesse minérale, il suffit de dire qu'il en a été expédié *cinquante millions de litres*, environ, en 1862, dans les ports de New-York, de Boston, de Philadelphie, de Portland et de Baltimore. Comme l'abondance du produit n'a cessé d'augmenter depuis lors, l'exportation n'a pu que s'accroître dans la même proportion.

La présence de cette huile dans le sein de la terre, a donné lieu à des hypothèses scientifiques que je ne pourrais rapporter ici sans sortir du cadre de mon livre. On pense que ce liquide provient de plantes marines existant à une époque bien antérieure aux végétaux qui composent les couches de houille.

En parlant de la formation du pétrole, le professeur Ridgeway dit que le climat était si chaud à l'époque de la végétation marine, que les plantes poussaient très-vite et dans une extrême abondance, probablement en conséquence de l'excès d'acide carbonique et d'hydrogène qui saturait alors l'atmosphère ; ou bien la surface du globe, pendant la période dévonienne, était dans une condition telle, que les plantes contenaient moins de carbone et plus d'hydrogène qu'à l'époque postérieure des plantes de la houille. Si les plantes marines avaient absorbé plus de carbone et moins d'hydrogène, alors les mêmes plantes, par suite de la fermentation, auraient produit des couches de charbon, au lieu d'huile de roche. La fermentation a, sans aucun doute, eu lieu à une certaine profondeur au-dessous de l'Océan ; car tous les puits en activité rejettent aujourd'hui une grande quantité de gaz hydrogène carburé.

D'après cette théorie, le professeur Ridgeway pense que, dans les profondeurs de la vallée d'*Oil-Creek*, située en Pensylvanie, il existe un grand lac d'huile de roche, provenant des infiltrations des couches supérieures ; et quand la sonde, après avoir percé le roc, atteint ce réservoir, il en jaillit aussitôt une colonne d'huile de cent cinquante pieds d'élévation. Le résumé de cette hypothèse sur la production du pétrole, semble se conformer aux exigences que demande la science pour se prononcer dans les questions nouvelles de son ressort.

Poursuivons notre esquisse géographique sur l'Amérique, en disant que le Brésil paraît avoir été chargé par la nature de la production des pierres précieuses. Mais ce serait une triste faveur pour un pays, que celle de ne pouvoir offrir que des cailloux brillants. Le sol du Brésil peut, heureusement, donner à l'agriculture, des richesses d'une plus grande utilité que celles qui servent de parure à la vanité humaine.

Par sa vaste étendue et la nature de son sol, l'Amérique produit une végétation remarquable. Les forêts et les pâturages y sont sans rivaux par leur immensité, leur fertilité et leur magnificence. Les espèces s'y trouvent bien plus variées qu'en Europe ; le chêne, le pin, l'érable s'y montrent, non-seulement en abondance, mais encore avec une rare variété. On ne doit pas oublier que la pomme de terre est originaire du Nouveau-Monde ; et qu'elle est aujourd'hui la providence du pauvre sans cesser d'être recherchée par le riche. Le tabac, cet objet de luxe dont font un usage immodéré toutes les classes de la société, en ce moment, vient aussi de ce continent. Nous ne pouvons énumérer tous les produits végétaux que donne cette vaste partie du globe ; mais parmi ces dons précieux de la nature, nous ne devons pas omettre de citer le quinquina, que la science médicale utilise depuis longtemps déjà d'une manière infaillible pour vaincre les fièvres qui décimaient l'humanité avant cette merveilleuse découverte. La canne à sucre est originaire des Antilles ; mais elle y restait sans culture, et conséquemment à l'état de plante parasite. Ce fut dans les Indes-Orientales que cette plante reçut les premiers soins agricoles, où elle fut propagée d'abord et grandement améliorée, où l'on trouva enfin le moyen d'en extraire le jus et de le transformer en sucre. Le café et le coton ont été donnés à l'Amérique par le vieux monde ; mais aujourd'hui ces produits végétaux viennent en abondance dans leur patrie adoptive. L'oranger, le citronnier, le poirier, le pommier et divers autres arbres fruitiers qu'on trouve dans cet hémisphère, sont venus de l'Europe, ou d'autres points du globe. La presque totalité des céréales que produit maintenant l'Amérique, sont originaires de l'Europe. Le blé, l'orge, l'avoine et le riz, n'existaient pas en ce pays avant sa découverte. Cette propagation sur tous les points du globe des produits du sol, dont l'humanité a besoin d'une manière impérieuse, nous indique hautement les bienfaits que nous pouvons trouver dans la réciprocité de l'échange ; car c'est par l'échange que l'abondance s'offre à l'homme sur toute la surface de la terre.

Cette esquisse géographique n'ayant d'autre objet que celui de donner une idée au lecteur de l'aspect physique du Nouveau-Monde, et de faire ressortir l'ensemble des ressources que le sol peut offrir aux peuples qui savent en profiter ; cette esquisse, dis-je, s'arrête aux détails sommaires des choses qui méritent d'être mentionnées. Nous ne dirons donc qu'un mot de la richesse zoologique de ce vaste continent. Nous avons déjà constaté plus haut que le règne animal, en Amérique, était moins favorisé que dans d'autres parties du monde. Elle ne possède que cinq cent quarante mammifères environ, sur les mille trois cent cinquante qui ont été classés jusqu'ici par les hommes de science. Le cheval, le bœuf, le mouton, le cochon, ne furent pas trouvés en ce pays au moment de sa découverte. Ces précieux animaux domestiques y ont été introduits avec un rare succès ; car on sait aujourd'hui, que les immenses prairies de l'Amérique du Sud, alimentent des troupeaux innombrables de bœufs et de chevaux sauvages, qui font la principale richesse des peuples de ces magnifiques régions méridionales. D'un autre côté, les États-Unis élèvent, dans le nord-ouest, des cochons en si grand nombre, qu'ils en tuent des millions chaque année pour en faire des salaisons destinées à l'exportation en faveur de l'Europe, et particulièrement pour l'Angleterre.

L'Amérique est infestée de reptiles. Le serpent à sonnettes y est très-commun et très-dangereux. Les autres serpents venimeux y sont aussi en grand nombre. Le vrai *boa constrictor* atteint une monstrueuse grosseur dans les marais des régions tropicales. Ces hôtes malfaisants disparaîtront en grande partie, quand la culture aura pris possession des terres en friche et des forêts primitives où ils règnent en maîtres absolus.

Les oiseaux, en Amérique, sont aussi remarquables par la variété que par le nombre. C'est de là que nous vient le dindon, cet excellent volatile de nos fermes; il s'y trouve encore en très-grande quantité à l'état sauvage. Le condor habite la partie la plus inaccessible des Andes; c'est le plus gros et le plus puissant de tous les habitants de l'air. Il y a aussi beaucoup d'aigles, de vautours, de faucons et autres oiseaux de proie. Une espèce d'autruche, mais plus petite que celle d'Afrique, habite les Pampas. Les pigeons sauvages se trouvent en telle quantité, en Amérique, qu'ils forment souvent des nuages qui interceptent les rayons du soleil sur leur passage.

Les eaux de cet hémisphère sont abondamment pourvues de poissons, qui font l'objet des occupations d'un grand nombre de pêcheurs dans les parages des villes populeuses. Les rivières des régions tropicales sont infestées de crocodiles ou alligators, qui détruisent une prodigieuse quantité de poissons pour s'en repaître. Ces reptiles ne sont pas moins dangereux pour l'homme, qu'ils attaquent dans l'eau avec toute la voracité du requin.

Nous ne pousserons pas plus loin les détails de cette esquisse géographique du Nouveau-Monde; car nous pensons lui avoir donné assez d'étendue pour répondre suffisamment à l'intérêt que nous désirons offrir aux lecteurs dans ce travail complexe.

Nous allons donc passer à un autre ordre d'idées en examinant le degré de civilisation qui existait parmi les indigènes de ce continent, à l'époque de sa découverte.

Les indigènes américains ne furent pas moins surpris par la présence des Européens que ceux-ci ne le furent de la rencontre de ce nouveau continent.

En parcourant les mers à l'aide de navires chassés par la force du vent, armés de canons imitant la voix terrible de la foudre, en lançant, d'une manière invisible, des projectiles qui frappaient mortellement à des distances prodigieuses, les Européens semblaient des êtres surnaturels à ces peuples sauvages.

Dans la découverte de l'Amérique, il y avait un grand sujet d'étude pour les explorateurs, et il en eût été de même pour les indigènes, s'ils eussent été moins incultes. Ceux-ci n'éprouvaient que de la stupéfaction de la supériorité des étrangers qui les visitaient en maîtres de leur pays. Ils ne pouvaient s'expliquer l'apparition spontanée d'individus dont la couleur de la peau différait de la leur, de même que le langage et les costumes. Dans leur état d'ignorance, il était bien naturel pour eux de croire que le monde consistait dans la petite étendue qu'ils en connaissaient. D'un autre côté, les Européens ne devaient pas être moins étonnés de voir une si vaste partie du globe occupée par d'innombrables peuplades, dont les plus éclairées n'avaient qu'une grossière notion d'un état social, contrôlé et maintenu par une puissance gouvernementale.

Mais au début de cette merveilleuse découverte, l'Europe ne s'est guère occupée de l'enseignement moral qu'elle en pouvait tirer. Elle s'est jetée sur ce vaste pays avec l'ardeur d'une bête féroce qui se précipite sur sa proie. Les expéditions succédaient aux expéditions, et les explorateurs aux explorateurs. Dès qu'on pouvait mettre le pied sur un point exploré, on en prenait possession au nom d'un souverain de l'Europe, en plantant dans le sol un bâton orné du drapeau de la nation sur laquelle ce potentat régnait souvent en maître plus redouté qu'aimé. Ce fut ainsi qu'on procéda primitivement à la découverte de l'Amérique, n'ayant d'autre objet en vue que les trésors qu'on pourrait arracher violemment aux indigènes. Il est juste de dire que la nation espagnole a laissé bien loin derrière elle le reste de l'Europe dans ce genre d'exploits; mais l'histoire ne l'a pas oublié; elle nous a transmis fidèlement tous les crimes que la soif des richesses métalliques a fait commettre aux intrépides aventuriers que la *pieuse* Espagne a lancés vers le Nouveau-Monde.

Las Casas, devenu évêque de Chiapa, au Mexique, après avoir été longtemps simple missionnaire parmi les indigènes américains, disait aux conquérants espagnols, ses compatriotes : « Il m'est bien plus aisé de faire croire les sauvages au christianisme que de vous le faire observer. »

La conduite évangélique de ce vrai ministre du ciel, présente un consolant contraste avec celle de ces guerriers féroces, qui massacraient sans motif des peuples qui acceptaient le joug des vainqueurs avec une docilité presque enfantine, quand ils avaient reconnu l'impuissance de leurs efforts pour arriver à chasser les envahisseurs de leur patrie.

Las Casas a laissé à la postérité son plaidoyer en faveur des indigènes. Ce document remarquable fut adressé au souverain espagnol. Il était empreint du double caractère de la vérité et de la vertu. C'était à la fois la peinture la plus touchante et la plus horrible qu'une âme généreuse puisse faire d'une odieuse oppression. Le crime et la destruction semblaient seuls animer ces hordes d'aventuriers rapaces. C'est une tache éternelle pour le peuple qui mérite une telle leçon, sans en profiter, pour obtenir, par des actes réparateurs, le pardon de l'humanité. Las Casas fut le premier qui osa élever la voix contre les atrocités commises en Amérique par ses compatriotes; cette réprobation ne pouvait venir d'un homme plus digne de lui donner toute la puissante autorité que la parole trouve dans une conscience irréprochable et une fervente piété.

Cependant on ne peut nier que dans l'accomplissement de leurs sanglantes conquêtes, ces cruels aventuriers montrèrent un courage, une persévérance qui les eussent couverts de gloire en ne mettant ces rares qualités qu'au service de la cause du progrès civilisateur. En résistant aux Européens, les indigènes obéissaient à des sentiments qu'on rencontre chez tous les peuples qui portent en eux l'amour de la patrie. Les sauvages aiment le pays où ils naissent comme nous l'aimons nous-mêmes. Cette noble affection justifiait donc la résistance qu'ils opposaient aux étrangers qui s'emparaient, par la force des armes, de la terre qu'ils tenaient de leurs ancêtres comme un héritage qu'ils ne croyaient transmissible qu'entre eux et d'une génération à l'autre.

Une chose digne de remarque, c'est de n'avoir trouvé que deux faibles germes de civilisation en Amérique : l'un au Pérou, et l'autre au Mexique; et malgré les points de ressemblance qu'il y avait dans la condition politique et sociale des Péruviens et des Mexicains, ces peuples n'avaient aucune communication entre eux. Comment cette civilisation primitive avait-elle pu germer et se développer, dans une certaine mesure, au milieu de ces vastes régions, sans laisser de trace ailleurs? car, en dehors du Mexique et du Pérou, l'Amérique n'était peuplée que de sauvages complétement incultes, vivant de chasse et de pêche presque exclusivement.

Il paraît évident que les premiers habitants du Mexique n'étaient eux-mêmes que de grossiers sauvages, se retirant la nuit dans des grottes et des buissons. On trouve encore aujourd'hui, en ce pays, des hommes de cette race, qui sont restés dans une contrée stérile et montueuse, sans chercher à se donner, par le travail, une existence plus douce et plus heureuse.

Si nous en croyons la tradition transmise par les indigènes, la civilisation a pris naissance au Mexique, autour du lac Mexico, où s'étaient réunies plusieurs nations. Une d'elle avait pour chef Mexi, qui subjugua successivement toutes les autres et les confondit sous le nom commun de Mexicains. Ce fut ainsi que ces peuplades sauvages arrivèrent à n'en former qu'une, et à vivre sous un gouvernement monarchique absolu.

Montézuma était le onzième roi de cette nation assimilée, et son empire avait pris, sous son règne, une puissance redoutée de tous les peuples qui bordaient ses Etats.

L'idolâtrie religieuse de Montezuma faisait d'innombrables victimes humaines; ce fut lui qui institua les cérémonies de ces barbares sacrifices, qui ne cessèrent qu'à la chute de ce cruel monarque.

Bien qu'il y eût une grande différence dans la culture intellectuelle entre les Arabes et les Mexicains, ceux-ci se montraient, sous ce rapport, fort au-dessus des tribus sauvages dont le Nouveau-Monde était peuplé. Faute de savoir faire usage de lettres, les Mexicains se servaient de hiéroglyphes pour exprimer les choses corporelles et employaient divers caractères pour exprimer des idées. Ils avaient une espèce de roue peinte qui contenait l'espace d'un siècle, distribué par année, et des marques particulières indiquaient le temps où chaque chose arrivait. Ce siècle était composé de cinquante-deux années solaires, chacune de trois cents soixante-cinq jours. La roue, entourée d'un serpent, était divisée en quatre parties, qui répondaient aux quatre parties du monde. Les mois n'étaient composés que de vingt jours; mais comme ils en comptaient dix-huit, ce calcul répondait aux douze mois égyptiens de trente jours. Pour compléter les cinq jours qui manquaient à l'année, les Mexicains les ajoutaient à la fin du même mois annuel. En se rappelant dans quelles erreurs la plupart des nations orientales sont tombées sur cette matière, on ne peut refuser une grande ingénuité aux Mexicains pour avoir inventé ce cercle artificiel. Leur année bissextile avait aussi ses règles. Ce n'était là toutefois que l'ébauche de la civilisation chez un peuple qui foulait aux pieds les premiers principes de la justice humaine, en sacrifiant à des idoles un nombre considérable de leurs stupides et sauvages sectaires. Pour passer pour civilisées, il ne suffit pas aux agglomérations humaines de construire des maisons en pierres et d'élever des édifices plus ou moins parfaits au point de vue de l'art architectural. C'est dans le développement du sens moral que la civilisation trouve la base qui convient à sa nature régénératrice. L'édifice social s'écroulera toujours, lambeaux par lambeaux, si cette base éternelle lui manque.

Mais continuons nos remarques sur la condition sociale où se trouvaient les peuples les plus avancés de l'Amérique. Passons au Pérou pour voir le rapprochement qu'on peut faire entre les Incas et les Mexicains.

L'origine des Péruviens est encore plus obscure que celle des Mexicains. Ceux-ci suppléaient à l'art d'écrire par des nœuds; mais les autres ne laissaient aucune trace perceptible de leur histoire. On suppose que cette absence de tradition chronologique des Incas, est le fait intentionnel du premier souverain de ce peuple. S'étant donné pour le fils du Soleil, il avait de bonnes raisons pour qu'on ne remontât pas à son origine, afin de ne pas laisser déchirer le voile qui cachait son imposture.

Le mot *Inca* a deux significations différentes; dans le sens rigoureux, il signifie seigneur, roi ou empereur; et par extension, il signifie aussi descendant du sang royal. Dans la suite, les sujets s'étant multipliés, et le goût pour l'état social n'ayant fait qu'augmenter sous un gouvernement policé, on ajouta le surnom de Capac à celui d'Inca. Capac, signifie riche en vertu, en talent, en pouvoir.

Le fondateur de la civilisation péruvienne se nommait Manco-Inca; et la tâche difficile de réformateur qu'il s'imposait, peut atténuer l'imposture qu'il appela à son aide, pour mieux atteindre son but régénérateur.

A mesure qu'il attirait de nouveaux sauvages sous sa domination, et qu'il les accoutumait à vivre en société, Manco-Capac leur enseignait ce qui pouvait les rendre capables de contribuer au bien commun, surtout l'agriculture et l'art de conduire les eaux dans les terres pour les rendre fertiles par l'irrigation. Il établit dans chaque bourgade un grenier public, pour y mettre en réserve les denrées du canton, qu'il faisait distribuer aux habitants, suivant leurs besoins, en attendant que l'empire fût assez bien organisé pour établir une juste répartition des terres. Il obligea les deux sexes à se vêtir, et inventa un habillement décent. Manco-Oello, sa sœur, enseigna aux femmes la manière de filer la laine et d'en faire des tissus. Chaque habitation eut son curaca pour la gouverner, et ces emplois étaient la récompense du zèle et de la fidélité.

Les lois que Manco-Capac fit admettre au nom du Soleil, étaient conformes aux simples inspirations de la nature. Les principales ordonnaient à tous ses sujets de s'aimer, de s'aider les uns les autres, et portaient des peines proportionnées aux délits. Le législateur défendit que les hommes pussent se marier avant l'âge de vingt ans, afin d'être en état de gouverner leur famille et de pourvoir à sa subsistance.

Le culte du Soleil, fut établi par Manco Capac comme étant la source apparente de tous les biens naturels. Il fit ériger à cet astre un temple, auquel il joignit une espèce de monastère pour les vierges consacrées à son service.

Un tel début de civilisation eût été merveilleux, s'il ne s'y était pas mêlé des institutions barbares et sanguinaires. Les Incas exigeaient un dévouement absolu à leur personne; ils disposaient arbitrairement de la vie de toute la population, et abusaient de cet odieux privilége. Les vierges du Soleil qui enfreignaient leurs vœux, étaient ensevelies vivantes, et tous leurs parents dévolus aux flammes. Les prisonniers de guerre étaient affreusement mutilés, et enfin on immolait un grand nombre de victimes humaines sur les tombeaux des Incas.

N'est-il pas singulier de retrouver les mêmes pratiques religieuses chez les Péruviens et les Mexicains, à l'endroit des sacrifices humains, quand il est avéré que ces deux peuples n'avaient aucun rapport et s'ignoraient complétement l'un l'autre? Il semblerait que l'homme primitif avait une invincible propension pour le meurtre, puisqu'il le mêlait aux cérémonies de son culte envers les divinités.

Après avoir vu son œuvre se développer progressivement, Manco-Capac, sentant approcher sa dernière heure, fit assembler ses enfants, les grands du royaume et tous les curacas pour leur tenir un touchant discours. Il les exhorta à l'observation des lois, en les assurant que le Soleil ne voulait pas qu'on y fit le moindre changement. Il mourut pleuré de ses peuples qui le regardaient comme leur père, et de plus comme un être divin. Cette idée donna lieu à la création de fêtes publiques, et à des sacrifices en l'honneur de ce monarque ; ces cérémonies furent bientôt confondues avec le culte professé antérieurement à la mort de ce chef célèbre.

On trouva au Pérou, comme au Mexique, des monuments, des ruines et autres traces d'une civilisation avancée. Les indigènes d'aujourd'hui, au Mexique et au Pérou, sont bien loin d'égaler leur ancêtres sous le rapport de l'intelligence. Cette dégradation morale est l'effet, en grande partie, de la conduite cruelle et barbare que les Espagnols ont tenue envers ces malheureux peuples. Aucune nation du monde, et parmi celles, s'entend, qui passent pour civilisées, n'a commis autant d'atrocités que l'Espagne dans ses conquêtes de l'Amérique. Mais ses crimes n'ont fait que hâter la disparition infaillible des indigènes de ce vaste continent. Car il est bien reconnu que les races inférieures en civilisation s'éteignent au contact des races supérieures, si elles repoussent la lumière du progrès. La barbarie peut tuer une civilisation qui n'est qu'ébauchée, mais non une civilisation puissante ; car celle-ci trouve le moyen de s'implanter solidement en se protégeant par la force brutale dont elle sait faire un instrument de destruction terrible. Ce fut en opposant ainsi la violence à la violence, que la civilisation moderne est parvenue à établir son foyer dans les régions occidentales de l'Europe.

Il n'y a presque pas de doute à conserver sur un fait qui se révèle sur une immense étendue du continent américain ; c'est que la race qu'on y a trouvée a été le fléau destructeur d'une plus avancée qu'elle en civilisation, mais non suffisamment civilisée pour se faire une arme invincible de sa supériorité intellectuelle.

Il n'y aurait rien d'impossible que le crépuscule civilisateur qui éclairait le Mexique et le Pérou, au moment de la conquête de ces deux régions, fût l'œuvre de la race antérieure dont nous venons de parler. Quoi qu'il en soit, le

Nouveau-Monde, au moment de sa découverte, n'offrait aucune trace d'une civilisation semblable à celle des Arabes, quand ils eurent atteint l'apogée de leur domination en Espagne et en Algérie. Le contact de la race européenne devait régénérer les indigènes américains, ou les effacer de ce continent, selon l'accueil que ces peuples sauvages feraient à la voix du progrès. Comme ils y sont restés sourds, qu'ils ont préféré mener leur vie de paresse et d'ignorance, mêlée de cruauté, ils ont donc subi le terrible châtiment de leur faute ; ne voulant pas marcher au gré de la civilisation, elle a été forcée de les détruire pour déblayer le chemin que Dieu lui indiquait de son doigt inflexible.

Comme conquérants, les Espagnols n'ont jamais fait autre chose que des esclaves ou des victimes des peuples qu'ils subjuguèrent. Ils imposaient le catholicisme aux indigènes américains avec la férocité de bêtes fauves ; mais ils étaient, il est vrai, plus désireux de se donner des parias par ces cruelles conversions, que de fournir des âmes au ciel.

L'immense partie du Nouveau-Monde qui fut conquise et occupée par la race espagnole, est restée, jusqu'à ce jour, comme frappée de malédiction. L'espace qui sépare la Patagonie des États-Unis, fut dominé par la race espagnole et portugaise, qui ne font qu'une. Quel triste contraste présente cette vaste et riche partie du continent avec celle qui est tombée dans les mains des Anglo-Saxons !

La France le sait mieux que jamais aujourd'hui, par suite de la tâche impossible qu'elle s'est donnée imprudemment de régénérer les Mexicains modernes. La décadence des vainqueurs de Montézuma, fut la conséquence de trois choses que la civilisation condamne formellement et impérieusement. Ces trois choses sont : la paresse, le fanatisme et l'ignorance. Voilà la source de tous les maux qui ont surgi et qui surgissent chaque jour dans l'Amérique espagnole, pour la retenir dans l'ornière où elle se traîne depuis la domination de cette race dans cette vaste et riche partie du monde. Et, ce qui est douloureux à dire, c'est que cette affligeante dégradation sociale est l'œuvre du clergé. C'est là que le catholicisme a donné toute la mesure du mal qu'il peut causer et aggraver quand il règne en maître absolu sur un peuple. C'est ainsi, dit-on, que Rome comprend sa double domination spirituelle et temporelle; et ceux qui regrettent de voir les idées modernes élever des digues à la puissance cléricale, n'ont qu'à se rendre au Mexique pour savoir si la vraie religion y est enseignée comme le veulent une conscience droite et les saines doctrines de la morale. Bien loin d'en être ainsi, le clergé de ce pays semble s'appliquer à profaner, à flétrir le culte qu'il est chargé de faire respecter et aimer en l'enseignant selon les divins préceptes qui en font la base.

On ne s'explique pas que nous ayons pu aller au Mexique pour le régénérer, en prenant ce clergé et son parti pour auxiliaires. Notre gouvernement s'est laissé tromper, aveugler dans cette grave question par ceux qui étaient chargés de l'éclairer. Si la France avait eu, à Mexico, un représentant à la hauteur de sa mission par la sagesse et la perspicacité, elle n'aurait pas à regretter aujourd'hui les grands sacrifices qu'elle s'est imposée en hommes et en argent pour faire une expédition de cette nature, ne laissant entrevoir d'autres résultats qu'une gloire stérile et la ruine de nos rapports commerciaux avec ce pays.

Il n'y a qu'une nation qui puisse modifier l'état de choses que tous les amis du progrès déplorent au Mexique, c'est la nation américaine. C'est à elle que l'avenir a confié cette belle mission; soyons bien convaincus qu'elle s'en acquittera d'une manière plus satisfaisante qu'aucune autre, par suite des qualités pratiques qui la distinguent, des institutions démocratiques qui la gouvernent, et de la proximité de sa position géographique. Il suffit de connaître le Mexique et les États-Unis pour ne pouvoir douter que la séve exubérante de la jeune république fédérale, s'étendra sur l'ex-empire de Montézuma pour régénérer la race conquérante ou l'absorber complétement dans la race anglo-saxonne.

Parmi les journaux de Paris qui ont repoussé l'expédition mexicaine comme funeste aux intérêts de la France et contraire aux principes d'une politique éclairée et juste, nul ne l'a mieux fait que l'*Opinion nationale*, par la plume de son rédacteur en chef, M. Ad. Guéroult. Il s'est d'autant mieux montré à la hauteur de cette grave question, qu'il connaissait le peuple mexicain pour avoir vécu dans le pays. Il avait vu et apprécié de près les causes qui ont enfanté la décadence de cette jeune nation implantée par la vieille Espagne, qui s'affaisse de plus en plus dans l'abîme du néant, par les mains d'un clergé fanatique et dissolu, et d'une noblesse implacable. La noblesse et le clergé espagnols, veulent à tout prix garder leurs anciens et iniques priviléges de caste en arrêtant le progrès à la frontière d'Espagne. Les insensés! ils ne voient pas que la nation qu'ils foulent aux pieds ne formera bientôt plus qu'un cadavre qui les entraînera dans la tombe avec lui pour laisser le champ libre à ce progrès qu'ils combattent avec une violence qui n'est égalée que par leur aveuglement. Encore un demi-siècle du régime sous lequel expire la nation espagnole, et c'en est fait d'elle! Le pays tombera infailliblement sous la domination du peuple viril qui voudra prendre la peine de le conquérir. C'est ainsi que les peuples mal gouvernés s'effacent de la terre.

Je ne crois guère à la régénération des Mexicains ; mais j'ai de puissants motifs pour croire à leur absorption par les Américains. C'est, du reste, ce qui peut leur arriver de plus heureux dans le chemin de leur existence nationale.

Il est inconcevable que le gouvernement français ait eu le courage de pousser l'erreur si loin dans la question mexicaine. Il n'est pas admissible qu'un gouvernement en sache moins sur les peuples et les pays où il est représenté par des agents diplomatiques et consulaires chargés de le bien renseigner, que de simples particuliers. Il n'y avait qu'une voix pour désapprouver cette ruineuse et stérile expédition mexicaine, parmi ceux qui connaissaient un peu ce chaos transatlantique. Si, au moins, on avait ouvert les yeux après la sanglante victoire de Puebla, le mal eût été grand, sans doute, mais pas à comparer à ce que l'a fait cette aveugle obstination à implanter un système gouvernemental qui n'avait pour appui que des hommes chassés du pays comme les plus dangereux désorganisateurs de la nation, et les concessionnaires les moins scrupuleux. Chercher à régénérer un peuple situé à deux mille lieues de soi par la force des armes, ne peut guère être considéré comme une mesure civilisatrice dans le vrai sens du mot. N'avons-nous donc plus rien à faire pour nous-mêmes, au point de vue du progrès gouvernemental, que nous allons si dispendieusement porter la lumière ailleurs? Personne, j'en suis certain, n'oserait l'affirmer. Avec les sommes énormes que nous a prises cette malencontreuse expédition mexicaine, que de grandes choses on aurait pu accomplir au profit de l'instruction publique, du progrès agricole et du développement de la prospérité de notre Algérie! Cette colonie qui soupire en vain après les voies ferrées et autres depuis si longtemps, aurait pu en être dotée dans le plus bref délai possible, si elle eût eu à sa disposition une portion des sommes énormes que nous avons jetées sans aucun profit, au Mexique. Voyez la différence qu'il y a, pour un peuple, dans la manière de dépenser l'argent de l'impôt. En donnant à l'Algérie de rapides moyens de transports par les chemins de fer, vous donnez une impulsion prodigieuse au développement de sa prospérité. C'est donc un placement national des plus sages et des plus fructueux ; car il ne faut pas perdre de vue que la prospérité d'une colonie, est toujours partagée par sa métropole. Une expédition lointaine comme celle du Mexique, est funeste à tous égards aux nations qui les font ; car non-seulement elles épuisent le trésor public, mais elles frappent le commerce extérieur par les haines internationales qu'elles engendrent ; elles coûtent beaucoup de monde et démoralisent l'armée par un relâchement disciplinaire produit par la force des choses.

Une particularité bonne à répéter ici, c'est que Juarez, que nous avons renversé pour lui offrir l'occasion de se relever plus grand que jamais aux yeux des Mexicains, était le meilleur président qu'ait eu ce beau et malheureux pays depuis la création de sa république bâtarde.

Pour cacher les déboires inhérents à cette expédition, on parlait de trésors inépuisables que nous trouverions au Mexique pour nous dédommager de tous nos sacrifices d'hommes et d'argent. On sait aujourd'hui à quoi s'en tenir à cet égard. Au lieu de nous donner des trésors inépuisables, l'expédition nous a valu des emprunts mexicains dont il ne reste rien maintenant pour couvrir les prêteurs ; et l'on voudrait que la France se chargeât d'acquitter les dettes de cet emprunteur insolvable, ce qui mettrait le comble à nos déboires de conquérants.

Si les Mexicains ont une aptitude, c'est celle de savoir trouver les métaux précieux que la terre renferme dans son sein. Ils ne cessent d'explorer les régions qui semblent pourvues de ces richesses souterraines, pour s'en emparer avec l'avidité des gens qui ne les estiment que pour les jouissances sensuelles qu'elles procurent. Si les mines précieuses de la Californie n'ont pas été découvertes par les Mexicains, il faut l'attribuer à la grande distance qui séparait cette région des parties plus ou moins habitées du vaste ter-

ritoire dont se composait alors cette turbulente république.
Il ne suffit pas à un peuple, pour trouver la prospérité,
d'occuper un pays des plus favorisés de la nature. Les
Mexicains nous en fournissent la preuve. Ils ont toujours
oublié que l'or et l'argent ne sont que les signes de la vraie
richesse en ce monde; et, pour s'en convaincre, ils n'ont
qu'à jeter un regard sur leurs voisins, les Américains.
L'agriculture, le commerce et l'industrie forment une source
inépuisable de la richesse de cette laborieuse et intelligente
confédération. Il n'y a donc aucune comparaison à faire
entre le Mexique et les États-Unis, quand il s'agit d'agriculture, d'industrie et de commerce.

Mais cessons cette digression toute d'actualité au moment où nous écrivons, pour rentrer dans le cadre de notre
sujet. Nous disions que l'Amérique espagnole offrait un
pénible contraste avec l'Amérique anglo-saxonne; et ce
serait oublier une partie intéressante de ce livre, si j'omettais d'entrer dans des détails sommaires sur ce point.

Ce n'était pas une tâche facile à remplir que celle de
coloniser avec une population européenne, un pays si vaste
et si éloigné du foyer d'émigration, surtout à une époque
où la navigation était encore dans l'enfance. Il s'agissait
de tout créer en luttant sans cesse contre des peuplades
sauvages insaisissables, à cause de leur vagabonde instabilité. Aussi plusieurs essais malheureux furent tentés sur
les côtes de l'Amérique du Nord, avant de pouvoir faire
naître le succès dans ce genre d'entreprise. Ce ne fut
qu'en 1607, que la colonisation de la Virginie commença
sérieusement par une centaine d'émigrants venant d'Angleterre. Cet établissement fut le premier des treize colonies qui, plus tard, formèrent le noyau de la grande république

En 1614, la colonie de New-York fut fondée par les Hollandais; celle du Massachusetts, par des puritains, en 1620;

celle de Rhode-Island, par Roger Williams, en 1636 ; celle du Connecticut vers la même époque ; celle de la Géorgie fut la dernière fondée de ce groupe. Il est utile de dire aussi que les fondateurs de ces colonies étaient presque tous des persécutés par la religion ou la politique de leur patrie respective ; et chose digne de remarque, c'est que parmi ces opprimés, il en est qui se firent oppresseurs sur la terre de l'exil, oubliant qu'en cela ils imitaient la conduite de ceux dont ils s'étaient plaints à si bon droit. Les fameux puritains du Massachusetts, méritent de figurer à la tête des premiers persécuteurs religieux de l'Amérique du Nord ; mais ils ont accompli une si grande tâche au point de vue de la colonisation primitive de cette région, qu'il est juste de ne pas se montrer trop sévère envers leur intolérance.

Dans la prise de possession de ce nouveau continent, la France ne resta pas inactive ; elle se montra même si entreprenante à cet égard, qu'elle parvint à se donner la plus vaste et la meilleure partie du nord de l'Amérique.

Tout le pays qui relie le golfe du Mexique au golfe Saint-Laurent, en décrivant un demi-cercle autour des anciennes colonies anglaises, nous appartenait. Mais ces immenses possessions avaient moins le caractère de colonies que celui de postes militaires. A cette époque reculée, notre manière de conserver nos conquêtes lointaines, présente des erreurs qu'on retrouve encore aujourd'hui dans le gouvernement colonial de l'Algérie ; et ces erreurs sont continuées avec une telle obstination, un tel aveuglement de la part de la métropole, qu'on se demande si elle ne se fait pas gloire de les commettre et de les perpétuer.

La lutte longue et sanglante que la France et l'Angleterre se sont livrée dans l'Amérique du Nord, a retardé le développement colonial des vastes possessions britanniques de ce pays ; mais d'un autre côté, les colons anglais, en prenant part à ces guerres acharnées, se sont préparés à la résistance formidable que demandait la rupture des liens à l'aide desquels la métropole croyait les retenir à jamais en sa puissance dominatrice et par trop égoïste.

C'est donc de l'époque de leur indépendance que datent les prodiges que les Américains ont faits pour arriver, à pas de géant, au rang de nation de premier ordre.

Cette indépendance leur avait imposé sept ans d'une guerre ruineuse et incessante. Le pays était pauvre, ravagé sur tous les points où il comptait des habitants. Il fallait s'armer d'un courage non moins grand pour réparer tant de malheurs et de misères, qu'il n'en avait fallu pour se donner une patrie libre et glorieuse. La naissante nation américaine a bien prouvé, depuis lors, que cette difficile mission n'était pas au-dessus de son courage intelligent. La paix fut signée en 1782, entre la Grande-Bretagne et la jeune confédération, dont la population ne comptait guère plus de 3,500,000 âmes. Comment aurait-on osé dire, à la signature de cette paix, que cette faible et pauvre population coloniale atteindrait le chiffre de 32,000,000 d'âmes en 1860! Personne n'aurait osé faire cette prédiction; mais le fait ne s'en est pas moins accompli. Les voies de communication, par terre, étaient nulles entre les diverses colonies au moment où elles se formèrent en nation fédérale; et elles étaient presque inconnues dans l'intérieur du territoire que possédait chaque État composant la confédération. En un mot, il s'agissait de créer tout ce qui est indispensable au développement de la puissance et de la prospérité d'un jeune peuple, qui veut prendre place au rang des grandes nations de la terre, afin de pouvoir exercer une heureuse influence sur les destinées de l'humanité.

Nous allons esquisser la marche ascensionnelle des Américains, à partir de l'époque de leur indépendance nationale jusqu'à ce jour; et le progrès qu'ils ont effectués dans ce laps de temps semble tenir du prodige. Nous dirons ensuite un mot des événements qui se passent en ce pays au moment où nous écrivons ces remarques intéressantes et pleines d'enseignement pour les peuples qui veulent s'élever rapidement, sans exposer leur marche à s'arrêter dans l'ornière de la guerre civile.

Les institutions politiques des États-Unis étant les plus libérales de toutes celles qui régissaient les nations civilisées, ne pouvaient donc manquer de jouer un grand rôle dans le développement de la prospérité de ce pays en y attirant de nombreux émigrants. En effet, la classe laborieuse de l'Europe ayant appris les avantages que les travailleurs pouvaient trouver en Amérique, s'est mise à émigrer vers ces lointaines régions avec une persistance qui prouvait que les espérances des nouveaux venus n'étaient pas déçues par la réalité.

Cet accroissement continuel de la population étrangère dans la confédération, se manifestait de plus en plus par le progrès que faisait la richesse publique et individuelle. Les forêts vierges disparaissaient pour faire place à la charrue, et les productions agricoles constituaient, par leur abondance, une prospérité qui aidait puissamment à donner de l'essor au commerce et à l'industrie.

Des canaux se creusèrent pour offrir des voies de communication faciles et peu coûteuses. La navigation des fleuves et des lacs devenait chaque jour plus active pour répondre aux besoins nouveaux d'une croissante population. Des centres industriels se créèrent pour fabriquer d'abord des choses indispensables fournies par l'étranger, et arriver plus tard à rivaliser sur les marchés extérieurs dans l'écoulement des produits de ces fabriques naissantes. A mesure que le pays se peuplait et que ses immenses ressources étaient exploitées, les principales villes des anciennes colonies grandissaient comme par enchantement, par la multiplicité des transactions commerciales qui s'y effectuaient ; et des cités nouvelles surgissaient sur des emplacements que les forêts ombrageaient encore.

Dès que Fulton eut résolu le grand problème de l'application de la vapeur à la navigation, la République fédérale vit redoubler son essor. Cet événement survint en 1807 ; et bientôt des bateaux innombrables sillonnèrent les eaux des lacs et des fleuves avec la rapidité de la foudre. C'est grâce à cette puissante force motrice que s'est presque effacée la distance qui sépare le vieux monde du nouveau.

La navigation à la vapeur s'effectue dans de véritables palais flottants, en Amérique. Il n'est pas possible de se faire une juste idée du grandiose, du luxe et du confort que présentent les *steamers* américains sans les avoir vus. Aussi la marine marchande des États-Unis est aujourd'hui, non-seulement la plus nombreuse, mais encore la plus belle de toutes celles des nations maritimes.

La construction navale des Américains, marche à la tête de la science la plus avancée chez les peuples navigateurs, et cette supériorité est si bien établie, que les gouvernements de l'Europe font souvent construire des bâtiments de guerre chez les constructeurs de New-York, dont la renommée est universelle.

Nous avons dit plus haut que la confédération s'est fondée avec treize colonies qui prirent respectivement le rang d'État. Ce point de départ présentait déjà un immense développement. L'Union compte maintenant (1867) trente-sept États et sept territoires qui rempliront bientôt toutes les conditions constitutionnelles pour pouvoir se faire admettre à leur tour comme État. Les choses n'en resteront pas là ; car la superficie de cette jeune république est si loin d'être peuplée, qu'il s'y trouve encore des régions désertes assez vastes pour donner naissance à de nombreux Etats nouveaux.

Les chemins de fer sont d'invention américaine, et les États-Unis en comptent plus qu'aucune nation du monde. Il n'est pas rare, en ce pays, de faire un trajet de mille lieues sur la même ligne. Dans peu d'années, la Californie sera reliée aux autres Etats de la confédération par une voie ferrée. Une compagnie travaille activement à cette gigantesque entreprise. C'est en multipliant ces rapides moyens de transport que ce peuple intelligent est parvenu à donner une si prodigieuse impulsion à la prospérité du pays.

Au commencement du siècle, la ville de New-York, la plus importante de la confédération, possédait à peine soixante mille âmes. Elle en compte plus de huit cent mille aujourd'hui, sans y comprendre la ville de Brooklyn, qui n'en est séparée que par un étroit bras de mer nommé *Rivière de l'Est*.

Brooklyn ne compte pas moins de cent cinquante à deux cent mille habitants. Philadelphie n'en possède pas moins de six cent mille; elle n'en comptait que soixante-dix mille en 1800.

Boston, Baltimore, Buffalo, la Nouvelle-Orléans, Cincinnati, Saint-Louis, Chicago, sont des villes florissantes et considérables, dont les plus petites renferment plus de cent mille âmes, et les plus grandes en comptent plus de deux cent mille. Les villes de vingt à cinquante mille âmes, sont trop nombreuses, aux Etats-Unis, pour que j'en donne la liste dans ce travail; elles sont de date si récente qu'on est frappé d'étonnement en trouvant des preuves si évidentes et si multiples d'un progrès si prodigieux.

La télégraphie électrique est aussi d'invention américaine. La première ligne fut établie entre Washington, capitale de l'Union, et Baltimore, grande ville maritime de l'Etat du Maryland. M. Mors est celui qui, le premier, contraignit l'électricité à remplir les fonctions de messagère, et d'obéir avec la plus grande docilité à la volonté de l'homme.

Un peuple qui a trouvé le moyen d'utiliser la vapeur comme force motrice, qui a inventé les chemins de fer, qui a inventé la télégraphie électrique, trois inventions qui tiennent du miracle et qui ont, en moins de cinquante ans, transformé le monde physique en promettant d'agir de même sur le monde moral; un peuple qui a fait des choses si merveilleuses, n'a-t-il pas acquis des droits éternels à la reconnaissance de l'humanité, et mérité de prendre place au premier rang des nations civilisées?

Allez dans les principaux ports de mer du globe, et les plus beaux navires que vous y verrez seront américains. Ce peuple a su se rendre à la fois agriculteur, commerçant, industriel, navigateur par excellence. Ce multiple progrès, n'en doutons pas, demandait, pour s'accomplir si rapidement, des efforts exceptionnels, mais auxquels le gouvernement fédéral n'a pris qu'une part morale. C'est-à-dire que les institutions du pays favorisaient dans toute la mesure du possible, l'action collective et individuelle des citoyens dans le développement des ressources nationales; et le peuple américain s'est toujours montré à la hauteur de la tâche qui lui incombait par la nature même des institutions libérales qu'il s'est données.

Le mot impossible n'est jamais pris au sérieux par les Américains; et c'est à la confiance exagérée qu'ils accordent à leur puissance physique et intellectuelle qu'ils doivent une grande partie des prodiges qu'ils accomplissent.

La haute opinion qu'ils ont de leur supériorité nationale, les porte à croire qu'ils sont destinés à gouverner le monde par leur influence politique, et à occuper tout le continent américain. Je pourrais justifier cette assertion par des citations innombrables que me fourniraient les discours des hommes les plus éminents du pays, prononcés dans des circonstances solennelles. Mais je me bornerai à citer quelques passages d'un discours remarquable, prononcé il y a une quinzaine d'années par le sénateur William Seward de l'État de New-York, à l'occasion de l'inauguration d'un collége dans la ville de Columbus, capitale de l'État de l'Ohio.

M. Seward était chef du ministère fédéral sous le président Lincoln ; il occupe encore cette haute position sous le successeur de l'illustre victime d'un odieux assassin. Ses hautes capacités ainsi que son patriotisme, sont mis à une rude épreuve, par les événements qui se passent dans la confédération depuis quelques années.

Quand il faisait, dans ce discours, ressortir la brillante position actuelle de la République et celle bien plus brillante encore que l'avenir lui réservait, il ne se doutait pas que cette prédiction serait entravée dans sa marche par un grave danger, émanant d'une iniquité laissée dans les institutions politiques de son pays. Cependant, M. Seward a toujours été l'ennemi de l'esclavage ; il l'a prouvé maintes fois au sein du congrès en y accomplissant son mandat de sénateur. Il avait une trop haute opinion de ses concitoyens du Sud pour les croire assez matérialistes pour préférer le démembrement de la confédération, au sacrifice de la plus odieuse des institutions : celle de l'esclavage de l'homme.

M. Seward pensait, comme toutes les personnes sages, que les esclaves du Sud seraient émancipés avec toute la prudence qu'une telle mesure demandait pour ne pas jeter la perturbation dans la fortune publique, ni dans celle des possesseurs d'esclaves. Mais cet homme d'État ne tenait pas assez compte de la fâcheuse influence que l'amour exagéré des richesses exerce dans notre siècle de progrès, sur toutes les nations qui se flattent d'être civilisées.

Quoi qu'il en soit, voici ce que disait M. Seward dans le discours dont je parle :

« Ce tableau est nouveau pour moi qui suis étranger

dans l'Ohio ; et doit être surprenant pour vous-mêmes à un certain degré. Sur ces bords du Scioto, où l'élan, le buffle et les serpents régnaient encore il y a peu de temps, je vois des usines fonctionner par des mains mécaniques, et des magasins richement pourvus de marchandises de divers pays. Des coursiers marchant sur des chemins de fer à l'aide de la vapeur, et une messagère électrique qui fend l'air, attestent la présence d'un centre d'une nouvelle industrie. D'autre part, j'aperçois des édifices grandioses, des dômes majestueux, qui attirent l'admiration et le respect qu'on doit toujours aux lieux où siégent la philosophie, le gouvernement et la religion !! »

L'orateur fait remarquer les changements qui se sont opérés sur d'autres parties de la confédération, et l'accroissement qu'on a donné à la superficie primitive de la jeune République. « La langue américaine, les lois, la religion et l'autorité, étaient confinées, jadis, sur les côtes de l'Atlantique, et maintenant elles s'étendent des grands lacs du Nord au golfe du Mexique, et des mers orageuses de l'Est au paisible Océan de l'Ouest, » dit M. Seward. Puis il continue en ajoutant, qu'il n'est pas dans la nature de l'homme de se contenter des avantages qu'il a obtenus. Il en veut de plus grands encore ; et cet ordre d'idées porte l'orateur à passer de la description du tableau qu'offre la confédération actuelle à l'esquisse de ce qu'elle ne peut manquer d'être à une époque peu éloignée.

Cette prédiction patriotique de M. Seward, démontre une fois de plus combien les événements de l'avenir font chanceler nos plus chères espérances et les anéantissent souvent. L'homme d'Etat ne prévoyait pas alors la possibilité de la guerre civile qui affligea pendant quatre années son beau pays. Car il disait que les étoiles qui ornaient le drapeau de la confédération au moment où il parlait, ne cesseraient d'être unies et indépendantes dans les affaires intérieures, tout en ne formant qu'une nation largement pourvue des éléments qui font sa prospérité commune et sa prépondérance extérieure ; que non-seulement le peuple américain aurait un jour tout le continent pour patrie, mais qu'il se donnerait encore comme apanage, les plus belles îles qui se trouvent dans les deux Océans à la proximité des plages américaines ; que la population qui se comptait alors par dizaines de millions, se compterait un jour par centaines de millions ; que leur richesse nationale s'accroîtrait mille fois au-dessus de ce qu'elle était, et que leur influence politique et commerciale se ferait sentir sur le monde entier plus qu'aucune autre nation.

Mais il est bon de remarquer que l'orateur ne promettait cette prodigieuse grandeur qu'à la condition que le peuple américain saurait la mériter en se maintenant dans la voie de la sagesse par la pratique constante de ses vertus publiques et privées. Cette recommandation a conduit naturellement M. Seward à dire en quoi consistaient les vertus qui font la vraie grandeur d'un peuple. Il s'est reporté vers le passé pour y puiser des exemples dans l'histoire. Il s'est attaché surtout à faire ressortir les causes de la chute de Rome, pour mieux démontrer l'impérieuse nécessité qu'ont les nations dignes de ce nom, de pratiquer religieusement la morale, la justice et la liberté, si elles veulent éviter de succomber, comme Rome, sous le poids de la corruption et du despotisme. Il toucha indirectement la grave question de l'esclavage ; mais il ne pensait guère, sans doute, que cette odieuse institution fût si près de produire la catastrophe qui mit en jeu l'existence même de la florissante confédération. Certes, aucun des hommes politiques de cette jeune et puissante nation, ne se doutait des désastres qui surgiraient de cette lutte fratricide gigantesque. La richesse privée et publique en fut ébranlée jusque dans sa base, et il faudra de nombreuses années pour effacer les traces de cette calamité nationale.

Les occasions de parler en public sont si fréquentes, aux États-Unis, que le peuple y trouve une source féconde de connaissances précieuses pour bien s'acquitter des devoirs que lui impose la liberté dont il jouit. Cette instruction complète celle qu'on lui donne à divers degrés dans les écoles nombreuses dont la confédération est pourvue avec un soin aussi intelligemment attentif que librement exercé.

Je ne dois pas quitter ce sujet sans expliquer sommairement la vraie cause de la rébellion du Sud, afin que le lecteur puisse se convaincre que le droit et la justice n'ont cessé d'être du côté du Nord dans cette lutte meurtrière.

A mesure que les États libres se multipliaient dans l'Union, les États à esclaves se montraient de plus en plus exigeants, sous le rapport de la consolidation et de l'extension du privilége du régime de l'esclavage. Ils comprenaient que cette odieuse servitude ne pouvait subsister longtemps et profitablement qu'en la faisant légalement admettre dans les États nouveaux qui se créent dans les parties désertes de la vaste étendue de la République. C'est dans la région de l'Ouest que se rendent les innombrables émigrants européens, et leur continuelle agglomération sur ce point a donné lieu à la formation, en peu d'années, de plusieurs États libres établissant des limites infranchissables au travail servile. Ce développement faisait des progrès d'autant plus rapides que les adversaires de l'esclavage le favorisaient de tous leurs efforts généreux, afin d'arriver plus promptement à la suppression d'une institution flétrissante pour tous les peuples qui la tolèrent de nos jours. Pour rompre les digues qu'on leur posait, les esclavagistes ne reculaient devant aucun moyen pour faire triompher leur cause exécrable dans les nouveaux États, surtout dans ceux du Sud-Ouest. La fraude, la violence, étaient pratiquées par eux ostensiblement pour atteindre leur but détestable. Mais comme la population de ces régions en voie de peuplement, se compose presque toute d'émigrants européens très-hostiles au travail servile, il n'était pas possible de l'implanter parmi eux, même en recourant à la fraude la mieux conçue et la plus habilement pratiquée.

Une fois que le Sud fut bien convaincu de son impuissance à lutter sur ce terrain brûlant contre le reste de l'Union, il lui vint la criminelle pensée de recourir à une séparation violente pour conserver intactes les institutions qui faisaient sa prospérité et son orgueil, au point de vue social. En effet, les grands planteurs avaient une si haute opinion de la place qu'ils occupaient dans la nation, qu'ils considéraient comme leurs inférieurs toutes les autres classes de la société américaine. Pour ces aristocrates du Nouveau-Monde, l'abolition de l'esclavage des noirs était un crime plus grand, peut-être, à leurs yeux, que l'abolition des priviléges de la noblesse ne le semblait à ceux qui en jouissaient héréditairement chez nous avant 1789. Dans cet ordre d'idées, l'iniquité est insatiable ; elle absorbe, sans le moindre scrupule, tous les avantages qu'elle peut tirer d'une domination tyrannique, qu'elle s'arroge comme un acte de justice, et finit par le croire tel à force de dépravation morale.

Les États du Sud n'attendaient qu'une victoire électorale présidentielle, remportée par les États libres, pour lever l'étendard de la rebellion. L'élection de M. Lincoln fut le signal de la révolte que les esclavagistes préparaient de longue main pour effectuer leur rupture avec la grande confédération ; et leurs mesures étaient si bien prises, de concert avec le gouvernement fédéral, composé de conspirateurs, qu'ils se croyaient assez puissants pour triompher avant que leurs adversaires aient pu leur opposer une résistance sérieuse. Ils conçurent même le projet d'assassiner le nouveau président au moment où il se rendrait à Washington pour entrer dans l'exercice de ses hautes et difficiles fonctions. Si cet odieux complot n'eût pas été déjoué, qui sait si la rebellion ne fût pas restée victorieuse! Car personne ne peut nier aujourd'hui que, dans cette crise terrible, la présidence ne demandait pas moins qu'un nouveau Washington pour reconstruire la république à force de sagesse et de fermeté, comme il en fallut pour la créer en luttant contre l'Angleterre.

Les sudistes eurent l'habileté de donner le change à l'Europe sur la vraie cause de leur révolte contre les autres États de la confédération. Ils se donnèrent comme victimes de l'oppression du Nord, et cette fable ridicule fut d'autant mieux prise au sérieux en Europe, qu'on y est d'une incroyable ignorance sur le jeu des institutions fédérales et les grands principes qui en font la base démocratique. Les sudistes ne se sont plaints de l'oppression gouvernementale que du jour où ils ont cessé de gouverner l'Union, par suite du déplacement de la majorité que les nouveaux États libres amenèrent au sein du congrès. Le Nord a subi l'influence impérieuse du Sud depuis la fondation de la république jusque dans ces dernières années, sans parler de s'y soustraire par une rébellion ayant la dissolution de l'Union pour objet. Il n'y a point d'oppression possible dans un pays où le droit de citoyen appartient à tout le monde, et où les législateurs sont élus par le suffrage universel librement exercé par tous les citoyens. Entre les États libres et les États à esclaves, il n'y avait de dissidence sérieuse que sur l'institution de l'esclavage, que les fondateurs de la confédération n'avaient osé abolir pour éviter un grave obstacle de plus à l'œuvre déjà si difficile de renouvellement moderne de cette forme de gouvernement populaire. Mais jamais les États libres n'ont demandé cette importante réforme que d'une manière légale et conformément au droit que leur accordait la constitution fédérale, qui laisse toujours une porte ouverte aux modifications que réclame le progrès. Le Sud considérait comme un acte oppressif au premier chef, la suppression d'une iniquité que chaque homme condamne instinctivement par la voix de sa conscience. L'abolition de l'esclavage était un crime horrible aux yeux des planteurs qui devaient les douces jouissances de la vie et leur influence sociale au travail servile. Ces motifs furent les seuls qui portèrent les esclavagistes à se séparer de l'Union pour conserver les avantages matériels qu'ils obtenaient de l'oppression des nègres. La soif de ce lucre criminel avait fini par émousser chez eux le sentiment de la réciprocité, sans lequel une partie de l'humanité serait forcée de jouer pour l'autre le rôle cruel de bêtes de somme ; et plutôt que de s'exposer, en restant dans l'Union, à perdre le travail de ces machines vivantes, les sudistes ont levé l'étendard de la révolte pour rompre les liens constitutionnels qu'ils avaient librement acceptés pour faire partie de la jeune et puissante république fédérale.

En cette grave circonstance, ils commirent une action doublement coupable, car elle était aussi funeste aux intérêts individuels que flétrissante pour le caractère des citoyens rebelles. Recourir à une guerre fratricide pour perpétuer l'esclavage de son semblable, c'est un crime qui ne peut trouver d'excuse que s'il est accompli dans le paroxysme de la démence. Toutes les calamités engendrées par ce carnage horrible, retombent plus particulièrement aujourd'hui sur ceux qui l'ont provoqué pour poser une digue infranchissable à la marche du progrès. La postérité leur réserve une page sanglante dans l'histoire du monde pour mieux stigmatiser les exécrables principes qu'ils ont si obstinément tenté de faire triompher en les dissimulant sous le masque de l'équité, qui doit toujours défendre les bonnes causes.

Le Nord ne demandait pas une émancipation immédiate et complète, mais une abolition graduelle et constitutionnelle. Le Sud aurait obtenu cinquante ans pour effectuer cette sage réforme, s'il eût voulu entrer dans cette voie légalement ; et en accomplissant ainsi cette mesure réparatrice d'une criante injustice, tous les intérêts auraient été sauvegardés, à la satisfaction non-seulement de la nation américaine, mais à celle aussi de toute l'Europe.

A l'appui de cette opinion, je citerai un passage du discours prononcé par M. Lincoln, le jour de son inauguration présidentielle.

« Loin de moi, dit-il, l'idée de m'immiscer, directement ou indirectement, dans l'institution de l'esclavage, dans les États où elle est en vigueur. Je pense n'avoir pas ce droit, et je n'ai pas l'intention d'agir ainsi. Ceux qui m'ont choisi et élu, savaient parfaitement que j'avais maintes fois fait une semblable déclaration, et que jamais je ne m'étais rétracté. ».

M. Lincoln n'avait pas l'intention de poursuivre l'émancipation des nègres autrement que le permettait la constitution fédérale ; et toutes les mesures qu'il a prises à ce sujet, plus tard, ont toujours été effectuées légalement et suivant les pouvoirs présidentiels. Son premier soin en entrant dans l'exercice de ses hautes fonctions, fut de se donner un cabinet composé d'hommes capables de le bien seconder dans sa tâche difficile.

La rébellion faisait, de son côté, des efforts prodigieux pour organiser un gouvernement et trouver les moyens de le soutenir. Le 4 février 1861, un congrès composé de délégués de la Caroline du Sud, de la Géorgie, de la Floride, de l'Alabama, du Mississipi et de la Louisiane, se réunit à Montgomery, petite ville de l'Alabama, et choisit Howel

Cobb pour président. Les États rebelles prirent le nom collectif d'*États confédérés*. Ils adoptèrent une constitution qui n'était qu'une imitation servile de celle de l'Union fédérale. Les principales divergences de ce document portaient sur le droit qu'avait le congrès d'autoriser, par une loi, les ministres à siéger dans son sein pour y prendre part aux discussions concernant les départements administratifs dont ils étaient spécialement chargés. Le mandat du président et du vice-président avait une durée de six ans, et ni l'un ni l'autre ne pouvaient être réélus. Ce terme présidentiel, est de deux ans plus long que celui fixé par la constitution fédérale ; mais celle-ci permet la réélection des deux premiers magistrats de la république.

Après une certaine hésitation que justifiait bien la gravité des circonstances, tous les États esclavagistes se joignirent aux premiers qui avaient effectué leur séparation de l'Union par la violence. Le congrès rebelle élut, à l'unanimité, pour président, Jefferson Davis, et pour vice-président, Alexandre H. Stephens. Tous deux furent installés le 18 février 1861.

On travailla sans relâche à l'organisation de l'armée qui était chargée de la défense de cette nouvelle confédération. On mit à sa tête des officiers sortis de l'armée des États-Unis, par suite de la sécession des États auxquels ils appartenaient par droit de naissance, ou à titre de citoyens. Le 3 mars, le général P.-G.T. Beauregard, ancien major de l'armée régulière, fut chargé d'aller prendre, à Charleston, le commandement des forces confédérées. En même temps, des commissaires étaient envoyés près des principaux gouvernements de l'Europe pour en obtenir la reconnaissance de la nouvelle confédération esclavagiste.

Lorsque le gouvernement fédéral notifia au général Beauregard son intention de ravitailler le fort Sumter, les autorités fédérées ordonnèrent l'attaque de ce fort. Le feu commença le 12 avril ; et, après un bombardement de trente-quatre heures, le major Anderson capitula avec tous les honneurs de la guerre, et s'embarqua, avec sa petite garnison, à destination de New-York.

La rupture est devenue complète, par ce fait violent de la part des rebelles, entre les États libres et les États à esclaves. La question fut dès lors soumise à la puissance des armes. Les premiers avantages, dans cette guerre fratricide, devaient être et furent pour les rebelles, qui, depuis plusieurs années, préparaient le succès de cette sanglante séparation. Tous les arsenaux du Sud étaient parfaitement approvisionnés; mais ceux du Nord étaient presque vides. Comme on le voit, le gouvernement fédéral se trouvait dans une position extrêmement critique. Les soldats ne lui manquaient pas; mais il n'avait pas d'armes à leur donner. Il s'agissait donc de créer une armée formidable pour combattre cette redoutable révolte, et une flotte nombreuse pour bloquer sérieusement tous les ports des États rebelles. Le gouvernement fédéral se mit à l'œuvre avec une activité des plus intelligentes, et la lutte se poursuivit aussi avantageusement qu'il était permis de l'espérer au début d'une guerre de cette nature, survenue à l'improviste.

Le cadre de cette esquisse ne me permettant pas d'entrer dans les détails de cette page de l'histoire de la sécession, je me bornerai à faire remarquer que l'armée rebelle, malgré la supériorité de talent que ses premiers généraux avaient sur ceux de l'armée fédérale, celle-ci est toujours parvenue à conserver tous les points importants qu'elle conquérait. Mais chaque fois que les séparatistes ont fait des incursions dans les États libres, ils n'ont jamais pu s'y maintenir, et presque toujours ils en furent repoussés avec des pertes désastreuses. Les succès de l'armée du Nord eussent été plus fréquents et plus efficaces, conséquemment, si le général Mac Clellan n'eût pas gardé une immobilité d'une année dans la Virginie, sur les bords du Potomac. Cette immobilité s'est expliquée plus tard par des révélations qui accusaient ce général de s'être entendu avec la rébellion dans le but de faire une paix qui l'aurait conduit à la présidence des États-Unis, soit qu'ils eussent été démembrés, soit qu'ils eussent été reconstitués comme avant la révolte. Il est fâcheux que le général Mac Clellan n'ait pu se disculper de cette grave accusation d'une manière satisfaisante. Ce général n'a remporté qu'une seule victoire capable d'attester qu'il n'était pas au-dessous de son commandement supérieur.

C'est sur Lee qu'il remporta ce triomphe, quand le fameux général rebelle fit une pointe dans le Maryland et la Pennsylvanie. La bataille dura plusieurs jours avec acharnement de part et d'autre. Lee fut reconduit en Virginie après avoir perdu plus de vingt mille hommes, tués ou blessés. Les fédéraux ont eux-mêmes chèrement payé cette victoire; plus de dix mille hommes ont manqué à l'appel à la suite de cette lutte sanglante.

La durée de la guerre forma des généraux dans l'armée du Nord, et les sudistes en eurent des preuves irrécusables dans la perte de la Nouvelle-Orléans, de toutes les villes de la vallée du Mississipi. Puis, plus tard, Sherman s'est avancé dans le cœur de la rébellion en prenant, dans la Géorgie, Atlanta, Savannah pour arriver dans la Caroline du Sud, ce foyer de l'insurrection. Certes, les Caroliniens furent justement humiliés par la perte de Colombia, leur capitale, et de Charleston, leur métropole maritime et commerciale. La chute de ces villes a complété la renommée militaire de Sherman; et pendant qu'il remportait ces brillantes victoires, le général Grant, par sa présence devant Richmond, retenait immobile le général Lee dans cette capitale de la nouvelle confédération. En sa qualité de général en chef de toute l'armée des États-Unis, Grant avait conçu le plan de la célèbre campagne accomplie par

Sherman ; mais si la conception fait honneur au chef de l'armée, l'exécution n'en est pas moins glorieuse pour celui qui en fut chargé et qui s'en est si héroïquement acquitté.

Le succès définitif de cette habile campagne consistait dans la prise de Richmond, capitale de l'État de Virginie, et devenue celle des États rebelles en dernier lieu. La position de cette ville était des mieux choisies pour résister aux attaques de l'ennemi ; on en trouve la preuve dans les efforts que cette capture a demandés aux armées du Nord. Plusieurs généraux, avant Grant, avaient tenté vainement, et avec des pertes considérables, de prendre Richmond ; mais non-seulement ils échouèrent dans cette tâche difficile, ils ne purent même pas se maintenir sur le terrain gagné en effectuant cette tentative. La campagne de Sherman avait pour but de surmonter tous les obstacles qui s'opposaient à la prise de la capitale des rebelles en la privant de communication avec le reste des États confédérés, et en concentrant sur ce point des forces suffisantes pour emporter la ville d'assaut. Ce but a été atteint comme en avait l'espoir celui qui avait conçu ce plan aussi hardi qu'ingénieux, et ce triomphe fut le coup de grâce des armées rebelles, et conséquemment de la rébellion. La résistance n'étant plus possible de la part des généraux sudistes, ils se rendirent à discrétion aux vainqueurs. Lee fut le premier à donner l'exemple, et il le pouvait sans s'exposer à se voir accuser de manquer de bravoure et de capacité ; sous ce double rapport, il avait fait ses preuves. On est profondément peiné de voir des hommes de ce mérite le consacrer à des causes flétrissantes pour ceux qui les servent, car il y a des limites que l'indulgence ne peut franchir sans se faire la complice d'une criminelle iniquité.

La soumission de Lee fut bientôt suivie de celles des principaux chefs de corps des armées confédérées, et le reste de la pacification regardait la sage fermeté du pouvoir exécutif de la puissante confédération. Il fallait qu'elle fût bien puissante, en effet, pour sortir victorieuse de la plus formidable guerre civile connue dans l'histoire des nations. Aucune autre forme de gouvernement qu'une république, fondée sur des institutions telles qu'en demandent la raison cultivée d'un peuple et son bien-être, n'aurait pu résister à cette lutte gigantesque de quatre années. Les institutions qui donnent de tels résultats, autorisent bien les nations qui en jouissent à se considérer comme placées à la tête du monde civilisé.

J'ouvre ici une parenthèse pour faire quelques remarques sur la politique observée par la France et l'Angleterre envers la grande république américaine, pendant la crise terrible qui menaçait si gravement son existence. Il était au pouvoir de ces deux grandes nations, sinon d'empêcher cette guerre civile d'éclater, du moins d'en diminuer les désastres en en diminuant la durée par des marques non équivoques de sympathie pour le gouvernement fédéral. C'est le contraire qu'ont fait la France et l'Angleterre en cette critique circonstance. Elles se sont empressées de reconnaître aux rebelles le droit des belligérants, et de leur donner d'incessantes preuves d'intérêt par la voie des organes officieux et même officiels des deux pays. Cette regrettable partialité encourageait les sudistes dans l'accomplissement de la tâche séparatiste qu'ils avaient si impudemment et si chaudement acceptée, et la haine des fédéraux contre la France et l'Angleterre grandissait naturellement chaque jour en voyant la préférence, mal déguisée, dont leurs adversaires révoltés étaient l'objet de la part de deux nations qui se flattent de marcher à la tête de la civilisation, et qui encourageaient le maintien de l'esclavage en encourageant les esclavagistes. Les nordistes étaient convaincus que les confédérés avaient reçu de la France et de l'Angleterre l'assurance formelle d'en être appuyés par une intervention effective et ouverte dès qu'ils auraient remporté assez de victoires pour justifier les droits de leur indépendance, pour obtenir une séparation définitive. Cette opinion prévaut encore dans le Nord aujourd'hui, et se justifie par le mécontentement manifesté par les sudistes envers la France et l'Angleterre, relativement à la ligne de conduite qu'elles ont tenue dans cette guerre civile. Notre malencontreuse expédition mexicaine fortifiait toutes les rumeurs qui circulaient sur les desseins qu'on prêtait à notre gouvernement de contribuer au triomphe des séparatistes, dans le but de triompher lui-même dans son entreprise sur le Mexique, dont le succès devenait chaque jour plus douteux. A un moment de la lutte, la reconnaissance de la confédération esclavagiste par les deux grandes puissances européennes paraissait imminente. Les envoyés du Sud, près des deux nations, l'annonçaient au gouvernement confédéré, comme une chose certaine et décidée ; et de leur côté, les chefs de la rébellion redoublaient le courage et les espérances de l'armée et du peuple, en leur montrant l'appui moral et matériel qui était à la veille de seconder leurs efforts et leurs sacrifices. Pendant toutes ces conjectures, que je signale sans avoir besoin de les apprécier pour en faire comprendre la portée au lecteur, la guerre fratricide se poursuivait avec acharnement de part et d'autre. Les corsaires du Sud détruisaient et ruinaient la marine marchande de l'ancienne Union, presque toute dans les mains du commerce du Nord. Ce qui favorisait grandement l'œuvre destructive de ces forbans, c'est qu'ils avaient la faculté d'aller se réfugier en sûreté dans tous les ports de l'Europe, et surtout dans ceux de l'Angleterre, d'où ils étaient sortis primitivement, à l'aide des capitaux du pays, pour aller se livrer à ces expéditions ravageuses et profitables, dont la plus grosse part du bénéfice retournait aux capitalistes anglais, qui s'étaient intéressés dans ce genre d'opérations peu glorieuses. L'argent est si bon à gagner, à notre époque; il permet de faire tant de choses qui flattent les vices et la vanité de notre espèce, qu'on ne s'occupe guère de savoir s'il vient d'une source flétrissante.

L'Angleterre avait de sérieux motifs qu'elle puisait dans la prépondérance industrielle et commerciale qui font toute sa puissance et qu'elle tient à conserver à tout prix; elle avait, dis-je, des motifs sérieux pour agir en faveur du Sud contre le Nord. Elle n'a pas, en effet, de plus redoutables, je veux dire de si redoutables concurrents que les États-Unis dans la grande sphère du commerce extérieur et de la marine marchande. Le fractionnement de la grande république enlevait au Nord une source inépuisable de production cotonnière, qui donne un élément d'un avantage incalculable à son commerce intérieur et extérieur et à son industrie. La république esclavagiste du Sud serait devenue un immense marché d'écoulement pour les produits manufacturés de l'Angleterre, et en même temps un vaste marché d'approvisionnement de coton, comme aucun pays du globe n'en peut fournir. Voilà donc les motifs qui guidaient la conduite de l'Angleterre envers les séparatistes. Il faut bien se garder de les offrir en exemple; mais il faut bien se garder aussi de ne pas les divulguer, et s'abstenir de les montrer dans toute leur crudité matérielle.

De son côté, la France avait les meilleures raisons pour se montrer sympathique à la cause des fédéraux. Cette cause reposait sur un principe qu'on ne peut violer sans fouler aux pieds les lois sacrées de la nature, puisqu'il s'agissait de briser le joug de la plus odieuse et criminelle des servitudes : celle de l'homme par son semblable. La France n'avait qu'à s'enorgueillir de prêter son appui moral à une telle cause. Cet appui moral l'aurait placée si haut dans la considération des fédéraux, que ce redoublement de sympathie et d'estime internationales aurait grandement servi les intérêts commerciaux de notre pays. L'auteur de ces remarques a vu, dans une lettre émanant d'une maison de commerce américaine de premier ordre, de New-York, au commencement de la guerre civile, quand la France ne s'était pas encore montrée la partisane officieuse des séparatistes, la preuve que cette lutte intestine pouvait tourner à notre profit sous tous les rapports, si nous avions suivi la ligne de conduite internationale que nous dictait la sagesse. Dans cette lettre ce négociant américain disait à un ami : « Nous allons d'abord nous venger de l'appui déguisé que l'Angleterre donne aux rebelles en substituant, dans toute la mesure du possible, les articles français aux articles anglais. Nous aimons mieux manquer une affaire que de vendre les produits de ceux qui nous frappent en arrière quand nous sommes attaqués par la plus odieuse des révoltes. Dites-le bien aux Français, afin qu'ils sachent bien comment nous leur prouverons notre gratitude pour la neutralité qu'ils observeront dans la crise terrible que nous traversons. Ils nous ont aidé à être libres, ils ne peuvent se mettre contre nous quand nous versons notre sang pour émanciper ceux qu'on a laissés sous le joug de l'esclavage après la glorieuse guerre de l'Indépendance. Plus tard, nous réglerons avec l'Angleterre le compte que nous lui ouvrons en ce moment pour son intervention mal déguisée en faveur des esclavagistes. »

En cette grave occurrence, la politique de la France n'avait donc qu'à suivre la voie droite pour avoir la double satisfaction de servir la cause du bien et les intérêts de la nation. Les sudistes ont été assez habiles pour tirer un grand parti de l'ignorance de notre pays à l'égard des affaires des États-Unis. Ils ont laissé croire que la lutte se passait entre la race latine et la race anglo-saxonne. On ne pouvait avancer une assertion plus mensongère. Les États à esclaves sont peuplés d'Américains sortis de la même souche généralement que ceux du Nord. La race latine n'y compte que les descendants du petit noyau que la France et l'Espagne ont laissé dans cette vaste région, quand elles ont cédé aux États-Unis les possessions qu'elles y avaient conquises et conservées jusqu'au moment de cette transaction internationale, intervenue au commencement de ce siècle. Pour se convaincre de la véracité de ce que j'avance, il n'est besoin que de voir dans quelle proportion les protestants et les catholiques se trouvent dans tous les États à esclaves ; et à l'exception de la Nouvelle-Orléans et de quelques bourgades de la Louisiane et de la Floride, où l'on parle un peu la langue française et l'espagnole, l'on ne peut rien dire et rien faire sans parler l'anglais qui est la langue des Américains, comme on le sait.

Je terminerai ici ma parenthèse pour reprendre et compléter ce que je crois utile de dire sommairement sur les États-Unis. Chacun connaît la fin de cette guerre fratricide et celle de l'homme qui en a supporté le plus lourd fardeau avec autant de sagesse que de fermeté patriotique. Je ne puis m'abstenir de dire un mot de l'assassinat du grand citoyen, dont la conduite rappelle celle de l'illustre fondateur de la jeune république. Il ne fallait rien moins qu'un second Washington pour sortir triomphant de la mission que cette lutte terrible imposait au premier magistrat de la confédération américaine, pour la maintenir debout et en consolider les bases en effaçant une monstrueuse iniquité qui semblait constituer son principe vital. Si l'on accorde à juste titre le mérite d'avoir été le père de la confédération à Washington, Abraham Lincoln a bien mérité le nom de sauveur de la patrie. Si la rébellion eût éclaté au début de la présidence de M. Buchanan, son triomphe était certain, et l'Union eût sans doute été brisée pour toujours. Les séparatistes voulaient un prétexte d'une sérieuse apparence, et ils crurent l'avoir trouvé par l'élévation de Lincoln à la présidence comme candidat d'un parti hostile à l'esclavage. Cet homme illustre devait payer de sa vie vertueuse le zèle éclairé qu'il déployait à rendre à la confédération son ancien prestige, et à lui fournir de nouveaux éléments de solidité, de durée et de grandeur par des réformes sagement mûries et effectuées. Ces grands résultats n'étaient pas au-dessus de l'aptitude gouvernementale de cet homme de bien sorti de la foule; ses ennemis implacables le savaient, et il s'en est trouvé parmi eux d'assez infâmes pour l'arrêter dans le chemin de sa glorieuse carrière présidentielle par la balle d'un meurtrier.

M. Lincoln fut assassiné à Washington, au théâtre de Ford, par un acteur dramatique, nommé Wilkes Booth, dans la soirée du 14 avril 1865.

Il est étonnant que ce crime n'ait pas été commis plus tôt, d'après la facilité qu'on a d'approcher les plus hauts fonctionnaires de la république américaine. Sachant que Lincoln était l'Union personnifiée dans sa fermeté, sa sagesse, son patriotisme inébranlable et son caractère sans tache, les esclavagistes auraient pu tenter de renverser cet obstacle au moment où la victoire les favorisait, afin de la rendre définitive. Un crime est toujours odieux, mais il l'est encore davantage quand il n'a que le mal pour but, sans autre compensation que la rage qui le fait commettre.

Il paraîtrait que le président avait remarqué un rêve qui avait précédé les plus grands événements de la guerre. Dans un conseil qu'il présidait et auquel assistait le général Grant, Lincoln lui demanda s'il avait des nouvelles de Sherman. Le général répondit négativement, mais en ajoutant qu'il attendait d'heure en heure des dépêches de son lieutenant lui annonçant la reddition de Johson.

« Eh bien, reprit Lincoln, vous aurez prochainement de
» ses nouvelles, et elles seront importantes.

» Pourquoi pensez-vous cela? dit le général.

» Parce que j'ai rêvé la nuit dernière ; et toujours, depuis
» le commencement de la guerre, j'ai invariablement rêvé
» la même chose toutes les fois qu'il y a eu quelque grand
» événement. »

Il rappela alors Bull's Run, Antictam, Gettysburg, et dit qu'à la veille de chacune de ces batailles, il avait fait le même rêve.

Se tournant vers le secrétaire de la marine, il ajouta : « C'est dans votre département, M. Welles. J'ai rêvé que je voyais un vaisseau qui cinglait avec une extrême rapidité, et je suis sûr que cela présage quelque important événement national. »

En effet, l'événement survint et fut des plus graves ; mais le grand citoyen ne se doutait pas qu'il en serait l'innocente victime au prix de ses jours, si nécessaires encore à la fin de sa haute mission patriotique.

La mort de Lincoln plongea la nation dans le deuil le plus sincère. L'intègre président fut regretté comme il le méritait ; mais les institutions républicaines sont si bien comprises de ce peuple éclairé, que l'œuvre de la reconstruction de l'Union fédérale fut poursuivie avec une sagesse admirable par le successeur de la victime de Booth.

Le jour même de la mort de Lincoln, le vice-président, Andrew Johnson, fut inauguré président des États-Unis, selon les formalités requises par la constitution. Les esclavagistes ont fait leur possible pour jeter la déconsidération sur le successeur de l'illustre Lincoln, en lui prêtant des habitudes incompatibles avec les hautes fonctions dont il était chargé. Les faits n'ont pas été longs à faire bonne justice de ces calomnies ; du reste, pour n'y pas ajouter foi, il suffisait de savoir qu'un peuple libre et éclairé comme les Américains, n'aurait jamais élevé à la vice-présidence de la république un homme adonné à l'ivrognerie, comme on le disait de M. Johnson, qui, de simple garçon tailleur, s'est élevé au rang suprême du gouvernement de son pays par son propre mérite.

Une chose digne d'admiration, c'est la conduite tenue par l'armée fédérale à la fin de cette lutte formidable. Pendant toute la durée de la guerre, les plus célèbres généraux n'ont cessé d'obéir au chef de la république, avec toute la déférence qu'un bon citoyen doit à la loi d'un pays libre. Pas un n'a cherché à sortir de ses attributions spéciales pour empiéter sur celles des autorités civiles. Une fois la paix rétablie, le président n'a eu qu'un ordre à donner pour licencier la majeure partie de cette armée formidable, ayant fait preuve d'héroïsme pendant quatre années. Soldats et officiers ont repris le chemin de leurs foyers avec une docilité digne des plus grands éloges. Personne ne s'est prévalu de ses lauriers pour demander des honneurs ou des récompenses matérielles que les lois ne confèrent pas. Il n'est venu à la pensée d'aucun des chefs les plus populaires, par les services éminents qu'ils ont rendus à la patrie, de se créer des positions exceptionnelles, à l'aide de l'influence acquise par eux dans la carrière des armes. Tous s'inclinent devant l'autorité émanant des institutions du pays. La république étant l'œuvre de la nation entière, la nation lui accorde une entière obéissance. Quel bel exemple à suivre pour les peuples civilisés! Mais qu'il est redoutable pour la tyrannie et le despotisme!

Le rétablissement de l'Union est une tâche des plus difficiles à remplir, car elle demande une fermeté très-circonspecte, c'est-à-dire de la générosité sans faiblesse. Il faut savoir cicatriser les plaies causées par la rébellion sans encourager les passions persistantes des vaincus restés rebelles. Le président Johnson semble à la hauteur de cette délicate mission ; il s'en est acquitté jusqu'ici à la satisfaction générale. Il s'est attaché à calmer, à concilier, à ramener les esprits égarés sous l'influence de la raison, de la sagesse politique, en disant aux États rebelles la conduite qu'ils doivent tenir désormais pour mériter l'oubli de leur conduite passée, et en invitant les États fidèles à l'indulgence envers des concitoyens vaincus, désarmés et ruinés.

Il s'est trouvé, dans le Congrès, un parti assez passionné pour donner à cette politique modérée le nom de trahison. Il faut que les représentants de la nation américaine soient bien puissants dans l'accomplissement de leur mandat législatif pour pouvoir porter, sans d'impérieux motifs, une si grave accusation contre le chef du pouvoir exécutif, qui tient aussi son mandat du suffrage universel. Mais si une grande liberté politique permet de grands écarts aux passions ambitieuses et malveillantes, elle donne aussi le moyen de leur résister et de les vaincre, sans avoir besoin de recourir à des mesures violentes, exceptionnelles; il suffit à ceux qui sont injustement attaqués, à l'aide d'un excès de liberté, de faire sagement usage de cette même liberté, pour se défendre victorieusement contre des adversaires qui ne s'appuient que sur de mauvaises passions et des ambitions personnelles mal fondées. C'est ce qui est arrivé au président Johnson, relativement à l'injuste attaque dont il a été l'objet de la part d'adversaires politiques trop véhéments; il les a vaincus avec l'aide de la liberté dont ils faisaient un usage abusif à son égard. Ce qui prouve que Johnson observe la ligne de conduite que son illustre prédécesseur eût suivie sans la balle d'un assassin, c'est qu'il marche d'accord avec le même cabinet qui a secondé si puissamment le grand Lincoln dans sa tâche patriotique.

Une politique d'apaisement est seule capable de cicatriser les plaies profondes que cette guerre civile a causées dans toutes les régions de la grande république, et surtout dans le Sud. Je ne sais le sort qui attend l'ex-chef des rebelles, Jefferson Davis; mais sa récente mise en liberté sous caution, et la longanimité qu'on met à le faire comparaître devant ses juges naturels, donne lieu de croire que le châtiment qui l'attend sera dicté par une grande indulgence. Le mal qu'a fait cet homme est immense; mais comme sa mort ne peut le réparer, mieux vaut le laisser vivre pour expier son crime par le remords.

Avant de nous éloigner de l'Amérique, il est bon de jeter un dernier regard vers la partie sud de ce continent, pour voir les progrès que la race espagnole y a accomplis. On s'explique sans peine le triste contraste que ces vastes et riches régions présentent avec celles occupées par la race anglo-saxonne. En s'éloignant de la grande confédération pour se diriger vers les autres États, on croirait que le vieux monde à fait de ce pays le foyer de son ignorance et de sa routine funeste. Mais, comme je viens de le dire tout à l'heure, il est facile de connaître la cause du tableau affligeant qu'offre l'Amérique, à partir du Mexique jusqu'aux frontières de la Patagonie.

C'est en vain qu'on cherche dans cette immense partie du continent américain des voies de communication d'une certaine importance, soit ferrées, soit ordinaires; des canaux, une marine marchande, un développement agricole guidé par les règles de la science, y sont encore attendus; l'usage de la télégraphie sur une vaste échelle n'y existe pas non plus; toutes ces admirables et utiles inventions sont à peine connues de nom dans l'Amérique du Sud.

Mais, en récompense, la paresse, le fanatisme, l'ignorance, l'immoralité la moins déguisée et la plus pernicieuse, y fleurissent avec une rare exubérance. On reconnaît à tous ces vices que ce beau pays est tombé sous la domination du catholicisme tel qu'il est exercé chez les Espagnols et les Portugais. Les ténèbres et la corruption la plus dégradante sont les éléments qui sont cultivés avec le plus grand soin par le clergé de ces pays, et il en obtient tous les tristes résultats qu'il cherche.

Ce fâcheux état de choses, en se continuant avec tant de ténacité dans l'Amérique du Sud, ne justifie que trop, hélas! les projets d'envahissement que la race anglo-saxonne du Nord nourrit sur le reste du continent, qui ne demande qu'une population laborieuse et intelligente pour donner des richesses incalculables en productions agricoles et autres.

A une époque comme celle à laquelle le monde est arrivé, le peuple qui ne veut pas se donner la peine de tirer parti des avantages que lui offre le pays qu'il occupe, doit être considéré comme un des plus funestes fléaux de l'humanité. C'est à la fois un acte de justice et de châtiment international que de conquérir un pays si mal occupé, pour y implanter une race plus capable de s'acquitter de la mission que Dieu a confiée aux hommes en leur donnant ce globe magnifique comme un héritage éternel, pourvu de tout ce que peut raisonnablement exiger notre existence ici-bas.

Maintenant, nous allons quitter l'Amérique pour retourner en Afrique, voir ce qu'on y faisait pendant que le Nouveau-Monde était le théâtre des grands événements que nous venons d'esquisser.

CHAPITRE V

Ce que faisaient les Arabes pendant que les Européens se réveillaient du sommeil abrutissant du moyen âge.

Pendant que l'Amérique était explorée par les plus intrépides navigateurs européens, l'Algérie était le théâtre de crimes qui faisaient pâlir ceux que les aventuriers espagnols commettaient au Nouveau-Monde. Les Barberousse remplissaient de terreur les eaux de la Méditerranée, et inondaient de sang le sol algérien. Mais comme la force appelle la force, et que le vainqueur d'aujourd'hui est exposé à être le vaincu de demain, le plus fameux des Barberousse succomba pour faire place à ceux qui marchaient sur ses traces en luttant contre sa féroce tyrannie. Dans la défaite qui lui coûta la vie, Haruch Barberousse usa contre les Espagnols, qui étaient au nombre de ses ennemis, d'un stratagème bien capable de lui donner la victoire. En effet, aucun peuple ne s'est montré plus passionné que les Espagnols pour les métaux précieux; et ceux qui poursuivaient Haruch Barberousse, dans sa fuite de Tlemcen à Alger, firent preuve d'un grand désintéressement en dédaignant, au profit de leurs devoirs, les richesses dont le terrible pirate jonchait le chemin qu'il parcourait, afin de gagner assez d'avance sur l'ennemi pour pouvoir franchir une rivière. Ni l'or, ni l'argent, ni les bijoux, ni la vaisselle métallique ne purent retarder la marche des Espagnols; ils atteignirent l'arrière-garde turque du maître d'Alger et tombèrent dessus avec impétuosité. Barberousse, qui était déjà parvenu à passer la rivière, revint intrépidement sur ses pas pour soutenir les siens; mais le courage désespéré dont il fit preuve ne put lui donner la victoire. Il succomba contre le nombre inégal de l'ennemi, ce chef redouté, ainsi que tous ses soldats, jusqu'au dernier.

Le général espagnol, marquis de Gomarez, entra triomphalement dans Tlemcen, avec la tête du forban au bout d'une pique, et remit Abou-Chenneu, son allié, en possession de son royaume.

A cette époque reculée, les Espagnols étaient les plus grands conquérants du monde. Ils cherchaient à s'emparer du nord de l'Afrique, en même temps qu'ils prenaient possession des deux tiers de l'Amérique. Mais les infidèles étaient moins faciles à vaincre que les indigènes des forêts vierges. Après l'expédition que le marquis de Gomarez commandait à Tlemcen, l'Espagne en fit une autre bien plus formidable encore, à la tête de laquelle se trouvait Charles-Quint, l'un des plus grands noms des temps modernes. Il restait un des deux Barberousse pour lutter contre le plus puissant monarque catholique de l'Europe; mais le pirate, sans rien négliger pour se donner la victoire, sut prendre ses mesures pour échapper au sort de son frère : il se retira devant son vainqueur à la dernière heure d'une défaite héroïque. En effet, Khayr-ed-Din Barberousse ne démentit point sa réputation guerrière en se mesurant avec Charles-Quint devant Tunis, car il fit chèrement payer la victoire à son royal adversaire. Mais ce revers de fortune n'empêcha pas le terrible pirate de se revoir deux mois après à la tête d'une flotte qui ravageait les côtes d'Espagne et de Sicile. Il se vengea plus d'une fois de son vainqueur illustre. Un jour, par exemple, il arbore sur ses vaisseaux les couleurs nationales d'Espagne, et se pavoisant comme pour un triomphe, il se présente devant Mahon avec quarante galères qu'il a ramassées en vingt combats. Le gouverneur, trompé par cet appareil, s'imagine que c'est la flotte de Charles-Quint qui rentre dans ses États, au retour de Tunis. Aussitôt toute la ville prend un air de fête, et les cloches s'ébranlent, l'artillerie gronde en signe de joie pendant que les corsaires avancent vers le port. Ils y sont à peine entrés qu'ils s'empressent de se rendre maîtres de toutes les positions, et les habitants apprennent alors avec stupeur qu'ils sont tous esclaves du plus féroce des forbans. Le pillage fut immense; tous les Mahonais, jusqu'au dernier, furent entassés sur les galères de ces bandits et transportés à Alger; aucun de ces infortunés captifs ne fut relâché que contre rançon.

Après sa défaite de Tunis, ce dernier des Barberousse

marcha encore de succès en succès, dans sa criminelle carrière, pendant plus de sept ans. Il vécut ensuite deux ou trois ans en repos au sein des délices de son harem, et il mourut comblé d'honneur et entouré de la considération du sultan. Le tombeau de cet écumeur de mer resta longtemps pour les marins turcs l'objet d'une vénération superstitieuse.

Le triomphe que Charles-Quint avait remporté devant Tunis ne pouvait suffire aux vues de conquête que cet ambitieux souverain avait sur le nord de l'Afrique. Il voulait placer sous sa domination toute la côte africaine, à partir d'Oran jusqu'à Tunis. Le pape Paul III, dont les États avaient beaucoup souffert des dévastations des pirates turcs, invita les princes chrétiens à s'armer contre Alger, et donna à ce projet d'expédition tout l'éclat d'une croisade. Charles-Quint répondit seul à cet appel qu'il avait peut-être provoqué pour dissimuler le vrai motif qui lui faisait accepter une tâche si difficile.

Rien n'avait été négligé pour trouver devant Alger le même succès qui avait couronné l'expédition contre Tunis. L'armée se composait de vingt-cinq mille hommes de débarquement, au nombre desquels on comptait cinq cents chevaliers de Malte et trois mille volontaires des premières familles d'Italie. Grand nombre de seigneurs et de gentilshommes emmenèrent leurs dames et leurs demoiselles dans l'espoir d'obtenir de hautes fonctions dans la conquête qu'on se proposait d'effectuer en Afrique. Fernand-Cortez, célèbre par ses triomphes en Amérique, commandait les troupes de terre. La flotte présentait un effectif de trois cent soixante bâtiments de toute grandeur, parmi lesquels se faisait remarquer la *Réal*, montée par l'empereur, tout éblouissante de dorures et de riches pavillons. Cette flotte était placée sous le commandement d'André Doria.

Ce fut le 29 septembre 1541, que cette expédition imposante mit à la voile avec ordre de se rallier à Majorque. La victoire paraissait assurée d'avance à une entreprise si formidable, à la tête de laquelle se trouvaient les plus fameux guerriers de cette époque. Mais dans les expéditions maritimes, il est un ennemi avec lequel il faut compter d'abord : c'est la tempête, qui brave aussi bien la puissance des plus grands monarques que celle des plus audacieux forbans.

Sans la fureur des flots, il n'est pas douteux qu'Alger eût succombé comme Tunis contre la vaillance des armes de Charles-Quint ; car ce repaire de pirates ne pouvait résister à une attaque si redoutable, n'ayant qu'une simple muraille et une garnison de sept ou huit mille hommes mal armés à lui opposer. Mais en cette circonstance, le triomphe ne fut pas en faveur des plus gros bataillons. L'histoire des luttes humaines ne compte guère de plus grands désastres, que celui que le célèbre conquérant du XVIe siècle a subi sur les plages de l'Algérie.

Quel spectacle navrant de voir cette armée mutilée et la flotte qui la portait dispersée et brisée par la fureur des éléments ! Le courage le plus héroïque ne peut rien contre un ennemi insaisissable, obéissant à la voix de Dieu ; car, autrement, cette expédition eût atteint le but de son entreprise. Fernand-Cortez, qui avait éprouvé au Mexique de terribles péripéties guerrières, voulait qu'on persévérât jusqu'au dernier moment dans la prise d'Alger, avec le restant de la flotte qui avait résisté à la tempête. Cette opinion fut considérée comme un trait de folie, prenant sa source dans un excès de confiance.

L'empereur fut l'un des derniers à s'embarquer, et brava jusqu'au bout la présence d'un corps d'Algériens, qui menaçait de fondre sur l'arrière-garde. Tout semblait conspirer pour aggraver les désastres des chrétiens. Après avoir quitté le cap Matifou, quelques vaisseaux furent poussés par la tempête, et allèrent échouer à peu de distance d'Alger en se brisant. Ces naufrages attirèrent des hordes d'Arabes et de Maures dans le but de massacrer les malheureux naufragés; mais ceux-ci, à l'aspect du danger reprennent courage, se serrent pour faire face à l'ennemi de tous les côtés en lui présentant de longues et redoutables piques, et marchent héroïquement vers la ville en se frayant un passage à travers les masses féroces qui étaient accourues pour les égorger. El-Hassan, prévenu que ces valeureux chrétiens désiraient se rendre à lui, marcha à leur rencontre, et touché de pitié et d'admiration, il leur accorda la vie.

L'empereur était à peine rembarqué sur sa galère royale, qu'il fut obligé de relâcher à Bougie, d'où il ne put repartir que le 23 novembre, pour se diriger sur Majorque, qu'il atteignit après une dangereuse navigation.

Telle fut l'issue de cette entreprise maritime, qui porta le deuil dans un grand nombre des premières familles de l'Europe, et assura, pour plusieurs siècles, l'impunité aux déprédations des forbans algériens.

Les pertes de cette expédition ne furent pas de moins de cent quarante vaisseaux ou galères, de trois cents officiers distingués et de huit mille soldats et matelots, qui périrent dans la tempête ou dans la lutte contre les musulmans. Quant au nombre des prisonniers, il fut si grand que les Algériens manquaient de cachots pour les renfermer; ils poussèrent le mépris envers ces infortunés jusqu'à les donner pour esclaves à raison d'un oignon par tête. Ces barbares répandirent le bruit que l'empereur avait éprouvé un si grand désespoir de cette défaite, qu'il avait jeté sa couronne à la mer dès qu'il avait été rembarqué, en disant: « Que quelque prince plus heureux la retrouve et la porte. » On assure que les renégats espagnols se plaisaient à laisser croire que les rois d'Espagne considéraient depuis lors leur couronne comme perdue; cette histoire se répéta jusqu'à l'arrivée d'événements capables de la démentir par des faits qui attestaient le contraire avec énergie ; c'est-à-dire par la présence souvent répétée des armées espagnoles sur un point quelconque du littoral de l'Algérie.

Le pacha El-Hassan se trouva donc affermi par la victoire que la tempête lui avait donnée contre les chrétiens; et il usa largement de la prépondérance que lui avait fournie les malheurs de Charles-Quint.

Les musulmans, comme tous les peuples barbares qui n'obéissent qu'à la force brutale en la substituant à la justice, ne peuvent vivre en paix avec personne. Il leur faut un ennemi à combattre, et ils le chercheront dans leur propre pays, s'ils ne le trouvent ailleurs. Cette féroce propension de la race musulmane pour la guerre et la rapine, n'a jamais laissé un instant de repos au nord de l'Afrique, durant les douze siècles que ce beau pays est resté au pouvoir des infidèles. L'imagination la plus hardie et la plus habituée aux drames sanglants, ne peut se figurer les crimes qui ont été commis dans cette région favorisée de la nature. Et à la tête de ces monstres à face humaine, il faut placer Ben-Chouker et Tatar, choisis par les Algériens pour être, l'un bey et l'autre dey de Tunis, à la suite d'une guerre contre ce pays. Si ces peuples dénaturés n'eussent été qu'eux-mêmes victimes de leurs goûts sanguinaires, le reste du monde aurait pu s'en consoler, en espérant que leur fureur insatiable finirait par s'éteindre dans leur propre sang, ou par les absorber ; mais l'Europe avait toujours les regards tournés vers le Levant pour voir si les sectaires de Mahomet ne se rueraient pas sur elle pour la plonger dans le plus affreux des esclavages.

Charles-Quint ne laissait pas échapper l'occasion de venger, dans une mesure quelconque, ses désastres devant Alger, et les insultes que cet échec lui valait de la part de ses cruels vainqueurs ; mais une résistance plus énergique était indispensable pour intimider un ennemi qui ne vivait que de rapines exercées sur les eaux et le littoral de la Méditerranée au préjudice des chrétiens.

Si les nations européennes eussent voulu se prêter un concours mutuel contre ces hordes de brigands, elles fussent parvenues bien vite à les mettre dans l'impossibilité de se livrer à leurs déprédations avec impunité, comme ils faisaient. Mais une basse jalousie internationale empêcha toujours cette entente d'avoir lieu parmi les souverains des puissances chrétiennes. Elles préféraient s'incliner devant l'arrogante autorité de ces pirates, de leur payer des rançons dégradantes, que de se réunir contre eux pour les châtier assez vigoureusement pour n'avoir plus à craindre leurs méfaits. Il fallait qu'elles fussent abreuvées d'outrages pour que de temps à autre il se fît une expédition isolée dans les eaux de la Méditerranée, pour rendre un peu de sécurité à la navigation de cette mer intérieure. Ce fut ainsi que le brave Duquesne bombarda Alger au nom de la France; que les Danois y envoyèrent une expédition, puis les États-Unis, puis l'Angleterre; et enfin la France y revint pour mettre un terme à l'humiliante servitude que le monde chrétien subissait encore en 1830 de la part de ce repaire de bêtes féroces qui, depuis des siècles, avaient jeté dans le plus horrible esclavage des Européens par centaines de mille, parmi lesquels ont figuré les Cervantès, saint Vincent de Paul et notre illustre Arago; c'est-à-dire la triple personnification de la gloire des lettres, de la vertu et de la science transcendante.

Voilà où en étaient encore les Algériens il y a trente ans, et où ils en sont encore aujourd'hui, ainsi que toute la race musulmane, comme l'attestent les derniers massacres de Syrie, et ce qui se passe journellement sur un point quelconque de l'empire turc. Comment se fait-il que le progrès et la civilisation n'aient pu se faire accepter par les sectaires de Mahomet comme par les chrétiens? Poser cette question, c'est la résoudre. Quand un culte foule aux pieds les divins préceptes qui formulent la raison d'être de l'humanité sur cette terre, il est maudit de Dieu ; et, conséquemment, ne peut moins faire que de conduire au néant les peuples qui le pratiquent en dépit des exemples que leur offrent les nations, qui acceptent la vérité enseignée par la sagesse ordonnant la fraternité parmi les hommes.

Le christianisme, pratiqué dans sa pureté primitive, est la seule religion qui défie la critique de la raison humaine; car elle est conforme à tous les besoins du cœur et de l'âme. Dans le christianisme, l'homme trouve tous les éléments moraux sur lesquels reposent le bonheur de ce monde, et les promesses des félicités de la vie éternelle. En ce monde, le christianisme ordonne à l'homme d'aimer son prochain comme lui-même; de ne faire à autrui que ce qu'il voudrait qu'il lui fût fait à lui-même; de travailler sans cesse à vaincre ses mauvaises propensions au profit de la vertu ; de repousser les vaines grandeurs, parce qu'elles étouffent les nobles qualités qui conduisent le monde vers le but glorieux que Dieu lui commande d'atteindre. Le christianisme flétrit l'esclavage de l'homme par l'homme ; il prêche l'indulgence, la tolérance et la charité. La femme fut réhabilitée par le Christ, et les peuples qui lui refusent la place distinguée qui lui appartient dans la grande famille humaine, se reconnaissent par l'état d'infériorité qu'ils présentent avec les nations qui n'ont pas à se reprocher cette iniquité monstrueuse.

Mahomet a dit : « Le paradis est à l'ombre des glaives. La guerre est dans le sang des Arabes. Travailler est une honte pour un musulman. »

Avec de tels préceptes, les peuples qui les observent arrivent infailliblement à la dégradation où sont tombés les sectaires du plus grand coupable des imposteurs religieux.

Ce serait en vain qu'on chercherait parmi les plus vertueux musulmans, des hommes comparables aux Pères primitifs de l'Eglise chrétienne. L'Afrique est aussi fière d'avoir donné le jour à saint Cyprien et à saint Augustin, qu'elle est outragée d'avoir été conquise et occupée par les adeptes du prophète, qui a plongé tant de millions d'hommes dans le gouffre de l'ignorance. La captivité de saint Paulin suffit pour convaincre de la beauté divine du culte chrétien, et de sa supériorité morale sur toutes les autres doctrines. Je ne puis faire moins que de rendre hommage ici à la conduite évangélique de ce ministre du ciel, en rapportant la cause de sa captivité, bien qu'elle puisse être purement légendaire dans les détails.

Saint Paulin était né à Bordeaux, d'une famille consulaire, vers le milieu du vi^e siècle. Il eut pour maître de poésie et d'éloquence, le célèbre poëte latin Ausone de la même ville, et précepteur de l'empereur Gratien, homme savant et d'un esprit élevé. Saint Paulin fit l'admiration de son siècle, et ses panégyristes figurent parmi les plus illustres Pères des l'Église, ses contemporains.

Nommé évêque de Nole, dans le royaume de Naples, cet homme de bien ne vit dans les honneurs de l'épiscopat qu'un motif de plus de pratiquer la charité et l'humilité, deux vertus qui doivent toujours former le fond de la conduite des vrais chrétiens. Il poussait si loin l'amour du prochain et l'abnégation de soi-même, qu'une pauvre veuve lui ayant demandé des secours pécuniaires pour racheter son fils esclave du gendre de Genseric, et se trouvant sans ressources par suite de l'inépuisable charité qu'il pratiquait, il s'offrit de remplacer le captif. Pour accomplir cet acte de sublime dévouement, il fit les dispositions nécessaires pour que l'administration de son diocèse ne souffrît pas trop de son absence.

Voici comment saint Grégoire le Grand rapporte ce trait

admirable de charité, dans le livre troisième de ses Dialogues :

« La partie de l'Italie, connue sous le nom de Campanie, ayant été ravagée par les Vandales, et un grand nombre de ses habitants emmenés sur la terre d'Afrique, Paulin, homme de Dieu, distribua aux captifs et aux indigents tout ce qu'il pouvait avoir à l'usage même de son ministère épiscopal. Déjà il ne lui restait absolument rien de ce qu'il pût donner, lorsqu'une veuve se présenta, lui exposant que le gendre du roi des Vandales avait emmené son fils en esclavage, et suppliant l'homme de Dieu de lui payer sa rançon, si toutefois son maître daignait l'accepter et permettre à son fils de regagner ses foyers. Mais l'homme de Dieu, cherchant ce qu'il pourrait donner à cette femme qui le sollicitait vivement, ne trouva rien chez lui-même, et s'adressant à la mère en pleurs :

« Femme, dit-il, je n'ai rien à vous donner, mais prenez ma propre personne, regardez-moi comme vous appartenant; et, pour recouvrer votre fils, livrez-moi à sa place. »

» Dans les paroles sorties de la bouche d'un tel homme, elle s'imagina qu'il y avait plus de moquerie que de pitié ; mais comme Paulin était très-éloquent, il eut bientôt persuadé cette femme, qui n'osait le croire. Ils se dirigèrent donc ensemble vers l'Afrique, et là, attendant au passage le gendre du roi qui était possesseur de son fils, la pauvre veuve le supplia d'abord de le rendre à sa tendresse maternelle. Alors la veuve ajouta : « Voici un homme que je vous
» offre pour le remplacer, soyez donc assez compatissant
» pour me rendre mon fils unique. »

» Le Vandale, voyant un si bel homme, lui demanda quel métier il savait. L'homme de Dieu répondit : « Je ne sais
» aucun métier, mais je sais bien cultiver un jardin. » Le Vandale fut content ; et, l'acceptant en échange, il remit en liberté le fils de la veuve, qui repartit d'Afrique avec lui.

» Paulin se mit donc au jardinage. Le gendre du roi venait souvent le visiter dans ses promenades, et trouvant dans sa conversation un charme irrésistible, il commença à délaisser ses amis.

» Paulin avait coutume de porter tous les jours des légumes à la table de son maître, et de retourner à son travail après avoir reçu un morceau de pain.

» Un jour, il dit à son maître : « Voyez ce que vous avez
» à faire dans l'intérêt du trône, parce que le roi va bientôt
» mourir. » Comme le roi et son gendre étaient fort amis, celui-ci n'hésita pas à lui apprendre ce que lui avait dit son jardinier, dont la sagesse était grande. Le roi répondit aussitôt : « Je veux voir cet homme dont tu me parles ; » et le maître du vénérable Paulin repartit : « A tous les repas, il
» a l'habitude de me servir des légumes ; venez donc si vous
» voulez connaître celui qui m'a parlé de la sorte. »

» Et le roi s'étant mis à table pour dîner, Paulin arriva, apportant des légumes et des verdures.

» Le roi l'ayant subitement aperçu, trembla et dit à son gendre : « Ce qu'il t'a dit est vrai, car cette nuit, en songe, j'ai
» vu des juges assis sur leur tribunal pour me juger, et
» parmi eux siégeait cet homme, et ils me faisaient enlever
» le sceptre. Mais informe-toi qui il est, car je ne pense
» pas qu'un personnage de ce mérite soit un homme du
» peuple. »

» Alors le gendre du roi prit Paulin en particulier, et le questionna sur sa condition. L'homme de Dieu lui répondit : « Je suis votre esclave, celui que vous avez accepté pour rem-
» placer le fils de la veuve. » Et comme le Vandale insistait vivement pour savoir, non pas qui il était, mais ce qu'il avait été dans son pays, l'accablant de questions pressantes, l'homme de Dieu, ne pouvant plus rien déguiser, déclara qu'il était évêque.

» A cet aveu, le Vandale, saisi de crainte, lui dit humble-

ment : « Demandez ce que vous voudrez, et retournez dans
» votre patrie chargé de présents. »

» Il n'est qu'un bienfait que vous puissiez m'accorder, »
reprit l'homme du Seigneur, « c'est de relâcher tous les es-
» claves de mon diocèse. »

» Le gendre du roi les fit aussitôt chercher sur toute la
terre d'Afrique, et ils furent renvoyés, en compagnie du vénérable Paulin, sur des vaisseaux chargés de blé.

» Peu de jours après, le roi des Vandales mourut, et il
arriva ainsi que le serviteur du roi tout-puissant, après s'ê-
tre rendu volontairement esclave pour un temps, à l'exemple de son divin maître, recouvra la liberté avec un grand
nombre des siens. »

Cet épisode de la vie de saint Paulin, est affirmé par saint
Grégoire, qui dit le tenir d'anciens dignes de foi.

Les premiers chrétiens pratiquaient le nouveau culte avec
une ferveur, une sincérité qui leur faisait accomplir des actions sublimes comme des choses appartenant au domaine
des devoirs ordinaires. Le christianisme est le même encore
aujourd'hui qu'à son origine; mais les chrétiens ne sont
plus les mêmes qu'alors. Les préceptes enseignés et laissés
par l'Homme-Dieu n'ont point changé; ils commandent toujours et avec la même force de vérité, de pratiquer la vertu
et de repousser le vice; mais comme les princes de l'Église
sont souvent les premiers à méconnaître les divines doctrines qu'ils ont mission de respecter, d'abord pour les mieux
faire observer aux fidèles, ce relâchement sacerdotal donne
le fruit qu'on doit recueillir de l'oubli des plus sacrés devoirs de ce monde. Ce serait en vain, de nos jours, qu'une
pauvre veuve attendrait la délivrance de son fils esclave,
en le voyant remplacer par un membre de l'épiscopat, qui,
faute d'argent, n'hésitât pas à donner sa personne pour
rançon !

Si nous voulons faire triompher le monde moral des pernicieuses propensions qui nous font préférer le mal au bien, et qui nous rabaissent au niveau de la brute en nous rendant les esclaves de jouissances abrutissantes, si nous voulons, dis-je, que le monde moral reprenne la place que lui a ravie le matérialisme chez les peuples qui sont à la tête de la civilisation, il faut nous laisser guider par les grands préceptes du christianisme, dégagés de toutes les *fioritures* sacriléges dont ils ont été mélangés pour favoriser de coupables ambitieux, ne voyant dans une religion divine que les moyens de servir puissamment les intérêts matériels en les couvrant du manteau sacré de ministres du ciel. Oui, quand les gens de bien, *quoique pauvres*, seront seuls honorés de la considération publique, le nombre des gens vicieux diminuera de plus en plus en se voyant rabaissés au bas de l'échelle sociale, sans qu'on leur tienne compte de la fortune qui donne maintenant toutes les qualités requises pour pouvoir occuper le sommet de la société.

Les méfaits des chrétiens sont tous condamnés par leur culte, au lieu que ceux des musulmans sont presque tous la conséquence forcée de la stricte observation de leur religion. Tous ceux qui ne s'inclinent pas devant le croissant, ne comptent pour rien dans la famille humaine, aux yeux d'un sectaire de Mahomet; mais le vrai chrétien ne cesse jamais de voir un frère dans celui qui refuse de reconnaître la croix comme le symbole d'un culte rédempteur de l'homme égaré dans le chemin de la vie. Cette seule différence entre ces deux religions, suffit pour ne pouvoir établir entre elles aucun rapprochement, car l'une a pris naissance dans un génie malfaisant, cherchant à mettre le monde à ses pieds en le plongeant dans l'esclavage pour en faire un piédestal à sa funeste ambition; tandis que l'autre révèle sa source régénératrice par une mansuétude inépuisable, appelant à elle tous les hommes avec une bonté inaltérable, bénissant ceux qui la repoussent comme ceux qui l'acceptent avec sincérité, et plaignant avec une douleur affectueuse ceux qui la profanent et la trahissent par l'hypocrisie.

Il n'y a donc aucune comparaison à faire entre le christianisme et le mahométisme. Aussi ce serait en vain qu'on chercherait parmi les sectaires de ce culte intolérant et cruel, des actes sublimes de charité comme celui accompli par le pieux évêque de Nole, saint Paulin.

Jamais la terre n'a porté un plus funeste ambitieux que Mahomet, puisque son œuvre avait pour but de faire un immense troupeau de bipèdes de la famille humaine. L'esprit de l'homme, en observant ce culte pervers, doit se consumer à vénérer un imposteur, sans oser s'élever au-dessus des doctrines absurdes qui lui sont imposées pour le retenir dans l'ignorance, qui favorise l'esclavage en étouffant la raison qui le combat sans cesse. Il n'est donc pas étonnant de voir le brigandage régner encore dans tous les pays occupés par les musulmans, et d'y voir repousser l'approche du progrès civilisateur avec une résistance invincible. Le culte de Mahomet ressemble aux oiseaux nocturnes, il ne peut braver l'éclat de la lumière.

Pendant que l'Europe déchirait les ténèbres du moyen âge en adoucissant ses mœurs par la culture intellectuelle, en améliorant ses institutions, en développant sa prospérité à l'aide de nouvelles industries, de voies de communication créées par terre et par eau, en redoublant de soins dans le travail agricole ; pendant que l'Europe se laissait ainsi guider dans sa marche par la voix du progrès, les musulmans se cramponnaient plus que jamais au char de la barbarie, auquel les enchaîne leur foi mensongère ; et c'est pour cela que cette belle Algérie était aussi sauvage quand nous y sommes venus en 1830, que du temps que les Phéniciens y vinrent jeter les germes d'une colonie primitive. Nous y trouvâmes partout le brigandage exercé avec la rage des bêtes fauves dont le pays n'est encore que trop bien pourvu ; la sécurité n'existait pour personne, sans en excepter les tyrans qui régnaient sur ces hordes de bandits ; les voies de communication y étaient inconnues, et le sol était à peine assez cultivé pour donner les aliments indispensables à ces peuplades dégénérées, au niveau de la brute. Les plus importantes cités n'étaient composées que d'un groupe de cloaques, où se trouvaient quelques demeures bizarrement somptueuses, occupées par les premiers personnages du pays. Les ruelles qui servaient de rues étaient d'une malpropreté repoussante, comme les gens qui les habitaient. Hors des villes, il n'y avait que des huttes du plus misérable et grossier aspect, où la vermine grouillait et grouille encore comme les fourmis au sein d'une fourmilière. Si cet état de choses s'est changé dans les villes depuis notre conquête, il n'a subi aucune modification chez l'Arabe des campagnes, faisant partie du peuple; et ceux qui voudront s'en assurer, n'auront qu'à demander l'hospitalité dans une de ces huttes qu'on nomme *gourbi* en langue arabe. Je ne pense pas qu'il y ait sur terre des gens plus sales que les indigènes de l'Algérie. Cependant ils suivent un culte qui commande les ablutions plusieurs fois par jour comme article de foi. Ces ablutions consistent pour les fidèles, à se mouiller le visage, les mains et les pieds ; ce qui n'empêche pas ces diverses parties du corps de se montrer toujours d'une malpropreté extrême. Voilà donc le peuple d'élite que Mahomet a créé en lui prédisant que le règne du monde lui était réservé ! Il est heureux pour nous que Dieu n'ait pas cru devoir sanctionner la promesse de l'imposteur, qui se donnait comme son prophète ; la preuve, c'est que l'Algérie appartient aujourd'hui à la France, et que le chef des musulmans ne peut se maintenir sur son trône qu'avec l'appui des grandes puissances européennes.

On ne pourrait s'expliquer comment ce nid de pirates a pu insulter l'Europe, ravager son commerce méditerranéen avec une impunité si outrageante pour les premières nations du monde, jusque dans ces derniers temps, si l'on ne savait pas, comme je l'ai dit plus haut, que cet état de choses prenait sa source dans une basse jalousie internationale. En effet, toutes les puissances civilisées souffraient plus ou moins des déprédations causées par la piraterie barbaresque; mais s'il s'agissait entre elles d'aviser aux moyens de mettre un terme à ce brigandage maritime, elles ne pouvaient plus s'accorder, par suite des sentiments de jalousie qu'elles nourrissaient les unes contre les autres, relativement à l'accroissement de la prépondérance de chacune, et des avantages qui concernaient leurs intérêts particuliers. Pour empêcher la France d'exercer dans le Levant toute l'influence politique que lui permet sa position géographique, les autres nations, ses alliées, préféraient s'humilier devant les forbans en leur payant des rançons considérables, mais ne les empêchaient pas d'exercer leurs méfaits contre ceux qui croyaient s'en préserver par des redevances d'autant plus blessantes pour la dignité d'un peuple civilisé, qu'elles sanctionnaient une monstrueuse iniquité, c'est-à-dire le crime reconnu comme un droit. Et la France subissait ce même outrage, faute d'oser se mettre au-dessus de l'assentiment international qu'on lui refusait pour accomplir un acte que recommandait impérieusement la cause sacrée de la justice au nom du progrès et de la civilisation. Il a fallu que l'insolence musulmane allât jusqu'à lui infliger la dernière des insultes dans la personne de son représentant, pour qu'elle se déterminât, cette France héroïque, à venger toutes les violences dont elle avait été victime depuis tant de siècles, de la part de cette race féroce et exécrée. La prise d'Alger forme la plus belle page historique de la Restauration, et le peuple français ne doit pas négliger de tirer tous les avantages que cette conquête lui offre. La possession d'un pays aussi vaste et aussi fertile que l'Algérie, exercera une influence prodigieuse sur les futures destinées de la France, en augmentant, dans une si grande mesure, ses ressources nationales, et en lui assurant l'empire de la Méditerranée.

Le débarquement de l'armée française, à Sidi-Ferruch, la bataille de Staouéli et la chute du fort l'Empereur, formulèrent la prise d'Alger d'une glorieuse manière. Ces heureux événements resteront à jamais gravés dans les souvenirs de la postérité la plus reculée, en lui rappelant que ce fut seulement à partir de ce jour que le monde civilisé recouvra en Orient sa dignité et son indépendance, en usant de la supériorité qui le distingue de la plus odieuse des barbaries, qui a la prétention de se croire au sommet des nations.

Je ne pense pas sortir du cadre de mon travail en rapportant ici la scène émouvante qui s'est passée dans la Casbah, quand on y donna connaissance du traité que les vainqueurs imposaient aux vaincus. Ce récit montre le fond du caractère des hommes qui gouvernaient ce beau pays. Je laisse la parole à M. Brassewitch, interprète de l'armée française, et chargé d'expliquer au dey le sens des articles du projet de traité.

« Dans l'après-midi du quatre juillet, j'étais, dit-il, auprès du général en chef, quand Bouderbah et Sidi-Mustapha, vinrent y demander à traiter au nom du dey. On ne s'accordait pas sur l'*ultimatum* du général en chef; il fallait quelqu'un qui se dévouât pour aller l'intimer au dey au milieu de son divan. Si c'eût été une mission, on n'eût pas manqué d'officiers pour la solliciter; mais il fallait un interprète, et personne ne s'offrait : on jouait sa tête dans cette ambassade. J'avais traité avec Mourad-Bey, dans la campagne d'Égypte ; je trouvais piquant de traiter avec Hussein, dans celle d'Afrique; je m'offris et on m'accepta. En arrivant à la porte Neuve, qu'on n'ouvrit qu'après beaucoup de difficultés, je me trouvai au milieu d'une troupe de janissaires en fureur : ceux qui me précédaient avaient peine à faire écarter devant moi la foule de Maures, de Juifs et d'Arabes qui se pressaient à nos côtés, pendant que je montais la rampe étroite qui conduit à la Casbah ; je n'entendais que des cris d'effroi, de menaces et d'imprécations, qui retentissaient au loin, et qui augmentaient à mesure que nous approchions de la place. Ce ne fut pas sans peine que nous parvînmes aux remparts de la citadelle ; Sidi-Mustapha, qui marchait devant moi, s'en fit ouvrir les portes, et elles furent, après notre entrée, aussitôt refermées sur les flots de la populace qui les assiégeaient. La cour du divan, où je fus conduit, était remplie de janissaires ; Hussein était assis à sa place accoutumée, il avait, debout, autour de lui, ses ministres et quelques consuls étrangers. L'irritation était violente ; le dey me parut calme, mais triste. Il imposa silence de la main, et tout aussitôt me fit signe de m'approcher, avec une expression très-prononcée d'anxiété et d'impatience. J'avais à la main les conditions du général en chef, qui avaient été copiées par M. Denniée sur la minute du général Desprez, écrites sous la dictée de M. de Bourmont. Après avoir salué le dey, et lui avoir adressé quelques mots respectueux sur la mission dont j'étais chargé, je lus en arabe les articles suivants, que je m'efforçai de rendre du ton le plus rassuré possible :

» 1° *L'armée française prendra possession de la ville d'Alger, de la Casbah et de tous les forts qui en dépendent, ainsi que de toutes les propriétés publiques, demain, 5 juillet 1830, à neuf heures du matin (heure française).*

» Les premiers mots de cet article excitèrent une rumeur sourde, qui augmenta quand je prononçai les mots : à neuf heures du matin ; un geste du dey réprima ce mouvement d'humeur. Je continuai : 2° *La religion et les coutumes des Algériens seront respectées, aucun militaire ne pourra entrer dans les mosquées.* Cet article excita une satisfaction générale. Le dey regarda toutes les personnes qui l'entouraient comme pour jouir de leur approbation, et me fit signe de continuer : 3° *Le dey et les Turcs devront quitter Alger dans le plus bref délai.* A ces mots, un cri de rage retentit de toutes parts ; le dey pâlit, se leva et jeta autour de lui des regards inquiets ; on n'entendait que ces mots répétés avec fureur par tous les janissaires : *Et mouth ! et mouth !* (la mort ! la mort !). Je me retournai au bruit des yatagans et des poignards qu'on tirait des fourreaux, et je vis leurs lames briller au-dessus de ma tête. Je m'efforçai de conserver ma tête ferme, et je regardai fixement le dey. Il comprit l'expression de mon regard, et prévoyant les malheurs qui allaient arriver, il descendit de son divan, s'avança d'un air furieux vers cette multitude effrénée, ordonna le silence d'une voix forte, et me fit signe de continuer. Ce ne fut pas sans peine que je fis entendre la suite de l'article, qui ramena un peu le calme : *On leur garantit la conservation de leurs richesses personnelles ; ils seront libres de choisir le lieu de leur retraite.*

» Des groupes se formèrent à l'instant dans la cour du divan ; des discussions vives et animées avaient lieu entre les officiers turcs ; les plus jeunes demandaient à défendre la ville. Ce ne fut pas sans peine que l'ordre fut rétabli, et que l'aga, les membres les plus influents du divan, et le dey lui-même, leur persuadèrent que la défense était impossible, et qu'elle ne pourrait amener que la destruction totale d'Alger et le massacre de la population. Le dey donna l'ordre que les galeries de la Casbah fussent évacuées, et je restai seul avec lui et ses ministres. L'altération de ses traits était visible. Sidi-Mustapha lui montra alors la minute de la convention que le général en chef nous avait remise, et dont presque tous les articles lui étaient personnels, et réglaient ses affaires particulières. Elle devait être échangée et ratifiée le lendemain matin avant dix heures. Cette convention fut longuement discutée par le dey et par ses ministres; ils montrèrent dans la discussion des articles et dans le choix des mots, toute la défiance et la finesse qui caractérisent les Turcs dans leurs transactions. On peut apercevoir, en la lisant, les précautions qu'ils prirent pour s'assurer les garanties désirables; les mots et les choses y sont répétés à dessein et avec affectation; et toutes ces répétitions, qui ne changeaient rien au sens, étaient demandées, exigées ou sollicitées avec les plus vives instances de la part des membres du divan.

» Sidi-Mustapha copia en langue arabe cette convention, et la remit au dey avec le double en langue française, que j'avais apporté. Comme je n'avais pas mission de traiter, mais de traduire et d'expliquer, je demandai à retourner vers le général en chef, pour lui rendre compte de l'adhésion du dey, et de la promesse que l'échange des ratifications serait fait le lendemain matin. Hussein me parut très-satisfait de la conclusion de cette affaire. Pendant que ses ministres s'entretenaient entre eux sur les moyens à prendre pour l'exécution de la capitulation, le dey se fit apporter, par un esclave, un grand bol de cristal, rempli de limonade à la glace. Après en avoir bu, il me le présenta, et je bus après lui. Je pris congé : il m'adressa quelques paroles affectueuses, et me fit reconduire jusqu'aux portes de la Casbah par le *bachi-chiaoux* et par Sidi-Mustapha. Ce dernier m'accompagna, avec quelques janissaires, jusqu'en dehors de la porte Neuve, à peu de distance de nos avant-postes.

» Je revins au quartier général avec une fièvre nerveuse, suite des émotions violentes que je venais d'éprouver pendant plus de deux heures ; et je ne fus pas du nombre des personnes qui se rendirent le lendemain matin, à la Casbah, pour prendre les derniers arrangements sur la reddition des postes de la ville, des forts et de la citadelle. Cette mission fut confiée à M. de Trélan, premier aide de camp du général en chef, et à MM. Lauxerrois et Huder, interprètes. On leur adjoignit le colonel Bartillat, qui remplissait les fonctions de commandant du quartier général. »

A cet intéressant récit, il faut ajouter que son auteur ne survécut que peu de temps à la violente émotion qu'il avait éprouvée dans l'accomplissement de sa périlleuse mission. Il s'en acquitta avec autant de courage que de dignité, et son dévouement mérite bien de prendre place parmi les actions héroïques qui rehaussent encore la gloire de cette patriotique expédition.

Voici quels furent les termes définitifs du traité :

CONVENTION

entre le général en chef de l'armée française et S. A. le dey d'Alger.

Le fort de la Casbah, tous les autres forts qui dépendent d'Alger et le port de cette ville, seront remis aux troupes françaises, le 5 juillet, à dix heures du matin (heure française).

Le général en chef de l'armée française s'engage, envers S. A. le dey d'Alger, à lui laisser sa liberté et la possession de toutes ses richesses personnelles.

Le dey sera libre de se retirer avec sa famille et ses richesses particulières dans le lieu qu'il fixera ; et, tant qu'il restera à Alger, il y sera, lui et sa famille, sous la protection du général en chef de l'armée française.

Une garde garantira la sûreté de sa personne et celle de sa famille.

Le général en chef assure à tous les soldats de la milice les mêmes avantages et la même protection.

L'exercice de la religion mahométane restera libre.

La liberté des habitants de toutes les classes, leur religion, leurs propriétés, leur commerce et leur industrie, ne recevront aucune atteinte. Leurs femmes seront respectées.

Le général en chef en prend l'engagement sur l'honneur.

L'échange de cette convention sera fait avant dix heures, ce matin, et les troupes françaises entreront aussitôt après dans la Casbah, et successivement dans tous les forts de la ville et de la marine.

Au camp devant Alger, le 5 juillet 1830.

Hussein-Pacha. — Comte de Bourmont.

Ce fut ainsi que la France mit un terme à la dégradante servitude que le monde civilisé subissait de ce nid de forbans. Il s'en est peu fallu que ces orgueilleux barbares ne couronnassent leur défaite par l'assassinat de l'homme chargé de leur interpréter les généreuses conditions que leur imposaient les vainqueurs; bien généreuses, en effet, en présence des cadavres mutilés de notre armée dont les fossés de la ville étaient remplis. Voilà le sort affreux que trouvaient nos soldats en tombant au pouvoir de ces maîtres de l'Algérie.

Des têtes séparées du corps, des membres épars, des cadavres traversés par des crochets, souillés de boue et de sang, livrés à des insultes révoltantes de sacrilége, étaient les trophées que ces misérables offraient en spectacle à la multitude avec nos braves soldats qu'ils prenaient dans les combats.

Aujourd'hui encore, l'Arabe ne comprend pas les grandeurs de la générosité envers les vaincus. Pour lui, les actes de cette nature sont considérés comme de la faiblesse. Il ne respecte que la force brutale qui l'oblige à s'incliner devant elle par de sévères châtiments.

Il est permis de dire que jamais la civilisation n'avait pénétré dans cette belle région de l'Afrique d'une manière plus conforme aux nobles principes qui font sa puissance invincible. Le jour où l'armée française s'est rendue maîtresse de la ville d'Alger, doit rester à jamais dans les plus glorieux souvenirs de notre nation ; car, de ce jour-là, les portes du progrès se sont ouvertes à deux battants sur ce vaste continent, et tout fait espérer que les obstacles qui entravent encore son essor, iront sans cesse en s'affaiblissant, pour disparaître un jour complétement.

Je ne dois pas omettre de parler de la première compensation matérielle que la prise d'Alger a fournie à l'expédition des vainqueurs. Ce détail ne manque pas d'intérêt pour les lecteurs sérieux.

Dès le lendemain de l'entrée des troupes françaises à Alger, on procéda à la reconnaissance des valeurs du trésor de la Casbah. La commission des finances fut mise en rapport avec le khazenadji, par l'un des interprètes de l'armée. Ce fonctionnaire déclara que le trésor était demeuré intact, qu'il n'avait jamais existé de registres constatant ni les recettes, ni les dépenses faites par le trésor de la Régence. Les versements de fonds s'opéraient sans qu'aucun acte en constatât l'objet ou l'importance. Les monnaies d'or étaient entassées pêle-mêle, sans acception de valeur, de titre, ni d'origine. Les sorties de fonds ne s'opéraient jamais que sur une décision du divan ; le dey, lui-même, ne pouvait pénétrer dans le trésor qu'accompagné du khazenadji.

Après ces déclarations de ce fonctionnaire, il conduisit la commission dans les salles où était renfermé le trésor. La première ne contenait que des boudjoux, monnaie algérienne de 3 francs 60 cent., pour une somme de 300,000 francs environ. La commission pénétra ensuite dans une salle où étaient placés trois coffres formant des banquettes. Ces coffres contenaient encore des boudjoux, de la monnaie de billon, et l'un d'eux des lingots d'argent. Trois portes également espacées, s'ouvrant au moyen d'une même clef, formaient trois pièces obscures, coupées, comme la première salle, par des compartiments en bois.

La pièce du milieu renfermait des monnaies d'or, jetées pêle-mêle, valant de 3 francs 80 cent., comme le roboxsoltani, jusqu'à 168 francs, comme la double-quadruple du Mexique. Là, se trouvait une somme d'environ 24 millions en or.

Les deux caveaux latéraux renfermaient, l'un des mokos ou piastres du Portugal, le second des piastres fortes. Il y avait en argent à peu près la même somme qu'en or, c'est-à-dire 24 millions de francs.

La prise de possession de ces valeurs se fit avec toute la publicité que comportait une opération si délicate. Ce trésor, s'élevant à la somme totale de 47,639,010 francs 84 cent., fut pesé et non compté, ce qui eût été impraticable. Cette opération eut lieu par les soins d'officiers d'état-major et de la trésorerie, sous la surveillance de la commission des finances. Les caisses étaient fermées et clouées par une douzaine de sous-officiers d'artillerie, sous les yeux de l'autorité dont il vient d'être parlé.

Ces caisses, ficelées et cachetées, recevaient une série de numéros d'ordre et étaient placées méthodiquement dans l'un des caveaux, d'où elles ne sortaient que pour être transportées au port par des militaires de corvée, commandés par des officiers, et sous la conduite du payeur général et des agents de la trésorerie.

Comme on le voit, la reconnaissance de ce trésor et sa translation en France, se sont effectuées avec toute l'intégrité dont il convient d'user en pareil cas chez une nation civilisée.

On pensait que le trésor de la Régence algérienne était plus riche. Il paraîtrait que, depuis vingt ans, les dépenses

avaient toujours excédé les recettes de quelques millions.
Cela tenait soit à la diminution de la piraterie, soit aux
constructions énormes qu'on avait faites au port, à la suite
du bombardement de lord Exmouth. Ces déficits étaient
exprimés par les Algériens en ces termes : « Il fut un
temps où le puits d'Ali débordait d'or; ensuite, il fallut se
baisser beaucoup sur la margelle pour l'atteindre, et il
arriva qu'on n'y put puiser qu'à l'aide d'une longue
échelle. »

Dans l'endroit où se fabriquait la monnaie, la commission reconnut qu'il y avait des lingots pour 25 à 30 mille
francs. On ferma les portes de cette pièce, et des sentinelles y furent placées. Mais, pendant la nuit, tous les lingots furent enlevés par un trou pratiqué dans le mur, du
côté opposé où se trouvait le factionnaire. Les auteurs de ce
vol n'ont pu être découverts. Cette soustraction a donné
lieu à cette opinion erronée, qui prétendait que le trésor de
la Régence avait été l'objet d'une coupable dilapidation.
La preuve du contraire se trouve bien établie maintenant.

La Casbah renfermait aussi une quantité incroyable de
marchandises. Le dey était le principal négociant de l'Algérie. Il prélevait sur toutes les cargaisons qui arrivaient à
Alger une remise en nature, s'élevant de 5 à 10 pour 100.
On trouva dans ses magasins des amas de laine, de peaux,
de cuirs, de cire, de plomb, de cuivre, de blé, de sucre, etc.

Enfin, voici quel fut le résultat matériel de la prise d'Alger, établi d'après des documents officiels et irrécusables :

Les frais extraordinaire de l'expédition (marine, guerre
et finance) se sont élevés, pour 1830 (conquête et occupation), à la somme de 49,107,433 francs 80 cent. Mais de
cette somme il faut déduire, pour la valeur des approvisionnements qui n'ont pas été consommés et qui ont accru
le matériel de la guerre et de la marine pour les années
suivantes, environ 10 millions. Reste donc, pour le chiffre

réel de la dépense, 39,107,433 francs 80 cent. Or, la conquête ayant produit 54,737,357 francs 41 cent., en comprenant le montant du trésor, les marchandises en nature, le matériel de guerre et de la marine, l'excédant se trouve être de 15,629,923 francs 61 cent. Cette balance de compte ne manque pas d'intérêt à l'époque où elle est donnée ici.

CHAPITRE VI

Fertilité du sol, productions agricoles et salubrité du climat de l'Algérie.

La fertilité de cette colonie est si évidemment établie par l'histoire ancienne, qu'il est impossible de la contester. Cependant il s'est trouvé un grand nombre de personnes, en France, assez aveuglément hostiles à cette belle possession pour lui refuser les avantages exceptionnels qu'elle offre à sa métropole. Les adversaires de l'Algérie ont soutenu, jusqu'à ce jour, que cette partie de l'Afrique possédait un climat aussi insalubre qu'un sol improductif. Cette opinion ne serait même pas soutenable, si elle ne voulait parler que de la fertilité de la terre du littoral; car sa production agricole est déjà assez importante pour réfuter une si grossière erreur.

Les terrains calcaires composent la presque totalité du sol et du sous-sol de l'Algérie, et il est bien reconnu que cette nature de terrain est une des plus fertiles. Il n'y a de supérieur en qualité que les terres d'alluvion; et la colonie en possède d'immenses étendues qui forment les plaines nombreuses qui se déroulent entre les chaînes de ses montagnes. Telles sont les plaines du Sig, de l'Habra, de la Mina, dans la province d'Oran; du

Chélif et de la Métidja, dans la province d'Alger; de Bône, de la Safsaf, de Bou-Merzoug, dans celle de Constantine.

La fertilité se montre même sur les plateaux élevés et les plus hautes montagnes, où la température n'est jamais assez froide pour nuire à la culture des céréales et autres végétaux produits en Europe. La végétation se fait, en Algérie, avec une vigueur admirable; elle ne cesse presque jamais d'agir dans les lieux où il est possible de combiner l'action de l'eau avec celle de la chaleur, au moyen de l'irrigation. Les pluies tombent en automne et en hiver, dans cette colonie, aussi abondantes qu'en France. En pénétrant dans le sol, elles y forment des réservoirs souterrains d'une faible profondeur. Il est donc facile, à l'aide de norias, d'extraire les eaux qui s'agglomèrent ainsi dans l'intérieur du sol, et d'en féconder la superficie par l'irrigation.

On sait que dans les régions méridionales, la fertilité de la terre est inépuisable, quand elle peut se donner l'eau pour auxiliaire.

Les montagnes de l'Algérie étant peu éloignées du littoral, les eaux qui s'en dégagent ne peuvent former que des torrents, des ruisseaux et des rivières d'un cours trop limité pour pouvoir offrir des voies navigables. Mais ce précieux liquide, qui se jette sans utilité aucune dans la Méditerranée, pourrait participer dans une mesure incalculable à la richesse agricole, en effectuant des barrages comme il en a déjà été exécuté sur certains points de la colonie. Ces barrages retiennent les eaux au débouché des gorges, et des canaux les conduisent sur les terrains de culture, où elles font des prodiges de fécondité. Des travaux de ce genre donneront à l'Algérie une prospérité dont on peut se faire une idée en voyant les résultats qu'on obtient maintenant avec les eaux d'irrigation ; ce sont des entreprises qui incombent autant à l'esprit d'initiative des particuliers qu'à l'État, car la distribution de l'eau recueillié dans les bassins, formés par ces barrages, donnerait un bénéfice assez considérable pour ne laisser aucun regret aux personnes qui s'intéresseraient à ces grands travaux colonisateurs en leur fournissant des capitaux. Chaque pays demande des soins spéciaux à ses habitants pour leur donner la plus grande somme de prospérité possible. En Europe, l'excès d'humidité est un fléau presque permanent et justement redouté des agriculteurs, comme leur plus grand ennemi. En Afrique, les pluies ne règnent que dans une saison de l'année, mais assez abondamment pour y former des réserves qu'on peut utiliser dans les temps de sécheresses en faveur des produits agricoles. L'avantage se trouve donc du côté où la fécondité de la terre ne fait défaut qu'à l'homme qui néglige de faire usage des dons de la nature. Puisque l'eau constitue un trésor inappréciable en Algérie, il faut recourir aux moyens qui permettent d'en faire un puissant et infaillible élément de prospérité pour cette colonie.

On a cru jusque dans ces derniers temps, que l'Algérie était partout dénudée comme elle le paraît sur certains points du littoral de la Méditerranée. Mais aujourd'hui que le pays est bien connu, on sait que l'intérieur est pourvu de magnifiques forêts, couvrant une superficie d'environ un million d'hectares de bois de toutes les essences, dont les arbres sont d'une dimension qui révèle la prodigieuse puissance de la végétation dans cette partie de l'Afrique. Il existe une forêt de cèdres, près de Teniet-el-Haad, d'une étendue de 3,000 hectares, où se trouvent par milliers des sujets de 18 à 20 mètres de haut, mesurant sur presque tout leur fût une circonférence de 4 à 5 mètres. Jusqu'ici on ne s'est pas occupé d'exploiter sérieusement les résines que peuvent fournir les forêts de pins de cette colonie. C'est une industrie qui forme le fond de la richesse des pays où cet arbre croît en grande quantité. Mais l'Algérie ne laissera pas infructueuse cette source importante de sa prospérité ; nous en trouvons la preuve dans la concession qui vient d'être faite, pour dix ans, de l'exploitation de la résine de la forêt de l'Oued-Anteur, à Boghar, contenant environ 6,000 hectares. Cette opération ne peut manquer de donner de bons résultats, car les pins de l'Algérie fournissent en résine un rendement bien supérieur à celui qu'on obtient en Europe, même dans les contrées les plus favorables à cette essence. L'olivier se montre avec prédominance dans les bois de notre colonie, et il y atteint les proportions des noyers et des chênes de France. On voit des térébinthes de 8 mètres de tour sur 20 de hauteur. Les forêts de chênes-liéges, qui couvrent les montagnes du littoral dans la province de Constantine, sont justement célèbres par la beauté et la quantité des produits qu'elles donnent. C'est là une source de richesse qui est à peine exploitée dans ce pays. Le Sahara possède ses splendides forêts de palmiers, qui forment des voûtes de verdure qui défient les rayons brûlants du soleil de ces régions tropicales.

L'oranger, le citronnier, le grenadier, le jujubier, l'abricotier, le figuier, l'amandier, le pêcher, sont des arbres fruitiers chéris de la nature en Algérie ; et les fruits des régions tempérées d'Europe, telles que la pomme, la poire, la cerise, la prune, peuvent s'y cultiver avec de bons résultats dans les parties élevées qui jouissent du climat où se plaisent ces diverses espèces. Le bananier se cultive aux environs d'Alger avec un succès aussi grand que profitable. La banane qu'il donne est d'excellente qualité ; étant prise à point, elle est peut-être plus délicate à manger que la meilleure qu'on trouve aux Antilles. Ces productions horticoles prendront une bonne place dans les richesses de la colonie, quand on se donnera la peine de les cultiver avec les soins qu'elles demandent et le développement qu'il est facile de leur accorder.

Quant à la vigne, il est bien reconnu aujourd'hui, d'après les essais heureux qu'on a faits de sa culture, qu'elle est appelée à prendre une place incalculable dans la prospérité publique de la colonie, sans nuire en rien aux avantages que la France trouve dans cette même production. Au contraire, l'Algérie fournira des qualités de vins que la métropole ne peut donner faute de posséder le climat et le sol que demandent certaines variétés vinicoles. Les vins que produisent l'Italie, l'Espagne et autres contrées méridionales, pourront se cultiver en Algérie, et peut-être cette culture y donnera des résultats qui seront préférables à ceux obtenus dans les pays auxquels nous allons pouvoir faire concurrence. Tous les produits qui sont réclamés par l'alimentation de l'homme d'une manière presque indispensable, comme le vin, sont d'un placement facile et généralement rémunérateur, quand ils sont cultivés avec intelligence. Si la production du vin se faisait en France en quantité suffisante, et si les droits d'entrée dans nos propres villes, étaient plus sagement établis, les classes laborieuses ne seraient pas condamnées à boire, pour du vin, des drogues sans nom qu'on débite comme du jus de raisin, et qui ne sont que d'affreux poisons dont les ravages échappent à la répression des lois. Rien n'est plus funeste à la santé des classes populaires que les boissons qu'on fabrique pour suppléer au vin, quand la cherté le tient hors de portée de la bourse de la masse des consommateurs. Il faut donc nous féliciter de voir notre colonie à la veille de nous offrir des vins qui rempliront la lacune que laisse subsister le climat de la métropole dans cette branche importante de sa production territoriale.

Comme je l'ai dit plus haut, il y a longtemps que l'Algérie a donné des preuves irrécusables de sa fécondité exceptionnelle. Mais il faut bien se garder de lui demander des produits agricoles qu'elle ne peut offrir que d'une manière défectueuse et onéreuse, en comparant leur prix de revient à celui des produits similaires des autres pays. La richesse agricole de cette grande possession, consiste essentiellement dans la culture des céréales et de la vigne; elle se complète cette richesse, aussi importante qu'inépuisable, par l'élève des bestiaux qui peut se faire sur une très-vaste échelle, en raison de l'immense quantité de fourrage qu'il est possible de faire produire à ce pays fertile. La terre sans fumure, non irriguée et très-imparfaitement cultivée, donne en Algérie de six à douze hectolitres à l'hectare; quand elle est irriguée et bien cultivée, elle produit de vingt à trente. Ce dernier rendement ne doit pas être considéré comme le dernier mot de la fertilité du pays, puisqu'il s'élève au-dessus dans certaines parties de l'Europe au moyen d'une culture perfectionnée.

Il est juste de dire que le manque de fumure a conduit plus d'un colon dans la misère, quand il suffisait de prendre soin de la terre pour la voir accorder une généreuse et constante rémunération au travail dont elle était l'objet. Il ne suffit pas de labourer plus ou moins bien et de semer pour récolter d'abondantes moissons; il faut surtout rendre au sol, par l'engrais, les richesses agricoles que sa fertilité lui permet de donner. Les petits colons, en négligeant de faire du fumier pour en doter la terre, ont commis une faute des plus regrettables, puisqu'elle les a plongés souvent dans la ruine, quand il ne dépendait que d'eux de se donner une croissante prospérité par une culture intelligente et une conduite prévoyante. Je crois pouvoir assurer que les colons algériens, petits ou grands, qui n'ont pas trouvé la prospérité dans l'exploitation de leur propriété respective, peuvent s'en prendre aux causes indiquées plus haut. Les exceptions sont extrêmement rares et proviennent de circonstances qui peuvent se rencontrer dans tous les pays, et qui sont plus fortes que la puissance humaine. Aussi restreinte que puisse être une propriété rurale, celui qui la cultive doit bien se convaincre qu'il n'en peut obtenir de bons résultats qu'en maintenant la fertilité du sol, à l'aide d'engrais qu'il doit se procurer par des bestiaux aussi nombreux que l'étendue de l'exploitation le comporte. Voilà la base du succès en agriculture. N'en pas tenir compte est chose fatale. Demander constamment à la terre sans rien lui donner, c'est comme si l'homme voulait vivre sans prendre de nourriture.

J'en viens maintenant à la culture du coton en Algérie. Par suite de la guerre civile qui a éclaté en Amérique, le prix de cette matière textile s'est élevé bien au-dessus du cours moyen que lui donnait l'abondante production du Sud de la confédération américaine. Cet état de choses a permis d'obtenir de grands bénéfices de cette culture dans les pays où elle pouvait s'y faire, et où elle s'y était déjà faite sur une échelle limitée. Mais il ne faudrait pas considérer les avantages que donnait accidentellement cette branche agricole comme étant destinés à se maintenir, ni même à se répéter périodiquement; car, Dieu merci, les causes qui ont fait la rareté du coton dans ces dernières années ne se renouvelleront pas de longtemps. Du reste, les prix exagérés de ce lainage végétal, auraient tellement stimulé la production dans tous les pays où elle est possible, que les choses auraient vite pris leur niveau par suite d'un approvisionnement suffisant de cette matière textile. Il n'était douteux pour personne, aux États-Unis, que la culture du coton n'y était que temporairement suspendue. Une fois la guerre civile terminée, l'ordre rétabli, l'émancipation des esclaves ne peut mettre fin à une production agricole qui s'y trouve implantée de manière à donner une rémunération qui ne peut manquer d'être rémunératrice, satisfaisante, parce qu'elle s'y fait dans des conditions plus avantageuses que sur aucun point du globe, sous le double rapport de la quantité et de la qualité. Si les nègres affranchis se refusaient de cultiver le coton, les blancs ne feraient pas défaut pour les remplacer, car c'est une grande erreur de croire que cette culture ne peut être effectuée que par la race noire. Cette erreur a été propagée et proclamée sur tous les tons et à satiété par les possesseurs d'esclaves; le motif qui les faisait agir ainsi est trop évident pour qu'on ait besoin de le faire ressortir, mais le contraire se révélait aux yeux de ceux qui voulaient juger la question avec impartialité. En effet, à côté des grandes plantations, il n'était pas rare de voir un petit planteur dont la famille travaillait à la culture du coton avec les quelques esclaves qu'elle possédait.

Si les blancs ne se sont livrés à la culture cotonnière qu'en très-petit nombre, aux États-Unis, il faut l'attribuer à l'institution de l'esclavage qui éloignait du Sud le travail libre. L'émigration européenne fuyait ces régions flétrissantes et florissantes par un labeur forcé, comme l'on fuit une épidémie mortelle causée par les miasmes empoisonnés qui se dégagent de certaines contrées. Mais aujourd'hui que l'esclavage a disparu de l'Union américaine en même temps que la rébellion qui voulait le perpétuer, le travail libre des blancs n'hésitera pas à se mettre au service de la culture du coton. Comme la rémunération des cultivateurs libres grèvera la production d'une charge un peu plus lourde que le régime de la servitude, le prix en restera toujours plus élevé, en moyenne, à l'avenir que par le passé. Mais les Américains ont organisé cette culture sur une si large échelle et avec un si rare esprit pratique, qu'ils sauront conserver longtemps, sinon toujours, le monopole de la production de ce précieux lainage végétal.

Ces remarques étant fondées, elles prouvent que les avantages prodigieux que la culture du coton a donnés, en Algérie, durant la guerre civile des États-Unis, ne se représenteront plus. Il faut donc s'attacher, pour pouvoir soutenir la concurrence sur le marché contre le coton américain, à bien faire et aussi économiquement que possible. Les Algériens doivent se borner à cultiver le coton Géorgie longue-soie, qui vient bien dans notre colonie et dont le prix est presque toujours rémunérateur par suite de la petite quantité qui s'en produit, faute de le pouvoir demander aux terres où se plaît la courte soie. Cette dernière espèce semble ne pas s'arranger du climat de notre colonie ; car, jusqu'ici, elle n'y a donné que des qualités presque invendables à cause de leur infériorité.

Le coton ne peut guère se cultiver profitablement, en Algérie, qu'à l'aide de terres irrigables. Le climat où croît cette plante textile, aux États-Unis, dispense d'irriguer, par suite des pluies qui surviennent de temps à autre dans le cours de la saison d'été. Cet avantage compte pour beaucoup dans les résultats satisfaisants que donne cette production agricole en ces régions transatlantiques.

Mais il est bon de comprendre, que notre grande colonie ne base pas sa prospérité sur la production cotonnière ; cet arbuste n'interviendra jamais que pour une fraction plus ou moins grande dans ses richesses productives. Les céréales, la vigne, le tabac, l'huile d'olives, l'élève des bestiaux, l'exploitation des mines constituent des sources de revenus aussi variés qu'inépuisables, et qui maintiendront toujours le pays au rang des plus favorisés de la nature. Il ne tiendra donc qu'aux habitants d'une terre si libéralement dotée, de se donner tout le bien-être que les peuples intelligents savent tirer du travail.

Il est une règle de laquelle il ne faut jamais s'écarter en agriculture : c'est de ne demander à un pays que ce que la nature lui permet de donner dans les meilleures conditions possibles. Si nous avions observé cette règle fondamentale en Algérie, les déceptions y auraient été moins fréquentes parmi les colons, et la prospérité publique y aurait gagné d'autant. Dans un pays où tout est à créer, il faut bien se garder de se jeter dans les voies, non-seulement inconnues, mais douteuses. Les expériences onéreuses et incertaines, doivent être évitées rigoureusement par ceux qui n'ont pas d'argent à sacrifier à l'incertitude. Les essais de cette nature, doivent être abandonnés aux agriculteurs qui ont les moyens d'en supporter les conséquences défavorables, en cas d'insuccès.

Si l'Algérie n'avait eu pour cultivateurs que des colons plus ou moins familiers avec les travaux champêtres, il est bien certain qu'elle n'aurait pas été dénigrée comme on l'a vu, et comme on le voit encore, par des gens qui n'auraient eu qu'à se louer des avantages qu'ils pouvaient tirer de la générosité du sol, étant à la hauteur de leur tâche. Mais loin d'en avoir toujours été ainsi dans cette fertile colonie, un nombre considérable de nouveaux venus se sont donnés pour colons sans savoir tracer un sillon, ni remplir le plus facile des devoirs d'un homme faisant profession de travailler la terre. Et ce sont ces gens-là qui se plaisent surtout à jeter la déconsidération sur le pays, en lui attribuant leur insuccès pour couvrir leur incapacité agricole, à laquelle se joint trop souvent une conduite irrégulière. Combien de fois n'ai-je pas vu de vrais cultivateurs, détournés du projet qu'ils avaient de se fixer en Algérie et reprendre le chemin de la France peu de temps après leur arrivée, par suite des faux renseignements que s'étaient empressés de leur fournir les colons de la catégorie dont je viens de parler. Ce sont les peuples qui font les pays, et non les pays qui font les peuples. La Suisse, qui se compose d'un petit coin montagneux de l'Europe, n'y occupe-t-elle pas un rang distingué et glorieux, comme nation ? Personne n'oserait dire le contraire. Au point de vue de la civilisation et du progrès, la Suisse est bien au-dessus de la Chine, qui couvre presque un cinquième du globe. Jugée ainsi, l'Algérie sera bientôt plus grande que le reste de l'Afrique, grâce à notre présence sur cette partie de ce vaste continent.

Revenons au climat de notre colonie. Sous ce rapport, elle a été colomniée avec autant de malveillance et d'ignorance que sous bien d'autres. Le plus salubre des pays, comme le plus parfait des mortels, laisse encore à désirer. Il est sur terre des régions plus favorisées que les autres, à l'égard de la température; et l'Algérie mérite d'être placée parmi les plus agréables à habiter. En effet, son climat n'a rien d'exagéré. Ses chaleurs ne sont redoutées que par ceux qui ne les ont jamais ressenties. Dans cette colonie, c'est la durée de la chaleur, non l'intensité soutenue, qui constitue l'épreuve d'acclimatation pour un Européen du Nord. Une ceinture de flanelle suffit pour se maintenir en bonne santé, quand il n'y a pas d'autre cause en jeu que la chaleur. Mais la compensation est grande aussi pour faire oublier ce petit inconvénient. A partir du mois d'octobre jusqu'en juin, la température de l'Algérie est généralement délicieuse. Les brouillards y sont rares, et ne se montrent guère que dans les vallées encaissées où se trouvent des eaux stagnantes. Ailleurs, l'atmosphère est pure et bienfaisante. L'hiver, dans la véritable acception du mot, est inconnu en Algérie. Les plus hautes montagnes s'y couvrent seules de neige ; elle ne peut prendre pied dans le reste du pays. La province de Constantine est celle des trois provinces de la colonie où la température s'abaisse le plus en hiver. Dans celle d'Alger et d'Oran, l'époque la plus froide de l'année donne une moyenne de dix à douze degrés centigrades au-dessus de zéro. La présence du soleil exerce toujours une sensible influence sur la température algérienne, et cause, en hiver, des variations diurnes desquelles il faut se garantir par des vêtements confortables. Ces précautions doivent être prises particulièrement par les nouveaux venus ; car ces transitions climatériques ne sont pas assez brusques ni dangereuses pour être sérieusement redoutées par les personnes acclimatées. Aucun pays n'est exempt de ces changements de température ; et le climat de l'Algérie se recommande par une rare uniformité ; il n'offre rien d'extrême, comme je l'ai déjà dit, concernant le froid et la chaleur ; et c'est à ce précieux avantage que les poitrinaires doivent la guérison d'une affection qui résiste au savoir de la science.

Je veux appuyer ce que je dis de la salubrité de l'Algérie, d'un témoignage qui mérite d'être pris en sérieuse considération ; car il émane d'un homme qui, mieux que personne, s'est exposé aux plus nuisibles influences climatériques de notre colonie africaine. Cet homme est M. Bombonnel, l'héroïque chasseur de panthères, connu de tout le monde en ce pays, et admiré pour son courage autant qu'estimé pour ses qualités personnelles, de tous ceux qui le connaissent. Dans le livre intéressant où cet intrépide chasseur de bêtes féroces raconte ses périlleux exploits, il parle ainsi du climat de l'Algérie :

« Plusieurs personnes qui ne connaissent pas l'Algérie, s'imaginent que son climat est malsain et meurtrier. C'est là une grande erreur ; et la preuve la plus convaincante que j'en puisse donner est celle-ci : dans l'espace de dix années, j'ai passé plus de sept cents nuits à la belle étoile ; j'ai enduré la faim et la soif, le froid et le chaud, la pluie et des rosées qui me mouillaient jusqu'aux os. Pendant des nuits entières, assis le plus souvent sur la terre nue, dans la plus complète immobilité, j'ai respiré les brouillards de la plaine, les miasmes des terrains marécageux. J'ai éprouvé de grandes privations et supporté des fatigues inouïes ; et, cependant, je n'ai jamais eu le moindre accès de fièvre, ni éprouvé la moindre indisposition, et, chose assez curieuse, je n'ai pas même pris de rhume, affection qui m'est assez habituelle en France. »

M. Bombonnel recommande l'usage du gilet de flanelle sur la peau, comme vêtement nécessaire pour se bien porter en Algérie, et la sobriété des boissons spiritueuses. Ce conseil est excellent ; mais il ne s'applique pas seulement à notre colonie africaine ; il est plus ou moins indispensable de se conduire ainsi en tous pays pour jouir d'une bonne santé.

Il est juste de dire aussi, pour rester dans les limites de la plus stricte vérité sur un sujet de cette importance, qu'il existe, en Algérie, des localités où la mortalité est grande ; il est vrai également que les fièvres intermittentes d'Afrique dont on parle en toutes circonstances, ne sont pas une invention de la colonie. Cette coexistence anormale d'un climat excellent et d'un état sanitaire tout opposé, s'explique par des causes locales et par des causes personnelles, simplement transitoires de leur nature.

Les causes locales se rencontrent dans tous les pays où l'on défriche et laboure des terres incultes depuis des siècles, sur lesquelles se sont accumulés des détritus végétaux et animaux. De leur sein labouré par la charrue ou la bêche, s'exhalent des émanations que le travailleur respire, et qui lui sont plus ou moins nuisibles mais non mortelles. Ces cas d'insalubrité se rencontrent aussi bien en Amérique qu'en Afrique ; mais la preuve que leur gravité n'est pas inquiétante, au point de vue de la sécurité de l'existence, c'est que les États-Unis sont parvenus, dans ces mêmes conditions de développement, à augmenter leur population de 28 millions d'âmes environ, en soixante-dix ans, à l'aide d'une constante émigration européenne, et d'un accroissement naturel provenant de la disproportion que la mortalité offrait avec les naissances. Les mauvaises conditions de logement, de vêtement, de nourriture et de médication, qui sont plus ou moins inhérentes au début d'une colonisation importante, aggravent encore les causes d'insalubrité dont il vient d'être parlé. L'hygiène est le plus grand médecin du monde, et la science de guérir est basée sur elle. L'abus des boissons spiritueuses et des plaisirs est funeste à tout le monde, mais surtout aux personnes qui ont à se défendre contre l'impureté temporaire que la culture d'une terre vierge donne à l'air qu'on respire.

L'Europe, une des plus salubres parties du globe, possède des contrées qui laissent beaucoup à désirer à l'égard des conditions sanitaires qu'on y trouve. La France n'est pas même exempte de ce genre d'inconvénients, ainsi que le prouvent la Sologne et la Dombe, où se trouvent des marais qui forment une véritable calamité nationale. Les marais d'Afrique n'en sont pas dans le sens rigoureux du mot; car ils ne forment pas de ces nappes d'eau stagnantes qu'on ne peut faire disparaître faute d'issue. Les populations de l'Algérie ne se voient pas exposées inévitablement aux fièvres endémiques, comme c'est le cas sur divers points de l'Europe.

Les eaux qui séjournent dans notre possession africaine, sont la conséquence de submersions occasionnées par des obstructions de lits de rivières ou de canaux d'irrigation; mais elles n'ont pas le caractère de marais géologiques créés par la conformation naturelle du sol. Ces eaux stagnantes, il est vrai, sont malfaisantes; mais il est facile de les faire disparaître par des travaux d'assainissement, consistant à curer les canaux et à creuser le lit des rivières. Ces urgentes améliorations auraient pu s'effectuer en grande partie déjà avec les fonds qui ont été employés dans des choses mal conçues et mal exécutées, en Algérie, depuis que nous l'avons conquise; il y a plus d'un rapprochement à faire entre les administrateurs d'un pays et la ménagère d'une famille; il en est parmi elles qui savent utiliser admirablement leurs ressources, et d'autres qui n'ont que le talent de les gaspiller, et de les rendre nuisibles souvent en les détournant des services auxquels on les destinait.

Du reste, les marais de l'Algérie se réduisent à une bien faible étendue, en la comparant à l'ensemble de la superficie de cette colonie. On compte environ 36,000 hectares de terres submergées, en Algérie, sur les 39,000,000 d'hectares que donne sa superficie totale.

Voici les lieux où se trouvent les submersions algériennes : Dans la Macta[1], 10,000 hectares ; Sidi Ab-ed et le Chélif, 4,000 hectares ; dans la plaine de la Mitidja, en déduisant l'ancien lac Halloula desséché, 6,000 hectares ; dans la plaine d'Eghris, 2,000 hectares ; dans la plaine de Bône, y compris le lac Fetzara, 12,000 hectares ; ce qui donne un total de 34,000 hectares ; et en tenant compte de quelques petites parties marécageuses isolées, on aura peut-être le chiffre extrême de 40,000 hectares pour toute l'Algérie.

La position géographique de ces marais se trouvant dans la zone du littoral où la colonisation devait forcément débuter, ces insalubrités partielles exercèrent plus ou moins leur influence fiévreuse sur les premières populations européennes qui se trouvèrent à leur portée ; et c'est de là qu'est partie la réputation climatérique meurtrière de l'Algérie, en laissant croire aux Français que cette admirable possession ne se composait que d'immenses marais remplissant l'atmosphère d'émanations mortelles.

Chez les peuples civilisés, l'hygiène devrait être assez connue des classes les moins éclairées, pour savoir que la santé la plus robuste demande des soins afin de se préserver des maladies qui peuvent l'atteindre. L'eau dont on fait

---

1. Les marais de la Macta vont bientôt disparaître par suite de la vente récente de 24,000 hectares dans cette plaine, avec condition expresse de la rendre à l'agriculture par des barrages et des travaux de desséchement.

usage pour boisson en Afrique n'a besoin souvent que d'être filtrée pour devenir aussi saine qu'agréable à boire ; mais sans cette précaution, elle peut en certains lieux contenir des corps étrangers à sa nature, et nuisibles à la santé. Il est bien connu que l'eau de la Seine exerce une influence débilitante, à Paris, sur les étrangers qui en boivent pour la première fois ; et cette influence est bien plus caractérisée encore sur ceux qui s'abreuvent de ce liquide sans le filtrer. On peut dire que l'Algérie est généralement bien pourvue d'eau potable ; les sources d'eau vive y abondent, et les puits donnent communément, à peu de profondeur, un liquide excellent, et en grande quantité. Il est toujours possible d'assurer un approvisionnement d'eau de boisson de bonne qualité, aux centres de population, en évitant de les établir sur les lieux qui sont privés de cet avantage indispensable à la santé.

Je regrette de ne pouvoir donner, d'après des documents officiels, la statistique de la mortalité des colonies qui sont considérées comme les plus salubres du monde ; car je prouverais, d'une manière évidente, que l'Algérie n'a rien à redouter en comparant son climat à ceux qui passent, à juste titre, pour être au nombre de ceux qui offrent la plus grande salubrité. On serait bien étonné de voir, dans cette comparaison, que les États-Unis sont moins salubres que l'Algérie, et que le prodigieux accroissement de leur population provient du flot d'émigration que l'Europe leur a fourni depuis le commencement de notre siècle, mais surtout depuis quarante ans. J'ai été à même d'apprécier le climat de la confédération américaine sur toute son immense étendue, par des séjours suffisants pour bien me permettre de me livrer à cette expérience, et c'est avec pleine connaissacce de cause que je déclare ici que celui de l'Algérie est bien préférable. Mais, pour juger des rares conditions de salubrité dans lesquelles se trouve notre colonie, il faut attendre qu'elle soit régénérée par une population civilisée, qui la cultivera avec soin et intelligence. On ne doit pas oublier que voilà plus de douze siècles que cette magnifique région africaine est tombée sous le joug de la plus nuisible des barbaries; de celle qui a l'aveugle prétention de marcher à la tête du monde par sa supériorité morale, bien qu'elle ne fasse pas un mouvement sans qu'il n'ait pour but la dévastation. Je vais maintenant m'occuper de la question de la colonisation de cette belle conquête.

CHAPITRE VII

De la colonisation de l'Algérie, considérée dans son passé, son présent et son avenir.

Cette partie de mon travail est, bien certainement, celle qui appelle l'attention de mes lecteurs d'une manière plus particulière que le reste du livre, puisqu'elle en fait le principal objet. Si je suis entré dans les détails qui précèdent et qui composent presque la moitié du volume, ce n'est que pour donner plus de force et de lucidité à la question que j'aborde ici, car nos remarques pourront souvent s'appuyer sur des exemples qui leur donneront une autorité considérable aux yeux des gens impartiaux et sérieux.

Le progrès en toutes choses ne chemine vers l'avenir qu'à l'aide de l'impulsion que lui donnent les bons exemples qu'il laisse derrière lui. C'est donc en adoptant les moyens employés par les peuples les plus avancés dans la voie du progrès, que les peuples retardataires peuvent abréger les délais, et diminuer les sacrifices que leur impose le temps perdu.

La cause première des erreurs commises dans la colonisation de l'Algérie, prit sa source dans l'hésitation que le gouvernement français montra dans la prise de possession de cette importante conquête. Dans cette circonstance, comme dans tant d'autres semblables, la France paraissait faire peu de cas des avantages qu'elle pouvait tirer de ses triomphes; comme à son habitude, elle n'agissait guère en ceci que pour la gloire de ses armes. Cette conduite n'eût pas été celle de l'Angleterre, si elle eût été à notre place. Son but, à elle, eût été la colonisation de l'Algérie; et la conquête, le moyen indispensable pour pouvoir l'atteindre. La prise de possession d'une si grande région, soumise à la barbarie, présentait de sérieuses difficultés, même pour une nation puissante et belliqueuse comme la France. Mais des hommes compétents en pareille matière assurent que cette conquête pouvait s'effectuer bien plus rapidement qu'on ne l'a fait. La longue durée de la guerre d'Afrique répondait aux désirs naturels d'avancement des officiers de notre brave armée; mais chez les nations bien gouvernées, de tels désirs ne doivent obtenir satisfaction que quand ils s'accordent avec les grands intérêts de la patrie. Ce fut une faute capitale de la part du gouvernement de Louis-Philippe de ne pas avoir su prendre d'abord la ferme résolution de conquérir l'Algérie pour la garder et en faire une province française comme le permet sa proximité. Cette faute ne pouvait manquer d'être féconde, et nous lui devons, en effet, toutes celles qui ont fait obstacle au développement de la colonisation de cette belle région africaine. N'ayant pas de plan à suivre, on marchait au hasard; et il arrivait souvent de voir abandonner le lendemain ce qu'on avait fait la veille. Cette manière d'agir, dans une entreprise si importante, coûtait des sommes considérables à la France, et ne donnait guère que des résultats plus ou moins négatifs, ayant pour conséquence forcée une injuste déconsidération pour la naissante colonie.

En ne prenant aucune mesure pour faire cesser cet état de choses, le gouvernement autorisait la nation à croire, comme on le croit encore trop aujourd'hui, que l'Algérie était un boulet attaché au pied de sa métropole; et que ce qu'il y avait de mieux à faire était de l'abandonner au plus vite, pour mettre un terme aux immenses sacrifices qu'exigeait la présence de notre drapeau sur cette ancienne possession romaine.

Il n'y avait donc rien d'étonnant d'entendre, au sein de la chambre des députés, des voix s'élever pour demander ce honteux abandon. La fierté nationale nous a évité, heureusement, de commettre une telle faute. Si nous eussions poussé jusque-là l'oubli des devoirs exigés par les intérêts de la patrie et la cause de la civilisation, le dernier soldat de la France n'aurait pas eu quitté cette terre conquise, que le premier soldat anglais y aurait mis le pied pour y implanter à jamais la puissance britannique; et celle-ci aurait su bien vite fournir des preuves irrécusables que ce n'était pas à ce beau pays que nous devions attribuer l'insuccès colonisateur que nous y avions trouvé, mais bien aux fautes commises par notre gouvernement.

La tâche de l'armée était tracée d'avance; elle consistait à vaincre l'ennemi. Derrière elle, et sous sa puissante protection, devait fonctionner l'administration civile, non avec les rouages compliqués de la métropole, mais avec la simplicité que demande une prompte expédition des affaires, comme en exige le développement de la prospérité dans les pays qu'on veut régénérer. Au lieu de suivre ce système, d'une efficacité infaillible, on a fait de l'administration à outrance, et la surabondance des administrateurs a donné, pour premier résultat, le découragement parmi les premiers colons, dont les plaintes légitimes, en retentissant en Europe, ont fait oublier le chemin de l'Algérie à l'émigration qui peuple l'Amérique du Nord comme par enchantement.

Une bonne et nombreuse population agricole européenne était cependant le plus grand élément de succès que la France pouvait se donner dans la mission civilisatrice qu'elle se proposait alors, et qu'elle se propose encore aujourd'hui de remplir en Algérie.

On devait bien se garder de marchander avec les premières familles agricoles qui se dirigèrent vers notre naissante colonie. Il fallait se borner à s'en assurer de bonnes, et à ne les protéger que pour donner plus d'essor à leur initiative individuelle. Il fallait tenir la terre à leur disposition, de manière à ce qu'elles pussent en prendre possession à leur arrivée, et faire des lots d'une étendue suffisante pour assurer l'avenir des familles qui étaient chargées de les mettre en bon rapport. Aucune de ces mesures ne fut pratiquée pour attirer dans la colonie les bras dont elle avait un si grand besoin pour se régénérer. On semblait, au contraire, s'attacher, avec une regrettable ténacité, à pratiquer des moyens plus ou moins funestes à la colonisation. Par égard pour la France, je m'abstiendrai ici de répéter ce qui m'a été dit, concernant la conduite que certains employés de l'administration ont tenue primitivement envers les émigrants qui venaient demander des terres en Algérie. De tels procédés ne pouvaient manquer de donner leurs fruits ; la colonie les a chèrement expiés jusqu'à ce jour par la déconsidération dont elle est encore injustement l'objet de la part de l'émigration européenne. Si les indigènes avaient été moins arriérés dans les choses pratiques, ils se seraient grandement réjouis de nous voir commettre des fautes si graves dans la prise de possession de notre conquête ; car ils auraient eu lieu d'espérer de nous voir abandonner un pays qui promettait d'absorber en pure perte une grande partie des revenus de sa métropole. On ne peut s'expliquer comment une nation comme la nôtre peut montrer tant d'inaptitude dans une entreprise de cette nature.

Il suffisait, comme je l'ai déjà dit dans le cours de ce travail, pour éviter les fautes que j'ai signalées, de prendre exemple chez les peuples qui sont colonisateurs par excellence.

Il est une chose, cependant, dont la France a le droit d'être fière, relativement à l'Algérie ; c'est que, malgré les erreurs que le gouvernement métropolitain semble avoir commises à plaisir au préjudice de la colonisation de cette belle région africaine, le progrès s'y est implanté sérieusement et n'a cessé de s'y développer dans une certaine mesure depuis que les agriculteurs européens s'y sont fixés au sol. Ces pionniers de la civilisation moderne auraient fourni des résultats bien plus éclatants encore, si la terre leur avait été accordée avec autant de libéralité qu'à certaines personnes qui en recevaient de vastes lots par simple faveur, pour les revendre plus tard avec une plus-value considérable provenant du choix de la position, mais non des frais que ces heureux concessionnaires avaient faits pour provoquer ces avantages ; car on en pourrait citer bon nombre qui n'ont jamais fait déraciner un pied de broussailles, qui auraient même été fort en peine de dire où étaient situées leurs propriétés, et qui ne les ont gardées que le temps nécessaire pour en pouvoir tirer bon profit. Ils attendaient cette plus-value avec d'autant moins d'impatience, qu'ils tiraient un revenu déjà satisfaisant de ces terres en friche en les louant pour pâturage. Ce genre de faveur mérite de prendre place parmi les *erreurs* gouvernementales dont l'Algérie a le plus souffert.

Je viens de dire plus haut que la tâche de l'armée, en Algérie, devait consister à conquérir le pays, à y donner la sécurité, mais à s'abstenir de l'administrer. C'est le contraire qu'on a fait ; et personne ne peut dire ce que cette faute coûte à la France, car il est impossible d'établir les sommes que ce système défectueux a prises dans le trésor de la métropole, sans avantage sérieux pour le progrès de la colonisation. Il semblerait qu'on ne s'apercevait pas des regrettables conséquences que produisait ce régime gouvernemental, puisqu'on s'y est maintenu si longtemps, et qu'on semble vouloir le conserver toujours. Les critiques judicieuses ne faisaient pas défaut à ce défectueux système. Mais on justifiait cet état de choses en le mettant sur le compte de la conquête même. On la déclarait impropre aux productions agricoles, et pourvue d'un climat meurtrier pour la race européenne. Ces propos étaient reçus comme article de foi dans la métropole, et ceux qui les avançaient faussement, avaient trop d'intérêts à voir cette erreur se prolonger indéfiniment pour y mettre un terme en rendant hommage à la vérité.

Une guerre interminable semblait être l'unique objet de notre présence en Algérie. Les expéditions succédaient aux expéditions sans laisser apercevoir l'arrivée d'une paix solidement établie par des victoires définitives et des soumissions consolidées par l'impuissance des vaincus à renouveler la lutte. On se battait sur tous les points du pays à la fois sans marquer la marche de la conquête par un plan concerté préalablement, et suivi énergiquement pour abréger la phase de la guerre et tous les frais et les pertes d'hommes qui en sont les conséquences forcées. On voyait les vaincus se soumettre sans cesse partiellement, et recommencer périodiquement les hostilités avec la certitude de pouvoir faire accepter leur nouvelle soumission à des conditions non moins douces et généreuses que les précédentes. Cette manière de conduire les opérations était féconde au point de vue de l'avancement dans l'armée, mais désastreuse pour la prospérité de la France. On a dit souvent que la conquête de l'Algérie se faisait spécialement au profit de l'armée, sans qu'on s'inquiétât de ce qui en coûtait à la nation. Parmi tous les documents et les faits qu'on pourrait donner à l'appui de cette assertion, je citerai ici une lettre du général Lamoricière adressée à M. Enfantin.

Plaine des Angades, frontières du Maroc, le 2 juin 1844.

« Monsieur,

» Votre lettre est venue me trouver jusqu'ici et m'apprendre que vous étiez enfin parvenu à imprimer à la rédaction du journal l'*Algérie* une direction conforme à vos vues.

» Vous me demandez, par suite, de vous adresser ou de vous laisser fournir des documents sur la situation de la province dont le commandement m'est confié.

» Je n'ai qu'un mot à vous répondre : La presse telle qu'elle devrait être, telle que vous voulez la faire, la presse qui enseigne et qui éclaire, est une puissance très-réelle et qui doit infailliblement, par son influence sur l'opinion, obliger un jour ou l'autre le gouvernement à compter avec elle.

» Dès lors, vous le concevez tout naturellement, pour travailler à la presse, en la prenant même dans la plus haute acception du mot, il faut puiser ses renseignements, ses informations, ses données, en un mot, ailleurs qu'aux sources officielles que l'on a entre les mains, par suite de la position politique, administrative et militaire que l'on tient du gouvernement.

Nemo potest inservire duobus.

» Il y a des principes dont on ne peut pas loyalement s'écarter. Voilà pour le sérieux ; mais vient le côté plaisant : c'est nous qui *décidons de l'opportunité des opérations, de la convenance des mesures;* de plus, c'est nous qui exécutons ; nous sommes les auteurs et les acteurs de la pièce, nous ne pouvons pas rédiger le feuilleton.

» Tout en vous refusant ma coopération, je fais des vœux sincères pour que vous parveniez à éclairer la question d'Afrique d'une lumière plus vive que celle qui lui a été départie dans le passé.

» Votre entreprise aura, je n'en doute pas, d'importants résultats ; mais vous serez, je le crois, dans la nécessité de venir fréquemment sur les lieux, pour y juger les choses, leurs mouvements, leurs tendances, et répandre ensuite sur le public la moisson que vous aurez faite ; si vous prenez cette détermination, j'espère vous rencontrer encore sur la côte africaine.

» En attendant, agréez l'assurance de mes sentiments affectueux.

» Le général DE LAMORICIÈRE. »

On est péniblement surpris de voir un si grave sujet traité avec cette légèreté par un homme qui jouait alors un des premiers rôles dans la conquête de l'Algérie. Cette lettre formule une opinion qui prend sa source dans l'esprit de corps d'un militaire qui ne se préoccupe guère que des avantages personnels que lui offre la carrière des armes. La fondation d'une colonie demande d'autres principes et, conséquemment, d'autres hommes que des militaires.

Il arriva, cependant, qu'un jour on déclara la conquête effectuée et le pays pacifié. L'heure de la colonisation semblait être arrivée avec la prise d'Abd-el-Kader, dont la résistance aurait pu être *grandement abrégée*, s'il faut en croire des gens compétents en matière de guerre. C'était le moment pour la France de montrer son aptitude colonisatrice. Elle devait adopter des mesures comme en réclamait une entreprise nationale de cette nature. L'a-t-elle fait ? Les résultats sont là pour répondre négativement à cette question. De deux choses l'une, ou le gouvernement français voulait bien coloniser l'Algérie, mais n'en avait pas les capacités, ou il en était capable, mais n'en avait pas le vouloir. Je préfère croire qu'il a péché par faute d'aptitude dans cette tâche patriotique. En effet, si le gouvernement français eût été à la hauteur de cette grande entreprise nationale, il se serait bien gardé de confier l'administration de la colonie, ou plutôt du pays, à l'armée. Les hommes de guerre ont une aptitude spéciale qui ne convient qu'à la carrière des armes. Ils sont élevés, instruits pour le champ de bataille, et ce n'est guère que là où ils peuvent servir la patrie et se distinguer par l'éclat de l'héroïsme. Pour coloniser l'Algérie avec un prompt succès, il fallait lui donner de bonnes institutions civiles, confiées aux mains d'hommes capables et honorables, ayant fait leurs preuves dans l'administration de la métropole. Il fallait établir une ligne de démarcation infranchissable entre l'autorité civile et l'autorité militaire. Chacune d'elles devait avoir une prépondérance spéciale, ne souffrant aucun empiétement l'une de l'autre dans la sphère des attributions qui leur incombaient par la nature de leurs fonctions. En un mot, l'autorité civile devait administrer avec la plus complète indépendance de l'autorité militaire, dont la tâche consistait à donner la sécurité au pays sur toute son étendue. Mais on comprend qu'un tel système, pour bien fonctionner, devait avoir pour base des institutions libérales, donnant des droits de citoyen aux Algériens et des devoirs à remplir dans l'action gouvernementale de la colonie.

Au lieu de suivre cette ligne de conduite envers sa belle conquête, la France l'a laissée sous la domination militaire et sans institutions définies. On gouvernait ce nouveau pays à l'aide de décrets, dont le nombre devint si grand, qu'il en résulta une confusion légale funeste au développement de la prospérité naissante de la colonie. La chicane avait seule à se louer de cet état de choses; car elle trouvait toujours un accès facile pour pénétrer dans toutes les transactions, et y jeter le désordre à son profit. Pour aggraver encore ce chaos administratif, on avait pris soin de donner au pays plus d'administrateurs qu'il n'offrait d'administrés. Tous les solliciteurs de places chaudement appuyés et dont on ne pouvait rien faire dans la métropole, étaient généralement expédiés en Algérie, sans qu'on s'inquiétât des fâcheuses conséquences que cet encombrement bureaucratique ne pouvait manquer d'avoir pour la nouvelle possession. Cette manière d'agir de la France, envers ses possessions lointaines, date de longtemps déjà ; car j'ai ouï dire qu'il est de tradition dans les ministères, de qualifier de *denrées coloniales* les gens qui sont chargés de régir nos colonies. Il est de fait que les choix de fonctionnaires et d'employés destinés à nos possessions, ne se font pas remarquer généralement par le mérite ; mais en récompense, il est difficile de ne pas reconnaître leur inutilité par les entraves qu'ils imposent aux administrés. En effet, l'administration s'occupant presque de tout, il s'ensuit que la tâche de tous et de chacun souffre plus ou moins de l'action gouvernementale. Mais il est bon d'ajouter que cet inconvénient se fait grandement sentir aussi dans la métropole, par sa surabondance de fonctionnaires et sa centralisation excessive. Nos colonies ne pouvaient donc pas y échapper !

La défectuosité de ce système, s'il est permis d'appeler ainsi cette confusion administrative, ne pouvait manquer d'avoir pour conséquence inévitable l'instabilité gouvernementale. On ne peut dire le mal que cette instabilité incessante a causé à l'Algérie ; car ses administrateurs les mieux intentionnés et les plus capables de servir les intérêts de la colonie, n'osaient rien entreprendre d'important, ne pouvant compter sur le lendemain. Comment les capitaux et les bras européens auraient-ils pu se décider à prendre le chemin d'une naissante colonie si mal gouvernée? S'il faut s'étonner d'une chose, c'est de voir aujourd'hui en Algérie plus de deux cent cinquante mille habitants qui ont eu la témérité d'y venir et le courage de s'y implanter définitivement, sous un régime de hasard et de bon plaisir militaire. Ce régime est depuis longtemps reconnu, par les gens impartiaux et sérieux, comme le principal obstacle dont le développement de la colonisation ait à se plaindre. Le gouvernement de Louis-Philippe avait fini par le comprendre, et se disposait à remédier à cette grave erreur en plaçant le duc d'Aumale à la tête de l'administration de cette grande conquête; mais les événements politiques de 1848 n'ont pas laissé au prince gouverneur général, le temps de prouver qu'il était à la hauteur de la mission patriotique que son père lui avait confiée. Sa nomination à ce poste important avait été chaleureusement accueillie par les Algériens, par suite de la confiance que ce jeune prince avait su leur inspirer par sa conduite antérieure dans les affaires du pays. Son départ forcé a donné lieu à une manifestation publique, qui devait adoucir les vifs regrets que l'exilé emportait sur la terre étrangère. Le jour où le duc d'Aumale quitta le sol algérien, devenu à tant de titres celui de la patrie, il fut accompagné par un nombre considérable d'habitants d'Alger, jusqu'aux quais, malgré la pluie qui tombait à torrents; et des preuves d'une profonde sympathie l'accompagnèrent jusqu'à bord du bâtiment chargé de l'emmener hors de France.

La République voulut aussi constituer le régime civil en Algérie; mais les agitations qui se perpétuaient au sein du gouvernement métropolitain, ne se prêtaient guère aux soins que demandait la réorganisation administrative de cette belle colonie. Le coup d'État survint, et notre possession africaine fut remise de nouveau sous l'autorité militaire, avec une ombre d'élément civil, comme jadis.

Cependant les amis de la colonisation ne cessaient de demander des institutions propres à donner de l'essor à la prospérité du pays, en y attirant une nombreuse population agricole et des capitaux européens. A force de démontrer d'une manière irrécusable que l'Algérie ne pouvait devenir prospère et pacifiée qu'en lui attirant des bras laborieux et dévoués à la France, par intérêt autant que par sentiments patriotiques, le gouvernement impérial consentit à créer un ministère spécial pour les colonies, dans le but de donner satisfaction à leurs légitimes besoins. On pensait en avoir fini alors avec les fautes déplorables du passé; et cette excellente mesure fit naître l'espérance dans toutes nos possessions, et particulièrement en Algérie, dont les immenses ressources sont à peine effleurées encore au moment où je plaide sa cause dans ce livre. Pour la première fois depuis la conquête, on semblait bien résolu à suivre la bonne voie que l'exemple indiquait depuis longtemps. En effet, il suffisait d'aller le chercher dans les colonies anglaises pour mettre un terme à nos ruineuses déceptions anticolonisatrices. Mais la joie de nos colons fut de courte durée, car le nouveau ministère fut supprimé avant d'avoir existé assez longtemps pour pouvoir commencer à s'affirmer par de bonnes mesures de réformes administratives. On peut dire qu'il disparut avec un empressement qui laisserait supposer qu'on avait résolu d'avance de ne pas le laisser fonctionner, dans la crainte d'être forcé de le conserver par suite des bons résultats que les colonies en obtiendraient.

Le prince Napoléon était pourtant l'homme qui convenait le mieux comme chef de ce nouveau ministère, pouvant mieux que personne le consolider et le rendre efficace par sa haute position et sa rare intelligence. Ces avantages exceptionnels pouvaient lui offrir les puissants moyens d'action dont il avait besoin pour détruire la routine pernicieuse de la bureaucratie, et les regrettables empiétements que l'autorité militaire avait pris dans la sphère de l'autorité civile. Il n'est pas déraisonnable de croire que c'est à sa détermination de bien remplir la grande tâche qui lui était confiée, qu'il n'a pu se maintenir qu'un moment à son poste ministériel. Les obstacles qu'on lui opposa s'étant trouvés plus forts que sa volonté de bien faire, il ne lui restait que le parti de se retirer, pour ne pas sanctionner par sa présence les abus du passé qu'il était tenu de réformer. On voulait que le ministère de l'Algérie et des colonies n'existât que de nom; une telle position ne pouvait convenir au prince Napoléon; et pour prouver l'inutilité de ce ministère spécial, on le transmit, après la démission du premier titulaire, à un homme qui le conduirait docilement dans la tombe. Ce fut ainsi que cette organisation coloniale, qui ne demandait qu'à exister dans des mains capables pour donner d'excellents résultats, fut supprimée comme un essai malheureux et impraticable. On revint donc alors au système du gouvernement mixte, où l'élément civil n'était, comme avant, que l'humble serviteur de l'élément militaire; mais celui-ci avait néanmoins l'habileté de mettre sur le compte de l'autre toutes les erreurs administratives et toutes les entraves qui étaient la conséquence forcée de ce régime défectueux. En effet, l'autorité civile, en Algérie, n'y a jamais été que l'ombre de la chose réelle, mais le régime militaire n'en a pas moins réussi à lui faire attribuer tous les obstacles que rencontrait, et que rencontre encore, le développement de la prospérité du pays.

L'organisation qui a succédé au ministère de l'Algérie, avait cependant un point dont on pouvait tirer des avantages sérieux pour la colonie, c'était de permettre aux autorités supérieures de décider en dernier ressort dans bon nombre de questions réclamant l'urgence. Cette liberté d'action administrative n'a jamais été suffisante dans nos lointaines possessions, et cette restriction routinière leur a fait un tort incalculable.

L'histoire nous apprend que les colonies de l'antiquité devaient leur prospérité à la liberté dont elles jouissaient. Ce qui était bon à cette époque reculée, en matière de colonisation, l'est encore davantage aujourd'hui. Pourquoi le méconnaissons-nous ?

La logique du progrès est inflexible ; elle veut être observée rigoureusement pour donner les bons résultats dont elle est l'auxiliaire. Le bien s'enchaîne comme le mal. Une bonne mesure ne s'accomplit jamais sans en appeler une meilleure encore. On admire à bon droit les prodiges effectués par les Américains dans l'agriculture, le commerce et l'industrie, en si peu de temps. Mais peu de gens se donnent la peine d'apprécier la cause première de ces résultats prodigieux. Il n'est pas inutile d'entrer ici dans quelques détails à ce sujet.

La colonisation de l'Amérique du Nord présente deux phases bien distinctes. La première se termine au commencement de la guerre de l'indépendance ; la seconde, qui se poursuit encore aujourd'hui, date de la fondation de la république fédérale.

Ce fut en 1607 que l'Angleterre commença sérieusement à prendre racine dans cette vaste partie du monde. Une centaine de colons partirent de la Grande-Bretagne, à cette époque, pour aller se fixer dans le territoire qui forme maintenant l'État de la Virginie. Puis les douze autres colonies se formèrent et s'accrurent au préjudice des immenses possessions que la France s'était données dans ces fertiles régions.

La première phase du peuplement de ces colonies anglaises marcha lentement, si nous en comparons le progrès à celui de la seconde phase. En effet, de 1607 à 1790, les treize colonies anglaises ne parvinrent à se donner qu'une population collective de quatre millions d'habitants ; mais à partir de 1790 jusqu'en 1860, ce chiffre s'est élevé à trente-deux millions d'âmes. Par cette comparaison, nous voyons que la première phase a mis cent quatre-vingt-trois ans pour agglomérer une population de quatre millions ; tandis que la seconde n'a mis que soixante et dix ans pour obtenir vingt-huit millions d'habitants, nombre suffisant pour former une nation de premier ordre, surtout quand ce nombre sait ajouter à sa puissance numérique toutes les aptitudes que demandent les ressources d'un pays pour se développer avec rapidité par l'impulsion de l'intelligence.

Il faut surtout tenir compte, en pareil cas, des difficultés exceptionnelles qui sont inhérentes au début de la colonisation de régions si vastes, et plus ou moins habitées par des peuplades sauvages belliqueuses, et séparées de l'Europe par des mers presque inconnues. La science nautique étant encore dans l'enfance durant la première phase de cette colonisation américaine, et les classes laborieuses du vieux monde appartenant à la glèbe, pour la plupart, ne pouvaient alors donner qu'un très-petit nombre de bras agricoles à ce nouveau continent, pour transformer ses forêts vierges en champs cultivés.

Les colons primitifs de l'Amérique du Nord, n'avaient d'autre protection que celle qu'ils se donnaient eux-mêmes ; car on se rappelle qu'à cette époque reculée, les puissances européennes prenaient possession d'une vaste région de cette partie du globe, en y érigeant quelques forts construits à la hâte et occupés par une poignée de soldats, que les indigènes menaçaient trop sérieusement pour qu'ils pussent offrir la sécurité dont avaient besoin des colons peu nombreux et disséminés par groupes isolés dans des contrées d'un accès difficile. On sait que la tribu des Natchez massacra la naissante colonie que la France avait fondée parmi ces sauvages, sur les bords du Mississipi. S'il était possible d'énumérer tous les colons européens qui ont péri par les mains des indigènes de l'Amérique du Nord, on serait étonné qu'un si grand nombre de victimes n'ait pu empêcher le pays de marcher, comme il l'a fait, dans le chemin du progrès. Du reste, il est juste de dire que la seconde phase de la colonisation de cette vaste partie du Nouveau-Monde, n'a pas manqué d'obstacles non plus pour les ajouter à la gloire de sa tâche. L'avantage que celle-ci avait sur l'autre, consistait principalement dans les démocratiques institutions de la république fédérale, qui favorisaient l'acquisition des terres domaniales par une générosité inconnue jusqu'à cette époque. Il suffisait de vouloir devenir acquéreur d'une ferme pour le pouvoir, tant le prix du sol était modique ; et à cet avantage exceptionnel, les législateurs primitifs de cette jeune nation, en avaient joint un autre qui ne pouvait manquer d'exercer une grande influence en faveur du rapide développement de la prospérité du pays ; je veux parler de la facilité que la loi américaine offre aux étrangers pour se faire naturaliser. Ceux-ci n'ont qu'une simple déclaration à formuler devant l'autorité compétente, pour devenir citoyens de la république au bout de quatre années. La seule restriction que la loi de naturalisation fasse contre le citoyen naturalisé, c'est de lui refuser le droit d'aspirer à la présidence et vice-présidence de la confédération. Cette restriction se justifie trop bien d'elle-même pour qu'on puisse refuser de reconnaître qu'elle a été dictée par la sagesse.

Après avoir conquis son indépendance par une guerre de sept ans, la confédération était pauvre, sans crédit, et la partie la plus utile de la nation avait été décimée sur les champs de bataille. Combien d'efforts et de courageuse persévérance il lui fallait pour rappeler chez elle la prospérité ! Les Américains se montrèrent aussi habiles colonisateurs de leur vaste pays qu'ils avaient été courageux et tenaces pour le rendre libre. Personne ne peut nier l'heureuse impression que leur voix libérale fit sur les peuples du vieux monde, en leur disant : « Venez parmi nous, vous y trouverez la liberté sous l'égide de nos institutions démocratiques ; et la prospérité à l'aide d'un travail bien rétribué, que vous soyiez artisans ou agriculteurs. »

Du moment que les classes laborieuses de l'Europe ont su que de si précieux avantages les attendaient dans ce pays lointain, elles se sont mises à émigrer vers ce point du globe avec un entraînement d'autant plus irrésistible, qu'on le provoquait d'une double manière.

En effet, les Américains prenaient des mesures infaillibles pour attirer à eux les étrangers en les plaçant sur le pied d'égalité politique, à l'aide d'une facile naturalisation, ainsi que je viens de le dire. Puis, les institutions républicaines de la confédération, en ne reconnaissant aucun privilége social, donnaient de la dignité à chaque émigrant en lui accordant la position importante de citoyen d'un grand pays libre par excellence. Il est impossible de faire la part que ces généreux principes peuvent revendiquer sur les prodiges de progrès qui ont été effectués en si peu de temps, aux États-Unis ; prodiges qui font, du reste, l'admiration de tous les peuples civilisés. Mais, je le répète, l'émigration européenne était provoquée d'une double manière pour aller peupler les déserts de l'Amérique du Nord ; car, en même temps que, là, on lui offrait liberté et prospérité, on s'appliquait à la pressurer et à l'opprimer dans le vieux monde, à l'aide d'institutions surannées qui sacrifient encore plus ou moins les masses aux ruineux priviléges d'une classe rapace autant que favorisée par l'iniquité. Voilà donc tout le secret du rapide peuplement des États-Unis ; et dès que le courant de l'émigration semblait se ralentir, le Congrès fédéral se hâtait d'adopter de nouvelles mesures plus libérales encore que les précédentes, concernant la vente des terres domaniales ; de sorte que cette émigration inépuisable a toujours un sérieux motif pour se rendre dans la confédération de l'Amérique du Nord. Un jour arrivera cependant où le Nouveau-Monde n'offrira plus d'espaces vides, par suite de l'accroissement exceptionnel que prend chaque année la population de cette partie du continent ; mais ce jour est encore si éloigné, qu'il n'est pas possible de l'apercevoir poindre à l'horizon de l'avenir ; car les États-Unis seuls ont maintenant plus de cent soixante-dix millions d'hectares de terres disponibles. Mais personne ne connaît l'étendue qui reste à peupler dans la région méridionale de l'Amérique ; la partie nord de ce continent pourra lui fournir des émigrants pendant des siècles pour se soulager d'un accroissement excessif de population.

Un fait curieux à constater, c'est l'irrésistible besoin qu'éprouvent les Américains eux-mêmes de se déplacer pour aller se ranger parmi les rudes et intrépides pionniers de la civilisation dans les déserts de l'Ouest. Je crois rester dans le cadre de mon sujet en donnant ici des détails sur cette immigration américaine ; car on y peut trouver d'utiles enseignements. Si toutes les phases du pénible développement du progrès étaient présentes à tous les esprits, l'humanité s'éviterait bien des épreuves épineuses dans le chemin de la vie. L'expérience acquise est un guide d'une grande autorité pour les gens sérieux ; mais ceux-ci ne peuvent guère en faire profiter les masses ignorantes que l'aveuglement retient dans les ténèbres.

L'émigration européenne a pour cause principale l'impérieux besoin de se soustraire à la misère ; mais il n'en est pas ainsi pour l'immigration américaine ; car le changement de pays ne lui apporte souvent qu'une faible augmentation de bien-être. Il est certain que l'imagination joue un grand rôle dans ces immigrations intérieures. On cède au désir de pouvoir jouir soi-même des avantages que la renommée accorde à certaines régions lointaines du centre civilisé. Cette renommée reste rarement dans les limites de la vérité, par suite de la propension invincible qu'éprouvent les Américains à vanter au superlatif les pays qui leur appartiennent. Sous ce rapport, les Anglais ne se montrent pas moins exagérés. Du reste, l'homme fait communément peu de cas du bonheur qu'il possède; c'est pourquoi il ne cesse jamais de chercher un bonheur introuvable, parce qu'il est chimérique.

Après s'être adressé longtemps la question de savoir s'il émigrera ou non, l'Américain se décide enfin pour l'affirmative, et dresse son plan conformément aux renseignements qu'il s'est procurés dans des livres spéciaux, ou en consultant des voyageurs et des amis dans l'espoir de pouvoir ajouter un peu plus de lumières à celles qu'il possède déjà. Avant la création des canaux et de la navigation à la vapeur, ces immigrants se dirigeaient à petites journées vers le lieu de leur préférence, emmenant avec eux tout ce qu'ils possédaient en bestiaux, meubles et instruments aratoires. Chaque soir, on s'arrêtait dans un endroit pourvu d'eau potable et de pâturage pour les animaux faisant partie de la caravane. On faisait un grand feu pour préparer le repas et chasser l'humidité. Les voitures servaient de couches à la famille; mais les hommes faisaient sentinelle à tour de rôle pour veiller à la sécurité commune.

Ces changements de résidence se faisaient surtout par les habitants de la Virginie et des deux Carolines, sur une large échelle. Leurs wagons sont des véhicules presque inconnus dans le nord de la confédération. Ils sont vastes, solides, commodes comme de petites maisons; il s'y trouve une cuisine mobile et des couchettes où les voyageurs peuvent, d'une manière presque confortable, goûter un sommeil réparateur des fatigues du jour.

Comme les habitants du Sud possédaient tous un nombre plus ou moins grand d'esclaves des deux sexes, chaque famille qui se dirigeait ainsi vers une nouvelle prise de possession de terres incultes, offrait l'aspect d'une caravane primitive, en accomplissant ce trajet à travers des forêts séculaires, comme le faisaient les peuples de l'antiquité en cédant au souffle de Dieu, qui les poussait dans toutes les directions du globe qu'ils avaient mission de peupler. Si les chameaux sont considérés comme les navires des brûlants et stériles déserts de l'Afrique, les wagons dont je parle sont aussi les navires des régions méridionales et occidentales de la confédération américaine. Ces véhicules sont traînés généralement par quatre ou six chevaux vigoureux et bien développés ; et après les voitures, viennent les bestiaux formant des groupes respectifs de chaque espèce. Les chiens et les esclaves ferment la marche de la caravane. Les harnais des chevaux sont garnis de sonneries qui présentent un grand contraste dans ces solitudes. C'est ainsi que la civilisation fait son entrée dans ces régions sauvages.

Le courant d'émigration européenne qui s'est établi en faveur des États-Unis, ne s'est pas maintenu depuis tant d'années sans avoir été l'objet de mesures provocatrices de la part des Américains. Ils ont fondé des agences spéciales chez toutes les nations qui émigrent le plus. Ces agences sont chargées de fournir tous les renseignements désirables, de traiter avec les émigrants pour leur transport, à partir de chez eux jusqu'au lieu où ils veulent se rendre dans leur pays d'adoption ; de sorte que ces humbles voyageurs connaissent les frais que leur coûtera ce déplacement, avant de se mettre en route. Il en est même bon nombre qui achètent les terres où ils veulent s'établir, sur les plans dont sont pourvues les agences dont je viens de parler. Les terres du domaine public donnent lieu à des spéculations incalculables, aux États-Unis; et il est juste de dire que les émigrants n'ont pas toujours sujet de se louer des spéculateurs, quand ils s'en rapportent à leur bonne foi.

Les points où stationne l'émigration, soit étrangère, soit intérieure, avant de se fixer au sol qu'elle achète, présentent un spectacle dont on ne peut se faire l'idée sans l'avoir vu. A mesure que les arrivées s'effectuent, les départs s'opèrent dans des proportions égales; de sorte que les flots de cette émigration incessante se répandent constamment dans toutes les directions des contrées incultes.

Peu de jours suffisent à chaque famille pour construire sa rustique demeure, qui se compose de jeunes arbres assemblés d'une manière rudimentaire. Ensuite on s'occupe à préparer du terrain pour semer des légumes et du maïs à la prochaine saison. La seconde année, on se donne une récolte de blé aussi importante que possible; et bientôt les arbres fruitiers viennent fournir leur contingent aux produits de la nouvelle ferme. Puis, au bout d'une dizaine d'années, la rustique demeure, nommée en anglais *logcabin*, cède la place à une maison confortable, et la terre du domaine nouveau est complétement livrée à la culture.

C'est ainsi qu'en peu de temps, on voit d'immenses contrées prendre l'aspect des pays civilisés, de sauvages et désertes qu'elles étaient depuis des siècles. Ces prodigieux résultats ne s'obtiennent pas sans efforts, on le comprend; mais la récompense qu'ils donnent ne laisse pas de déception à ceux qui en sont l'objet. Si les villes présentent une existence plus séduisante à la surface que la campagne, pour bien des gens la vie agricole sera toujours préférée par l'homme qui compte l'indépendance pour beaucoup dans le bonheur de ce monde. Pendant que les classes ouvrières s'entassent dans des logements insalubres, qu'elles ne quittent que pour s'agglomérer encore dans des ateliers, le cultivateur occupe une maison spacieuse, et travaille au grand air en respirant la santé à pleine poitrine. Si ses manières ont quelque chose de rude, elles ont aussi le rare mérite d'être naturelles, comme les produits qui font sa prospérité. Une famille champêtre qui voit sa grange s'emplir presque chaque année d'abondantes moissons, n'a pas de motif pour envier l'existence précaire des ouvriers des villes, pas même celle des classes riches qui se font les esclaves de la vanité. Si l'agriculture s'est développée avec une rare rapidité aux États-Unis, c'est parce qu'elle y est tenue en très-haute estime; on y parle toujours avec une juste déférence des classes agricoles, pour rendre hommage à la première de toutes les professions chez un peuple civilisé.

Dans mes longs voyages, j'ai été à même de voir que les hommes ont toujours un point de rapprochement entre eux; c'est celui d'affectionner plus ou moins la terre natale. Ce doux sentiment, je l'ai trouvé chez les immigrants de l'intérieur aussi bien que chez ceux de l'étranger, dans mes excursions en Amérique. Les regrets du pays natal se mêlaient toujours, dans une certaine mesure, aux efforts demandés par la prospérité qu'on fait jaillir d'un sol en friche. Ces regrets constituent cette maladie morale, nommée nostalgie; et il n'est pas étrange de la voir régner parmi les émigrants qui passent, presque tous, de la vie de voisinage à la vie isolée, sans la moindre transition. En pareil cas, la pensée se reporte en arrière pour voir le bonheur qu'elle y a laissé, sans tenir compte des peines, des chagrins qui ont souvent été la cause déterminante de l'abandon du pays qu'on regrette. En promenant ses regards autour de lui, l'émigrant ne retrouve rien de ce qu'il a contemplé depuis son enfance. Il lui faut faire connaissance avec une nouvelle nature, et soutenir la concurrence avec des étrangers, que ses préju-

-gés et son ignorance lui représentent souvent comme des ennemis. Nous ne connaissons jamais la force des liens invisibles de l'habitude que nous brisons en quittant notre pays, que quand nous sommes sur la terre étrangère. L'habitude forme souvent la base de notre bonheur en ce monde ; car elle enveloppe toute notre existence comme nos vêtements enveloppent notre corps. En changeant de pays, nous éprouvons cette gêne, cette gaucherie que nous ressentons dans des habits que nous mettons pour la première fois. Rien n'est donc plus naturel que de voir un émigrant se laisser aller en arrière pour retrouver, en imagination, les jours qu'il a écoulés au milieu de ses parents, amis et connaissances, sur la terre qui l'a vu naître. C'est un sujet sur lequel il revient à satiété. Il aime également à faire des éloges exagérés de sa patrie, de ses institutions, bien qu'il les ait souvent reconnues comme très-défectueuses avant son émigration. Mais ces entretiens ayant lieu avec des gens qui ont des préférences non moins exagérées pour leur pays, il s'ensuit que les rapports d'un tel voisinage n'ont rien de récréatif pour ces expatriés volontaires. Il n'est même pas rare de voir ces discussions familières, exercer de fâcheuses influences sur les affaires publiques de la localité, par une opposition qui prend sa source dans un amour-propre blessé. S'agit-il de fonder une école, de construire une église, de former une bibliothèque communale ? ces utiles projets ne rencontrent quelquefois des obstacles que dans le désir qu'un parti éprouve de combattre un parti adverse. L'amour de la patrie, en nous suivant sur la terre étrangère, laisse dans le sol natal des fibres nombreuses, comme en laissent les arbres qu'on transplante. Mais quand un émigrant laborieux et intelligent va se fixer dans une contrée qui offre de grandes ressources naturelles, il y prend néanmoins de profondes racines, et ses descendants y font souche de bonnes familles, ne gardant qu'un souvenir confus et incompréhensible des regrets patriotiques qu'elles ont entendu exprimer par leurs ancêtres.

Je voudrais que ceux qui se plaisent à déconsidérer l'Algérie aux yeux des émigrants européens, en leur montrant ce pays comme étant insalubre et dangereux à habiter; je voudrais, dis-je, que ceux qui parlent ainsi, pussent baser leur jugement sur des comparaisons établies entre le climat de notre colonie et celui de l'Amérique. Ce rapprochement leur permettrait de voir que, dans son étendue, l'Algérie offre des avantages aussi grands que les pays les mieux favorisés de la nature. Dans les pays incultes les plus salubres, la santé des colons qui s'y implantent les premiers, dépend beaucoup de la tempérance et des précautions qu'il est bon d'observer partout. J'ai déjà dit cela dans le cours de ce travail, et si je le répète ici, c'est qu'il est important qu'on le sache, afin de ne pas mettre sur le compte du climat de l'Algérie des maladies qui ont d'autres causes.

Les avantages que présentent les pays incultes, sont subordonnés à l'intelligence pratique dont sont favorisés les habitants qui se chargent de régénérer des terres sauvages. Je n'ai que l'embarras du choix pour appuyer cette assertion de preuves irrécusables. Le Canada en donne une que je préfère, parce qu'elle vient d'une ancienne colonie française.

La possession du Canada, par la France, remonte à 1525; mais ce ne fut qu'en 1535 que le célèbre navigateur, Jacques Cartier, explora le principal fleuve de cette colonie, le Saint-Laurent, ainsi nommé parce que son premier explorateur y pénétra le jour où la fête de ce saint était marquée sur le calendrier. Québec est le premier établissement colonial que formèrent les Français dans cette vaste possession. Il date de 1608; c'est-à-dire de 93 ans après la première exploration du Saint-Laurent par Jacques Cartier. Le délai que mit la France à s'implanter en ce pays, se justifiait par la grande distance qui le séparait de sa métropole ; et à cet obstacle, il faut ajouter ceux qu'on trouvait aussi dans la résistance sanglante que faisaient les sauvages, auxquels on n'opposait que des moyens d'action disproportionnés avec des entreprises de cette nature.

Cent cinquante ans après la fondation de Québec, ce Gibraltar américain, l'Angleterre s'en empara par la force des armes ; et le Canada fut perdu pour la France. Cette perte fut sanctionnée, en 1763, par le traité conclu à Paris entre les deux puissances qui se disputaient alors l'empire du monde. Le champ de bataille où s'est décidé le sort de cette colonie française, porte un monument qui conserve la date de cette triste journée pour les vaincus. Mais ils n'eurent pas à rougir de leur défaite ; car ils succombèrent héroïquement sous les forces supérieures de l'ennemi. Les deux généraux en chef des deux armées, furent tués dans la lutte. Ils se montrèrent dignes l'un de l'autre par la bravoure. Le général anglais Wolfe apprenant, au moment d'expirer, qu'il avait gagné la bataille, prononça ces paroles : « Je meurs sans regret, puisque je vous laisse la victoire. »

D'un autre côté, le général français Montcalm disait en rendant le dernier soupir : « Je suis heureux de mourir ; je ne verrai pas les Anglais dans Québec. » Cette manière de mourir n'appartient qu'aux hommes qui mettent la patrie au-dessus de leur propre ambition. Les étrangers qui visitent Québec, se rendent dans la plaine d'Abraham, située près de la ville, pour y voir le lieu où se sont passés les événements dont je viens de parler. Cette visite me fit une impression que ma qualité de Français explique.

Le Canada est un tiers plus grand que la France ; mais il s'y trouve des parties inhabitables, par suite de la stérilité du sol et de la rigueur du climat. On croyait jadis que cette colonie ne pouvait fournir que des fourrures, à cause de la rigidité de sa température. Cette erreur est dissipée aujourd'hui, grâce aux sages mesures que l'Angleterre a prises pour attirer une nombreuse émigration européenne dans ce pays lointain. Il y a moins de trente ans, le Canada ne récoltait pas assez de blé pour suffire à la consommation de ses habitans. Les États-Unis les nourrissaient. Maintenant cette colonie en exporte dans sa métropole, en échange des choses qu'elle en tire.

Le développement colonial du Canada ne s'est manifesté ostensiblement que du jour où l'Angleterre l'a doté de bonnes institutions, desquelles ont surgi toutes les mesures nécessaires pour bien exploiter les ressources d'un pays nouveau. Les voies de communication, soit ferrées, soit ordinaires, ne font plus défaut à cette colonie, et la prospérité des habitants en formule l'heureuse conséquence. Les États-Unis offraient aux Anglais un exemple trop bon à suivre dans l'intérêt de leur grande possession canadienne pour que ces derniers pussent le dédaigner. Aussi se sont-ils fait un devoir patriotique de rapprocher le plus possible les institutions du Canada de celles de la florissante confédération. On peut dire maintenant que cette colonie américaine est une république placée sous la puissante égide du drapeau de l'Angleterre.

Le gouvernement du Canada est constitué sur les bases de celui de sa métropole, mais avec des améliorations démocratiques dont la nation anglaise sera sans doute privée longtemps encore. Les membres du Parlement canadien doivent être sujets anglais et posséder des biens fonciers pour une valeur déterminée; autrement, ils ne peuvent remplir ces fonctions législatives. Pour être électeur, il faut payer un loyer de 150 francs dans les villes et de 100 francs dans les districts ruraux, et être sujet anglais de naissance ou par la naturalisation. Une résidence de trois ans dans la colonie et le serment d'allégeance, sont les seules conditions exigées des étrangers qui veulent se faire naturaliser. Ils sont ensuite sur le même pied que les sujets de naissance britannique.

Par ses institutions politiques, le Canada jouit des avantages d'une nation distincte sans en avoir toutes les charges. La métropole veille à sa sûreté pour prévenir les attaques du dehors, mais la colonie est seule chargée de régir ses affaires. Elle exerce un contrôle absolu sur son commerce extérieur, sur ses lois, ses institutions municipales, ses impôts, sur l'instruction publique et la liberté de conscience.

Les lois françaises, telles qu'elles existaient lors de la conquête par l'Angleterre, prédominent dans le Bas-Canada, mais le Parlement peut les modifier, s'il le juge nécessaire. Les lois criminelles et commerciales d'Angleterre sont en force dans toute la colonie.

Les institutions municipales du Canada fonctionnent avec une grande indépendance. Celles du Haut-Canada diffèrent de celles de l'autre province, et cette différence prend sa source dans l'origine de la population, qui, dans une partie de la colonie, est anglaise, et dans l'autre française.

L'Angleterre, qui n'est riche et puissante que par ses innombrables colonies, agit sagement en donnant des institutions qui ne laissent rien à désirer aux colons, sous le rapport gouvernemental de leur pays d'adoption. Et chose digne de remarque, c'est que toutes les possessions anglaises jouissent d'institutions plus libérales que celles de la métropole.

La France se garde bien de suivre un si bon exemple. Elle semble prendre, au contraire, le plus grand soin d'adopter les systèmes qui peuvent le mieux entraver la prospérité de ses colonies. Par sa proximité et sa position continentale, l'Algérie n'est qu'une province de sa métropole ;

elle devrait avoir au moins des institutions aussi libérales que celles qui régissent la France ; mais c'est en vain que les Algériens demandent cette sage modification. Cette persévérance à rester dans l'erreur sur ce point, donne une triste idée de l'esprit pratique de notre nation, qui, pourtant, se flatte de marcher la première dans le chemin du progrès.

Il est bon que j'entre dans les détails qui concernent notre inaptitude à coloniser, maintenant que j'ai mis en relief les causes principales des prodigieux succès que les Anglais et les Américains savent obtenir dans les pays qu'ils colonisent.

En voyant la lenteur que met à se développer la prospérité coloniale de l'Algérie, n'aurait-on pas le droit de croire que la France en est encore à se demander si elle doit garder cette conquête ou l'abandonner? Ce qui autorise à faire cette supposition, c'est la triste persistance que montre le gouvernement de la métropole à refuser à l'Algérie les institutions dont elle a un impérieux besoin pour prospérer. Après avoir supprimé le ministère créé spécialement pour régir nos colonies, on nous ramena, ai-je déjà dit, en arrière, en nous promettant de faire bientôt un pas en avant vers le droit commun. Cette promesse a été plusieurs fois renouvelée pendant les quatre années qu'a duré l'administration du maréchal Pélissier. Les Algériens étaient donc autorisés à croire que la mort du duc de Malakof, en nécessitant le choix d'un nouveau gouverneur, amènerait un progrès en faveur du régime civil de la colonie. Mais c'est le contraire que le gouvernement métropolitain s'est empressé de faire, sous prétexte de rendre à l'administration l'unité d'action qui lui manquait. Mais pourquoi ne pas effectuer cette unité d'action administrative en donnant au régime civil, sur le régime militaire, la place que celui-ci occupe d'une manière anormale, et contraire à nos lois autant qu'aux intérêts communs de la France et de ses possessions? Les motifs que donne, dans son rapport à l'Empereur, le ministre de la guerre, pour justifier la réorganisation militaire du gouvernement actuel de l'Algérie, ne reposent que sur des erreurs que l'expérience du passé condamne avec l'assentiment des hommes pratiques en matière de colonisation. On a dit souvent, avec une légèreté qui tient à notre caractère national, que l'Algérie était un boulet attaché au pied de la France; si cette figure est fondée, c'est parce que le ministère de la guerre n'a cessé d'être lui-même pour cette belle conquête un boulet qui a paralysé et paralyse encore son développement, en lui imposant un régime exclu de toutes les possessions lointaines bien gouvernées. J'avance là une vérité si incontestable qu'elle peut trouver une attestation chez tous les gouverneurs de l'Algérie; tous ont éprouvé plus ou moins d'entraves administratives de la part du ministère de la guerre, qui abuse plus qu'il n'use de l'autorité prépondérante qu'on lui laisse sur les affaires de notre grande colonie.

Le décret qui a remis les Algériens sous le régime purement militaire, comme au début de la conquête, leur aurait causé une vive impression de tristesse, s'ils n'étaient habitués de longue date à voir leurs légitimes espérances déçues, pour ce qui regarde les institutions de ce pays conquis au nom du progrès et de la civilisation moderne. Comme toutes les modifications antérieures, celle-ci était donnée comme le fruit indiscutable de l'expérience. Dans son rapport à l'Empereur, le ministre de la guerre semblait avoir trouvé dans cette réorganisation un régime destiné à faire naître l'âge d'or en Algérie, par suite de l'unité d'action gouvernementale qui en résultait au profit de l'autorité militaire. Les préfets, en devenant les subordonnés des généraux, cesseraient d'être une entrave au développement de la prospérité de la conquête. On oubliait que l'autorité profectorale avait toujours été, en Algérie, une simple expression et jamais un fait réel. Mais on profitait de son impuissance pour en compléter la nullité.

C'est dans la pratique de ce système déjà essayé, que les Algériens attendaient la justification des critiques qu'ils lui opposaient, et le temps n'a pas tardé à prouver que ces critiques étaient fondées. En effet, quelques mois après cette nouvelle organisation, on parlait déjà des projets qui s'élaboraient à Paris pour donner un autre système administratif à la colonie. Ces rumeurs étaient fondées, ainsi que l'a prouvé le voyage de l'Empereur en Algérie, et la lettre que Sa Majesté a adressée au maréchal de Mac-Mahon, en sa qualité de gouverneur général de notre possession africaine.

Mais pour procéder par ordre de date, occupons-nous de la réorganisation qui survint après la mort du maréchal Pélissier. L'article 1er du décret dit :

« Le gouverneur général conserve les attributions administratives qui lui sont conférées par la législation de l'Algérie, et notamment par le décret du 10 décembre 1860. »

Or, ce décret confiait au gouverneur général de l'Algérie le soin de soutenir la discussion du budget de la colonie au conseil d'État, et d'en suivre l'exécution. Cette importante attribution est laissée au ministre de la guerre, d'après l'article 8 du nouveau décret. Comment concilier cette fâcheuse contradiction ? C'est un empiétement opéré par le ministère de la guerre, s'accordant avec les regrettables prétentions qu'il a toujours eues sur les affaires de l'Algérie. Il est bon de donner ce décret impérial. Le voici :

NAPOLÉON,

Par la grâce de Dieu et la volonté nationale, Empereur des Français ;

A tous présents et à venir, salut ;

Vu nos décrets des 27 octobre 1858, 24 novembre et 10 décembre 1860 sur le gouvernement et la haute administration de l'Algérie ;

Voulant établir l'unité de direction dans le gouvernement de l'Algérie et apporter dans l'administration les améliorations que comportent l'état du pays et l'intérêt des populations ;

Sur la proposition de notre ministre de la guerre,

Avons décrété et décrétons ce qui suit :

TITRE Ier.

ADMINISTRATION CENTRALE.

Art. 1er. Le gouverneur général conserve les attributions administratives qui lui sont conférées par la législation de l'Algérie, et notamment par le décret du 10 décembre 1860.

Art. 2. Le sous-gouverneur continue à remplir les fonctions de chef d'état-major général, et il exerce les attributions civiles qui lui sont déléguées par le gouverneur général.

Il est spécialement chargé, sous l'autorité du gouverneur général, de la direction politique et de la centralisation administrative des affaires arabes.

Art. 3. La direction générale des services civils est supprimée.

Art. 4. Il est créé un secrétaire général du gouvernement pour l'expédition générale des affaires civiles.

Art. 5. Il sera nommé un préfet pour la province d'Alger, comme pour les deux autres provinces.

Art. 6. Le conseil consultatif prend le titre de conseil de gouvernement.

Le secrétaire général du gouvernement est membre de

droit du conseil, et y prend rang après le sous-gouverneur.

Art. 7. Le conseil supérieur est maintenu. Le secrétaire général y prend rang après les généraux divisionnaires.

Art. 8. Le conseil supérieur se réunit annuellement aux époques déterminées par nous, pour délibérer sur le budget général de l'Algérie.

Le projet de budget général arrêté provisoirement par le gouverneur général, après délibération du conseil supérieur, est transmis au ministre de la guerre, qui est chargé d'en soutenir la discussion au conseil d'État et d'en suivre l'exécution comme budget annexe de son département.

TITRE II.

DIVISION DU TERRITOIRE.

Art. 9. Dans un délai de trois mois, à partir de la promulgation du présent décret, il sera procédé, dans chacune des trois provinces de l'Algérie, à une délimitation nouvelle du territoire civil et du territoire militaire. Proposée par le gouverneur général, elle sera sanctionnée par les décrets.

Art. 10. Le territoire civil de chaque province conserve son titre de *département,* ainsi que ses subdivisions en arrondissements, districts et communes dont les limites sont également déterminées par les décrets.

Le territoire militaire est divisé en circonscriptions déterminées par des arrêtés du gouverneur général.

Art. 11. Les Français, les étrangers, les indigènes habitant d'une manière permanente les circonscriptions des communes constituées, sont régis, dans les deux territoires, par les institutions civiles actuellement en vigueur et qui seront successivement développées.

Art. 12. Les indigènes vivant soit isolément, soit à l'état

de tribus, et qui ne sont pas rattachés à des communes constituées, sont soumis à l'autorité militaire, dont la mission est de les préparer à passer sous le régime du droit commun.

TITRE III.

ADMINISTRATION PROVINCIALE.

§ 1er. *Administration générale des provinces.*

Art. 13. L'administration générale du territoire civil et du territoire militaire de chaque province est confiée au général commandant la division, qui prend le titre de *général commandant la province.*

En cas d'absence ou d'empêchement, il est remplacé par le plus ancien général de brigade de la province.

Art. 14. Les généraux commandant les provinces sont nommés par Nous, sur la proposition du ministre de la guerre.

Art. 15. Le général commandant la province est chargé, sous l'autorité du gouverneur général, de la haute direction et du contrôle des services civils de la province.

Il rend compte périodiquement au gouverneur général de la situation du territoire soumis à son autorité.

Il reçoit les instructions du gouverneur général pour toutes les mesures qui touchent à la colonisation ou aux affaires arabes.

Il propose l'avancement ou la révocation des fonctionnaires ou agents civils de la province dont la nomination appartient à l'Empereur ou au gouverneur général.

Il pourvoit aux emplois dont la nomination lui est déférée par les délégations du gouverneur général.

Il statue sur toutes les affaires d'intérêt provincial dont

la décision, réservée au pouvoir central, lui est déléguée par le gouverneur général.

Dans les circonstances urgentes et imprévues, il peut prendre, sous sa responsabilité, et sauf à en référer immédiatement au gouverneur général, des mesures d'ordre et de sécurité publique.

Art. 16. Le général commandant la province est spécialement chargé, sous l'autorité du gouverneur général, de la police de la presse.

Il donne l'autorisation de publier les journaux et révoque ces autorisations en cas d'abus.

Il donne les avertissements aux journaux, en prononce la suspension temporaire, et provoque, lorsqu'il y a lieu, les poursuites judiciaires.

§ 2. *Administration du territoire civil.*

Art. 17. Le territoire civil de chaque province est administré par le préfet, sous l'autorité du général commandant la province. En cas d'absence ou d'empêchement, le préfet est remplacé par le secrétaire général de la préfecture.

Art. 18. Le préfet a sous ses ordres les chefs des différents services civils et financiers dont l'action s'étend sur les deux territoires. Il surveille ces services, soit en vertu de son autorité directe dans le territoire civil, soit par délégation du général commandant la province dans le territoire militaire.

Il conserve d'ailleurs les attributions directes qui lui sont conférées par les articles 10 et 11 du décret du 27 octobre 1858.

Art. 19. Le préfet adresse périodiquement au général commandant la province des rapports d'ensemble sur la situation du territoire civil.

Il reçoit ses instructions pour toutes les affaires qui intéressent la colonisation et lui rend compte de leur exécution.

Il transmet au gouverneur général, par l'intermédiaire du général commandant la province, qui les revêt de son avis, toutes les propositions concernant les affaires réservées à la décision du pouvoir central.

Art. 20. Les sous-préfets relèvent directement du préfet, qui peut leur déléguer ses attributions pour statuer sur les affaires d'intérêt local qui exigeaient jusqu'à ce jour la décision préfectorale.

Art. 21. Les commissaires civils relèvent directement, soit du préfet, soit du sous-préfet, chargé de l'administration de l'arrondissement auquel est rattaché leur district.

Ils ont, dans leur ressort, les mêmes attributions que les sous-préfets.

Art. 22. Les sous-préfets et les commissaires civils rendent compte de leurs actes à l'autorité dont ils relèvent et qui peut toujours annuler ces actes ou les réformer.

§ 3. *Administration du territoire militaire.*

Art. 23. Le territoire militaire est administré directement par le général commandant la province qui exerce, en ce qui concerne les Français et les étrangers établis dans ce territoire, les attributions dévolues au préfet dans le territoire civil.

Le général commandant la province peut déléguer ces dernières attributions au préfet, qui signe dans ce cas, au nom du général, toute la correspondance que celui-ci ne s'est pas réservée.

Art. 24. Les bureaux civils institués auprès des généraux commandant les divisions sont réunis aux bureaux des préfectures, lesquels demeurent désormais chargés, sous la direction des préfets, de la préparation du travail et de la correspondance des généraux commandant les provinces en ce qui concerne l'administration des Français et des étrangers du territoire militaire

Art. 25. Le général commandant la province a sous ses ordres, pour l'administration du territoire militaire, les officiers généraux supérieurs commandant les subdivisions militaires et les cercles qui exercent leur autorité sur les populations indigènes par l'intermédiaire des bureaux arabes.

Les affaires arabes sont centralisées auprès de lui par un directeur provincial.

§ 4. *Institutions communes aux territoires civil et militaire.*

Art. 26. Les conseils des affaires civiles instituées par l'article 14 du décret du 27 octobre 1858 sont supprimés.

Les attributions de ces conseils sont réunies à celles des conseils de préfecture, dont la juridiction est étendue à tout le territoire de la province.

Art. 27. Les conseils généraux sont maintenus. Les généraux commandant les provinces exercent vis-à-vis de ces conseils les attributions qui sont dévolues aux préfets par la législation en vigueur ; ils pourront toujours déléguer aux préfets tout ou partie de ces attributions.

L'élément indigène devra désormais entrer pour un quart au moins dans la composition de chaque conseil général.

TITRE IV.

DISPOSITIONS GÉNÉRALES.

Art. 28. Il n'est dérogé en rien à la compétence des tribunaux telle qu'elle est établie par la législation actuelle de l'Algérie, soit en ce qui concerne les Français ou les étrangers, soit en ce qui concerne les indigènes dans l'un ou l'autre territoire.

Des juges de paix seront établis sur tous les points où les fonctions judiciaires sont encore dévolues aux commandants de place.

Art. 29. Toutes dispositions contraires au présent décret sont et demeurent rapportées.

NAPOLÉON.

Par l'Empereur :

Le maréchal de France, ministre de la guerre,

RANDON.

Selon le maréchal Randon, ce système, en offrant une parfaite unité d'action administrative, ne laissait plus rien à désirer au gouvernement de l'Algérie; et notre conquête allait entrer rapidement dans l'âge d'or par l'intermédiaire du régime militaire, sans mélange d'antagonisme civil. Comment se fait-il que ces belles promesses soient restées infructueuses? Il est même permis de dire, avec une vérité irrécusable, que cette modification s'est montrée plus stérile qu'aucune autre antérieure du même genre. Cela ne tenait pas seulement à la défectuosité du système, et à l'insuffisance des hommes chargés de seconder le gouverneur dans sa tâche, mais encore à l'inopportunité du moment où ce régime rétrograde était remis en vigueur. La colonie pouvait paraître s'en accommoder quand elle n'était qu'un champ de bataille; mais sa situation actuelle, bien que peu développée, si l'on tient compte de ce que l'avenir lui promet, ne peut plus que languir sous une administration anormale, confiée à des administrateurs éduqués pour suivre la carrière spéciale des armes. Voilà les vrais motifs qui font et feront de plus en plus la stérilité du régime militaire en Algérie.

Pour mettre un terme aux fâcheuses prétentions que l'armée conserve sur cette belle conquête, sous le rapport gouvernemental, il suffirait de recourir à l'assimilation de la colonie à sa métropole. Cette sage mesure tracerait une ligne de démarcation inviolable entre les rôles qui incomberaient aux autorités civiles et aux autorités militaires respectivement. Les unes s'occuperaient de bien gouverner le pays, et les autres veilleraient à sa sécurité, en le préservant des incessantes rébellions des Arabes. Si, en France, on avait une faible idée des prodigieux résultats qu'un tel système produirait en Algérie, l'opinion publique, à l'aide de la presse, aurait déjà obligé le gouvernement métropolitain à doter cette belle possession de cette forme administrative, que le bon sens et le droit commun appellent depuis si longtemps en vain.

Pour justifier l'omnipotence militaire en Algérie, on dit que l'armée seule peut y faire respecter son autorité par les indigènes, si turbulents de leur nature et si réfractaires aux institutions des peuples civilisés. Il est vrai que les Arabes, plus qu'aucuns peuples barbares, sont hostiles aux bienfaits du progrès moral et matériel; mais il n'est pas moins vrai aussi, que si leur régénération est possible, elle ne peut s'effectuer que sous l'égide du droit commun et par le libre contact des deux races. Du reste, l'armée ne peut même pas justifier ses empiétements administratifs par le respect que son omnipotence trouve chez les indigènes, puisqu'ils n'ont jamais cessé de se révolter périodiquement contre son autorité; de sorte qu'on ne peut même pas dire que ce régime insolite soit compensé par la tranquillité qu'il procure à la colonie.

Ces remarques, que j'aime à croire très-judicieuses et très-fondées, en font venir d'autres sous ma plume; et je vais les soumettre aussi à l'appréciation du lecteur dans le but de lui fournir des renseignements utiles à la cause que je défends.

Le sénatus-consulte qui rend les indigènes possesseurs de la presque totalité du sol de l'Algérie, a été provoqué, dit-on, par un parti qui s'est toujours efforcé d'empêcher le développement de la colonisation. Ce but anti-national ne pouvait être plus sûrement atteint qu'en ne laissant pas de terres disponibles au profit de l'émigration européenne. Le sénatus-consulte fut adopté par le Sénat sans aucune des modifications demandées par les membres qui pressentaient les torts que cette mesure porterait à la prospérité future de notre conquête. On poussa si loin la générosité envers les vaincus, en cette grave circonstance, qu'on ne réserva pas seulement les terres nécessaires à la création des voies ferrées et aux routes ordinaires, sans parler des lieux propres à former des centres de population. Un acte de générosité si exceptionnelle, autorisait à croire qu'il donnerait lieu à une vive et éternelle reconnaissance de la part de ceux qui en étaient l'objet. Mais loin d'en témoigner de la gratitude, les indigènes n'ont rien trouvé de mieux à faire que de se révolter contre notre autorité presque aussitôt qu'ils furent légalement et solennellement possesseurs de toutes les terres dont ils n'étaient que les usufruitiers depuis des siècles, sous l'empire des institutions musulmanes. Comme cette preuve de gratitude ne venait pas spontanément de leur part, on fut donc obligé de la leur suggérer en leur conseillant d'élever un monument commémoratif du voyage de Leurs Majestés Impériales, en Algérie, en 1860. Cet hommage était bien dû par les Arabes aux souverains qui les avaient comblés de bienfaits par l'adoption de la mesure dont il est parlé plus haut; et, pour mon compte, je déclare que j'ai cru d'abord qu'il n'avait pas fallu de grands moyens de persuasion pour le provoquer; mais la formidable rébellion qui éclata peu de temps après l'annonce de l'érection de ce monument, me força, contre mon désir, à modifier mon opinion sur ce point.

Comment croire, en effet, aux bons sentiments des indigènes envers Leurs Majestés Impériales, en voyant l'acharnement qu'ils montrent à combattre la domination de la France en ce pays conquis? La logique veut que ce peuple respecte l'autorité du souverain qu'il affectionne comme chef du pouvoir de notre nation; car c'est bien comme Empereur des Français que Napoléon III a visité l'Algérie en 1860, et qu'il y a été reçu par l'administration coloniale et la population européenne. Si les indigènes étaient bien pénétrés des sentiments de reconnaissance qu'ils doivent au souverain qui les a comblés de faveurs, ils cesseraient d'êtres hostiles à l'autorité de la France, en témoignage de l'affection qu'ils doivent au chef de son gouvernement. De la part des vaincus, ce témoignage n'aurait certainement pas été exagéré en lui donnant la forme et l'évidence d'un monument commémoratif. Mais, si je suis bien informé, je crois pouvoir dire que ce projet d'élever, à Alger, un monument de cette nature, est abandonné. Cet abandon a sans doute été ordonné par l'Empereur; car le dévouement et l'affection des indigènes, offrent trop d'incertitude pour qu'un souverain qui siége sur le trône d'une nation comme la nôtre, puisse accepter un tel hommage dont la sincérité ne peut s'affirmer aux yeux de la postérité.

Revenons au sénatus-consulte, à ses conséquences forcées et à sa mise à exécution. Le gouvernement de la métropole a dit que le domaine possédait 900,000 hectares de terre, destinés au développement de la colonisation. Cette déclaration a été faite au Sénat lors de la passation de ce sénatus-consulte, qui a fait les indigènes maîtres absolus de la presque totalité du sol de notre belle conquête africaine.

Cette réserve domaniale est peu de chose en la comparant à l'étendue de notre colonie; mais elle était si mal définie, qu'il eût été sans doute impossible à l'administration d'en pouvoir disposer de suite au profit de l'accroissement de la population agricole. Cette assertion se fonde, du reste, sur la réponse négative que l'administration n'a cessé de faire depuis le sénatus-consulte quand on lui demande des terres disponibles. Il n'était donc pas urgent d'adopter le mode de vente de terre à prix fixe et à livre ouvert, puisque l'État n'est pas en mesure de satisfaire aux demandes des acquéreurs qui peuvent se présenter. Si les terres domaniales qui restent ne peuvent être connues et disponibles qu'après l'exécution du sénatus-consulte, ce n'est pas de sitôt que la colonisation pourra reculer ses limites actuelles; car il n'y aurait pas d'exagération à dire que de longues années s'écouleront avant que toutes les formalités de cette mesure soient accomplies. Parmi ces innombrables formalités, il en est une qui ne peut manquer d'exercer une grande influence sur le développement de la prospérité de l'Algérie; mais son exécution semble destinée à se faire attendre encore plus longtemps que les autres, s'il en faut croire des gens bien placés pour le savoir. Je veux parler de la création de la propriété individuelle, chez les indigènes. Cette mesure aiderait puissamment à régénérer ce peuple barbare en l'affranchissant de l'oppression de ses chefs rapaces. Il est bien certain que les Arabes ne se relèveront jamais de leur affaissement tant qu'ils resteront dans l'inique communisme où ils croupissent depuis des siècles; car ils n'ont aucun stimulant pour les porter à un travail dont la peine seule leur reste et laissant le profit aux maîtres qui les dominent et les pressurent. Comme j'aurai plus loin l'occasion de revenir sur les mesures anti-civilisatrices qu'on a toujours prises jusqu'ici envers les indigènes, je vais entrer dans quelques détails sur le système qui régissait la répartition des terres de l'Algérie, sous le nom de cantonnement, avant le sénatus-consulte.

Le cantonnement, que le sénatus-consulte a supplanté, a donné lieu à des récriminations bien mal fondées de la part des adversaires de cette mesure. Cette hostilité était d'autant plus persistante qu'elle s'adressait à la colonisation, dont le développement contrarait des ambitions personnelles et de nombreux intérêts particuliers. Comme la France semble se faire un devoir de ne pas connaître le premier mot des affaires de l'Algérie, elle s'est empressée de se ranger du côté des ennemis du cantonnement, en criant avec eux à la spoliation! Il n'est pas inutile de porter la lumière de la vérité sur ce point.

On sait que l'étendue superficielle de l'Algérie est d'environ quarante millions d'hectares; c'est-à-dire les trois quarts de celle de la France. On sait aussi que la conformation montagneuse du pays et les contrées stériles voisines du désert algérien, ne laissent guère que vingt millions d'hectares habitables et pouvant être livrés à l'agriculture. Conséquemment, l'Algérie peut recevoir quinze millions d'habitants avec toutes les conditions de bien-être que l'homme laborieux et intelligent sait tirer d'un sol fertile. Or, l'Algérie ne possédant que deux millions et demi d'indigènes, et deux cent cinquante mille Européens environ, en ce moment, 1867, il y a donc place pour plus de douze millions d'émigrants à l'heure qu'il est. Le travail étant des plus antipathiques aux indigènes, il ne faut donc pas s'étonner si le sol de ce pays est devenu presque tout en friche sous leur domination, et si les défrichements sont encore très-restreints, puisqu'ils sont l'œuvre exclusive des Européens.

Chez les Arabes, la propriété terrienne présente deux caractères distincts, qui se désignent par les noms d'*arch* et de *melk*. La propriété *arch* est collective. Chaque caïd a le droit d'en faire la division annuelle entre tous les membres de la tribu. L'autorité de ce chef de tribu, en disposant ainsi de la propriété commune, absorbe les droits que chaque membre semble posséder sur la terre qu'il cultive. Il est évident que, dans l'espèce, la propriété individuelle disparaît. Comme on peut le voir par ce qui précède, la propriété, en Algérie, était si mal constituée avant notre arrivée en ce pays, qu'il est presque impossible de pouvoir affirmer qu'elle appartient légalement à celui qui s'en trouve possesseur. Du reste, il était même adopté alors, en principe, que le sol, ainsi occupé, était la propriété de l'État ou du chef du gouvernement, et qu'un simple droit d'usufruit, ou d'usage, était dévolu aux occupants.

On trouve l'application de ce principe dans les traditions de la province de Constantine, où il était perçu, en outre du *zekkat* et de l'*achour*, taxes s'appliquant indistinctement à toutes propriétés, l'impôt du *hokkor*, ou loyer sur les terres arch. D'après des renseignements d'une exactitude bien établie, il résulte que, dans la province de Constantine, l'hokkor fut plus tard généralisé et appliqué indistinctement à tous les terrains; mais il n'en est pas moins vrai que son principe repose sur l'absence de droit de propriété, et que c'était aux terrains arch qu'il était seul applicable.

La propriété melk est celle qui appartient à l'individu, et de laquelle il peut disposer librement en se conformant à la loi. Les auteurs qui ont traité la matière ont commis une erreur, en disant que la propriété privée n'existait pas pour les immeubles en pays musulman. Mais il faut ajouter que la propriété melk est généralement restreinte aux villes et à leurs banlieues. L'idée de propriété individuelle, en pays musulman, et surtout chez les Arabes, ne comprend guère que les objets mobiliers et n'embrasse les immeubles que par exception.

En France, la population ne possède pas, en moyenne,

un hectare de terre labourable par chaque tête d'habitant, en déduisant de la superficie les forêts domaniales et celles des particuliers, les routes, les canaux, les rivières et les constructions. En donnant un hectare et demi de terres labourables par chaque tête d'indigène, comme on le proposait sous le régime du cantonnement, cette répartition eût été très-équitable aux yeux de la plus généreuse impartialité d'un conquérant envers un conquis ne cessant de se révolter. Les amis de la colonisation proposaient d'ajouter un hectare en sus pour chaque tête de gros bétail, et un hectare par chaque cinq têtes de petit bétail, terres destinées à servir de pacage et de lieux de parcours.

Voilà comme les partisans d'une Algérie française entendaient la mesure du cantonnement qu'on a tant décrié en France sans le connaître, en le déclarant un acte de spoliation envers les indigènes. Cette inique accusation partait du puissant parti qui combattait, et combat encore à outrance toutes les mesures qui peuvent favoriser l'essor de l'élément européen dans cette grande possession. Le sénatus-consulte qui a donné tout le sol algérien aux Arabes, fut la conséquence regrettable des hostilités que ce parti manifeste dans toutes les circonstances qui ont pour objet la consolidation de l'autorité de la métropole par le développement de la colonisation de sa belle conquête.

Le cantonnement ne voulait nullement dire refoulement et spoliation des indigènes, comme l'ont fait croire, en France, ceux qui veulent que l'Algérie reste soumise à leur autorité, et pour cause. Le cantonnement, tel que le voulaient les partisans d'une Algérie prospère, libre, bien gouvernée, était une mesure de justice et un puissant auxiliaire de la civilisation parmi les barbares qui la repoussent depuis tant de siècles. En donnant des terres à la colonisation parmi celles occupées par les indigènes, à titre de possesseurs individuels, ils eussent été constamment en contact avec les Européens, et ce rapprochement, en créant des intérêts communs entre les deux races, aurait eu pour conséquence forcée de rendre les rébellions arabes impossibles en les privant de la cohésion que demandent ces révoltes pour devenir sérieuses; et ce voisinage aurait, en outre, eu l'avantage d'offrir permanemment, à ce peuple inculte, l'occasion de se régénérer par l'exemple que le progrès eût mis sous sa main.

Il est donc incontestable que le cantonnement signifiait colonisation et civilisation; car l'une ne peut se développer sans donner de l'essor à l'autre. En laissant tout le sol aux indigènes, le sénatus-consulte repousse donc péremptoirement le développement de la colonisation européenne, seul moyen cependant de tirer parti des inépuisables ressources de l'Algérie, et, conséquemment, de lui donner la prospérité qu'elle attend avec une si légitime impatience.

Avant la passation du sénatus-consulte, les adversaires de la colonisation étaient si puissants et si désireux de se débarrasser une bonne fois de la population européenne, qui entravait encore un peu leur omnipotence, qu'ils parlaient ouvertement de la fondation d'un *royaume arabe*, qu'ils auraient isolé de tout contact civilisateur pour mieux conserver la barbarie dans notre conquête africaine, dans toute sa dégradation séculaire. On ne pouvait mieux préluder à cette grave mesure qu'en ne laissant point de place aux colons. Mais il arrive quelquefois qu'une mauvaise mesure en contrecarre une plus nuisible encore; et c'est ce qui est arrivé au projet qui concernait la création d'un royaume arabe. L'élément indispensable au succès de cette incroyable conception est devenu tout à coup réfractaire par une formidable rébellion, qui a demandé cent mille hommes et un chef renommé pour être apaisée. Voilà donc comment les indigènes se montrent reconnaissants des largesses de la France, et disposés à former le fameux royaume que les adversaires de la puissance de notre patrie voudraient voir surgir sur les bords de la Méditerranée pour y régner à leur profit personnel et sans contrôle.

Les événements se sont chargés de faire évanouir cette entreprise anti-française; mais il n'en est pas moins vrai qu'on a réussi à renfermer la colonisation dans un cercle qui l'étouffera, si elle n'en peut sortir à l'aide de l'expropriation légale. Car pas de colonisation sans terres; et comme notre puissance n'aurait aucune racine en Algérie, sans une nombreuse population agricole européenne, l'État va donc se trouver dans la curieuse nécessité de racheter une partie du sol qu'il a donné si légèrement aux indigènes. Voilà comment le gouvernement de la métropole montre son aptitude en matière de colonisation.

Cependant, coloniser l'Algérie est le but inévitable qu'il faut atteindre, et vers lequel l'administration coloniale est forcée de marcher, en dépit des réorganisations qui la détournent plus ou moins de ce but par les défectuosités qu'elles présentent. L'argument principal de toutes les questions qui se rapportent à cette grande conquête, consistera toujours à demander le développement de sa colonisation. Ce sera toujours là, en effet, qu'il en faudra venir forcément, quand on voudra entrer dans la voie pratique pour mettre un terme aux erreurs qu'on semble prendre plaisir à perpétuer dans chaque modification dont l'Algérie est périodiquement l'objet.

Ces observations, que je me crois en droit de nommer judicieuses, appellent des mesures préliminaires d'une grande importance pour l'avenir de l'Algérie. Ces mesures consisteraient à s'assurer, préalablement, de périmètres bien choisis pour y créer des centres de populations agricoles européens. Cette manière de procéder permettrait de relier, dans un bref délai, ces diverses localités par des voies de communications vicinales qui, en facilitant un rapide peuplement, donneraient à des contrées incultes et désertes une plus-value dont se sentiraient bientôt les revenus budgétaires de la colonie; et la métropole n'aurait qu'à s'en louer à tous les points de vue. Un centre de population bien choisi ne peut manquer de prospérer, par la raison toute simple qu'il ne demande que du travail et de la conduite pour donner cet heureux résultat. Mais les mesures que le gouvernement persiste à prendre envers l'Algérie, ne permettent guère d'espérer qu'on s'occupera de faire ainsi de la place à la colonisation pour favoriser son essor avec sagesse.

Je ne dois pas omettre de mentionner la modification apportée par un décret impérial pour la transmission des terres domaniales et la supression des clauses résolutoires concernant les concessions terriennes. En vertu de ce décret, en date du 31 décembre 1864, le système de concession est remplacé par celui de la vente à prix fixe et à bureau ouvert, sauf des exceptions faites en faveur de créations nouvelles de centres de population. Cette réserve me donnerait lieu d'espérer qu'on en usera un jour pour choisir, préalablement, de bons emplacements de centres de population, s'il n'était pas arrivé fréquemment, en Algérie, de négliger les meilleures parties des décrets qui régissent le pays. Des hommes capables et désireux de bien faire, auraient pu préserver cette belle conquête des plus fâcheuses erreurs administratives.

Par ce décret impérial, ainsi que je viens de le dire, sont supprimées les clauses résolutoires concernant les concessions faites jusque-là. Cet affranchissement ne fut qu'un acte d'équité tardif, qu'on n'aurait jamais dû rendre nécessaire, si les intérêts de la colonie avaient été mieux compris. En effet, rien n'était plus nuisible au développement de la richesse agricole de l'Algérie que ces clauses restrictives, paralysant les efforts des concessionnaires en les menaçant sans cesse d'une expropriation qui les plongerait dans une détresse imméritée et souvent insurmontable. On oubliait que ces terres concédées étaient en friche et presque toujours d'un accès impraticable. Leur valeur se trouvait donc toute dans la mise en culture, de laquelle dépendait toute, à son tour, la prospérité de la colonie et la domination de la France. La rente que l'État constituait à son profit sur les terres ainsi concédées, formulait une condition suffisamment avantageuse pour lui, sans avoir besoin de se ménager de nombreuses chances de reprises de possession du sol improductif dont il se dessaisissait dans le but avoué de faire naître la prospérité dans ce nouveau pays.

Combien de colons ont-ils succombé dans l'accomplissement de leur rude tâche agricole, faute de pouvoir se procurer des moyens d'action, en offrant pour garantie hypothécaire la terre qui leur avait été concédée par l'État. Les clauses résolutoires menaçant sans cesse d'une expropriation forcée, et sans aucune indemnité pour la plus-value donnée au sol par un commencement d'exploitation, les concessionnaires ne pouvaient donc se procurer aucune ressource pécuniaire, à l'aide d'un gage dont ils étaient plutôt usufruitiers que propriétaires. Je sais qu'on justifiait ces clauses résolutoires, en disant qu'elles avaient été rétablies pour forcer les concessionnaires à cultiver les terres concédées. Mais le temps s'est chargé de démontrer que ces restrictions ont produit le contraire de ce qu'on en attendait; le décret qui les supprime le prouve, du reste, si évidemment, que je n'ai pas besoin d'épuiser tous les arguments que je pourrais opposer à ce vicieux système d'aliénation des terres domaniales en Algérie. Je crois, cependant, devoir terminer ces remarques en faisant ressortir la différence qu'il y avait entre l'ancien système de concession et la mesure récemment adoptée par le gouvernement de la métropole en faveur des indigènes. On a donné à ces derniers, par un sénatus-consulte, la presque totalité du sol algérien, sans aucune restriction ; ni rente, ni redevance, ni réserve en faveur des chemins de fer, ou autres voies de communication ; pas même une clause stipulant que la difficile et très-onéreuse mise à exécution de ce sénatus-consulte sera faite aux frais de ceux qui en profitent. En voyant l'esprit de partialité qui a présidé à l'une de ces mesures et l'esprit de rigueur que révèle l'autre, on dirait que ce sont les Arabes eux-mêmes qui ont rédigé le sénatus-consulte et le système des anciennes concessions.

Pour en revenir au décret qui fait l'objet de cette digression, il mérite une approbation générale de la part des amis d'une Algérie française ; car il offre des moyens d'action dont les résultats se feront promptement sentir, si l'administration s'attache sérieusement à tirer parti de ce décret. Il faut d'abord qu'elle nous prouve que les neuf cent mille hectares de terre domaniaux, dont on a fait tant de bruit dans la discussion du sénatus-consulte mentionné plus haut, ne sont pas une fiction consolatrice, formulée à l'adresse des partisans de la colonisation. Comme il serait plus que ridicule d'avoir établi un décret pour la vente des terres domaniales en Algérie, si le domaine n'en avait pas à vendre, nous regretterions d'être autorisé à croire que l'administration fût encore forcée de répondre négativement aux demandes qui lui seraient adressées, aujourd'hui, ayant pour objet l'acquisition des terres domaniales dans la colonie. Cette assertion se fonde sur les difficultés qu'on éprouve à fournir les cent mille hectares que l'État s'est engagé à remettre en toute propriété à la fameuse *Société générale algérienne*, dont nous aurons à nous occuper plus loin. Le peu de terres domaniales qui restent maintenant sont presque toutes situées dans les territoires militaires, où l'autorité civile n'a rien à voir. Je constate ainsi un obstacle devant lequel recule et reculera toujours la colonisation.

On sait, de longue date, que l'élément militaire n'est pas colonisateur de sa nature, ce qui fait que, de son côté, le colon n'est pas disposé à s'aller mettre sous l'autorité de fonctionnaires qui ne connaissent que l'obéissance passive par profession. Si l'administration actuelle veut utiliser le décret du 31 décembre 1864, elle devra se garder de placer les colons qui se rendront, à titre d'acquéreurs, dans les territoires militaires, sous le contrôle de ceux qu'une regrettable anomalie revêt de fonctions pour lesquelles ils n'ont ni aptitudes ni connaissances pratiques. Quand on a le tort grave d'intervertir ainsi les rôles des fonctionnaires, les meilleures mesures restent infructueuses, et les meilleures intentions se formulent chaque jour par des résultats négatifs. Il y avait un fâcheux échec à éviter dans la mise à exécution du décret qui régit la vente des terres domaniales en Algérie; malheureusement il ne l'a pas été jusqu'ici, et tout nous prouve qu'il ne le sera pas plus tard.

Pour que le lecteur puisse apprécier les ressources que l'administration pouvait tirer de ce décret au profit du développement de la colonisation, nous le donnons à la suite des remarques qui le concernent et le précèdent.

ALIÉNATION DES TERRES DOMANIALES EN ALGÉRIE

Napoléon,

Par la grâce de Dieu et la volonté nationale, Empereur des Français,

A tous présents et à venir, salut :

Vu la loi du 15 juin 1854 sur la constitution de la propriété en Algérie;

Vu les décrets des 25 juillet 1860 et 12 août 1864, sur l'aliénation des terres domaniales et la formation des périmètres de colonisation ;

Vu le décret du 7 juillet 1864, sur l'organisation administrative de l'Algérie ;

Sur les propositions de notre ministre de la guerre, et d'après les propositions du gouverneur général de l'Algérie,

Avons décrété et décrétons ce qui suit :

Art 1er. Les terres appartenant à l'État, alloties en vue de la création ou de l'agrandissement des périmètres de colonisation, constitués conformément aux dispositions de notre décret susvisé du 12 août 1864, seront à l'avenir aliénées par la voie de la vente à prix fixe et à bureau ouvert, sauf les exceptions déterminées par les articles 11 et 13 du présent décret.

Le prix de chaque lot à vendre est fixé par le gouverneur général, le conseil du gouvernement entendu.

Art. 2. Les ventes à prix fixe sont faites par le receveur des domaines de la circonscription où sont situées les terres.

Elles sont, deux mois au moins avant l'ouverture de l'opération, annoncées par voie d'affiches, et elles se continuent jusqu'à complet épuisement des lots.

Une notice, accompagnée d'un plan d'allotissement (et de rattachement) et d'un tableau indicatif des lots, fait connaître la situation du périmètre mis en vente, les cours d'eau, fontaines et sources qui s'y trouvent, les voies de communication ouvertes ou dont l'ouverture est arrêtée, les centres de population les plus proches, et les autres renseignements propres à faire connaître les ressources de la localité.

Cette notice est reproduite avec ses annexes par les affiches, et l'ensemble de ces documents reste en outre à la disposition du public jusqu'à la clôture de la vente, dans les bureaux du receveur des domaines.

Art. 3. Si deux ou trois personnes, voulant acquérir le même lot, se présentent dans la même séance devant le receveur chargé de la vente, une enchère publique est ouverte trois jours après, le lot est acquis au plus offrant, dans les conditions de payement indiquées à l'article 4 du présent décret.

Des affiches apposées à la diligence du receveur font connaître le jour et l'heure de l'enchère.

Art. 4. Le prix de chaque lot est payable par cinquièmes : le premier cinquième au moment de la vente, et les autres d'année en année.

L'intérêt légal en Algérie est dû pour la partie du prix non payé au comptant.

Art. 5. Aussitôt que le premier cinquième du prix a été versé, le receveur des domaines fait signer à l'acquéreur le contrat de vente et le fait mettre en possession.

Art. 6. L'acquéreur paye, en sus du prix de la vente, les droits de timbre, d'enregistrement et de transcription hypothécaire du contrat, dont une expédition lui est remise, dans le délai d'un mois à partir du jour de la vente.

Art. 7. En cas de retard dans le payement du prix, la déchéance de l'acquéreur peut être prononcée, conformément à l'article 8 de la loi du 5 floréal an X, par arrêté du gouverneur général, pris sur la proposition de l'autorité provinciale compétente.

Art. 8. La vente est faite sans autre condition résolutoire que celle prévue à l'article 7 ci-dessus.

Art. 9. Le gouverneur général nous rend compte, au commencement de chaque trimestre, des ventes effectuées pendant le trimestre précédent.

Art. 10. Dès qu'un périmètre de colonisation comptera une population suffisante, il y sera créé une ou plusieurs communes de plein exercice.

Art. 11. Le système de concession des terres, autorisé par les articles 23 et 24 du décret du 25 juillet 1860, est et demeure supprimé.

Toutefois, lorsqu'il y aura lieu de faciliter la formation de groupes de population présentant un caractère particulier d'utilité, la délivrance de concessions pourra être exceptionnellement autorisée par nous, sur le rapport de notre ministre secrétaire d'État de la guerre, d'après les propositions du gouverneur général de l'Algérie, et par décret spécial.

Ce décret désignera le nom des concessionnaires, le numéro et l'étendue des lots attribués, et réglera les conditions de concessions.

Peut être également autorisée par voie de décret impérial, la cession par l'État d'immeubles domaniaux en vue de l'exécution de travaux d'utilité publique.

Art. 12. Les concessions faites jusqu'à ce jour sont et demeurent affranchies de toute clause résolutoire autre que celle du payement ou du rachat de la vente, sans préjudice des réserves temporaires stipulées dans l'acte de concession.

Art. 13. Sont maintenues les dispositions des sections 2, 3 et 4 du décret du 25 juillet 1860, relatives aux propriétés domaniales désignées pour être vendues aux enchères, aux conditions et aux formes de la vente de gré à gré et des échanges, ainsi que les dispositions de l'art. 25 du décret précité concernant les concessions à faire aux départements, aux communes et aux établissements publics.

Art. 14. Toutes les dispositions contraires au présent décret sont et demeurent abrogées.

Art. 15. Notre ministre de la guerre et le gouverneur général de l'Algérie sont chargés de l'exécution du présent décret.

CHAPITRE VIII

Les deux voyages de l'Empereur en Algérie.

L'Algérie, à cinq années de distance, a été visitée par Napoléon III. La première visite a eu lieu en septembre 1860 ; et la seconde en mai 1865. Ces deux voyages ont fait naître chez les colons algériens de grandes espérances ; mais elles ne se sont pas réalisées ; c'est à regret que je le constate. La vérité est difficile à voir, dans des questions de cette importance, pour un souverain qui la cherche ; car sa bonne foi et ses bonnes intentions sont presque toujours détournées de la lumière par des hommes qui ont un intérêt personnel à dénaturer les renseignements qui signalent le mal et indiquent le remède qui le peut faire disparaître.

En 1860, ce fut plutôt un voyage d'agrément qu'un voyage d'utilité gouvernementale, que firent l'Empereur et l'Impératrice, en Algérie. Les deux souverains ne visitèrent que la ville d'Alger, où ils ne restèrent que quelques jours. Le départ fut même encore hâté par une douloureuse nouvelle, annonçant à l'Impératrice la perte de sa sœur, la duchesse d'Albe, frappée par la mort à la fleur de la vie.

Dans cette première visite impériale, la ville d'Alger déploya une pompe de réception plus grande que ses ressources municipales ne l'eussent permis, si elles eussent été consultées. Mais en pareille circonstance, on veut, avant tout, se rendre agréable au monarque par des hommages éclatants, afin qu'il dispense de hautes faveurs aux personnes qui ont ordonné cette brillante réception et présidé à son accomplissement. Il n'est que trop vrai que, dans ces solennités, les gens qui en font les honneurs au nom et pour le compte de la population, songent plus à en profiter individuellement qu'à servir les intérêts du pays. A cette époque, l'Algérie se trouvait administrée par le ministère spécial qui avait été créé en faveur des colonies; mais depuis que le prince Napoléon l'avait quitté, faute de pouvoir vaincre les entraves que lui causait le régime militaire, cette administration civile râlait sous les étreintes des adversaires du développement de la colonisation. De graves conflits avaient surgi entre l'autorité civile et l'autorité militaire, et celle-ci n'attendait que cette impériale visite pour reprendre son ancien pouvoir absolu sur la colonie, en faisant supprimer le ministère qui, un moment, avait menacé sérieusement les antagonistes de la prospérité de l'Algérie, en voulant donner de bonnes institutions à cette belle conquête. Je suivais très-attentivement tous les détails de cette réception souveraine, afin d'y trouver les signes des résultats que le pays en obtiendrait; mais, bien que fraîchement débarqué en Algérie, je vis de suite que le parti militaire ferait de ces fêtes brillantes les funérailles du régime civil. En effet, peu de temps après le retour en France de l'Empereur, mes appréhensions furent justifiées par la suppression du ministère de l'Algérie et des colonies. Ce dénoûment était prévu, du reste, depuis la sortie du prince Napoléon de ce ministère; mais il fut précipité par un conflit violent survenu entre le général commandant supérieur de l'armée d'Afrique et le préfet d'Alger. Ce dernier, prenant sa position officielle au sérieux, voulait être préfet dans toute l'acception du mot; mais le général ne pouvait admettre de telles prétentions dans un pays où l'autorité militaire n'avait jamais souffert de rivalité dans la sphère de la domination française. C'est ainsi que le droit du plus fort s'est toujours trouvé le meilleur, depuis que la force s'est mise au-dessus du droit pour affirmer sa supériorité sur la justice et la sagesse.

Dans ces fêtes de 1860, les chefs arabes occupaient le premier rang après les chefs de l'armée d'Afrique. Les costumes pittoresques de cette noblesse indigène, la fière attitude qu'elle se donnait en caracolant sur ses chevaux d'élite en présence des souverains, éclipsaient facilement les blouses modestes dont les colons étaient vêtus. Cependant l'avenir de la conquête se trouve entièrement dans les mains calleuses de ces hommes en blouse: et les hommes au burnous seront pour longtemps encore, sinon pour toujours, les plus dangereux éléments de la puissance française en Afrique, et la principale cause des revers que ce pays puisse redouter en suivant le chemin du progrès et de la civilisation.

Rien n'avait été négligé pour donner du relief à la barbarie au préjudice de la colonisation. C'est de là sans doute qu'est sorti l'étrange projet de créer un royaume arabe en Algérie. Un royaume arabe! Dans quel but? Mais la création d'un royaume exige une nation. Une nation, pour exister, exige un degré de civilisation qu'il est impossible de trouver chez ces peuplades sauvages et abruties. Je me souviendrai toujours de la pénible impression que j'éprouvais en voyant tous les soins que le parti militaire prenait pour laisser dans l'ombre l'œuvre des colons et faire briller les oripeaux des indigènes. Une splendide *fantasia* fut exécutée à la Maison-Carrée, spectacle dans lequel les Arabes excellent. Il y eut même une chasse factice à l'autruche et à la gazelle, effectuée par de *faux Touaregs*. Oui, les ordonnateurs de ces fêtes ont eu l'idée d'y faire figurer des Biscris déguisés en Touaregs, pour prouver aux souverains que les peuplades nomades du grand désert n'avaient pas voulu laisser échapper cette occasion pour rendre hommage au chef de la nation qui avait si glorieusement implanté son drapeau dans le nord de l'Afrique. Personne n'est ingénieux comme les courtisans quand il s'agit de défigurer des faits qui les gênent, et d'en faire naître qui servent leur basse ambition. Mais il était bien plus facile d'exhiber de faux Touaregs que de créer des villages en carton, comme le fameux ministre et favori d'une fameuse impératrice de Russie. Le grand mérite d'un courtisan, c'est de rendre toujours séduisante l'erreur qui consolide ses intérêts et son influence ; et c'est ainsi que le mensonge usurpe la place de la vérité dans les pays où la parole et la plume manquent de liberté. La chronique algérienne s'occupa seulement à voix basse des petits moyens mis en usage, pour que l'Empereur vît les choses sous un sombre aspect, pour ce qui concernait le développement de la colonisation. Pour atteindre ce but, on s'est arrangé de manière à ce que le monarque ne s'éloignât pas de la ville d'Alger, afin de ne pas effacer l'impression favorable que lui causaient les dix mille indigènes qu'on offrait à ses regards à la porte de l'ancienne cité où siégeaient les pachas turcs avant nos gouverneurs généraux.

Je ne puis m'empêcher de terminer mes remarques sur ce premier voyage impérial, par un fait qui prouvera que je n'exagère pas en disant que rien n'avait été négligé pour dissimuler la vérité aux yeux de l'Empereur.

J'arrivais moi-même en Algérie pour la première fois, et je fus agréablement surpris de trouver, en débarquant, une locomotive sur les quais du port d'Alger. Moi, qui avais jusque-là entendu dire que les chemins de fer algériens n'existaient qu'en projets, je crus qu'il en était autrement en voyant cette puissante machine qui fait voler les véhicules dans l'espace. J'étais heureux d'avoir à constater mon ignorance à l'égard des rapides moyens de transport dont je croyais encore notre colonie complétement privée. La joie que me causait mon erreur supposée fut de courte durée ; car j'appris bientôt que cette locomotive n'avait été amenée de France que pour jouer un rôle dans le programme des fêtes impériales. Par la présence de ce moteur, on voulait apprendre à Sa Majesté que les voies ferrées s'étaient faites, ou du moins se faisaient avant l'adoption légale des projets qui sommeillaient encore en ce moment même profondément dans les cartons des ministères de la métropole. Grande fut ma déception, quand je vis rembarquer pour Marseille cette malencontreuse locomotive. Je regrette de ne pouvoir donner le prix que cette étrange exhibition a coûté ; mais je suis convaincu que cette somme aurait été mieux employée à faire un bout de route dans la colonie, ou à réparer celles qui étaient en mauvais état. L'éclat des fêtes n'aurait guère souffert de l'absence de cette décoration, et le Souverain aurait eu une illusion de moins à perdre. De tels faits parlent trop haut pour avoir besoin de commentaires. Je dirai seulement qu'on a raison de nous accorder une grande légèreté de caractère national ; car un peuple sérieux n'aurait pas des ministres capables de recourir à de pareilles futilités pour faire leur cour au Souverain. Les hommes d'État dignes de ce nom, s'affirment par des actes d'une autre nature. Voilà sept années que cette locomotive a joué ce rôle plus que ridicule, et l'Algérie ne possède encore que cinquante kilomètres de chemin de fer en exploitation. En y allant de ce train, il faudra plus de cent ans pour voir Alger relié à Oran d'une part, et à Constantine de l'autre, par ces moyens de transport, dont la colonie a un si impérieux besoin.

J'aborde maintenant le second voyage impérial ; et je puis en parler en témoin oculaire, comme du premier.

Dès le commencement de l'année 1865, on disait que le chef de l'État se proposait de visiter de nouveau l'Algérie au printemps, afin de voir par lui-même où en étaient les choses pour pouvoir agir ensuite avec pleine connaissance de cause. La première visite avait si peu répondu aux légitimes aspirations des amis de la colonisation, qu'ils ne pouvaient se défendre de nouvelles appréhensions à l'égard des mesures que le Souverain prendrait envers la colonie à son retour dans la métropole. Les diverses rumeurs qui circulaient à ce sujet, exerçaient une fâcheuse influence sur les affaires du pays. La valeur des propriétés baissait, et aucune transaction importante ne pouvait ni aboutir, ni s'engager. Du reste, il est bon de dire que ces funestes fluctuations sont endémiques en Algérie, depuis que nous y sommes, par suite de l'instabilité perpétuelle de son administration. Il n'y avait que quelques mois qu'on était revenu au régime militaire pur et simple, et déjà il s'agissait de réorganisation. Comme les partisans du régime civil et du droit commun savaient que ce ne serait pas de ce côté qu'on ferait pencher la balance dans cette modification, ils ne pouvaient donc attendre qu'une aggravation du système actuel, et la redouter, conséquemment, plus que jamais. Les appréhensions étaient presque générales, et ceux qui s'en défendaient le mieux ne pouvaient invoquer l'histoire du passé pour faire partager leur confiance aux autres.

Mais une fois que le voyage impérial fut décidé, les Algériens, par une entente instinctive et spontanée, se promirent de faire une chaleureuse réception au chef de l'État. Cette conduite était non-seulement conforme aux règles de la bienséance, mais encore pleine de sagesse; car elle pouvait faire évanouir les moindres motifs capables d'engendrer une prévention mal fondée, de la part du Souverain, dans ses appréciations sur les choses qu'il était venu voir de ses yeux mêmes.

Ce fut le 3 mai que Sa Majesté fit une seconde fois son entrée dans la capitale de l'Algérie. Il était environ six heures du matin, quand une salve d'artillerie annonça que l'escadre d'évolutions escortant le yacht impérial, était en vue du port. Un quart d'heure après, l'*Aigle*, portant le pavillon de l'auguste visiteur, et brillamment pavoisé, faisait son entrée au bruit d'une nouvelle salve d'artillerie et aux acclamations des équipages de tous les bâtiments en rade. Le gouverneur général, le duc de Magenta, se rendit à bord de l'*Aigle* pour accompagner l'Empereur à son débarquement. Autour du kiosque élevé sur le quai pour recevoir Sa Majesté, se réunirent le sous-gouverneur, le conseil de gouvernement, les diverses autorités civiles et militaires, les consuls des puissances étrangères, la magistrature en robe, les corps constitués, les chefs et employés supérieurs des services administratifs, les membres du conseil général, les chambres consultatives d'agriculture et de commerce, un grand nombre de maires, d'adjoints et de conseillers municipaux des communes des arrondissements d'Alger et de Blidah, la Société impériale d'agriculture, et les principaux chefs indigènes de la province. Il y avait, en outre, un groupe de médaillés de Sainte-Hélène, et un grand nombre de membres des Sociétés de secours mutuels, bannière en tête, échelonnés sur le parcours du cortége impérial.

J'ai cru devoir entrer dans ces détails, afin que le lecteur puisse se rendre compte de l'accueil que la ville d'Alger a fait à son hôte impérial.

Vers les huit heures du matin, Sa Majesté débarqua, escortée du prince Murat, du gouverneur général de Mac-Mahon, des généraux Fleury et Castelnau, et autres personnes faisant partie de la maison de l'Empereur.

Le maire d'Alger, à la tête du conseil municipal, après avoir présenté à l'Empereur les clefs de la ville, lui adressa le discours suivant :

« SIRE,

» Je viens présenter à Votre Majesté les clefs de la ville.

» Permettez-moi, Sire, de lui offrir en même temps, l'hommage du respectueux dévouement de ses habitants.

» Que Votre Majesté daigne porter les yeux sur cette foule accourue à sa rencontre : la joie peinte sur tous les visages, l'enthousiasme qui anime tous les regards, les acclamations de tout un peuple, avide de voir son Souverain, lui diront plus éloquemment que je ne saurais le faire, combien la ville d'Alger est heureuse et fière de posséder l'Empereur dans ses murs.

» La visite d'un Souverain est toujours une haute faveur ; celle de Votre Majesté est plus qu'une faveur ; elle est un bienfait, et la reconnaissance est une des vertus algériennes.

» Il y a cinq ans, Votre Majesté, Sire, nous a laissé pour consolation de son trop prompt départ l'espérance d'un retour prochain. Depuis lors, nos regards n'ont point quitté l'autre rivage, et nous avons appelé de tous nos vœux le retour espéré.

» Vous êtes revenu, Sire, nous en remercions Votre Majesté, avec toute l'effusion de nos cœurs.

» La Providence, qui règle le sort des Empires, avait marqué le jour où la France glorieuse reprendrait parmi les nations le rang qu'elle lui a assigné.

» Ce jour est venu à son temps.

» Le jour où l'Algérie doit occuper sa place dans le monde, est également marqué. Votre Majesté a traversé les mers pour poser les bases de sa grandeur future.

» Le jour providentiel est arrivé aussi pour nous.

Vive l'Empereur !
Vive l'Impératrice !
Vive le Prince Impérial ! »

L'Empereur a répondu qu'il était heureux de se retrouver sur cette *terre à jamais française*. Des circonstances malheureuses l'avaient empêché, il y a cinq ans, de voir comme il le désirait ce beau pays. Mais il avait promis de revenir, et il revenait.

Quant à ces hommes courageux qui sont venus apporter dans cette nouvelle France, le progrès et la civilisation, ils doivent avoir confiance, et toutes ses sympathies leur sont assurées.

« Au surplus, ajouta Sa Majesté, j'ai, dès à présent, la satisfaction de leur annoncer qu'une puissante compagnie se propose de faire ici de grandes choses, ou plutôt de continuer les grandes choses qui y ont été commencées. »

Des acclamations réitérées ont salué ces paroles encourageantes pour les amis de la prospérité de l'Algérie.

L'Empereur s'est rendu ensuite à la cathédrale, où l'attendait l'évêque, entouré du clergé, pour célébrer l'arrivée du Souverain par un *Te Deum*. Après avoir assisté à cette cérémonie religieuse, précédée d'un discours du prélat, Sa Majesté s'est rendue au palais du gouvernement qui touche l'église métropolitaine de l'Algérie.

Puis, dans l'après-midi du jour de l'arrivée de l'Empereur, a paru, sur les murs de la ville, le discours suivant, que Sa Majesté adressait aux habitants de la colonie pour leur apprendre officiellement le but de son voyage :

L'EMPEREUR

AUX HABITANTS DE L'ALGÉRIE

« Je viens au milieu de vous pour connaître par moi-même vos intérêts, seconder vos efforts, vous assurer que la protection de la Métropole ne vous manquera pas.

» Vous luttez avec énergie depuis longtemps contre deux obstacles redoutables : une nature vierge et un peuple guerrier ; mais de meilleurs jours s'annoncent. D'un côté, des

Sociétés particulières vont, par leur industrie et leurs capitaux, développer les richesses du sol, et, de l'autre, les Arabes, contenus et éclairés sur nos intentions bienveillantes, ne pourront plus troubler la tranquillité du pays.

» Ayez donc foi dans l'avenir; attachez-vous à la terre que vous cultivez comme à une nouvelle patrie, et traitez les Arabes au milieu desquels vous devez vivre comme des compatriotes.

» Nous devons être les maîtres, parce que nous sommes les plus civilisés; nous devons être généreux, parce que nous sommes les plus forts. Justifions enfin, sans cesse, l'acte glorieux de l'un de mes prédécesseurs qui, faisant planter, il y a trente-cinq ans, sur la terre d'Afrique, le drapeau de la France et la croix, y arborait à la fois le signe de la civilisation, le symbole de la paix et de la charité.

» Alger, le 3 mai 1865.

» NAPOLÉON. »

Cette proclamation fit évanouir le reste des appréhensions causées par les projets prêtés au chef de l'État, concernant l'Algérie. La population française crut que la colonie touchait au terme de ses vicissitudes administratives, et qu'on allait entrer franchement dans la voie du progrès et abandonner pour jamais le chemin de l'erreur et du bon plaisir du régime militaire. L'Empereur put se rendre compte de la satisfaction générale que les Algériens éprouvaient de sa présence par l'accueil chaleureux qu'il recevait dans toutes ses excursions. En effet, le Souverain fut l'objet d'une continuelle ovation durant le cours de son voyage de six semaines. La confiance des plus incrédules fut cependant ébranlée, en voyant l'Empereur attacher à sa personne, à titre d'interprète de la langue arabe, un conseiller de gouvernement, reconnu depuis longtemps pour un adversaire acharné de la colonisation. Il a prouvé, sur ce point, son hostilité en maintes circonstances où l'élément colonisateur était sacrifié au profit de la barbarie que la France est tenue de soumettre à son autorité civilisatrice. Le conseiller dont je parle, passe pour être et avoir été l'un des plus ardents promoteurs de toutes les mesures adoptées pour l'Algérie par le gouvernement de la métropole depuis cinq à six ans, et dont les conséquences ont forcément produit une incessante aggravation du mal, dont s'est toujours plaint à bon droit cette colonie. On redoutait que l'auguste voyageur ne formât son opinion sur les renseignements fournis par un homme qui, dans des écrits anonymes qu'on lui attribue et qu'il n'a jamais reniés, a dénaturé les faits démontrant les progrès de la colonisation, pour donner un relief exagéré au rôle que jouent les indigènes dans la production agricole de notre possession africaine, et dans ses rapports commerciaux avec la mère-patrie. Mais d'un autre côté, on se rassurait à l'égard de l'influence fâcheuse que cet interprète pouvait exercer sur l'esprit du Souverain, en voyant le gouverneur général assis près de lui dans toutes les excursions que faisait Sa Majesté. Le maréchal de Mac-Mahon, bien que militaire, ne méconnaît pas la place que la colonisation doit occuper dans une conquête à laquelle il a si glorieusement contribué. Il sait que la sagesse veut que la civilisation prime la barbarie dans les pays où deux choses discordantes sont en présence. Il sait que la prospérité de l'Algérie et l'autorité de la France sur cette terre conquise, ne peuvent exister que dans le développement de la colonisation. Hors de là, il n'y a que révoltes et misère à recueillir en récompense de tous nos sacrifices. Sur cette grande question nationale, les sentiments du maréchal de Mac-Mahon sont parfaitement conformes, je pense, à ceux qu'on doit rencontrer dans les hommes de son rang et de son caractère intègre, dont l'appui ne fait jamais défaut à la cause de la patrie. Les amis sincères de l'Algérie française, ne demandent que des mesures avantageuses pour tout le monde, c'est-à-dire aussi bonnes pour les vainqueurs que pour les vaincus; car les premiers ne peuvent jouir de la prospérité sans y faire participer les autres dans la mesure dont ils sont capables. Les Algériens ont vu avec satisfaction les paroles conciliantes que l'Empereur adressa aux indigènes dans la proclamation suivante; mais ils savaient d'avance, et à regret, que ces expressions n'atteindraient pas le but. Le désordre et le pillage sont préférés par ces barbares.

ALGER, LE 5 MAI 1865

PROCLAMATION AU PEUPLE ARABE

« Lorsqu'il y a trente-cinq ans, la France a mis le pied sur le sol africain, elle n'est pas venue détruire la nationalité d'un peuple, mais, au contraire, affranchir ce peuple d'une oppression séculaire; elle a remplacé la domination turque par un gouvernement plus doux, plus juste, plus éclairé. Néanmoins, pendant les premières années, impatients de toute suprématie étrangère, vous avez combattu vos libérateurs.

» Loin de moi la pensée de vous en faire un crime; j'honore, au contraire, le sentiment de dignité guerrière qui vous a porté, avant de vous soumettre, à invoquer par les armes *le jugement de Dieu*. Mais Dieu a prononcé; reconnaissez donc les décrets de la Providence, qui, dans ses desseins mystérieux, nous conduit souvent au bien en décevant nos espérances et en trompant nos efforts.

» Comme vous, il y a vingt siècles, nos ancêtres aussi ont résisté avec courage à une invasion étrangère, et, cependant, de leur défaite date leur régénération. Les Gaulois vaincus se sont assimilés aux Romains vainqueurs et de l'union forcée entre les vertus contraires de deux civilisations opposées, est née, avec le temps, cette nationalité française qui, à son tour, a répandu ses idées dans le monde entier. Qui sait si un jour ne viendra pas où la race arabe, régénérée et confondue avec la race française, ne retrouvera pas une puissante individualité semblable à celle qui, pendant des siècles, l'a rendue maîtresse des rivages méridionaux de la Méditerranée.

» Acceptez donc les faits accomplis. Votre prophète le dit : « *Dieu donne le pouvoir à qui il veut* (chapitre II, *de la Vache*, verset 248). Or, ce pouvoir que je tiens de lui, je veux l'exercer dans votre intérêt et pour votre bien.

» Vous connaissez mes intentions, j'ai irrévocablement assuré dans vos mains la propriété des terres que vous occupez ; j'ai honoré vos chefs, respecté votre religion ; je veux augmenter votre bien-être, vous faire participer de plus en plus à l'administration de votre pays comme aux bienfaits de la civilisation ; mais c'est à la condition que, de votre côté, vous respecterez ceux qui représentent mon autorité. Dites à vos frères égarés que tenter de nouvelles insurrections serait fatal pour eux. Deux millions d'Arabes ne sauraient résister à quarante millions de Français. Une lutte d'un contre vingt est insensée ! Vous m'avez d'ailleurs prêté serment, et votre conscience comme votre livre sacré vous obligent à garder religieusement vos engagements (chap. VIII, *du Repentir*, verset 4).

» Je remercie la grande majorité d'entre vous dont la fidélité n'a pas été ébranlée par les conseils perfides du fanatisme et de l'ignorance. Vous avez compris qu'étant votre Souverain, je suis votre protecteur ; tous ceux qui vivent sous nos lois ont également droit à ma sollicitude. Déjà, de grands souvenirs et de puissants intérêts vous unissent à la mère-patrie ; depuis dix ans, vous avez partagé la gloire de nos armes et vos fils ont dignement combattu à côté des nôtres en Crimée, en Italie, en Chine, au Mexique. Les liens formés sur le champ de bataille sont indissolubles, et vous avez appris à connaître ce que nous valons comme amis ou comme ennemis.

»Ayez donc confiance dans vos destinées, puisqu'elles sont unies à celles de la France, et reconnaissez avec le Koran que *celui que Dieu dirige est bien dirigé* (chap. VII, *El-Araf*, verset 177).

» Alger, le 5 mai 1865.

» NAPOLÉON. »

Il est utile de faire suivre cette proclamation impériale par une adresse des indigènes notables d'Alger. Ce document peut donner une idée des encouragements que le parti arabophile a donnés aux exigences par trop prétentieuses des vaincus. Mais donnons d'abord cette adresse, et nous la commenterons ensuite pour en faire ressortir les récriminations mal fondées.

ADRESSE DES INDIGÈNES NOTABLES D'ALGER

A SA MAJESTÉ NAPOLÉON III, EMPEREUR DES FRANÇAIS

« SIRE,

» Nous approchons respectueusement du trône de Votre Majesté pour protester contre les allégations qui représentent les indigènes de l'Algérie comme une population fanatique et rusée, insensible aux bienfaits de la France.

» Ces exagérations de langage, après s'être traînées dans les journaux les plus passionnés et les moins éclairés de l'Algérie, ont retenti jusqu'à la tribune du Corps législatif. Il n'est pas nécessaire de chercher laborieusement dans le Koran quelques versets qui semblent commander la haine et la guerre contre les peuples non musulmans. On sait que toutes les religions croient posséder seules la vérité et adorer le vrai Dieu, et qu'elles condamnent les croyances qui diffèrent de la leur. Il serait plus utile à l'intérêt de tous de mettre en lumière les paroles de notre Livre saint, qui prêchent la concorde entre les peuples qui rendent hommage à toutes les convictions religieuses sincères, et qui rappellent aux hommes qu'ils sont les enfants d'un même Dieu.

» Nous ne pouvons que protester aussi contre ce qu'on a dit au sujet des confréries religieuses musulmanes (*Khouans*). Ces associations pieuses ont été observées très-superficiellement et qualifiées de la façon la plus injuste par les auteurs qui en ont parlé. Sur quelques faits isolés, d'après les réponses d'informateurs ignorants à des questions captieuses, on a généralisé des incidents particuliers, sans réfléchir que ces jugements inconsidérés propageaient la défiance et l'antipathie contre la population musulmane tout entière.

» Lorsqu'on voudra y regarder de plus près, on se convaincra que les khouans sont la plupart de pauvres gens, rudement éprouvés par les misères de la vie et cherchant dans les pratiques religieuses une consolation à leurs souffrances. Les associations religieuses ne sont pas d'ailleurs spéciales à l'Algérie et à l'islamisme. Elles existent aussi pour le catholicisme dans tout le midi de l'Europe. On n'a cependant pas encore songé à transformer les pénitents, les congrégations, les confréries catholiques en *sociétés secrètes* politiques. Si ces accusations étaient vraies, si les zaouias de l'Algérie fomentaient incessamment, au nom du Koran, la guerre sainte et la haine des chrétiens, si nous étions les fanatiques qu'on dépeint, croit-on que notre race, dont la lettre impériale adressée le 6 février 1863 au duc de Malakoff attestait la fierté et le courage, ne répondrait pas à ces excitations par des actes de désordre et de violence sur tous les points du territoire? Aurions-nous laissé les colons européens s'établir pacifiquement au milieu de nous, souvent au détriment de nos intérêts les plus chers?

» Le grand cœur et l'esprit élevé de l'Empereur n'ont pas été trompés par de fausses apparences, comme ceux qui ont pris la dignité du caractère pour de la ruse et l'attachement aux traditions nationales et religieuses pour du fanatisme.

» Aussi, c'est sous l'égide de l'Empereur que nous nous plaçons pour qu'on n'empêche pas les Français de nous estimer et de nous aimer comme nous sommes portés nous-mêmes à les aimer et à les respecter.

» Nous sommes,

» SIRE,

» De Votre Majesté, avec le plus profond respect,
» Les très-humbles et très-obéissants serviteurs. »

(Suivent les noms des trente et un signataires.)

Le ton de cette adresse ne laisserait pas supposer la magnanimité dont la France a fait preuve dans la conquête de l'Algérie. Aucune nation cependant n'a porté si loin la générosité dans le triomphe du champ de bataille. On peut même dire avec justice que nous avons prolongé et aggravé les maux de la guerre sur cette terre africaine en manquant d'une juste et légitime sévérité envers les vaincus; car notre bienveillance extrême n'a jamais été appréciée par eux que comme une faiblesse qui les encourageait à perpétuer leurs meurtrières hostilités. Depuis le premier jour de la conquête jusqu'à ce moment, les rébellions n'ont cessé de succéder aux soumissions dans cette lutte. Ne serait-on pas en droit de croire que les pardons faciles des vainqueurs n'avaient d'autre but que de perpétuer la moisson des lauriers de la victoire? Il y a longtemps que cette opinion s'est formée dans l'esprit des gens sérieux qui ont étudié de près les affaires de l'Algérie.

Selon les signataires de l'adresse qui donne lieu à ces remarques, nous ne sommes les maîtres en Algérie que parce qu'ils l'ont bien voulu. C'est ce que dit du moins un passage de ce document :

« Si ces accusations étaient vraies, si les *zaouias* de l'Algérie fomentaient incessamment, au nom du Koran, la guerre sainte et la haine des chrétiens, si nous étions les fanatiques qu'on dépeint, croit-on que notre race, dont la lettre impériale, adressée le 6 février 1863 au duc de Malakoff, attestait la fierté et le courage, ne répondrait pas à ces excitations par des actes de désordre et de violence sur tous les points du territoire ? Aurions-nous laissé les colons européens s'établir pacifiquement au milieu de nous, souvent au détriment de nos intérêts les plus chers ? »

Voilà un passage qui donne la mesure de l'astucieuse audace dont la race arabe sait faire usage. Il est vrai que les rédacteurs de cette adresse impertinente ne portent pas le burnous, bien qu'ils en soient dignes sous tous les rapports. Mais comment ont-ils pu être assez mal inspirés au préjudice de la cause détestable qu'ils défendent, pour oser parler de docilité, de bon vouloir, quand l'Algérie venait d'être bouleversée, dans presque toute son étendue, par une révolte formidable? Ah! Messieurs les notables indigènes, vous nous dites que les colons ne se sont implantés en Algérie que par suite de votre bon vouloir! Mais il me semble que vous avez opposé toute la résistance possible à leur implantation.

Vous les avez égorgés, pillés et incendiés autant que vous l'avez pu ; et vous l'avez fait sur une très-large échelle, malgré vos soumissions réitérées et les inépuisables pardons qui les accueillaient toujours et les accueilleront sans doute longtemps encore, pour votre malheur et ceux de la colonie! Vous niez la funeste influence que le fanatisme religieux exerce au point de vue de la tranquillité du pays? Mais les incessantes rébellions sont toujours provoquées par vos marabouts, et dirigées par eux. Je n'en finirais pas si je voulais réfuter les assertions malveillantes et inhabiles qui composent votre adresse au Souverain, de la générosité duquel vous avez tant abusé. Mais il se pourrait qu'à force d'abuser vous-mêmes de la victoire, vous eussiez à vous en repentir ; car la lumière de la vérité pourrait bien finir par se fatiguer de vous voir la couvrir de vos ténèbres mensongères, afin de mieux dissimuler le vrai mobile de votre conduite et de celle des auxiliaires que vous comptez dans les rangs des roumis plus ou moins fonctionnaires dans la colonie. Ce que vous avez de mieux à faire, c'est de prendre vos soumissions au sérieux ; car nous avons tous à gagner à mettre un terme aux pardons faciles qui perpétuent la guerre à notre commun préjudice.

Si les journaux et les membres du Corps législatif ont parlé quelquefois des méfaits des indigènes en termes énergiques, ils n'ont fait que leur devoir. Les uns et les autres ne demandent pas mieux que d'adresser des éloges aux vaincus, s'ils veulent leur en offrir l'occasion par leur conduite envers les vainqueurs. Je voudrais, moi-même, n'avoir eu qu'à constater dans ce livre des faits à la louange de ce peuple conquis ; car l'Algérie serait aujourd'hui un des plus heureux pays du monde civilisé.

De la province d'Alger, l'Empereur se rendit par mer dans la province d'Oran, où l'attendait le même accueil qu'il avait reçu depuis son débarquement dans la colonie. La seule différence qu'il y eut dans la réception des Oranais se trouvait dans la franchise de langage de certains discours adressés au Souverain. Puisque l'impérial voyageur était à la recherche de la vérité sur les besoins de cette possession, les habitants ne devaient pas laisser échapper une si belle occasion pour la lui faire connaître. Mais les puissants de ce monde, par suite de l'excès de pouvoir qu'ils exercent, acceptent difficilement la lumière qui ne vient pas de l'auréole du trône. Il se pourrait que l'Empereur eût pris cette franchise patriotique pour une hardiesse irrévérente, quand elle n'était que l'expression d'un besoin trop longtemps méconnu par le Gouvernement de la métropole. Il y a dans la province d'Oran un esprit public plus énergique que dans les deux autres provinces de la colonie. Il suffirait de donner un peu d'essor à ces bonnes dispositions pour en faire sortir un progrès considérable de la prospérité du pays. Mais l'administration française n'aime pas l'initiative, sachant que son organisation compliquée a pour objet principal de l'entraver, sinon de l'empêcher.

Après avoir visité les principaux centres de colonisation de la province d'Oran, l'Empereur est revenu à Alger, où il a fait un court séjour avant de reprendre la mer pour se rendre dans la province de Constantine. Il y fut acclamé par la population européenne comme il l'avait été dans les autres parties de la colonie déjà visitées. Cette chaleureuse réception ne pouvait manquer de faire plaisir au Souverain ; c'était du moins ce que disait la chronique. On assurait même que l'auguste voyageur trouvait le développement de la colonisation bien plus grand qu'il ne le croyait avant de l'avoir vu. Ces propos autorisaient donc les Algériens à croire qu'il sortirait de ce voyage impérial les résultats désirables et désirés vainement depuis tant d'années. La colonie allait entrer, selon les probabilités, dans une voie nouvelle et conforme à ses besoins. Cette fois, chacun s'attendait à une réorganisation dans le meilleur sens du mot. Mais ces douces espérances étaient destinées à s'évanouir, comme toutes les précédentes, pour faire place à de nouvelles déceptions.

En effet, l'Empereur était à peine rentré à Paris, qu'on parlait de la prochaine publication d'une brochure impériale, ayant pour objet la réorganisation administrative de l'Algérie ; non telle que la désiraient les colons, mais comme la voulait le parti hostile aux mesures réclamées par la domination française pour se faire respecter par les indigènes. Ces rumeurs semblaient si peu en harmonie avec les discours que le Souverain avait prononcés pendant son séjour dans la colonie, que personne ne voulait les prendre au sérieux. On justifiait, en outre, cette incrédulité par le manque de temps que l'Empereur aurait éprouvé pour élucider une question si complexe, par suite des soins pris par les adversaires de la colonisation pour accréditer l'erreur, afin de mieux atteindre leur but. Mais un journal de Paris, *la Presse*, dont l'antipathie pour une Algérie française est presque proverbiale, s'est fait un grand plaisir de donner un extrait de la brochure dont on nous annonçait la prochaine apparition. Je n'ai pas besoin d'ajouter que ce spécimen fit une pénible et profonde impression parmi les Algériens. De son côté, la *Presse* était ravie de voir les idées du Souverain s'accorder avec les siennes jusqu'à un certain point, relativement à notre domination en Algérie. Pour combler de joie ce journal, il n'eût fallu, sans doute, dans la brochure impériale, qu'une promesse d'abandon envers la plus belle, la plus importante conquête de la France; car cette conquête avait sa raison d'être à tous les points de vue qu'on la pût envisager.

Je ne puis me dispenser de faire suivre ces remarques de l'extrait publié dans la *Presse*, comme étant puisé dans une brochure impériale ayant pour titre : *La politique de la France en Algérie*. Voici cet extrait :

« La France, dit l'impérial auteur, possède l'Algérie depuis trente-cinq ans ; il faut que cette conquête devienne désormais pour elle un accroissement de force et non une cause d'affaiblissement. Pour qu'il en soit ainsi, l'apaisement des rivalités et l'accord des intérêts qui s'agitent sur cette terre d'Afrique sont indispensables.

» Le gouvernement de l'Algérie se trouve placé entre deux systèmes contraires : l'un qui pousse à l'extension de la colonisation européenne ; l'autre qui défend les droits sacrés des indigènes ; et ces deux opinions se livrent une guerre acharnée au lieu de s'entendre pour le bien général.

» La population de l'Algérie se décompose ainsi :

Musulmans	2,793,334
Européens	192,546
Armée	76,000

» Ce pays est donc à la fois un royaume arabe, une colonie européenne et un camp français.

» I. *Fâcheuse position des Arabes.* — Cette nation guerrière, intelligente, mobile sans doute, mais docile à l'autorité, mérite toute notre attention. Puisqu'elle compte près de trois millions d'hommes en Algérie et plus de quinze millions dans les autres parties de l'Afrique et en Algérie, la prudence et l'humanité commandent de nous la rendre favorable : c'est ce que conseille aussi la politique. La France, qui sympathise partout avec les idées de nationalité, ne peut, aux yeux du monde, justifier la dépendance dans laquelle elle est obligée de tenir le peuple arabe, si elle ne le fait jouir des bienfaits de la civilisation en l'appelant à une meilleure existence.

» II. *Conduite envers les indigènes.* — Comment les a-t-on traités ? En vaincus. Encore, si on avait laissé subsister leur ancienne organisation, conforme à leurs traditions et à leurs mœurs, la domination eût été moins lourde. Mais on a déconsidéré ou annihilé l'influence des chefs auxquels ils étaient habitués à obéir depuis des siècles. On a tenté de dissoudre la tribu ; on a bouleversé toutes les branches de la justice musulmane ; enfin on a détruit les vieilles coutumes d'une nation qui ne possédait pas encore les éléments propres à constituer une démocratie viable ; on a voulu la livrer aux théories des utopistes, de sorte que, sans guides, ce malheureux peuple erre en quelque sorte à l'aventure, ne conservant d'intact que son fanatisme et son ignorance. On a soumis les tribus aux formes tracassières de l'administration ; on leur a pris les meilleures terres, et cette dépossession partielle les a placées sous la menace d'un envahissement général. Si du moins les terres enlevées avaient été mieux cultivées par les Européens, ils auraient pu reconnaître que cette dépossession était faite en vue du progrès agricole ; mais une grande partie de ces terres est louée à ces mêmes Arabes, qui sont obligés d'affermer les biens dont ils étaient propriétaires.

» L'Arabe ainsi rebuté, éloigné des parties les plus fertiles de la plaine, s'est réfugié dans les montagnes. Là il a rencontré l'administration forestière...

» V. *L'usure et la tribu.* — Les Arabes, voyant leur fortune diminuer par la perte de leurs terres, qui ont été envahies, et par l'accumulation des impôts dont on les surcharge, ont recours aux emprunts, ce qui amène bientôt leur ruine complète ; car, faute de sociétés de crédit, les emprunts chez eux se font à 60 ou à 80 0/0.

» La facilité des emprunts usuraires est un des plus grands fléaux qui pèsent sur les indigènes.

» VI. *Justice.* — Mais le tableau des misères dont elles gémissent serait incomplet, si on n'y ajoutait les abus d'une déplorable administration paperassière, les actes judiciaires, les procès-verbaux, les protêts, tout cet attirail dont l'huissier est l'agent principal et qui fonctionne avec une grande énergie en Afrique.

» Quant à la justice, sous le prétexte que les juges musulmans étaient facilement corrompus, on a chargé les tribunaux français de connaître des questions qui sont, chez les Arabes, du pur domaine de la religion, telles que les mariages, le divorce, les successions et autres matières réglées directement par le Coran. Les formes les blessent autant que le fond ; ainsi on appelle la femme en témoignage ; on la force à se dévoiler, chose complétement opposée aux mœurs...

» Il n'y a qu'une cour d'appel à Alger ; les habitants de Constantine ou d'Oran qui plaident devant cette cour, sont tenus de parcourir plus de cent cinquante lieues pour aller soutenir leurs procès.

» VII. *Résumé.* — Ainsi donc, jusqu'à présent, les bienfaits de la civilisation auxquels on convie les Arabes se traduisent, à leurs yeux, en spoliation de leurs biens, en aggravation des impôts, en vexations administratives, en froissement de leurs mœurs, de leurs intérêts et de leur religion. Comment donc s'étonner que ce peuple soit hostile ? Ne doit-on pas, au contraire, être surpris qu'une grande partie de la population arabe soit restée soumise et paisible au milieu de l'insurrection qui tentait sa fidélité ?

» NAPOLÉON. »

Tout le Mémoire, dit M. de Girardin, est écrit dans ce même esprit de vérité et de justice.

Abandonner l'Algérie ne se peut plus aujourd'hui. Un tel projet ne peut entrer dans l'esprit d'un homme digne de se dire français ; et bien moins encore dans la pensée de l'homme qui occupe le trône de France.

On comprend que cet extrait de la brochure impériale

sur l'Algérie, fut un coup de foudre pour les Algériens, qui s'attendaient à un changement de régime administratif. Dès lors, il se manifesta parmi eux un découragement extrême et funeste pour toutes les affaires du pays. Les transactions furent presque complétement suspendues. Les propriétés rurales éprouvèrent une ruineuse dépréciation ; et celles qui étaient sous le coup de poursuites judiciaires, étaient plus que jamais sacrifiées, faute d'acquéreurs. Cette panique inattendue causait d'autant plus de mal, qu'on disait que le reste de la brochure était encore plus contraire à la colonisation que le passage cité plus haut; et ce qui donnait autorité à cette rumeur, c'était le soin qu'on semblait prendre pour empêcher cet écrit d'arriver, en son entier, à la pleine connaissance du public. D'un autre côté, pour atténuer la fâcheuse impression causée par ce travail, on disait, dans les régions officielles, qu'il était purement confidentiel, et destiné seulement à être soumis à l'appréciation des plus hauts fonctionnaires du gouvernement. Je ne puis dire si la chronique exprimait la vérité sur ce point, en parlant ainsi ; mais ce qui est certain, c'est que la publication de cette brochure se fit attendre longtemps. Ce ne fut que plusieurs mois après l'*indiscrétion* commise par la *Presse*, qu'elle parut au grand jour, sous le titre de : *Lettre sur la politique de la France en Algérie, adressée par l'Empereur, au maréchal de Mac-Mahon, duc de Magenta, gouverneur général de l'Algérie* [1].

Cette LETTRE fut d'abord accueillie avec un silence général par la presse de la métropole et celle de l'Algérie. Personne n'osait la commenter, dans la crainte de s'exposer à des poursuites judiciaires, pour manque de respect envers la suprême autorité du chef de l'État. Mais peu à peu, on a

---

1. Voir cette lettre à la fin du volume, parmi divers documents destinés à être consultés par les historiens de la colonisation de l'Algérie.

pris la liberté de faire de respectueuses observations sur cet écrit impérial, en raison de l'importance toute nationale de la question qu'il traitait. Puis on semblait autorisé à émettre des opinions opposées à celle de l'écrivain couronné, parce qu'on prétendait que la brochure n'avait d'autre but, que d'appeler la lumière sur ce grave sujet par une contradiction approfondie de la part de tous les hommes compétents.

Ce travail du chef de l'État avait une trop haute portée pour ne pas être l'objet d'une discussion sérieuse, calme et sincère, de la part de ceux qui savent ce que l'Algérie peut être pour la France à tous les points de vue qu'on puisse envisager la question.

Le docteur Warnier et M. Jules Duval ont les premiers pris la plume pour signaler respectueusement les erreurs contenues dans la nouvelle réorganisation, proposée par la lettre impériale; et les Algériens leur sont bien reconnaissant de cette patriotique initiative. Je voudrais pouvoir donner dans ce livre une partie importante des bonnes choses que le docteur Warnier a publiées à cette occasion; mais l'espace ne me le permet pas.

Je vais donc, à mon tour, prendre la permission de signaler respectueusement les points où peut s'établir la contradiction avec l'auteur de ce nouveau programme administratif pour l'Algérie.

La lettre impériale commence en disant que le temps de l'action est arrivé, et qu'il faut mettre un terme à ces systèmes d'organisation générale, l'un renversant l'autre. Cette instabilité administrative, dirai-je, est l'œuvre particulière du gouvernement de la métropole, qui n'a jamais voulu sortir de l'ornière routinière et funeste envers l'Algérie, malgré le soin que les Algériens prenaient de la lui signaler avec connaissance de cause.

Le Souverain dit que son programme se résume en peu

de mot : gagner la sympathie des Arabes par des bienfaits *positifs*, — attirer de nouveaux colons par des exemples de prospérité *réelle* parmi les anciens, — utiliser les ressources de l'Afrique en produits et en hommes; arriver par là à diminuer notre armée et nos dépenses.

Les Arabes ne peuvent refuser de croire à notre sympathie, si des bienfaits *positifs* sont nécessaires pour en fournir la preuve; car en leur donnant la presque totalité du sol de notre conquête en toute propriété, on les a rendus l'objet d'un bienfait *positif* sans exemple dans l'histoire des conquêtes de ce genre effectuées par les nations du monde. Avant et depuis cet acte de générosité sans égale, les Arabes ont trouvé, de la part de notre vaillante armée, un pardon inépuisable chaque fois qu'ils étaient forcés de mettre bas les armes de la rébellion envers notre domination. Il n'est pas déraisonnable de croire que la perpétuité de ces rébellions prend sa source dans l'excès de clémence dont jouissent les rebelles de la part de la France.

Si les colons avaient trouvé auprès du gouvernement des bienfaits aussi *positifs* qu'en ont reçu les Arabes, il y a longtemps que des exemples de prospérité *réelle* auraient attiré un grand nombre d'émigrants dans notre conquête.

Les partisans d'une colonisation effectuée sur une large échelle, n'ont jamais eu la pensée de priver les indigènes d'une juste répartition du sol entre les vainqueurs et les vaincus. Au contraire, tous les hommes sérieux parmi nous, désiraient voir rapprocher les deux races par des liens d'intérêts créés par des rapports constants, provoqués par le voisinage de possession terrienne. Mais loin de favoriser ce sage rapprochement, le gouvernement métropolitain s'est toujours attaché à prendre des mesures administratives qui le repoussaient.

La lettre impériale dit, très-justement, qu'il ne peut

entrer dans l'idée de personne d'exterminer les trois millions d'indigènes qui sont en Algérie, ni de les refouler dans le désert, suivant l'exemple des Américains du Nord, à l'égard des Indiens.

L'accusation formulée ici contre les Américains pourrait s'adresser, sans doute, aux Espagnols ; car c'est en pratiquant l'extermination des indigènes qu'ils se sont rendus maîtres de toute la partie sud du Nouveau-Monde. Mais l'histoire me commande, au nom de la vérité, de justifier les Américains de cette tache anti-humaine. L'espace ne me permet pas de produire ici, à l'appui de ma réfutation, les documents authentiques prouvant tous les soins pris, par la nation américaine, pour régénérer les Indiens en leur faisant accepter les bienfaits de la culture intellectuelle, sans laquelle la civilisation ne peut se faire apprécier à sa juste valeur. Les colons primitifs, dans les possessions anglaises et françaises du Nouveau-Monde, ne demandaient pas mieux que de vivre en bonne harmonie avec les indigènes. Ils avaient les meilleures raisons pour agir ainsi, dans la condition de faiblesse et d'isolement où ils se trouvaient. Mais la barbarie étant trop déchue du rang où l'humanité peut encore se relever de l'abjection, ne peut résister à ses instincts destructeurs contre la civilisation, quand elle la voit s'implanter sur une terre où la brutalité règne en souveraine depuis un temps immémorial. Les sauvages de l'Amérique du Nord étaient d'un caractère féroce. On se rappelle le massacre que les Natchez ont fait des premiers colons de la Louisiane. Ceux du Canada comptent des milliers de victimes aussi dans l'histoire de leur rude colonisation primitive. Les colons anglais de l'Amérique du Nord n'ont pas été épargnés non plus, au début de leur tâche collective. En se voyant en face d'une barbarie implacable dans ces conditions d'infériorité numérique, les colons devaient, sous peine de destruction complète, opposer la force à la violence. En agissant ainsi, ils n'ont fait que ce qu'exige le sentiment naturel de la conservation en pareille circonstance. Mais du jour où la population européenne a été maîtresse de ses destinées, plus encore par sa supériorité intellectuelle que par la force numérique, elle a fait les plus louables efforts pour régénérer ses ennemis, en leur offrant tous les moyens de s'instruire et de se civiliser. En ce moment même, les Américains persistent à répandre la lumière parmi ces peuplades déchues et disséminées sur cette vaste partie du continent; mais ces efforts restent infructueux. Les sauvages s'enfoncent de plus en plus dans les déserts des forêts séculaires, à mesure que la civilisation en approche pour y implanter la vie et la prospérité. C'est ainsi, du reste, que s'est toujours terminée la lutte que la barbarie et la civilisation se sont livrée, quand la marche du progrès les a mises en présence; et tout fait croire que les choses se passeront ainsi en Afrique, entre les deux éléments qui se disputent la prépondérance sur cette terre où brilla d'un vif éclat l'ancienne civilisation.

Je ne dois pas m'arrêter à la lettre qui figure dans l'écrit impérial, dont je parle ici; car cette lettre émane d'une source dont l'impureté a été dissimulée au Souverain; autrement, il n'aurait jamais eu la pensée d'adjoindre un tel appui à sa haute autorité, pour fortifier la puissance de son raisonnement.

Il est dit, dans cet écrit impérial, que les grandes familles arabes ont été déconsidérées, que leur influence a été annulée, qu'on a tenté de dissoudre brusquement la tribu, qu'on a bouleversé l'organisation de la justice musulmane, qu'on leur a pris souvent les meilleures terres, pour les refouler dans les contrées improductives.

La considération est probablement un mot qui n'a pas la même signification chez les peuples civilisés que chez les barbares ; car autrement il serait difficile d'attribuer une sérieuse et légitime considération à des gens dont les actes portent presque toujours le cachet de l'iniquité la plus grossière. Le sens moral fait généralement défaut dans la vie privée et publique des indigènes, sans en excepter les sommités. Tous les Européens qui ont étudié impartialement leurs mœurs et leur manière d'agir, s'accordent à porter ce jugement sur leur compte collectif. Quant à la justice musulmane, je souhaite du fond de mon cœur, pour l'honneur de mon pays, qu'elle n'exerce jamais aucune influence sur notre législation, non plus que sur les décisions de nos juges.

Pour ce qui touche aux bonnes terres que possèdent les colons, ils les doivent à des acquisitions librement contractées avec les indigènes, ou à des concessions provenant de terres domaniales que l'État hérita du gouvernement turc, son prédécesseur en Algérie avant la conquête.

Relativement à la naturalisation des Arabes comme l'entend le programme impérial, je renvoie le lecteur au discours de M. Lanjuinais, qui a traité avec autant de talent que de modération cette grave question au sein du Corps législatif, dans la session de 1866.

Quant aux mesures recommandées dans la lettre du chef de l'État, concernant la mise à exécution du sénatus-consulte qui donne presque toute l'Algérie aux indigènes, il est permis de craindre qu'il ne reste rien des terres domaniales sur lesquelles la colonisation comptait pour se donner un peu plus d'espace. La lettre impériale pousse à cet endroit la générosité, au nom de la France, jusqu'à ses dernières limites. Je cherche en vain ce que ces barbares nous ont fait pour s'attirer cette extrême munificence; mais je trouve sans peine de nombreux motifs qui les pourraient priver d'une faveur si exceptionnelle.

La part qui revient à la colonisation dans ce programme impérial n'est pas comparable à celle qui est faite aux indigènes; mais l'impartialité veut qu'on l'apprécie à sa juste valeur.

La liberté commerciale demandée pour l'Algérie est une excellente chose en principe, mais qu'il est difficile de mettre en pratique dès aujourd'hui dans notre colonie, par suite de l'importance de ses rapports commerciaux avec la métropole, qu'un tarif douanier protégera longtemps encore sans doute. En recevant en Algérie les produits étrangers de toute nature en franchise, le commerce algérien ne peut éviter de nombreuses et nuisibles entraves dans ses rapports avec la métropole; et comme l'intérêt de la France, c'est-à-dire l'extension de son commerce extérieur, est presque le seul lien qui attache notre nation imprévoyante à ses colonies, elle en ferait sans doute bon marché si elle y trouvait à son commerce une concurrence étrangère redoutable. Ce qui prouve la justesse de cette assertion, c'est le cri d'alarme poussé par les centres industriels qui écoulent en Algérie une grande quantité de leurs produits, dès qu'il a été question d'établir la liberté commerciale en faveur de notre colonie. Dans les questions coloniales, la nation française en est encore à ce pernicieux système, consistant à considérer une colonie comme la vache à lait de sa métropole, sans rien lui donner en compensation. Les plaintes que font entendre constamment les possessions françaises sont assurément des mieux fondées, car elles prennent leur source commune dans les entraves désastreuses qu'enfante la défectuosité des institutions que leur impose la mère-patrie. Je le répète, la liberté commerciale est chose excellente; mais dans les conditions où se trouve aujourd'hui l'Algérie vis-à-vis de la France, cette sage mesure ne pourrait jamais tenir qu'une faible partie des avantages qu'elle promet et qu'elle tiendrait strictement, si la métropole n'était pas à la porte de notre grande possession africaine.

Pour ce qui regarde l'emplacement que devait occuper jadis et que doit occuper maintenant et à l'avenir la colonisation, la sagesse veut que l'Algérie entière soit accessible à la population européenne; s'il en était autrement, notre présence en ce pays, à titre de conquérants, n'aurait pas sa raison d'être. Nous ne sommes pas venus sur cette terre classique, profanée par la barbarie, pour y subir sa sauvage domination, mais bien pour y régner en maîtres souverains, pratiquant les grands principes de la civilisation. Notre devoir, à nous, est de répandre la justice et les bienfaits du progrès parmi ces peuples dégénérés ; mais nous ne le pouvons faire qu'en mettant notre race en contact continuel avec eux par le voisinage et par des rapports d'intérêts communs. L'isolement dans lequel on tient les indigènes depuis la conquête, les condamnerait infailliblement, s'il était perpétué, à s'éteindre jusqu'au dernier dans la paresse et les ténèbres de l'ignorance où ils croupissent depuis tant de siècles.

Or, la colonisation a donc les meilleures raisons que puisse invoquer une bonne cause pour étendre son développement. La colonisation ne doit pas accepter de limite; sa place, en Algérie, est indéfinie; elle doit être implantée partout où sa présence est nécessaire pour faire disparaître les instincts nuisibles de la barbarie, qui ne s'alimente que de meurtres et de rapines. C'est fausser d'une manière plus que regrettable la mission que la France est tenue de remplir sur cette terre d'Afrique, que d'y observer des mesures qui repoussent la liberté des transactions entre les deux races; car ce moyen de contact intéressé produirait les résultats les plus satisfaisants à tous les points de vue de notre rôle de conquérants.

Les modifications recommandées par la lettre impériale au sujet de notre occupation militaire, ne sont approuvées qu'avec de nombreuses restrictions de la part même des hommes de guerre les plus autorisés par leur compétence spéciale. La formation d'une armée indigène est reconnue comme un danger pour notre domination, au lieu d'être un élément de paix pour le pays, comme le pense l'impérial écrivain. Il n'est besoin que de bien connaître les indigènes pour redouter les méfaits qui pourraient surgir de la création d'une armée formée par eux et instruite d'après la nôtre dans l'art de se battre. Il suffit de voir l'usage que font déjà les Arabes dans leurs incessantes rébellions, des connaissances militaires qu'ils acquièrent en servant dans les corps spéciaux qu'ils composent dans une mesure restreinte. Il serait plus qu'imprudent de compter sur la fidélité inébranlable d'une armée indigène en faveur de notre domination ; cette fidélité étant incontestablement douteuse, il y aurait donc un grave danger inhérent à la création d'une force armée disposée à tourner son organisation militaire contre nous à la moindre occasion, qu'elle saurait bien faire naître en obéissant à l'antipathie que lui inspirent les Européens. Mais l'occupation militaire de l'Algérie telle qu'elle s'est effectuée jusqu'ici, laisse beaucoup à désirer. Sur ce point, la lettre impériale a raison de vouloir opérer des modifications stratégiques. La présence de l'armée n'est utile que dans une faible mesure sur le littoral, où les indigènes sont peu nombreux et facilement surveillés. C'est dans l'intérieur que l'armée d'occupation peut prévenir les rébellions et les écraser promptement, si elles éclatent malgré une vigilante surveillance. Pour ce qui regarde les bureaux arabes, je n'ai qu'une chose à dire pour exprimer le vœu que font, depuis longtemps, les Algériens à ce sujet, c'est de demander simplement la suppression de cette puissance formant un État dans l'État. L'institution des bureaux arabes a sans doute eu son utilité pendant la grande période de la guerre de conquête ; mais elle devait cesser avec cette grande lutte. Les bureaux arabes ont donné lieu à des abus de pouvoir qui ont grandement contribué à nourrir cette violente hostilité qui se formule sans cesse par de ruineuses rébellions sur un point quelconque de notre conquête. Ce qui prouve surabondamment la défectuosité de l'organisation des bureaux arabes, c'est qu'elle ne préserve même pas le pays de ces révoltes qui saccagent périodiquement le fruit du travail pénible de la colonisation.

Je résumerai ce que je viens de dire sur la lettre impériale, en déclarant avec une profonde conviction, comme je l'ai dit tant de fois dans le cours de ce travail, que le défaut de bonnes institutions en Algérie est la cause du mal dont tout le monde se plaint, et que le gouvernement peut seul faire disparaître en abandonnant les systèmes anticolonisateurs qu'il s'obstine à perpétuer, en repoussant les justes réclamations des Algériens. De bonnes institutions embrassent tous les besoins de la colonie et leur donnent toute la satisfaction que la sagesse humaine peut offrir à cet égard. Cette réforme résume donc seule toutes les observations qu'on pourrait se permettre sur la lettre impériale. En effet, de bonnes institutions favoriseraient, dans la mesure du possible, le développement de la colonisation, l'essor de la prospérité publique, la consolidation de la domination française par l'élément européen, la propagation de la culture intellectuelle parmi les vainqueurs et les vaincus.

Voilà sommairement les bienfaits inappréciables que de bonnes institutions pourraient donner à notre belle conquête pour encourager les efforts des colons, et récompenser, en même temps, la métropole des sacrifices que lui a demandés cette grande et riche possession. Ce serait dissimuler la lumière de la vérité, si je m'abstenais d'ajouter, en terminant mes respectueuses remarques, que les Algériens attendaient d'autres résultats que ceux qu'on nous promet de la seconde visite impériale. Ces regrettables résultats ne peuvent être que les conséquences d'une appréciation trop précipitée. Mais la colonie n'en éprouve pas moins un préjudice incalculable, et les Algériens une des plus pénibles déceptions, dont ils ont été abreuvés si souvent depuis le début de la tâche civilisatrice qu'ils remplissent sur cette terre d'Afrique, arrosée depuis trente-six ans du sang et des sueurs des enfants de la France.

CHAPITRE IX

Société générale algérienne; remarques dont elle est devenue l'objet de la part des Algériens; lettre de Mirès sur le même sujet.

La création de cette grande Société nous avait été promise et annoncée par le chef de l'État en débarquant à Alger, à sa seconde visite à notre colonie. Il serait superflu de dire que les Algériens accueillirent ce puissant auxiliaire de leurs efforts collectifs avec autant de joie que de confiance. Personne, parmi eux, n'aurait osé douter des grandes choses que cette Compagnie accomplirait à l'aide des avantages que lui offriraient ses opérations multiples, et les moyens d'action dont elle peut disposer à son gré, si elle se montre à la hauteur de sa tâche. Les lenteurs inexplicables que mettait cette Société à donner signe de vie, diminua un peu les espérances qu'on avait spontanément placées en elle; et ces lenteurs, en se prolongeant bien au delà du temps nécessaire pour enfanter cette Compagnie, donnèrent lieu à diverses conjectures dont souffrait plus ou moins le prestige d'habileté reconnu aux hommes chargés de la direction de cette entreprise, qu'il était permis de considérer comme nationale d'après son origine et le but qu'on lui assignait.

Comme les déceptions colonisatrices sont familières aux Algériens, et qu'ils pratiquent assez bien la patience pour échapper au découragement qu'on semble prendre plaisir à leur infliger du haut des régions administratives, ils finirent par ne plus guère compter sur le concours de cette fameuse Société, et replier sur eux-mêmes les espérances qu'ils en avaient si joyeusement tirées. On disait que c'était avec répugnance que les hommes qui sont à la tête de cette grosse affaire en avaient accepté la direction. J'ai peine à le croire, car ils ont en main la plus belle entreprise qu'on puisse souhaiter pour pouvoir obtenir la plus belle récompense que doit ambitionner un homme de mérite : celle qui donne à la fois la richesse et la considération publique. Il est assez rare, à notre époque, de trouver cette double rémunération dans le domaine des grandes opérations financières ou industrielles. Les Algériens ne s'occupaient plus guère de ce que faisait cette Société privilégiée dans ses bureaux, à Paris, où est son siége, quand les journaux annoncèrent que ses directeurs, MM. Frémy et Talabot, allaient faire une excursion en Algérie pour voir le champ des futurs exploits de leur nouvelle Compagnie. Ce projet de voyage eut plus d'empire sur la curiosité des habitants de notre colonie que sur leurs espérances, mais tous les gens sérieux attendaient cette visite pour voir, par anticipation, le concours que la prospérité de l'Algérie pourrait trouver dans le puissant auxiliaire que lui avait donné l'Empereur.

Je ne sais si les chefs de la Société générale algérienne étaient déjà venus en ce pays ; mais on serait autorisé à en douter, en s'arrêtant aux précautions que prirent ces messieurs pour échapper aux étreintes de dures privations en effectuant ce voyage dans une possession française, située à la porte de sa métropole. J'ai hésité à le croire, d'abord, mais la chose m'ayant été affirmée par des personnes à même d'être bien renseignées à cet égard, je puis donc assurer que ces messieurs s'étaient pourvus, en partant de France, pour l'Algérie, d'une grande provision de conserves variées, formant ensemble, m'a-t-on dit, un poids d'une centaine de kilos. Je ne sache pas que l'Empereur ait poussé jusque-là ses doutes envers les ressources que la partie colonisée de notre conquête offre aux étrangers qui la visitent. Il est juste d'ajouter que les directeurs de la fameuse Société algérienne ont été très-agréablement surpris du progrès opéré par les efforts de ce petit groupe de colons rustiques. Les banquets, offerts à ces messieurs, leur ont prouvé qu'ils avaient eu tort de se mettre en route sans avoir puisé, sur l'Algérie, des renseignements à meilleure source; car ils auraient évité de se faire accompagner par une cargaison de vivres prêts à mettre sur table. Il est bien regrettable que les directeurs d'une puissante Société, ayant pour mission de faire prospérer ses capitaux en faisant prospérer notre grande colonie, connaissent si peu le pays qui forme le vaste domaine de leurs multiples opérations.

Pour que cette Société puisse donner tout le fruit qu'on est en droit d'en attendre, il faut qu'elle soit bien dirigée; mais pour que les hommes qui sont chargés de cette grande tâche puissent bien s'en acquitter, il faut qu'ils s'en occupent personnellement et avec zèle et intelligence, et qu'ils lui consacrent la majeure partie de leur temps, du moins au début des opérations, pour éviter des fautes trop onéreuses d'employés secondaires. Comment MM. Frémy et Talabot pourraient-ils consacrer une si grande partie de leur temps et de leur intelligence à la Société générale algérienne quand ils sont chargés de diriger des affaires colossales demandant plus de soins déjà qu'ils ne peuvent leur en donner? Nous savons bien qu'ils ont été choisis par le gouvernement, comme étant mieux que personne capables de réaliser le capital considérable accordé à cette Compagnie, pour la mettre à même d'effectuer les prodiges qu'on désire obtenir de sa création. Il fallait offrir aux petits capitaux le prestige dont jouissent les gros capitalistes pour les attirer dans cette immense entreprise. Nous ne disconvenons pas de l'influence que certains noms exercent sur la confiance des gens qui ont de l'argent disponible; mais comme cette influence ne s'est pas toujours justifiée par des faits, et que des faits l'ont souvent rendue suspecte en la déconsidérant, il est sage de prendre préalablement, en pareil cas, toutes les mesures pouvant donner des garanties sérieuses aux capitaux, en favorisant le succès des opérations par des moyens d'action d'une efficacité irrécusable. Le capital est défiant de sa nature et se donne néanmoins aveuglément à ceux qui sont assez habiles pour l'éblouir. Les directeurs de la Société générale algérienne n'avaient pas besoin d'aveugler le public par une lumière factice pour en obtenir des capitaux ; ils devaient, au contraire, s'attacher à donner tout l'éclat possible aux ressources naturelles, inépuisables que l'Algérie offre aux entreprises que la Société se propose d'effectuer dans cette grande et riche colonie. De son côté, le gouvernement n'avait qu'à doter cette conquête d'institutions libérales, la faire jouir des bienfaits du droit commun dans toute son étendue, pour seconder les efforts et le succès de cette Société d'une manière aussi sage qu'infaillible.

Nous regrettons d'être obligé de dire, pour parler le langage de la vérité, que dans l'organisation de cette grande entreprise nationale, ni le gouvernement, ni les directeurs de la Société ne se sont montrés à la hauteur de leur tâche respective. Le gouvernement ne peut pas plus faire une colonie prospère avec le régime militaire qu'il n'est permis de faire le jour avec les ténèbres et les ténèbres avec le jour. D'autre part, les directeurs de la Société générale algérienne devaient d'abord se bien renseigner sur les avantages que l'Algérie présente à leur grande entreprise, au double point de vue des intérêts des actionnaires et de ceux de la colonie, avant de faire appel aux capitaux. En agissant ainsi, ils eussent pu faire cet appel avec pleine connaissance de cause, et défier les critiques jalouses cherchant à se rendre nuisibles par la malveillance. Ils pouvaient réparer cette faute incompréhensible pendant le voyage qu'ils ont fait dans la colonie. L'ont-ils réparée? Rien ne le prouve encore au moment où nous faisons ces remarques (juin 1867); nous aurions plutôt des motifs pour croire que ce voyage n'a fait que fortifier les critiques dont les directeurs ont été l'objet quand ils ouvrirent la souscription pour appeler le premier capital social nécessaire à la mise à exécution de l'entreprise. En effet, ils n'ont rien dit de précis aux hommes qui se sont entretenus avec eux dans leur rapide excursion en Algérie, afin de savoir la marche qu'ils se proposaient de faire suivre à cette Société. Ils se sont bornés à dire qu'ils avaient les mains pleines en faveur des bonnes affaires qu'on leur offrirait, mais qu'ils ne voulaient ouvrir ce cornet d'abondance financier que pour favoriser des opérations ne laissant aucune incertitude sur les profitables résultats qu'on en pouvait tirer En parlant ainsi aux Algériens, il me semble que ces messieurs les directeurs intervertissaient les rôles. C'était à eux à faire connaître aux hommes qui les consultaient sur la somme de bienfaits que la colonie pouvait attendre de leur grande Société, les opérations qui feraient d'abord l'objet de leurs préférences, comme étant reconnues par eux pour offrir tous les éléments de succès désirable au double point de vue de la prospérité de l'Algérie et de celle de la Compagnie. Il est permis de croire que ces grands financiers n'ont pas toujours exigé la même certitude de bénéfice dans toutes les opérations qu'ils ont dirigées jusqu'à ce jour; ils choisissent mal l'occasion pour montrer un excès de prudence à la tête d'une Société créée pour développer les immenses ressources d'une colonie destinée à former une seconde France. Si cette Compagnie ne veut s'engager que dans des opérations pouvant donner des bénéfices avant d'être effectuées, son concours est inutile dans ces conditions-là, car l'Algérie n'aurait qu'à parler en pareil cas pour se procurer tous les capitaux nécessaires à son développement. Nous aimons à croire que toutes les fautes que nous venons de signaler seront réparées, puisqu'elles sont réparables encore; mais si, toutefois, la Société générale algérienne reste au-dessous de sa tâche, ce sera de sa faute et de celle du gouvernement. L'Algérie n'y sera pour rien, mais elle portera seule néanmoins le poids de l'incapacité qu'on aura montrée dans la création et la mise en œuvre d'une Compagnie pouvant effectuer des prodiges avec les éléments de succès dont elle pouvait disposer.

Voici la convention intervenue entre le ministre de la guerre et MM. Frémy et Talabot, relativement à la formation de la Société qui nous a suggéré les observations qui précèdent. Cette convention a été acceptée à peu près telle qu'elle est ici par le Corps législatif.

« Entre :

Son Excellence le maréchal ministre de la guerre,

Et MM. L. Frémy, gouverneur du Crédit foncier de France et d'Algérie, Paulin Talabot, directeur général de la Compagnie des chemins de fer de Paris à la Méditerranée et de l'Algérie;

Agissant tant en leur nom personnel qu'au nom et comme représentants d'une Société ayant pour objet de procurer des capitaux et d'ouvrir des crédits pour toutes opérations agricoles, industrielles et commerciales en Algérie, d'entreprendre ou de réaliser ces opérations directement et par elle-même;

Ladite Société devant se constituer dans un délai de trois mois, sous la forme anonyme et sur les bases principales suivantes :

1° Capital social : 100 millions, formé par l'émission de 200,000 actions, négociables après versement du quart ;

2° Faculté d'émettre des obligations à long terme ou à court terme, dont le produit serait exclusivement appliqué à des entreprises industrielles et agricoles, consistant en travaux publics, exploitation de mines, de terres et de forêts, exécution de barrages et de canaux d'irrigation, établissement d'usines, etc., etc. ;

Les opérations purement financières, telles que prêts au commerce, escompte, devront être faites au moyen du capital social, dans les conditions qui seront déterminées dans les statuts ;

Direction confiée à un président, présenté par le conseil d'administration et nommé par l'Empereur ;

Il a été convenu ce qui suit :

Art. 1er. La Société s'engage à mettre à la disposition de l'État une somme de cent millions qui devra être employée en Algérie, dans un délai de six années, à l'exécution de grands travaux d'utilité publique consistant en routes, ports, chemins de fer, canaux, barrages, irrigations, etc.

Chaque année le programme des travaux à exécuter à l'aide de cette somme sera arrêté par le gouvernement, sur l'avis d'une commission spéciale, la Société entendue.

Ladite somme de cent millions sera versée au Trésor public par sixième, d'année en année et par trimestre, le premier versement devant avoir lieu le 1er avril 1866.

Le montant de chaque versement sera remboursé par l'État à la Compagnie au moyen d'annuités calculées au taux d'intérêts de 5 fr. 25 cent. p. 0/0 et comprenant la somme nécessaire pour assurer l'amortissement en cinquante années. Chaque annuité sera exigible par semestre, et le premier terme semestriel sera payable le 1ᵉʳ avril 1867.

Les annuités de l'État seront affectées comme gage spécial aux obligations que la Société émettrait pour l'exécution des travaux dont il s'agit.

Art. 2. Néanmoins, pendant le cours des trois premières années, qui commenceront à courir à partir du premier versement, le gouvernement aura la faculté de réduire à soixante-douze millions la somme que la Compagnie doit mettre à sa disposition.

Art. 3. L'État promet de vendre à la Compagnie cent mille hectares de terres, à prendre parmi celles qui sont disponibles dans le domaine de l'État en Algérie. Le prix de chaque hectare est fixé à 1 franc de rente par hectare et par an, payable annuellement, à partir de chaque prise de possession, et pendant cinquante années.

Le gouvernement s'engage, en outre, à concéder à la Compagnie les mines dont elle découvrira les gisements pendant un délai de dix années.

Art. 4. La présente convention ne deviendra définitive qu'après la constitution de la Société sur les bases ci-dessus indiquées et qu'après ratification par les pouvoirs compétents. »

Nous faisons suivre le document ci-dessus par un des règlements auxquels est soumise cette Société, d'après un décret impérial, mais nous n'avons pas encore vu paraître le fruit de cette sage réglementation dans les journaux qui sont chargés de lui donner de la publicité dans le département de la Seine et en Algérie :

Par décret impérial du 15 octobre 1866, la Société anonyme formée à Paris, sous la dénomination de *Société générale algérienne*, est autorisée.

Sont approuvés les statuts de ladite Société tels qu'ils

sont contenus dans l'acte passé le 10 octobre 1866, devant Mes Turquet et Dufour, notaires à Paris.

La Société sera tenue de remettre tous les six mois un extrait de son état de situation au ministère de l'agriculture, du commerce et des travaux publics, au ministère de la guerre et au gouverneur général de l'Algérie, au préfet de police, à la chambre de commerce de Paris et au greffe du tribunal de commerce de la Seine, à la chambre de commerce et au greffe du tribunal de commerce d'Alger.

En outre, une situation arrêtée à la fin de chaque mois par le conseil d'administration et certifiée par le président, sera publiée, dans les premiers jours du mois suivant, dans l'un des journaux d'annonces légales des départements de la Seine et d'Alger, et copies en seront remises à nos ministères de l'agriculture, du commerce et des travaux publics et des finances. Cette situation, dont la forme sera déterminée par le ministre des finances, fera connaître, indépendamment du bilan de la Société, le mouvement de ses opérations et le montant des effets en circulation endossés et garantis par l'établissement.

La gestion de la Société pourra être soumise à la vérification des délégués de notre ministre des finances, toutes les fois que celui-ci le jugera convenable. Il sera donné à ces délégués communication des registres des délibérations, ainsi que de tous les livres, souches, comptes, documents et pièces appartenant à la Société; les valeurs de caisse et de portefeuille leur seront également représentées.

Nous allons faire suivre aussi ce décret impérial réglementant la marche de cette Société, par un arrêté du gouverneur général de l'Algérie, ayant pour objet de remplir une partie des engagements pris par l'État envers ladite Compagnie algérienne.

Document publié dans le numéro du 13 mai 1867, du *Moniteur de l'Algérie*, partie officielle.

SOCIÉTÉ GÉNÉRALE ALGÉRIENNE.

Attribution de 82,544 hectares de terres domaniales en exécution de la convention du 18 mai 1865.

ARRÊTÉ.

AU NOM DE L'EMPEREUR.

Nous, maréchal de France, gouverneur général de l'Algérie,

Vu la convention passée le 18 mai 1865 entre le ministre secrétaire d'État au département de la guerre et les sieurs L. Frémy, gouverneur du Crédit foncier de France et d'Algérie, et Paulin Talabot, directeur général de la Compagnie des chemins de fer de Paris à la Méditerranée et d'Algérie, agissant, tant en leur nom que comme représentants de la Société financière qui a été constituée par décret en date du 15 octobre 1866, ci-dessous visé, sous le nom de *Société générale algérienne* ;

Vu notamment l'article 3 de ladite convention portant :

« L'État promet de vendre à la Compagnie cent mille hec-
» tares de terres qui lui seront délivrées par le gouverne-
» ment parmi celles disponibles dans le domaine de l'État
» en Algérie.

» Le prix de chaque hectare est fixé à 1 franc de rente
» par hectare et par an, payable annuellement à partir de
» chaque mise en possession et pendant cinquante an-
» nées. »

Vu le décret du 18 septembre 1865 portant approbation de ladite convention ;

Vu le décret en date du 15 octobre 1866 qui constitue la Société générale algérienne ;

Vu le décret du 10 novembre 1866, qui nomme le sieur Frémy, gouverneur du Crédit foncier de France et d'Algérie, président de la Société générale algérienne ;

Vu les décrets des 27 octobre 1851, 10 décembre 1860 et 5 juillet 1864 sur l'organisation du gouvernement général de l'Algérie ;

Vu le décret du 25 juillet 1860 ;

ARRÊTONS :

Article 1er. — En exécution du décret ci-dessus visé du 18 septembre 1865, il est attribué à la Société générale algérienne représentée par le sieur Frémy, son président, et le sieur Paulin Talabot, administrateur délégué, qui acceptent, les immeubles ci-après désignés, à valoir sur les cent mille hectares dont l'aliénation a été approuvée par ledit décret, savoir :

Province d'Oran.

Aux Ouled Abdelly.	2.903 hect.
A Relizane, rive gauche de la Mina.	1.285 —
Total.	4.188 hect.

Province d'Alger.

A l'Oued Isly.	1.805 hect.
A l'Oued Fodda.	823 —
Aux Djendel (20 parcelles).	825 —
Chez les Soumata.	490 —
Beni Boukni.	432 —
Bou Allaouan (8 parcelles).	798 —
Ouled Farès.	224 —
A Amora.	1.158 —
Total.	6.555 hect.

Province de Constantine.

Oued Besbès	Circonscription de Bone.	3.645	
Aïn Mokra		3.610	
Feldj Moussa		550	11.645 hect.
Gouersa (Rajetas)		2.180	
Bou Hamman		1.660	
Oued Zenati	Circ. de Constantine.	31.691	60.156 hect.
Ouled Attia et Souhalia		28.465	
	Total	71.701 hect.	

RÉCAPITULATION.

Province d'Oran	4.188 hect.
— d'Alger	6.801 —
— de Constantine	71.555 —
Total	82.544 hect.

Art. 2. La Société algérienne sera mise en possession des immeubles ci-dessus par les soins de l'autorité compétente dans chaque province, et cette mise en possession sera constatée par des procès-verbaux contradictoires auxquels seront annexés les plans desdits immeubles.

Art. 3. — Des actes administratifs seront dressés par l'autorité compétente représentant le domaine de l'État, à l'effet de constater la livraison des immeubles aux clauses et conditions indiquées dans le modèle annexé au présent arrêté et d'assurer le recouvrement du prix de vente stipulé au profit de l'État.

Art. 4. — Les terrains aliénés par l'État devant être utilisés pour la création de centres de population européenne et d'exploitations agricoles, les actes à dresser en vertu de l'article 3 ci-dessus seront soumis pour leur enregistrement au droit fixe de 1 franc.

Les frais de timbre, d'enregistrement, de transcription et d'expédition seront d'ailleurs supportés par la Société générale algérienne, conformément aux lois en vigueur.

Fait au palais du gouvernement à Alger, le 4 mars 1867.

Maréchal DE MAC-MAHON.

ACCEPTATION.

Nous soussignés, L. Frémy, président de la *Société générale algérienne*, et M. Paulin Talabot, administrateur délégué de ladite Société, après avoir pris connaissance de l'arrêté dont la teneur précède, déclarons accepter les immeubles qui y sont désignés, à valoir sur la contenance totale de cent mille hectares, vendus par l'État à la Société générale algérienne, aux termes de la convention du 18 mai 1865 et du décret du 18 septembre suivant, qui a approuvé cette convention.

PAULIN TALABOT.   L. FRÉMY.

NOTA. — L'administration était en mesure de livrer à la *Société générale algérienne*, sans épuiser le montant des ressources disponibles, les cent mille hectares fixés par la convention approuvée par la loi du 12 juillet 1865 et par le décret du 18 septembre de la même année.

Mais les opérations du sénatus-consulte, actuellement en cours d'exécution, s'appliquant à des territoires voisins de centres où elle a déjà des intérêts engagés, la Société a préféré attendre le résultat de ces nouvelles opérations et s'est bornée pour le moment à accepter les 82,544 hectares indiqués ci-dessus.

L'article 4 de cet arrêté contient une condition excellente, au point de vue du développement de la colonisation, en stipulant que les terrains aliénés par l'État au profit de la Société, doivent être utilisés pour la création de centres de population européenne et d'exploitations agricoles. Les Algériens ne doivent pas oublier de surveiller attentivement cette clause importante, afin de savoir si elle est strictement observée ; dans le cas contraire, leur devoir est d'en demander à qui de droit la pleine exécution.

Si les directeurs de cette Société savent tirer de ces terrains tous les avantages qu'ils offrent à une direction conduite intelligemment, les actionnaires n'auront qu'à se louer d'avoir mis des capitaux dans cette grande entreprise. MM. Frémy et Talabot se sont plaints dans leur voyage en Algérie d'avoir été critiqués injustement au sujet de la manière dont ils s'y sont pris pour *lancer* cette grosse affaire. Ils ont un noble moyen de se venger de ces critiques, c'est de se justifier par des faits incontestables, c'est-à-dire en faisant donner à leur puissante Société tous les bons résultats qu'elle peut produire. Jusqu'ici elle s'est bornée à se faire concessionnaire du magnifique jardin d'acclimatation d'Alger, établissement modèle d'une contenance de soixante hectares, créé à grands frais par la province d'Alger. On n'a pas de motif sérieux pour blâmer cette opération de la Compagnie ; mais les hommes pratiques auraient bien préféré lui voir utiliser ses capitaux dans des opérations de barrages et des institutions de crédit au profit de l'agriculture. Ce début eût été plus conforme au besoin d'impulsion qu'il est urgent de donner à la prospérité de la colonie. On disait aussi que la Société négociait l'acquisition du boulevard de l'Impératrice, construit récemment par une compagnie anglaise. Je dis construit, parce que ce boulevard forme à la fois une splendide promenade et d'immenses magasins destinés à recevoir les marchandises qui font les transactions maritimes du port d'Alger. C'est un front de mer admirable, et qui est peut-être, en son genre, l'unique dans le monde. Puisque ce grand travail est effectué, il me semble, ainsi qu'à bien d'autres, que la Société pourrait mieux employer ses capitaux que de faire cette acquisition, pour marcher au but qui lui est assigné par ses intérêts et ceux de la colonie.

Pour bien mettre le lecteur à même d'apprécier la justesse de toutes les observations que nous venons de faire sur le compte des directeurs de cette Compagnie colonisatrice, nous allons lui soumettre la lettre écrite, à ce sujet, par un homme qui s'entend à *lancer* les grandes entreprises pour leur attirer la confiance du capital. Cet homme se nomme Mirès.

LA SOCIÉTÉ ALGÉRIENNE ET LE MONDE FINANCIER.

La Société algérienne, dont le capital social est de cent millions de francs, représentés par 200,000 actions de 500 francs, a récemment émis la moitié de ses titres, soit 100,000 actions.

La souscription publique, ouverte le lundi 6 août, a été fermée le 8, mais le montant total des demandes de titres ne s'est élevé qu'à 50,000 actions.

La Société ayant, cependant, divisé son capital en quatre séries d'actions, chacune de 50,000, la souscription, bien qu'elle n'ait atteint que ce dernier chiffre, a été suffisante pour lui permettre de se constituer, et ce résultat a été annoncé dans les termes suivants :

« La souscription aux actions de la Société générale algérienne, ouverte lundi, a été close mercredi soir, après avoir atteint le chiffre de 50,000 actions, formant, aux termes des statuts, la première série nécessaire pour la constitution de a Société. »

L'échec éprouvé par la Société algérienne, dès son premier appel à la confiance des capitaux, est donc complet, malgré la juste autorité des noms sous le patronage desquels l'émission avait lieu. Il ne servirait à rien de se le dissimuler, et il me paraît préférable à tous les points de vue d'en rechercher les causes et de les indiquer franchement.

Tous ceux qui examineront avec sincérité le caractère de cette affaire, son origine, le but qu'elle se propose et les garanties qu'elle présente, en viendront à cette conviction : que la responsabilité de l'insuccès est tout entière aux promoteurs de l'entreprise et au monde financier.

Il est bien entendu que nous ne mettons ici en cause les intentions de personne. Seulement, nous sommes convaincus que l'échec subi par la Société algérienne ne provient pas des conditions particulières de cette Société, mais qu'il tient, de la part des uns, à des fautes commises; de la part des autres, à des dispositions générales que nous avons déjà eu l'occasion de signaler. Nous allons chercher à justifier cette opinion, parce que les fautes peuvent se réparer et que, sous les avertissements répétés de l'expérience, les dispositions peuvent se modifier.

§

Qu'il nous soit permis de le dire :

L'opération n'a pas été présentée au public de manière à faire ressortir la solidité des avantages qu'elle présente et l'importance du but; la forme adoptée devait plutôt éloigner qu'attirer les capitaux.

En effet, indiquer, comme un point essentiel, que les actions seront négociables avec un versement de 125 fr., n'était-ce pas inviter le public à souscrire pour vendre, et non pour faire un placement? Ajouter que les souscripteurs ne seront responsables que jusqu'à concurrence de 250 fr., n'était-ce pas faire pressentir la perte possible de ce capital? Et nul n'a jamais songé à faire d'une éventualité semblable un élément de confiance !

Voilà quelle a été, en réalité, la seule publicité faite par les promoteurs de l'entreprise. De telle sorte que cette opération, si vaste, si belle, d'un intérêt national si incontestable, a été présentée au public en des termes qui auraient fait croire, en lisant les annonces de la souscription, que la Compagnie ne sollicitait d'autre concours que celui de la spéculation. Elle paraissait, involontairement sans doute, n'appeler à souscrire que ceux qui ne voient dans les souscriptions publiques que des bénéfices à recueillir au moyen des primes.

Quant à l'œuvre que l'on accomplissait, à son importance nationale, aux souvenirs qui pouvaient en faire apprécier la grandeur et entrevoir l'avenir, pas un mot; rien qui rappelât ce qu'avait été, ce que devait être cette féconde et magnifique terre d'Afrique ; enfin le silence le plus absolu sur le caractère de cette entreprise gigantesque, patronnée si hautement par l'Empereur, dont la parole était engagée.

Il en est résulté que cette opération, grâce à ses promoteurs, n'a apparu à tous que comme une affaire vulgaire permettant à chacun de jouer avec un petit capital (125 fr. par action), sans rien compromettre au delà de 250 fr. par action.

Et, cependant, jamais il n'aurait été plus nécessaire d'initier le public à la connaissance des ressources multiples que notre belle colonie renferme, car elle avait été nouvellement visitée par deux fléaux, et ces souvenirs étaient de nature à exercer une impression fâcheuse sur les esprits. L'un de ces fléaux était l'incendie, qui avait envahi et dévoré d'immenses forêts; l'autre rappelait une des plaies qui, à la voix de Moïse, s'étaient abattues sur l'Égypte : les sauterelles avaient détruit les récoltes sur une vaste étendue.

Il fallait combattre les mauvaises impressions nées de ces circonstances, et, à défaut de la prospérité du présent, montrer l'avenir, en citant comme un exemple au patriotisme français, la puissance, la grandeur et la richesse de l'ancienne Compagnie des Indes. Les hommes qui ont reçu et accepté la mission de doter notre colonie d'Afrique de l'activité agricole, industrielle et commerciale dont elle est susceptible, devaient, en signalant la protection efficace du gouvernement de l'Empereur pour la Compagnie, rappeler ce qui s'est passé en Angleterre, il y a moins de deux siècles.

A cette époque, douze marchands de la cité de Londres s'associaient pour faire le commerce dans les Indes et exploiter ce vaste territoire. Telle est la modeste origine de cette Compagnie qui a donné à la métropole un empire de cent cinquante millions d'habitants. Et cependant, les négociants qui l'ont fondée avaient été bien moins favorisés que la Société algérienne. En effet, ils apportaient tout à la métropole et n'en recevaient, pour ainsi dire, rien.

Les armées destinées à protéger les comptoirs, comme les armées pour conquérir, étaient à leur charge ; ils devaient suffire à leurs besoins administratifs, solder leurs représentants répandus sur un territoire sans proportion avec celui de l'Algérie, et payer même les délégués du gouvernement siégeant à Londres.

En Afrique, au contraire, le sol est conquis, les peuples sont soumis, l'administration et l'armée sont soldées par la France, et la Société algérienne n'a, en résumé, qu'à récolter. Sa mission consiste simplement à féconder ; elle doit étudier, sonder, explorer tout le pays, et ce qu'elle découvrira de trésors dans ce sous-sol si riche lui appartient ;

ce qu'elle demandera pour assurer la prospérité de son œuvre lui sera accordé avec empressement ; enfin, par une faveur exceptionnelle, l'État garantit en partie les capitaux employés à cette entreprise nationale.

Voilà l'exposé qu'il fallait faire ; voilà comment on aurait amené la confiance et commandé le succès.

Pourquoi n'a-t-on pas agi ainsi? Et comment cette belle entreprise s'est-elle trouvée réduite aux maigres proportions d'une affaire de spéculation? Je ne me charge pas de répondre à ces questions.

§

Les promoteurs de l'opération, MM. Frémy et Talabot, peuvent-ils accuser les journaux de n'avoir pas donné le concours loyal et dévoué sur lequel ils avaient droit de compter? A cet égard, qu'ils n'accusent encore qu'eux-mêmes. Lorsqu'une entreprise était présentée comme s'il s'agissait d'une affaire de bourse, on ne pouvait espérer le concours que l'intérêt public seul aurait commandé.

Toutefois des offres d'un appui gratuit et désintéressé ont été faites qui auraient changé peut-être l'aspect de la souscription. Ces propositions n'ont pas été accueillies ; et sur ce point encore il ne m'est possible de trouver aucune explication. Je dois, toutefois, faire connaître ces offres, qui sont consignées dans une lettre concertée entre la propriété et la rédaction en chef de la *Presse*, et dont voici le texte :

« Messieurs,

» Vous voulez fonder une grande entreprise, et les circonstances actuelles ajoutent aux difficultés qui se présentent toujours au début d'une affaire. Vous avez été naturellement conduits à rechercher le concours des principaux organes de la publicité.

» Je viens vous faire connaître que le concours du journal la *Presse* vous est acquis, parce que l'opération à la tête de laquelle vous êtes placés répond manifestement à un intérêt français de premier ordre et réalise une des pensées les meilleures du gouvernement impérial. La propriété et la rédaction en chef ne mettent qu'une seule condition au concours très-large qu'elles vous offrent ; c'est que ce concours sera absolument gratuit et désintéressé.

» Vous devez voir, dès lors, messieurs, que vous faisiez fausse route, lorsque guidés par des usages que je n'ai pas à apprécier, vous vous êtes mis en rapport avec un rédacteur isolé, au lieu de vous adresser immédiatement à la propriété ou à la rédaction en chef de la *Presse*.

» Vous les trouverez toujours prêtes à appuyer énergiquement toute œuvre utile, et résolues à ne pas laisser introduire, au journal la *Presse*, des errements qui sont de nature à affaiblir la dignité et l'autorité du journalisme.

» Recevez, messieurs, etc. »

Cettre lettre n'a pas amené la démarche bien simple que conseillait l'intérêt de la Société algérienne. Il n'y a ici, qu'on le sache bien, soit de la part de la propriété, soit de la part de la rédaction en chef de la *Presse*, aucune susceptibilité engagée. Toute impression de cette nature s'effacera toujours devant un intérêt public à servir. MM. Frémy et Talabot pourront en faire eux-mêmes l'expérience. Mais cet incident, en éclairant la conduite qui a été suivie dans cette affaire, est peut-être de nature à faire mieux comprendre les causes de l'insuccès de la souscription.

§

Nous le disions en commençant, la responsabilité de cet échec ne revient pas tout entière aux promoteurs de l'entreprise; une part, et une part considérable, doit être imputée au monde financier, qui, dans cette circonstance, ne paraît pas avoir rempli son devoir.

Dès que l'Empereur a promis à l'Algérie un concours financier, on aurait pu s'attendre à ce que nos sommités financières, si favorisées depuis quinze ans, tiendraient à honneur d'accomplir la promesse du souverain. Rien de pareil ne s'est produit. Loin de là, une espèce de cordon sanitaire a entouré cette affaire pour empêcher le public d'en approcher.

Oui, le monde financier devait, aussitôt la loi votée, souscrire le capital, et n'appeler le public à participer à l'émission qu'après en avoir garanti le succès par son intervention, en déclarant d'avance que tout ce qui ne serait pas demandé était placé. Je le répète à regret, nul parmi nos sommités financières n'a compris ce devoir.

Cette attitude, bien faite pour surprendre, tient peut-être à ce que le monde financier oublie trop la mission que lui imposent les conditions de la société moderne. Il ne semble pas savoir suffisamment qu'il remplace, dans cette société, l'ancienne aristocratie, celle qui avait inscrit au-dessus de ses blasons cette belle maxime : « Noblesse oblige ! »

Cette classe a disparu ; elle a été remplacée par les sommités de la science et de la fortune; les premières accomplissent leur mission en répandant les lumières, en résolvant tous les problèmes ; les secondes ont le devoir de mettre les richesses qu'elles ont acquises au service de la prospérité publique. Leur maxime, qu'elles ne peuvent et ne doivent jamais oublier, est celle-ci : « Richesse oblige ! »

Or, jamais circonstance si favorable ne s'était présentée de mettre en pratique cette maxime. En favorisant le succès de la Société algérienne, le monde financier trouvait une si heureuse occasion de marquer sa bienfaisante influence pour la chose publique, et de témoigner sa gratitude au gouvernement, qu'il est impardonnable de l'avoir négligée. Quelques mots suffiront pour démontrer à quel point devait paraître impérieux ce devoir de reconnaissance.

§

Et d'abord il convient de faire remarquer qu'avant l'empire, avant le règne de Napoléon III, la France n'avait jamais possédé de richesses aussi grandes que de nos jours. A aucune autre époque, on n'avait vu une classe aussi nombreuse d'hommes possédant des fortunes aussi considérables.

L'importance de ces fortunes devient encore plus frappante, si l'on songe à la rapidité avec laquelle elles se sont formées. Ici, on n'a que l'embarras des exemples. Ne peut-on pas citer, parmi les fondateurs de nos grandes sociétés financières, des hommes, possédant des centaines de millions, qui n'auraient pu, en 1848, donner de dot à leurs enfants, et qui même, en 1852, n'avaient pas la possibilité de fournir un cautionnement de 500,000 francs pour participer directement à une concession de chemin de fer !

Il est permis d'invoquer ces noms et ces exemples, car ils appartiennent à l'histoire de notre temps. Quel concours ces individualités ont-elles donné à la Société algérienne ? Aucun. D'autres fortunes de quarante et cinquante millions sont aujourd'hui fort ordinaires, et dans ce personnel, important par le nombre, on considère comme étant relativement pauvres les hommes qui n'ont pas dix millions.

Voilà la classe qui tend à dominer la société ; voilà la classe qui s'est substituée à l'ancienne aristocratie nobiliaire. Est-ce se montrer vis-à-vis d'elle d'une exigence excessive que de lui rappeler qu'étant redevable de toutes ses richesses au gouvernement de l'Empereur, elle lui doit au moins un concours dévoué ? Est-ce témoigner des prétentions exagérées d'ajouter : que la France devait pouvoir compter sur son intervention pour assurer le succès d'une entreprise nationale telle que la *Société algérienne ?*

§

Mais ce n'est pas seulement à l'occasion de la Société algérienne que nous avons pu assister à ces défaillances qui stigmatisent le temps et les hommes. Une autre entreprise également nationale, et qui se rattache directement à la Société algérienne, le percement de l'isthme de Suez, n'a pas été plus protégé par les sommités financières. Là, encore, elles se sont abstenues. Le courage et la persévérance de M. de Lesseps n'ont provoqué aucun concours, et cette opération gigantesque qui déplacera, au profit de la France, le commerce du monde et qui assurera sa prépondérance sur toutes les nations européennes, cette opération n'a pas attiré l'attention du monde financier. Il n'y a pas engagé la plus faible parcelle de ses immenses richesses. Il a fait plus ; il l'a abandonnée à tous les hasards comme il vient d'abandonner la Société algérienne.

Quand on songe que ces deux affaires contiennent, dans leur développement, le plus vaste avenir pour la France, et que ce sont les seules qui puissent mettre en péril la prépondérance maritime de l'Angleterre, on est confondu d'étonnement en voyant nos sommités financières s'en détacher comme l'auraient fait les argentiers du moyen âge.

§

On nous pardonnera d'opposer à cette indifférence le patriotisme de l'aristocratie anglaise quand il s'agit d'élever le niveau de la grandeur nationale. Pour la gloire de son pays, fondée sur le développement du commerce et sur la prospérité du peuple, l'aristocratie anglaise ne reculerait devant aucun sacrifice ; et si des entreprises analogues à la Société algérienne et à l'isthme de Suez appelaient son concours, on verrait avec quel empressement toutes les sommités anglaises de toutes les classes se hâteraient de s'accorder. Aussi cette aristocratie jouit-elle auprès du peuple de la juste considération que lui méritent l'élévation de ses sentiments et son patriotisme.

En est-il de même en France ? Nos sommités financières, cette aristocratie qui doit sa fortune au gouvernement de l'Empereur, donnent-elles comme en Angleterre, l'exemple de l'abnégation, de la sollicitude pour les intérêts publics, en un mot, du patriotisme ?

La réponse n'est malheureusement que trop facile, et cependant le point d'appui sur lequel repose le pouvoir en France n'est autre que le peuple. Le monde financier commet donc, au point de vue de sa propre situation et de son autorité, une grande imprudence, lorsqu'il laisse éclater au grand jour son indifférence pour la chose publique.

Croit-on, par exemple, avoir rempli son devoir envers la société, parce qu'à l'entrée de l'hiver on aura envoyé, avec éclat, quelques milliers de francs pour les pauvres, ou fait porter à l'assistance publique quelques quintaux de pain ? On se tromperait étrangement. C'est là de la charité louable sans doute, mais sans effet dans l'ensemble de notre institution sociale. Les choses utiles réclament un large concours, et c'est en associant leur fortune à la fortune publique, que nos sommités financières justifieront leur prépondérance et mériteront la confiance et l'estime du peuple.

Au nom de son propre intérêt, que le monde financier

réfléchisse aux malheurs que peuvent amener un égoïsme excessif et un ardent amour des richesses, mêlé à d'étroites et mesquines rivalités.

Il est encore temps de donner un bon et utile exemple : qu'il s'empresse de réparer le mal qui a été fait à la Société algérienne. Il le peut, car il lui suffit de s'entendre pour souscrire et se répartir les trois séries d'actions qui restent à placer. Qu'il satisfasse ainsi à la parole donnée à l'Algérie par l'Empereur; c'est le meilleur et le plus sage moyen de justifier et de mettre en pratique cette maxime, qui doit être la sienne : « Richesse oblige. »

(*Presse.*) L. Mirès.

CHAPITRE X

Pièces soumises à l'appréciation du lecteur, afin qu'il puisse savoir comment les Arabes et les colons sont traités par l'administration.

Le *Journal des Colons* qui n'a pu vivre sous le régime militaire à cause du zèle qu'il mettait à combattre les erreurs, et à défendre la cause de la colonisation, a publié, dans sa correspondance parisienne, une mesure qui mérite de figurer dans ce livre. Nous nous bornons à donner cette lettre telle qu'elle a été insérée dans ce courageux journal; ces faits n'ont pas besoin de commentaire.

CORRESPONDANCE SPÉCIALE DU JOURNAL DES COLONS

Paris, 25 mai 1866.

« Nous appelons votre attention et celle de tous les amis de la colonisation algérienne sur un *Rapport à l'Empereur,* approuvé par Sa Majesté et publié au n° du *Moniteur de l'Algérie* du 15 mai courant.

En la forme, ce rapport, en harmonie, dit-on, avec les prescriptions légales, se bornerait à demander à l'Empereur « de vouloir bien lever, par mesure gracieuse, dans toute l'étendue de la province d'Oran, le séquestre apposé, *en vertu de quelque mesure que ce soit*, et notamment par divers arrêtés du 30 mars 1841, du 18 avril 1846, du 10 août 1853, du 19 juillet 1854, du 27 janvier, du 12 mars, du 15 juin 1855, du 1er et du 18 décembre 1856.

Au fond, ce Rapport propose et fait approuver l'abandon de 254,440 hectares qui, « en conformité de l'ordonnance de 1845, avaient été déclarés réunis au domaine de l'État, » les tribus auxquelles ils appartenaient ayant émigré à l'ennemi et n'ayant pas obtenu l'*aman* dans le délai légal.

Depuis 10, 15, 20 et 24 ans, ces terres, régulièrement inscrites sur les sommiers de consistance du domaine, étaient louées, rarement aux tribus anciennes qui les avaient abandonnées, mais le plus souvent à des groupes ramenés de gré ou de force sous notre domination et qu'on avait installés, à titre de locataires, ici ou là, suivant les convenances de l'autorité politique.

La répartition de ces terres par subdivision donne les chiffres suivants :

Oran	55,604 hectares
Mostaganem	17,448
Mascara	115,073
Bel-Abbès	58,109
Tlemcen	8,206
Ensemble	254,440 hectares

avec les fractions.

La valeur de ces terres, au taux de celles qui ont été vendues aux colons, le 15 octobre 1864, à Aïn-el-Khemis, près de Sidi-bel-Abbès, le lendemain du massacre des habitants du village de Ben-Youb, c'est-à-dire dans les conditions les plus défavorables, représente un minimum de CINQUANTE ET UN MILLIONS.

Notons en passant que ces 254,440 hectares forment près du tiers des 900,000 hectares « expressement réservés à la colonisation » lors du vote du sénatus-consulte de 1863.

Cet abandon aux indigènes de la fortune de l'État et des terres réservées à la colonisation est, dit-on dans le rapport, « entièrement conforme aux prescriptions légales. »

Voyons :

L'article 4 de la loi du 16 juin 1851, sur la propriété, est ainsi conçu :

« Le domaine de l'État se compose :

» 1°. . . . .

» 2°. . . . .

» 3° Des biens séquestrés qui auront été réunis au domaine de l'État, dans les cas et suivant les formes prévues par l'ordonnance du 31 octobre 1845. »

Or il est dit dans le rapport, objet de cet examen, que les arrêtés à rapporter ont été « rendus en conformité de l'ordonnance de 1845. »

Donc le rapport annule l'article 4 précité.

Reste à savoir si un rapport ministériel peut abroger une loi.

L'art. 5 du sénatus-consulte du 22 avril 1863 est encore ainsi conçu :

« Sont réservés. . . . ., le domaine de l'Etat. . . . ., conformément à l'art. 4 de la loi du 16 juin 1851. »

Puis cet art. 5 est précédé d'un article 4 qui dispose :

« Les rentes, redevances et prestations dues à l'État par les détenteurs des territoires des tribus continueront à être perçues comme par le passé, jusqu'à ce qu'il en soit autrement ordonné par des décrets impériaux rendus en la forme du règlement d'administration publique. »

Un rapport approuvé — que nous sachions — n'a jamais été assimilé à un décret impérial rendu conformément à l'avis du conseil d'État, toutes sections réunies.

D'après le rapport, la mesure proposée à l'approbation de l'Empereur serait une « conséquence » du sénatus-consulte de 1863.

Comment cela se pourrait-il avec les dispositions si formelles des articles 4 et 5 de ce sénatus-consulte ? Nous cherchons à comprendre, mais nous ne trouvons rien qui satisfasse le respect que nous portons à la loi.

D'après le rapport, les autorités supérieures de la province d'Oran attestent que les tribus, au nom desquelles la mesure gracieuse de la mainlevée du séquestre est sollicitée, « sont dignes, par leur conduite présente, de la bienveillance de l'Empereur. »

Si nous ne nous trompons, plus d'une condamnation judiciaire attesterait que les indigènes, pour lesquels on sollicite l'abandon de terres valant cinquante et un millions, ne sont pas tout à fait aussi dignes de notre sollicitude qu'on veut bien le dire.

Ainsi, par jugement du 26 décembre 1865, le deuxième conseil de guerre de la division d'Oran a condamné :

A la peine de mort, le nommé Mohammed ben Hadjem, de la tribu des Hamyan, pour avoir mis le feu à des fermes près de Sidi-bel-Abbès.

Le *Mobacher* et le *Moniteur de l'Algérie*, en rendant compte de cette dernière condamnation, ajoutent :

« Quatre autres indigènes avaient, avec Mohammed ben Hadjem, allumé ces incendies ; mais trois ont été tués sur le lieu même du crime, et le quatrième a pu se sauver sans avoir été reconnu.

» Le même conseil de guerre, dans sa séance du 29 décembre, a condamné aux travaux forcés à perpétuité les seize ndigènes dont les noms suivent :

>   Bel Hadj ould Amar,
>   Ahmed ould Medani,
>   Djilali ben Bekar,
>   Yahia ben Bekar,
>   Baghdad ben Sliman,
>   Mohammed ben Baroudi,
>   Lachemi ben Raha,
>   Taïeb ould Si el Bachir,
>   Bou Median ould el Bahilil,
>   Kaddour ould el Bahilil,
>   Bel Abbès ould el Bahilil,
>   Taïeb ould Dzin,
>   Mouley ould el Bachir,
>   Abd el Kader ben Zerouki,
>   El Habid ould Cada ould Hamo,
>   Hada bel Hadry.

» A vingt ans de travaux forcés, les dix autres indigènes énumérés ci-dessous :

>   Djilali ben Brik,
>   Chaïb ben Djelloul,
>   Mohammed ben Tlahila,
>   M'Ahmed ould Amara,
>   Mohammed ould el Hadj Adda,
>   Mouley Ahmed ben Mustefa,
>   Naïmi ould Si bel Kassem,
>   Mohammed ben Smaïl,
>   Mohammed oul Matmati,
>   Ben Aouda ben Mazouz,

pour être venus donner dans les fermes européennes du Tessala la fausse nouvelle de l'arrivée de l'ennemi et engager les colons à fuir pour sauver leur vie ; puis d'avoir pillé les fermes et arrêté les fuyards, à main armée, pour les dévaliser de ce qu'ils emportaient avec eux.

» Si nous avons bonne mémoire, les territoires des environs de Bel-Abbès et du Tessala ont été séquestrés après l'insurrection générale de 1845 ; leurs habitants ayant alors émigré en masse au Maroc, à la suite d'Abd-el-Kader.

» Puis, en dehors de la liste des condamnés de Bel-Abbès et du Tessala, il y a la liste des assassins inconnus des colons du village de Ben-Youb, des envahisseurs de la plaine des Ouled-Mimoum et celle, très-nombreuse, des assassins de diverses tribus qui, depuis un an, ont égorgé plus de colons que dans toute la période antérieure, en remontant même jusqu'en 1832, date de l'occupation d'Oran.

» En tout état de cause, il nous semble que le moment est fort mal choisi pour donner aux indigènes de la province d'Oran un certificat de bonne conduite et de les récompenser si libéralement par l'oubli d'un passé rempli de trahisons et de défections, car, il n'y a pas bien longtemps encore, l'autorité supérieure de la province ne faisait aucun fonds sur leur fidélité et, sans l'activité déployée par nos soldats, sans les renforts venus de France, l'insurrection aurait bien pu devenir générale.

» Nous regrettons, sans doute, les 254,440 hectares qui faisaient partie des 900,000 réservés inclusivement pour la colonisation, tant par l'Empereur dans sa lettre au duc de Malakoff que par le Sénat dans la discussion du sénatus-consulte de 1863 ; mais nous sommes bien plus affligés de voir le gouvernement général de l'Algérie proposer, comme étant conformes aux prescriptions légales et aux instructions de l'Empereur, des mesures qui donnent un démenti formel aux engagements du gouvernement vis-à-vis des colons.

» Voici les paroles textuelles de M. Baroche, ministre, président du conseil d'État, dans la séance du lundi 13 avril 1863 au Sénat :

« Ces 900,000 hectares, je ne sais par quelle illusion quelques personnes ont cru, dans la colonie, qu'on voulait les refuser à la colonisation à venir, tandis qu'ils lui sont expressément réservés. »

» Désormais, nous le demandons avec la plus grande tristesse, à quelle promesse pouvons-nous croire, nous colons, quand nous voyons des engagements aussi solennels devenir une lettre morte dont on ne tient aucun compte.

» Ne désespérons pas cependant ; la colonisation — sans laquelle l'Algérie ne peut être conservée, retrouvera bien, tôt ou tard, la place qu'on lui conteste aujourd'hui. »

Voici maintenant une autre pièce qui diffère de la précédente ; on y trouve la ligne de démarcation caractéristique que le régime militaire établit entre les Arabes et les colons dans l'usage qu'il fait de sa sollicitude administrative. Nous n'ajouterons qu'une simple observation sur cet étrange document ; c'est pour dire que Juan Mas, à qui il est adressé, est reconnu, dans toute la contrée qu'il habitait, pour un colon qui a rendu, au péril de ses jours, de grands services à l'armée dans ses expéditions. C'est un de ces hommes courageux et serviables comme en demande la civilisation pour se faire frayer le chemin dans les pays barbares.

Le *Temps* publia la pièce suivante, qui a produit, dit-il, en Algérie, une émotion dont personne ne s'étonnera :

ARMÉE D'AFRIQUE.

Province d'Alger.

Subdivision de Médéah.
Cercle de Laghouat.
Annexe de Djelfa, 3ᵉ section, n. 474.

OBJET :
Évacuation des Caravansérails.

« Djelfa, 14 août 1865.

» Monsieur,

» J'ai l'honneur de vous informer que les caravansérails sont remis aux Mozabites [1], à la date du 20 courant, et que

---

1. Les Mozabites, ou gens du Mozab, forment, dans le sud, des tribus qui descendent des Berbères, et sont, par conséquent, de même race que les montagnards de la Kabylie.

les postes qui les occupent en ce moment seront retirés le même jour.

» L'autorité supérieure vous fait prévenir, par mon intermédiaire, que votre position isolée peut, à un moment donné, devenir dangereuse; que vous devez, en conséquence, prendre telle mesure qu'il vous paraîtra convenable, mais que, quoi qu'il arrive, le commandement reste, à partir du 20, délié de toute responsabilité à votre égard.

» Ce que vous avez de mieux à faire serait donc de chercher à vous défaire de votre propriété ; peut-être pourrez-vous entrer en accommodement avec les Mozabites, qui se sont portés adjudicataires des caravansérails.

» Je vous prie de vouloir bien m'accuser réception de la présente.

» Recevez, Monsieur, l'assurance de ma parfaite considération.

» Le capitaine commandant l'annexe,

» Signé : Ed. Giron. »

A monsieur Juan Mas, à Messerane.

Le *Temps* ajoute :

« Pour sentir à quel point la population européenne peut être inquiétée par une résolution de ce genre, il faut se transporter en Algérie, au milieu des bruits de tous genres auxquels donnent lieu les projets de réforme, dans ces groupes de villes, dans ces villages fraîchement éclos où le thème inépuisable de controverse est l'avenir de la France africaine, et la prétendue nationalité arabe, si hautement patronnée, et le rôle qui sera assigné aux Européens.

» En pleine paix et sans motifs connus, un propriétaire établi dans le domaine de la loi française, à l'ombre du drapeau français, est averti qu'il doit vider les lieux, réaliser son avoir à la hâte. L'autorité militaire n'a plus que six jours de protection à lui assurer, après quoi elle ne répond plus de rien, quoi qu'il arrive.

» On lui conseille de vendre sa propriété, mais à qui? non pas à des Européens, sans doute, et les indigènes seraient bien généreux d'y mettre un prix.

» On ne soulève pas la question d'indemnité, qui serait si bien justifiée. On ne s'inquiète pas de l'interprétation qui peut être donnée par les indigènes à un acte de cette nature. — André Cochut. »

Comment concevoir une telle mesure après plus d'un tiers de siècle d'occupation! Pour justifier la raison d'être du régime militaire, en Algérie, on ne cesse de dire qu'il peut seul donner la sécurité à notre conquête; mais, en présence de cette pièce, il est difficile d'invoquer ce motif pour réfuter les arguments que donnent les Algériens pour justifier le besoin qu'a la colonie d'institutions normales, comme en veulent les peuples civilisés pour protéger tous les intérêts par une sage liberté.

CHAPITRE XI

Document officiel ayant pour objet la définition des zones où peut se développer la colonisation sous l'égide administrative.

On lit dans la partie officielle du *Moniteur de l'Algérie* :

« Alger, le 21 mai 1866.

» Mon cher général,

» En abrogeant les 2ᵉ et 3ᵉ paragraphes de la loi du 16 juin 1851, le sénatus-consulte du 22 avril 1863 a rendu possibles les transactions dans toutes les tribus où la terre est *melk*, une fois que les biens domaniaux et communaux ont été dégagés. La constitution de la propriété individuelle viendra, dans les tribus où la terre est *arch*, créer une situation semblable.

» Dans un temps plus ou moins rapproché, en raison de la marche des travaux d'exécution du sénatus-consulte, disparaîtront donc les obstacles qui, inhérents à l'ordre de choses même que nous avons établi en Algérie, entravent l'activité de la colonisation et retardent la fusion des intérêts européens et indigènes.

» Est-ce à dire pour cela qu'il faut que, dès à présent, nos colons s'établissent partout où bon leur semblera, loin de nos villes et de nos routes, sur des points où nous pourrions ne pas être en mesure, à un moment donné, de les protéger ? Évidemment, non ! leurs intérêts bien entendus, comme ceux de notre domination, exigent qu'au contraire l'installation de la population européenne se fasse graduellement et qu'en même temps les indigènes soient, par tous les moyens à notre disposition, préparés à un contact dont naîtra le progrès.

» Il importe, en un mot, de déterminer une zone de colonisation dont les limites ne sauraient être infranchissables en présence des dispositions du sénatus-consulte du 22 avril 1863, mais dans l'intérieur desquelles il est du devoir du gouvernement général de l'Algérie de maintenir, quant à présent, les Européens. — Comment le gouvernement arrivera-t-il à ce résultat? Par les mesures mêmes qu'il emploiera pour rendre dans cette zone, suivant l'expression de l'Empereur, les colons riches et prospères.

» Là, seulement, se dépenseront les crédits alloués pour les grands travaux d'utilité publique; là s'ouvriront les voies ferrées, les routes et les chemins; là seront construits des barrages, creusés des canaux d'irrigation; là le gouvernement général affectera ses ressources budgétaires à la colonisation et lui viendra en aide, en construisant les églises, écoles, mairies, etc., lorsqu'un centre de population devra être constitué.

» Dans cette zone, la population indigène ne saurait rester en dehors du mouvement que nous voulons développer. Les Djemâas s'organiseront, et cette organisation préparera les Arabes à notre mode d'administration communale; les écoles de nos communes seront installées de manière à recevoir des enfants musulmans; des écoles arabes-françaises se fonderont sur les points éloignés de nos centres de population; un impôt, ayant pour base la terre et non ses produits, toujours variables, sera substitué à l'impôt actuel des tribus; nous chercherons à introduire nos méthodes agricoles et à créer partout l'intérêt individuel.

» Sortir de cette zone de colonisation serait ne pas vouloir participer aux avantages que le gouvernement attend des grands travaux en cours d'exécution et en projet. Ce serait s'exposer à ne pas trouver toujours une protection suffisante de la part de nos garnisons et de nos colonnes. Ce serait, enfin, se placer dans une situation exceptionnelle dont on aurait à supporter, sans secours aucun de l'État, les conséquences quelles qu'elles puissent être, le jour où des désordres viendraient à se produire en pays arabe.

» Ce partage de l'Algérie en deux zones n'est pas de nature à jeter de l'inquiétude parmi les populations européennes qui sont, dès à présent, en dehors du périmètre de colonisation. Elle y sont, soit dans des centres qui se sont formés autour de nos postes militaires, soit sur des points où elles ont été appelées par des exploitations de forêts, mines ou autres.

» Aux unes comme aux autres, la protection du gouvernement reste assurée telle qu'elle l'était par le passé. Rien n'est changé dans leur situation : rien non plus ne s'oppose à ce que de nouvelles exploitations industrielles se créent avec des autorisations spéciales en dehors du terrain de colonisation.

» En résumé, la zone de colonisation est la partie de l'Algérie dans laquelle le gouvernement général concentrera à l'avenir tous ses moyens d'action. C'est dans elle que l'initiative européenne trouvera à la fois et en toutes circonstances liberté d'action et protection ; c'est dans elle qu'en constituant la propriété individuelle, répandant l'instruction et émancipant sagement l'élément indigène, nous donnerons, dès à présent, une vie nouvelle aux populations arabes et kabyles.

» J'ai arrêté comme il suit les limites de cette zone :

» *Province d'Alger*. — Dans l'ouest de la province d'Alger, la ligne de démarcation partant des limites de la division d'Oran remonte jusqu'au territoire civil de Ténès, en laissant dans la zone de colonisation le territoire des Ouled Ziad, des Sbéah du Nord, des Ouled-Faèrs, des Begredoura, des Heumis.

» A partir de la limite est du territoire civil de Ténès, la ligne remonte vers la vallée du Chéliff, en laissant dans la zone de colonisation le territoire des Heumis et de Medjadja, jusqu'au point où l'Oued-bou-Serian se jette dans le Chéliff. De là elle se dirige vers le territoire civil de Miliana, laissant au sud, dans la zone de colonisation, les Ouled-Aïssa, Ouled-Yaya, Beni-Boukni, les Bel-Harrar, les Beni-Gommerian et les Arib.

» De la partie nord du territoire civil de Miliana, la ligne regagne le territoire civil de Zurich et de Cherchell, en laissant dans la zone de colonisation le territoire des Righa et des Beni-Menad.

» A partir de la division d'Oran, la ligne limite du sud se

dirige vers le territoire civil d'Orléansville, laissant dans la zone de colonisation les Sbéah du sud.

» D'Orléansville, la ligne se dirige sur le territoire de Duperré, en laissant dans la zone de colonisation les Ouled-Kosseïr, d'où elle suit les dernières pentes de la vallée du Chéliff, dans le pays des Attafs.

» A partir du territoire de Duperré, cette ligne gagne le territoire civil de Médéa, en laissant dans la zone de colonisation les Beni-Ferah, les Ouzagrah, les Ouled-Mira, les Ouled-M'barkta, les Sbahia, les Hachem, les Doui-Hasseni, les Djendel et les Ouamri.

» Du territoire de Médéa, la ligne descend la Chiffa jusqu'à Boughedou, puis se dirige vers le nord-est, en laissant dans le territoire de colonisation les Beni-Salah, les Guellaï, les Beni-Moussa, les Khachnas, les Issers-Droën et le Sabaou-el-Kedim, où elle vient rejoindre le territoire civil de Dellys.

» *Province d'Oran.* — La zone de colonisation est circonscrite, dans la province d'Oran, par une ligne qui, à l'ouest, partant du cap Camerata, suit la limite actuelle de la subdivision d'Oran (limite qui résulte des titres de cantonnement des Ouled-Zdir et des Ouled-Khalfa) jusqu'au territoire civil d'Aïn-Khial, et de là se dirige vers le sud, en laissant intérieurement tous les établissements européens, jusqu'au territoire civil de Tlemcen, y compris celui de l'Hannaïa. De Tlemcem, la ligne se dirige vers l'est pour aller aboutir au Djebel-Zegrar, en suivant d'abord, sur une grande partie de son parcours, la route de Tlemcen aux Ouled-Mimoun, puis en passant à Aïn-Khrallouf, Sidi-Hamed-Charf, Djebel-Oum-el-Aksa, et enfin, en remontant l'Oued-Tralimet sur une partie de son cours, de manière à comprendre le territoire civil des Ouled-Mimoun ainsi que celui des tribus des Ouled-Sidi-Ali-ben-Youb et des Hamyans. — Du Djebel-Zegrar la ligne remonte vers le nord-est pour arriver au barrage du Sig, en laissant intérieurement les territoires de Ténira, des Ouled-Brahim, de Sidi-bel-Abbès, du Sig et de leurs annexes.

» En partant du barrage du Sig, la limite vient englober le territoire des Tahallaït de la subdivision d'Oran, celui de la tribu entière des Ferraga, ainsi que du village du Pont de l'Oued-el-Hammam. A partir du territoire de l'Oued-el-Hammam, la limite longe la tribu des Ferraga, dont une petite partie est de ce côté. Elle descend l'Oued-el-Hammam jusqu'au confluent de cette rivière avec l'Oued-Fergoug, c'est-à-dire jusqu'au barrage, puis remonte l'Oued-Fergoug jusqu'à sa rencontre avec le Chalet-Mefissen. Elle suit alors ce dernier en le remontant jusqu'à un sommet faisant partie du Djebel-Melreg, dernier contre-fort des montagnes des Beni-Nesig.

» Du Djebel-Melreg, la ligne va rejoindre la limite de la division d'Alger près de Sid-el-Ouada, en laissant intérieurement trois douars des Ouled-Messed (Ouled-Malek, Cherfa et Ouled-Ali) ainsi qu'un douar des Hedjadja, les Ouled-Tayeb, puis successivement les territoires entiers des Beni-Gaddou, Akerma-Garraba, Assasna, Ouled-Yaya, Ouled-Souid, Akermaa, Chéraga, Mehal et Ouled-Kouidem.

» A l'est, la ligne suit la limite de la province d'Alger, depuis les environs de Sid-el-Ouada jusqu'au delà du télégraphe des Ouled-el-Abbès, sur la rive droite du Chéliff. De là elle retourne vers l'ouest et va rejoindre le Chéliff près de l'Oued-Taghria, en suivant les limites des territoires des Ouled-el-Abbès et des Ouled-Slama qu'elle laisse intérieurement. Enfin la ligne suit à peu près le cours du Chéliff, en laissant toutefois à l'intérieur la partie du territoire des Ouled-Brahim et des Chelafa, qui se trouve sur la ligne droite de ce cours d'eau.

» *Province de Constantine.* — Dans la province de Constantine, au nord-ouest, la limite, en partant du territoire civil d'El-Ouricia, descend l'Oued-Rebiba et suit la limite de la subdivision de Constantine jusqu'aux sources de l'Oued-Eutmenia. A partir de ce point, la ligne remonte vers le nord en suivant l'Oued-Tsemda jusqu'à la route de Milah au Bordj-bou-Akkas, suit cette route jusqu'à l'Oued-Milah, puis la ligne des crêtes de Ras-el-Bir et des Mouïa, jusqu'auprès d'El-Kantour. Là elle remonte vers le nord en suivant le cours de l'Oued-Guebli et va rejoindre le territoire de Collo qu'elle englobe, en suivant successivement la ligne de l'Oued-bou-Arbia, de l'Oued-Fersan et de l'Oued-Tamamert.

» La limite sud, en partant de l'ouest, laisse intérieurement les territoires civils d'El-Ouricia, de Bouhira et de Messaoud. Elle suit d'abord le cours de l'Oued-Kerouah jusqu'à son confluent avec l'Oued-bou-Sellemt, remonte cette rivière jusqu'au confluent de l'Oued-Guellal, puis se dirige dans l'est en laissant intérieurement les territoires des Eulma, des Mamra, de l'Oued-Dékri, de Hammam-Grous, d'Aïn-Melila, la maison de commandement de Bordj-bou-Zékri et la plaine de Touïla.

» A partir de la plaine de Touïla, la ligne continue à se diriger vers l'est, pour aller joindre l'Oued-Cherf, près de Settara, en suivant les limites sud des Ouled-M'haouch, Sellaoua et des Ouled-Sidi-Kralifa, dont elle laisse les territoires à l'intérieur de la zone. De Settara, elle descend le cours de l'Oued-Cherf jusqu'à la limite des Beni-Oudjana et des Achach-Ouled-Ali, et va rejoindre la Seybouse par le Djebel-Merhoun et l'Oued-bou-Mouïa.

» A partir de la Seybouse, la ligne descend vers le sud pour envelopper le territoire civil de Souk-Ahras, puis remonte vers le nord en laissant intérieurement les territoires des villages européens de Duvivier, Barral et Mondovi.

» De ce point, elle se dirige vers l'est en laissant intérieurement les territoires des Ouled-Besbès, des Merdès, des Beni-Amar, et va rejoindre l'Oued-Messida dont elle suit le cours jusqu'à sa source, rejoint la rive sud de Guerrat-M'ta-Oued-el-Hout, et enfin va aboutir à la mer en suivant le cours de l'Oued-Zittoun, de l'Oued-el-Eurq et de l'Oued-Messida, de manière à laisser intérieurement les territoires de La Calle et de l'établissement d'Oum-Teboul.

» Les territoires civils de Nemours, Mascara, Tiaret, Aumale, Bougie, Djidjelly, Collo et Batna resteront constitués tels qu'ils le sont aujourd'hui.

» Des instructions seront données pour livrer à la colonisation tous les biens domaniaux compris dans cette zone, qui pourra être successivement étendue lorsque des intérêts sérieux l'exigeront.

» Quant aux autres postes en dehors de cette zone, ils doivent être considérés comme exclusivement militaires et il n'y a pas lieu d'y favoriser l'établissement de nouveaux colons.

» Recevez, etc.

» Le Gouverneur général de l'Algérie,

» Maréchal DE MAC-MAHON, DUC DE MAGENTA. »

Cette mesure est de celles qui ne provoquent aucune critique sérieuse, car elle ne peut avoir qu'une médiocre utilité au point de vue de l'intérêt public. On retrouve en cela l'influence de la bureaucratie qui met toute sa gloire à compliquer les choses en les surchargeant de réglementations. C'est en superposant les réglementations les unes sur les autres, que l'administration française est parvenue à priver la nation d'initiative au point qu'elle ne peut ou n'ose rien entreprendre sans l'autorisation préalable de l'État. Comme l'intervention de l'État ne peut guère être évitée en toutes choses, et qu'il procède le plus lentement possible pour ajouter du poids à son autorité, il en résulte que les affaires sommeillent un temps indéfini dans les cartons, et l'on peut même affirmer que la majeure partie n'en sort jamais. Pour prospérer et se développer, la colonisation de l'Algérie demande d'autres mesures que celles qui ont pour objet la définition des zones.

CHAPITRE XII

Sur l'urgence de réformer le système actuel de perception de l'impôt arabe.

Les nations modernes, pour mériter la qualification de civilisées qu'elles se donnent à tous propos, doivent s'attacher à faire disparaître les sujets de plaintes fondées qui s'élèvent contre la défectuosité des institutions qui les régissent. C'est surtout dans le système employé pour la perception de l'impôt qu'il faut éviter de laisser la possibilité de commettre des abus au préjudice des contribuables. Depuis que nous sommes en Algérie, nous avons eu le temps de pouvoir, avec pleine connaissance de cause, effectuer de sages réformes dans la perception de l'impôt arabe, afin de mettre l'administration à l'abri de rumeurs blessantes pour notre caractère national. On sait que chez les Orientaux, chaque fonctionnaire est un concussionnaire dans la mesure du possible. S'approprier les deniers du peuple est pour lui un devoir qu'il place bien au-dessus des devoirs que lui demande sa position de mandataire de l'État ou de simple employé. C'est ainsi que les indigènes de l'Algérie n'ont cessé d'être exploités par leur aristocratie; et je regrette profondément, comme Français, que l'impôt n'ait pas encore été perçu chez eux de manière à ne laisser planer aucun soupçon contre le système exceptionnel dont on s'est servi jusqu'à ce jour.

On me répondra que la base de l'impôt que nous prélevons chez les indigènes, n'est pas la même que celle des impôts prélevés en France, et que leur organisation politique et sociale présente de grandes difficultés à la mise à exécution de notre système chez ces peuples routiniers. Ces objections ont une valeur bien secondaire aux yeux d'une nation comme la nôtre, quand il s'agit de faire cesser des abus qu'elle réprouve, mais qui n'en compromettent pas moins son intégrité dans la personne des agents des bureaux arabes qui interviennent directement dans la perception de l'impôt par ce vicieux système. La réforme que nous demandons dans cette branche administrative, ne peut guère être combattue que par ceux qui profitent des prévarications que l'état de choses actuel ne peut empêcher. Si vous donniez au contribuable indigène, dans la perception de l'impôt, toute la garantie légale accordée au contribuable français, soyez certain qu'il saurait bien apprécier les bienfaits que lui vaudrait cette sage et équitable réforme. Les chefs seraient fort mécontents de cette mesure, n'en doutons pas; mais ce mécontentement ne ferait qu'ajouter à l'évidence de son utilité et de sa sagesse. Pourquoi ne pas placer l'impôt arabe sous la direction des agents spéciaux qui sont chargés de cette branche administrative dans la métropole et parmi la population européenne de l'Algérie? Loin d'y voir aucune objection, je trouve de puissants motifs qui commandent d'effectuer cette modification. On dit, au moment où je fais ces remarques, que l'administration algérienne s'occupe sérieusement de placer l'impôt arabe sous le contrôle et la direction des agents des contributions directes; je le désire sincèrement comme tous les honnêtes gens qui souffrent depuis si longtemps d'entendre raconter les méfaits qui se commettent sous forme de taxes prélevées au préjudice d'une population qui n'a aucun moyen de se soustraire à ces spoliations plus que fâcheuses pour la dignité de la France. Je le répète, on se demande chaque jour pourquoi les contributions directes ne feraient pas dans les territoires militaires, pour la perception de l'impôt arabe, ce qu'on trouve bon de leur laisser faire envers les indigènes qui sont en territoire civil. Ces derniers ne se plaignent pas de se voir traiter comme les colons par les receveurs des contributions, et il est permis de croire que cette manière d'agir serait parfaitement accueillie aussi par les tribus qui paient l'impôt aux bureaux arabes par l'intermédiaire des chefs indigènes.

Une nation civilisée qui prend possession d'un pays barbare par la force des armes, doit s'attacher à faire disparaître les abus de la barbarie en supprimant les causes qui les produisent. Il faut, en pareil cas, déraciner le mal par des réformes justes et franchement exécutées; il faut, en un mot, que les vaincus et les vainqueurs se trouvent à l'abri des rapacités pratiquées par l'arbitraire et la corruption en usage chez les peuples dégénérés pour avoir cherché la grandeur dans le culte de la violence, de la force brutale et du fanatisme religieux.

Pour mieux faire comprendre aux lecteurs la justesse de nos observations, nous allons les faire suivre par un fragment de plusieurs articles publiés sur ce grave sujet dans l'*Akhbar*, journal d'Alger. On ne saurait trop s'appesantir sur le vieux système de perception de l'impôt arabe que nous pratiquons contrairement à nos institutions, à notre équité légale et aux intérêts des contribuables indigènes. Une réforme ne peut plus être différée sur ce point sans exposer le gouvernement à passer pour le principal moteur d'un état de choses que son honneur réprouve aussi énergiquement que ses devoirs.

« Dès 1865 les rôles furent établis nominativement. Chaque individu était personnellement imposé suivant un quantum.

» Il pouvait se rendre compte, soit au bureau arabe, soit entre les mains du caïd, de la taxe qui le concernait, et, pour porter à la connaissance de tous les intéressés cette mesure protectrice, on eut le soin d'adresser aux généraux commandant les subdivisions quelques affiches et beaucoup de recommandations, afin que nul n'en ignorât et pût en faire part à qui de droit.

» Les indigènes étaient admis à se libérer directement dans les caisses publiques, autant pour leur sécurité personnelle que pour éviter un maniement d'argent avec les caïds.

» Bref, cette mesure était prise toute dans l'intérêt des contribuables.

» Ceux mêmes qui se trouveraient en retard dans leurs payements seraient directement sous le coup des poursuites des receveurs, et tomberaient dans les cas prévus par l'arrêté du 20 septembre 1850, c'est-à-dire passibles du commandement et de la saisie-brandon ou mobilière, comme tous les redevables possibles.

» Le concours du caïd devenait donc tout à fait moral. Cependant, afin de *faciliter* les recouvrements, ceux-ci demeuraient chargés de percevoir les sommes dues par leurs tribus et d'en verser le montant au Trésor, mais seulement pour simplifier les écritures, suppléer à l'insuffisance du personnel des finances et éviter au contribuable un déplacement onéreux.

» Or voici le résultat produit par cette sage combinaison.

» Les rôles qui auparavant ne se composaient que de deux ou trois cents articles collectifs au plus, en contiennent maintenant vingt et même trente mille, puisque chacun doit y figurer.

» Première augmentation de travail, perte de temps, perte d'argent pour l'établissement de ces volumineux documents.

» Ces considérations ne seraient que secondaires, s'il y avait eu un progrès réel dans cette réforme et si les résultats eussent été différents.

» Au lieu de cela, qu'existe-t-il en réalité?

» Les listes de recensement sont toujours établies par les caïds ou leurs subordonnés.

» Le contrôle d'assiette est nul; enfin, fait beaucoup plus grave, ce sont *toujours les caïds, seuls agents intermédiaires admis, qui doivent verser l'impôt.*

» De prime abord la mesure paraissait libérale. L'augmentation énorme de travail frappait les yeux, mais qu'est-ce que cela pour éviter les milliers de réclamations qu'élèvent les Arabes, et faire cesser les abus qui existent depuis trop longtemps.

» Et voilà qu'en pénétrant au fond des choses, l'augmentation de travail seule demeure, tandis que l'intérêt des contribuables n'est pas plus sauvegardé qu'auparavant; car en effet, un document que nous possédons entre les mains, dit en toutes lettres, « *qu'on ne reconnaît pas aux indigènes le droit de* REFUSER *de verser l'impôt entre les mains du caïd, à moins qu'ils n'aient quelque excuse légitime à faire valoir, ou quelque dégrèvement à demander.* »

» Donc, c'est encore le caïd qui perçoit directement de la main à la main, sans reçu, sans quittance, et qui vient verser ensuite au Trésor. Donc le caïd pourrait encore concussionner, sans crainte, sauf à dénier ensuite sur sa tête devant une accusation.

» On objectera qu'il est impossible que de pareils faits se produisent actuellement, en raison de la facilité avec laquelle chaque contribuable peut prendre connaissance de la quote-part qui lui incombe.

» Effectivement, il pourrait en être ainsi, si des avertissements spéciaux, traduits en arabe, étaient distribués à chacun, et encore faudrait-il être certain qu'ils parvinssent bien à qui de droit. Mais on se contente simplement de remettre au caïd le chiffre du total à verser. Il s'ensuit que si un particulier veut savoir ce qu'il doit, il est obligé de faire d'abord un pénible voyage, et quand on connaît l'indolence des Arabes, on est rassuré de ce côté-là. Puis, arrivé au bureau arabe, il faut rechercher parmi dix, vingt ou trente mille individus, un Hadj Mohammed quelconque. La tâche est au moins difficile, surtout si les dix, vingt ou trente mille intéressés se présentent tour à tour.

» Il faudrait compulser ces immenses piles de papier autant de fois que les contribuables l'exigeraient, se débrouiller sans table, sans point de repère, au milieu de tous ces noms semblables les uns aux autres qui ne diffèrent que par une simple aspiration gutturale. Un employé *ad hoc* n'y suffirait certainement pas.

» Evidemment, il y a là un vice dans la réforme qu'on prétend appliquer. Elle doit être complète, ou elle devient illusoire. La distribution particulière d'avertissements, comme pour les taxes municipales, pare à toute objection, à condition que leur remise sera exactement faite entre les mains de qui de droit.

» De cette façon, nul déplacement pour l'indigène, nulle crainte de verser plus qu'il ne doit ; intérêts sauvegardés pour les uns, responsabilité morale dégagée pour les autres.

» Avec les ressources que possèdent les bureaux arabes, les cavaliers indigènes mis à leur disposition, la distribution des avertissements devient un travail des plus simples.

» En versant ses impôts au Trésor, le caïd perçoit une somme égale à un dixième du montant de l'impôt. Énorme rémunération, quand on songe que pendant les belles années de récolte, il y a des subdivisions dont *l'achour* seul s'est élevé jusqu'à cinq et six cent mille francs. C'est donc 60,000 fr. que perd l'État, dans une seule subdivision. Répétez ce chiffre une quinzaine de fois, et voyez par quel déficit se traduit, pour nos finances, la rétribution des chefs arabes.

» Les remises accordées en France aux percepteurs des contributions s'élèvent au maximum à un et demi pour cent, et descendent, selon l'importance des sommes recouvrées, jusqu'à un demi pour cent. Elles constituent le seul traitement de ces agents financiers, tandis que les chefs indigènes jouissent encore d'un traitement proportionné à la position qu'ils occupent.

» Ces chiffres sont assez éloquents pour se passer de commentaires.

» Le caïd remet en même temps une liste des contribuables retardataires, c'est-à-dire qui n'ont pas payé entre ses mains pour un motif quelconque. Il est dégagé, et aux receveurs seuls appartient maintenant le soin de faire rentrer ces sommes.

» Par quels moyens? par ceux que la loi du 20 septembre 1850 met à leur disposition, c'est-à-dire la *sommation avec frais*, le *commandement* et la *saisie*.

» La *saisie!* ce mot est dérisoire, quand on songe que le mobilier des Arabes se compose d'une natte et deux jarres en terre. Quant à la récolte, il y a longtemps qu'elle a disparu au moment où les listes des retardataires sont transmises. Et puis, quelle influence, quelle valeur peut avoir sur les indigènes la vue d'un morceau de papier vert ou rouge dont ils ne comprennent pas la signification?

» Cet état de choses ne peut durer. Outre que les Arabes sont encore à la merci de leurs chefs, les impôts qui les frappent sont soumis à trop de variations imprévues pour qu'une situation qui précise les ressources financières du pays puisse être établie.

» L'Arabe, indolent de son naturel, ne cultive chaque année que le nécessaire à sa famille et à ses besoins. Qu'un orage détruise sa récolte, il est dans la plus profonde misère; qu'une belle saison fasse fructifier les semences, le voilà riche pour un peu de temps. Le surplus de ses besoins, il le vend, ne conservant que ce qu'il lui faut pour l'année suivante.

» Quant à la terre, dès qu'il n'en a pas besoin, il la laisse sans culture; à part les céréales, les autres produits sont à peu près inconnus chez eux. Voilà donc des champs qui restent improductifs. La zone de défrichement est par conséquent diminuée, car l'an prochain on sèmera dans cette terre restée en jachère pendant quelque temps et dont les qualités fertiles n'auront pu que s'accroître.

» C'est là ce que la Lettre impériale a voulu empêcher, en instituant l'impôt foncier. « Forcer le propriétaire d'une terre inculte à vendre ou à défricher. » Quel est, en effet, celui qui consentirait à payer pour un terrain qui ne lui rendrait pas au moins ses déboursés? Évidemment, ou il le vendra à des hommes qui l'exploiteront, ou il en tirera profit lui-même.

» Lorsque les propriétaires verront leurs terrains vagues grevés d'un franc de rente, je suppose, par hectare, ils s'empresseront bien vite de s'en débarrasser et de les livrer à la main-d'œuvre, qu'ils soient indigènes ou concessionnaires européens.

» L'application à tous du sénatus-consulte rendra la tâche beaucoup plus facile en déterminant les droits de chacun. Grever la terre pour la faire produire, au lieu de grever la récolte. Un pauvre petit Kabyle, payant 22 fr. pour un quintal de blé, est 22 fois plus imposé qu'un autre qui possède cent hectares de prairies. Ce n'est pas légal. Il y a là une anomalie flagrante qu'un impôt général et commun à tous peut faire disparaître. C'est pour cela qu'on ne saurait trop réclamer la prompte exécution de l'impôt foncier chez les Arabes au lieu de l'*achour*, et chez les Européens en remplacement des taxes municipales.

» Cet impôt peut tout aussi facilement être établi sur les territoires arabes où existe la propriété collective, que sur ceux pour lesquels le partage individuel a été opéré conformément au dernier décret.

» Avec quelques modifications dans le système de recouvrement, l'éloignement des caïds des maniements d'argent, la juste connaissance de la somme que chacun doit payer, on évitera des abus contre lesquels on s'élève tous les jours et que nous ne sommes pas le seul à signaler; la prospérité de la colonie y gagnera. Ces immensités de terrains nus se changeront elles-mêmes en champs fertiles, sans qu'il soit besoin de dicter des conditions aussitôt qu'elles deviendront pour ceux qui les possèdent une charge, au lieu d'être un superflu duquel tant de familles seraient si heureuses de tirer le nécessaire.

» Émile Desnyards. »

CHAPITRE XIII

Ce que sont et ce que devraient être les services maritimes subventionnés reliant l'Algérie à la France.

Il serait oiseux, de ma part, de chercher à faire ressortir les avantages que les nations trouvent dans de bonnes voies de communication; car tout le monde sait aujourd'hui que la prospérité publique n'a pas de plus efficaces auxiliaires que les moyens de transport rapides et à bas prix.

Les Messageries Impériales sont chargées par l'État de faire le service postal, actuellement, entre l'Algérie et sa métropole, moyennant une subvention annuelle déterminée. Ce traité, si je ne me trompe, a été fait à l'amiable entre les parties, au lieu d'avoir été soumis à la concurrence par l'adjudication publique, ce qui se fait généralement en pareil cas. Il n'est guère possible de croire que la subvention allouée soit insuffisante pour pouvoir effectuer un service de cette importance, comme le veulent les intérêts communs des pays qui en font l'objet. Mais je me fais un devoir de dire que cette puissante compagnie maritime est restée jusqu'ici au-dessous de sa tâche pour ce qui regarde les services algériens.

On ne s'explique pas que des hommes qui sont chargés de diriger une si grande entreprise, ne sachent pas mieux s'en acquitter au double point de vue des intérêts de leur société, de ceux de la colonie et de sa métropole. Ils auraient grand besoin d'aller étudier ce genre d'opération chez les Américains, ces navigateurs par excellence. Pour être juste envers tout le monde, il faut dire aussi que l'administration de l'Algérie aurait pu remédier au bon plaisir que se permettent par trop les Messageries Impériales, dans l'accomplissement de leur service maritime franco-algérien, en leur rappelant les clauses de leur traité et en les obligeant à les exécuter d'une manière plus sérieuse.

S'il y a un bateau défectueux dans sa marche et dans sa distribution intérieure, on le met de préférence sur les services de l'Algérie, qui est bien forcée de s'en contenter puisqu'elle est en quelque sorte à la merci de cette société. Si le mécontentement général des Algériens donnait lieu à la création d'une société concurrente, le succès faisait défaut à celle-ci, parce que son capital ne lui permettait pas de soutenir une lutte sérieuse contre une rivale grassement subventionnée et assise sur une montagne de millions.

Cependant, à force d'abuser de son monopole en élevant

le prix du fret au gré de sa cupidité, elle a fini, cette puissante compagnie, par s'attirer une rivale capable de lui disputer les avantages que la navigation peut trouver entre notre grande colonie et sa métropole. Il s'est fondé récemment une société, sous le nom de *Compagnie générale de transports maritimes à vapeur*, avec laquelle les Messageries Impériales ont été obligées de compter, faute de pouvoir la mettre dans l'impuissance de résister. Le fret, qui se payait quarante-cinq francs la tonne de mille kilos, entre Marseille et l'Algérie, à la compagnie subventionnée, est tombé à vingt-cinq francs, par suite de la création d'une sérieuse concurrence. Cette réduction de près de moitié dans les prix de transport entre deux pays que des intérêts incalculables unissent, donne une juste idée des charges que le monopole, inintelligemment subventionné par une nation, lui impose quand il est pratiqué dans le seul but d'effectuer de gros bénéfices, sans se donner la peine de trouver les mêmes résultats par des moyens que le progrès dicte à une bonne administration. Les Algériens doivent se faire un devoir de soutenir cette concurrence en lui donnant des éléments de succès par une préférence constante pour le transport des marchandises expédiées réciproquement par la colonie et sa métropole. Il est regrettable que la *Compagnie des transports maritimes* ne se soit pas organisée de manière à lutter aussi pour le transport des passagers et des dépêches, par des aménagements confortables et une vitesse plus grande que celle que ses bateaux ont fournie jusqu'ici. Ces avantages donneraient presque des communications postales journalières entre Alger et Marseille, et les deux autres provinces en auraient deux à trois fois par semaine par cette amélioration du service de la compagnie concurrente.

Avant l'arrivée de cette compagnie rivale, quand on reprochait aux Messageries Impériales de prendre des prix exagérés pour le transport des marchandises, ses agents répondaient invariablement, que ces prix ne suffisaient pas encore pour permettre à la Société de couvrir les frais que lui imposait son service algérien en y comprenant la subvention allouée par l'État. S'il en était ainsi alors, l'entreprise est ruineuse pour elle aujourd'hui, sous le régime d'une concurrence qui a fait baisser le fret de quatre-vingt pour cent. Mais il serait curieux de voir une compagnie libéralement subventionnée par l'État ne pouvoir lutter contre une autre qui marche à ses risques et périls dans le même service. En pareil cas, l'insuccès ne peut provenir que d'une infériorité administrative due à l'incapacité des administrateurs. Les Messageries Impériales aiment les gros bénéfices aisément obtenus, et la concurrence doit doublement les contrarier en troublant leur marche routinière sur ses lignes de l'Algérie, et en réduisant le chiffre de ses gros dividendes. Les actionnaires ont pour habitude de mesurer l'aptitude des directeurs d'une entreprise par les profits qu'elle donne, malgré les faits qui leur ont prouvé si souvent, depuis une quinzaine d'années, qu'il fallait chercher ailleurs la mesure de leurs capacités. Il n'est pas difficile de compter de gros dividendes aux actionnaires quand on les prend sur le capital de la société. Cette manière d'agir n'est plus un secret pour personne depuis que les tribunaux ont éclairé le public par des procès scandaleux sur la matière. Je n'ai pas besoin de dire que cette parenthèse n'a rien de commun avec les observations que j'adresse aux Messageries Impériales, car je n'ai et ne puis avoir d'autre but que de blâmer la défectuosité des services qu'elles font sur notre colonie; ce qui n'affecte en rien l'honorabilité des directeurs de cette grande entreprise maritime.

Dans leur traité avec l'État, les Messageries Impériales s'étaient réservé le choix de faire le service du littoral, aux conditions qu'une autre entreprise mettrait à l'effectuer quand les bâtiments de guerre cesseraient de le faire. Malgré les plaintes légitimes et incessantes que les Algériens faisaient entendre contre le détestable service que l'État effectuait sur le littoral de la colonie avec sa marine, il a fallu des années pour amener une réforme sur ce point. Le gouvernement se croyait d'autant plus fondé à rester sourd aux réclamations des colons, que les Messageries Impériales ne se souciaient nullement de se charger de ce service, parce qu'elles le considéraient plus capable de nuire à leurs intérêts qu'à les servir. Comme toujours, les intérêts de la colonie restaient en dehors de la question. La marine de l'État, en faisant de belles positions à ses officiers dans cette navigation côtière, désirait la conserver le plus longtemps possible; et pour y parvenir, elle usait de toute son influence auprès de la haute administration algérienne, ainsi qu'auprès du ministre de la guerre, que le régime militaire qui règne dans la colonie rend tout-puissant sur ses affaires.

Tel qu'il était fait par la marine de l'État, ce service du littoral n'avait guère d'autre utilité que celle de faciliter les communications postales entre des localités privées des routes qui auraient dû exister pour les rendre accessibles les unes aux autres par terre, comme le voulait leur commune prospérité. Les marchandises et les passagers ordinaires n'étaient reçus à bord de ces bâtiments que par *tolérance*, bien que le prix du passage pour cette catégorie de voyageurs fût aussi élevé que s'ils eussent joui du confort accordé, en pareil cas, sur les bateaux d'une entreprise particulière. La marchandise n'était pas traitée avec plus de ménagement que les passagers que je viens de désigner. Il n'y avait que les fonctionnaires de l'État, les officiers de l'armée, ceux de la marine et les agents de l'administration, qui eussent le droit d'occuper des cabines sur les bâtiments qui desservaient le littoral. On ne tenait que quatre ca-

bines à la disposition des passagers ordinaires, et encore
ne donnait-on ces quatre passages que quelques heures
avant le départ des navires; car, en cas de besoin, l'administration pouvait toujours disposer de toutes les cabines
en faveur des passagers de l'État. Je m'abstiendrai de vous
dire comment étaient tenues les cabines laissées à la disposition du public, car mon amour-propre de Français souffrirait trop de vous donner des détails sur ce point. Aussi
bien des voyageurs préféraient prendre un passage sur le
pont que de se donner le *luxe* d'une de ces cabines. Il fallait
donc être contraint, par des affaires urgentes, de se rendre
dans les localités desservies par cette navigation du littoral,
pour se décider à prendre place sur ces bâtiments, pêle-
mêle avec les soldats qui occupaient le pont. Ce passage
de la dernière catégorie coûtait presque aussi cher, pour
faire les cent lieues qui séparent Alger d'Oran, qu'il en
coûte à un passager d'entrepont qui se rend du Havre
en Amérique. Un passage à l'entrepont est encore préférable
à un passage sur le pont, car l'on y est du moins à l'abri
des intempéries durant la traversée. Si mes remarques
avaient besoin de s'appuyer sur des faits particuliers pour
mieux donner la mesure des torts qu'un service maritime
si défectueux a causés à la colonie, j'en ai les mains pleines.
Mais à quoi bon les ouvrir aujourd'hui que cet état de choses
n'existe plus, et qu'il est remplacé par un service incomparablement préférable, mais qui pourrait être bien meilleur encore, si nous savions conduire ces entreprises comme
les peuples qui sont passés maîtres dans la manière de tirer
tous les avantages possibles de la navigation?

Ce fut en 1866 que cette réforme eut lieu dans le service
du littoral de la colonie, et cette fois le gouvernement de la
métropole crut devoir mettre le nouveau service en adjudication publique. La compagnie Valéry, de Marseille, se
rendit adjudicataire; mais comme il y avait une clause qui

permettait aux Messageries Impériales d'éloigner cette concurrente, en se chargeant du service maritime qu'elle venait d'obtenir conditionnellement, elles n'ont pas dédaigné de profiter de la préférence qu'elles s'étaient réservée par leur traité à l'amiable avec l'État. La société Valéry fut donc évincée par celle des Messageries, qui s'entendit avec la compagnie de navigation mixte, plus connue sous le nom de compagnie Touache, son directeur, pour se partager l'entreprise. Il est bon de dire que les Messageries Impériales et la compagnie Touache sont liées par des intérêts communs qui ne font guère qu'une société des deux. Cette combinaison offrait de puissants moyens d'action pour tuer les concurrences qui osaient se former sur le domaine exploité par les deux alliées. Elles n'ont pu encore, néanmoins, et ne parviendront pas, j'espère, à évincer la *Société générale de transports maritimes à vapeur*, dont il a été parlé plus haut.

Pour en revenir au service maritime du littoral de l'Algérie, nous dirons qu'il y a un départ, tous les samedis, d'Alger pour Oran et pour Bône. Dans chaque direction, les bateaux font escale à toutes les localités d'une certaine importance qui se trouvent sur leur trajet; puis il y a un service bis-mensuel entre Oran et Cadix, faisant aussi escale sur les points qui le comportent. De Bône à Tunis, il existe depuis longtemps déjà un service maritime qui répond aux besoins des intérêts commerciaux de notre colonie et de ceux de la Régence, sa voisine barbare.

Entre la métropole et l'Algérie, les services maritimes des Messageries Impériales se font simultanément de la manière suivante :

Entre Marseille et Alger, les départs ont lieu les mardis et les samedis de chaque semaine. D'Alger le départ se fait à midi, et de Marseille à deux heures.

La compagnie Touache prend aussi les dépêches sans y

être tenue par un traité. Ses départs entre Alger et Marseille ont lieu simultanément tous les jeudis, aux mêmes heures que ceux des Messageries Impériales, ce qui donne trois courriers par semaine de chaque côté entre Alger et Marseille.

Entre Oran et Marseille, les départs ont lieu tous les mercredis, simultanément, par les Messageries Impériales, et tous les vendredis entre Marseille, Philippeville et Bône.

La compagnie Touache fait aussi un service par semaine entre Marseille et Oran, et Philippeville et Bône; mais comme ses départs se font les mêmes jours que ceux des Messageries Impériales, les communications postales n'y gagnent rien.

Si j'entre dans ces détails sur les services maritimes à vapeur qui relient la France à l'Algérie, au moment où j'écris ce livre, c'est que je sais, par expérience, que les Français sont d'une rare et bien regrettable ignorance pour ce qui concerne les affaires de notre colonie. Il n'est donc pas inutile de fournir des renseignements aux lecteurs sur la fréquence des moyens de communication existant actuellement entre deux pays si rapprochés par les intérêts et la distance, bien que séparés par la mer et les institutions administratives.

Je puis affirmer que les moyens de communication qui existent maintenant entre l'Algérie et sa métropole, sont insuffisants pour donner toute l'impulsion dont a besoin un pays en voie de création. Supposons un instant que notre grande colonie appartienne à l'Angleterre, et que la France soit occupée par les Anglais. S'il en était ainsi, pensez-vous que l'Algérie ne compterait encore, après trente-sept ans de domination britannique, que *deux cent cinquante mille Européens?* Pensez-vous qu'elle serait placée sous le régime militaire, qu'elle serait sans cesse en proie aux rébellions, que tout son sol eût été donné sans

motif rationnel, mais par un simple excès de générosité, à
des barbares qui le laissent inculte ? Pensez-vous que le pays
eût été divisé de manière à éviter soigneusement le contact
entre les indigènes et les Européens, afin de les empêcher
de se lier d'intérêt et de se mieux apprécier par des fréquen-
tations incessantes? Pensez-vous que la nation anglaise,
qui a implanté comme par enchantement une grande et
florissante nation en Australie, pays situé à l'extrémité du
monde, n'aurait pas su peupler l'Algérie, placée à trente-
six heures de chez elle ? Pensez-vous qu'elle eût laissé subsister, durant de longues années, un service maritime sur le
littoral, effectué par l'État, de manière à étouffer les premiers germes du commerce et à supprimer la circulation
des étrangers et de la population, sur toute cette côte de
deux cent cinquante lieues d'étendue ? Pensez-vous qu'elle
eût subventionné grassement une compagnie maritime
pour lui laisser le moyen de rançonner le commerce par
des prix de transport excessifs ? Non, vous ne le pensez
pas; car vous savez que l'Angleterre est trop intelligente
pour fouler ainsi aux pieds les éléments de sa puissance et
de sa prospérité. Si elle avait eu dans ses mains, comme
nous les avons, les destinées de l'Algérie, cette belle colonie
compterait aujourd'hui des millions de colons, gouvernés
par des institutions libérales comme en exigent des peuples
civilisés. Il y aurait, entre Marseille et l'Algérie, une nombreuse navigation à vapeur, organisée de manière à faire
un service postal quotidien sur les trois provinces, et les
prix du fret et des passages seraient en harmonie avec le
grand mouvement qui s'accomplirait simultanément entre
cette belle conquête et sa métropole. Quant aux voies de
communication intérieures, elles seraient ce que les besoins
du pays demanderaient. La nation qui a su donner des
chemins de fer à ses vastes possessions asiatiques, aurait
bien su en doter l'Algérie. Mais la France semble prendre

un plaisir extrême à faire, pour ses colonies, le contraire de ce que l'Angleterre fait pour donner aux siennes la prospérité et la grandeur. Nous avons déjà *douze lieues* de voies ferrées en exploitation, en Algérie ; et la métropole semble avoir fait un effort surhumain pour atteindre ce résultat.

Pour ajouter encore à l'importance de ces remarques, je vais les faire suivre d'un extrait puisé dans une correspondance de Bombay, adressée au *Moniteur*, offrant d'intéressants détails sur les chemins de fer de l'Inde. N'est-il pas curieux de voir la feuille officielle s'occuper de l'impulsion que l'Angleterre donne à la prospérité de son empire asiatique, et ne rien dire en faveur du développement de la colonisation de l'Algérie ? C'est bien ainsi que la France entend ses affaires !

Voici ce passage de la correspondance de Bombay, précédée de quelques judicieuses remarques puisées dans le *Sémaphore* :

« Lorsque la guerre d'Amérique força l'Angleterre à chercher dans l'Inde sa grande source d'approvisionnement pour le coton, la nécessité l'amena à se préoccuper du transport du produit en même temps que de sa culture. Le résultat qui durera au grand avantage de l'Inde, quand même elle retomberait à un rang secondaire comme producteur de coton, a été de la doter d'un réseau de voies ferrées qui s'étend et se complète chaque jour. Une correspondance de Bombay, que l'on trouve au *Moniteur*, contient d'intéressants détails sur la situation de ce réseau. La voici :

« Le plan adopté sous le gouvernement de lord Dalhousie pour couvrir l'Inde britannique d'un réseau de chemins de fer est presque complétement réalisé. Bombay, Madras, Calcutta et une foule de villes importantes des trois présidences sont aujourd'hui reliées entre elles, et il ne reste à construire que des tronçons ou des embranchements supplémentaires qui concourront à l'amélioration et au perfectionnement du système général. Le rapport annuel, récemment adressé au vice-roi par M. Juland Danvers, directeur des chemins de fer indiens, permet d'apprécier exactement la situation et les progrès accomplis dans le courant de l'année dernière. Le plan arrêté embrassait la construction de lignes mesurant ensemble plus de 8,000 kilomètres. Les deux tiers sont exploités, et de 1864 à 1865 le chiffre total est monté de 4,730 à 5,360 kilomètres, livrés à la circulation. Le réseau devra coûter environ 81 millions de livres sterling, et au 1er mai dernier, on en avait dépensé 60,645,000, sur 60,860,000 livres, versées par les actionnaires, auxquels il est garanti un intérêt de 5 0/0 par an. Bien que l'augmentation kilométrique ait été de 622 kilomètres seulement, le revenu net qui, en 1864, n'avait atteint que 840,704 livres, s'est élevé pour 1865 à 1,341,000 livres, et le nombre des voyageurs transportés a dépassé 12,500,000. Il est curieux d'observer l'indifférence de la population pour les diverses classes de voitures et l'attrait du bon marché. Plus de 94 0/0 des voyageurs ont pris les places de troisième classe, et rien n'est plus commun que de voir dans le même wagon de riches marchands et de hauts fonctionnaires hindous, assis pêle-mêle avec de pauvres coolies des castes inférieures qui vont travailler aux champs.

» Il faut suivre sur la carte les lignes qui unissent la côte de Coromandel à celle du Malabar et celles qui remontent jusqu'au pied de l'Himalaya, pour se rendre bien compte de la valeur commerciale, agricole et stratégique du réseau. Au sud, la presqu'île est traversée deux fois, de Madras à Calicut par Mellor et Salem, et de Madras à Bombay par Balary et Pounah. Plus au nord, la voie qui part de Calcutta arrive à Mirzapour par Patna et Bénarès.

» Là, un embranchement remonte jusqu'à Lahore, en desservant Allalabad, Agra et Dehli, pour atteindre plus tard Peschawer, en traversant l'Indus à Altok. L'autre embranchement de Mirzapour gagne Bombay par Jubbulpour et Nassick. Une ligne partielle unit encore Bombay, Surate, Baroda et Almenabad, et celle de la côte du Scinde, partant du port de Kurrachee, atteint Hyderabad et se prolonge jusqu'à Moultan et Lahore. La topographie du pays, le nombre et l'immense largeur des fleuves qui le sillonnent font assez comprendre les difficultés que rencontrent à chaque pas les ingénieurs des compagnies, qui, avant très peu d'années, auront néanmoins complété leur œuvre.

» On signale comme ayant une importance toute particulière la ligne de Lahore, poussée jusqu'aux frontières du Caboul et du Turkestan, et que l'on croit destinée à attirer une partie des marchandises de l'Asie centrale, qui s'écoulent aujourd'hui par la Perse, la mer Caspienne et les nouvelles possessions russes. Le développement de la flottille commerciale à vapeur qui parcourt les rivières du Penjab aide, concurremment avec les voies ferrées, les produits de l'intérieur à arriver à la côte. Les exportations de Bombay en éprouvent un accroissement si marqué, que l'hôtel des douanes ne suffit plus et que l'on va en élever un autre d'une dimension beaucoup plus considérable. Du 1er janvier au 22 août 1865, notre port avait expédié 710,418 balles de coton; pour la période correspondante de 1866, le chiffre s'est élevé à 846,805 balles, dont 819,881 destinées à l'Angleterre.

» Par sa position géographique, et comme étant le grand port de l'Inde anglaise le plus rapproché de l'Europe, Bombay tend tous les jours à centraliser les nouvelles télégraphiques, les dépêches, les voyageurs et une très-large part des marchandises elles-mêmes. L'établissement prochain de fils sous-marins dans la mer Rouge et le golfe Persique, offrant plus de sécurité et de rapidité que la ligne de la vallée de l'Euphrate, mettra en réalité notre port à quelques heures de Londres. Ces travaux et l'achèvement du réseau des chemins de fer nous paraissent améliorer profondément la condition des 143,000,000 d'habitants qui forment l'empire britannique dans l'Inde. »

Le *Sémaphore*, de Marseille, qui n'est pas un journal créé à l'usage et pour l'agrément des promeneurs désœuvrés des boulevards de Paris, a reproduit cette correspondance du *Moniteur* en la faisant suivre par les remarques que voici :

« Il nous sera permis d'ajouter à ces détails un regret : la France possède sur la côte de Coromandel un point, Pondichéry, dont l'importance est relativement assez grande et qui, en tous cas, offre pour notre navigation un intérêt. Pondichéry n'est pas relié au réseau indien. Mais il a été étudié plus d'un projet qui rendrait au chef-lieu de nos établissements français dans l'Inde les éléments de développement et de prospérité qui lui manqueront tant que ce point sera hors des routes suivies par les railways de la côte. La colonie a demandé l'appui du gouvernement métropolitain. Elle offrait de faire de son côté des efforts sérieux pour conquérir cet embranchement désiré. Y a-t-il eu une solution ? Est-elle favorable à nos compatriotes établis dans l'Inde ?

» EM. BARLATIER. »

Si je critique le service maritime que font les Messageries Impériales sur l'Algérie, c'est parce que j'ai la profonde conviction qu'il peut mieux se faire dans l'intérêt de la compagnie autant que dans celui de la colonie. Pour atteindre ce double résultat, il suffirait que cette puissante société eût à sa tête des hommes capables de comprendre la différence qu'il y a entre bien faire et faire passablement bien.

Ce n'est pas seulement sur les lignes de l'Algérie que les Messageries Impériales s'attirent des reproches mérités ; elles ne donnent pas non plus satisfaction aux intérêts français dans l'exploitation des lignes de Chine. M. Pouyer-Quertier, grand industriel de Rouen et député au Corps législatif, a élevé la voix au sein de la chambre même contre la conduite répréhensible que tenait cette entreprise maritime pour favoriser le commerce étranger au préjudice du commerce français. Une vigoureuse et longue polémique s'est engagée à ce sujet entre l'honorable député de la Seine-Inférieure et les directeurs des Messageries Impériales ; et je puis ajouter que ces derniers ne sont pas sortis triomphants de la lutte. Ils eussent mieux fait de garder le silence et de revenir sur des mesures administratives plus que regrettables à tous les points de vue qu'on puisse les envisager.

M. Pouyer-Quertier accusait les directeurs des Messageries Impériales de prendre le fret, sur ses lignes de Chine, à prix réduit pour les étrangers, afin de mieux lutter contre la Compagnie péninsulaire et orientale qui fait depuis des années des services réguliers entre Marseille, l'Inde et la Chine.

Cette compagnie anglaise, subventionnée par le gouvernement de sa nation, se garde bien de faire la guerre à la prospérité de son pays, en favorisant le commerce étranger au préjudice de celui de l'Angleterre par une réduction du prix du fret, comme celle que M. Pouyer-Quertier s'est fait un devoir de signaler dans les débats de la chambre. De l'avis des gens compétents, ce n'est pas par l'insuffisance de la subvention de l'État que les Messageries Impériales sont amenées à recourir à de si fâcheux moyens pour trouver une rémunération satisfaisante dans l'exploitation de leur ligne de Chine.

Pour que le lecteur puisse se faire une juste idée de l'influence que les bons et rapides moyens de transports, sur mer comme sur terre, exercent en faveur du bien-être de l'humanité et des bienfaits de la civilisation, je vais terminer ce chapitre en donnant un travail qui a été publié sur la Compagnie péninsulaire et orientale, dans le *Sémaphore* de Marseille, par un des rédacteurs de ce journal, M. Em. Barlatier, chargé de traiter ces importantes questions, et qui s'en acquitte parfaitement.

Il y a là de grands enseignements pour ceux qui veulent connaître les causes multiples qui maintiennent l'Angleterre à la tête du commerce qui s'effectue entre toutes les nations du monde.

« Quand on voudra écrire dans l'avenir l'histoire commerciale de notre temps, il sera impossible de passer sous silence la création des grands services transocéaniques à vapeur, les progrès accomplis par les transports rapides, les services directs rendus, comme les services indirectement apportés au monde et à la civilisation par ces grandes entreprises. Nous avons en ce moment sous les yeux un des documents les plus importants et les plus utiles que l'historien devra consulter. C'est une notice riche de faits et de renseignements de toute nature, mais sobre de réflexions et de théories inutiles, dans laquelle la Compagnie péninsulaire et orientale a résumé pour ses actionnaires les vingt-cinq années de son existence. Les directeurs de la compagnie rencontrent à chaque pas des attaques dont ils ont été l'objet, des réclamations de toute nature. Ils y répondent par des faits qui ont leur valeur et doivent servir d'enseignement à tous ceux qui les suivent dans la carrière. En même temps qu'un exposé historique, on y pourrait trouver au besoin presque un traité de la direction à donner aux compagnies de navigation, une manière d'éducation basée sur l'exemple. A tous ces titres, cette brochure mérite une mention. Nous espérons, en lui empruntant quelques détails nouveaux, pouvoir compléter ainsi ce que nous avons dit, il y a un an, dans ce journal, du développement des services postaux de cette compagnie.

» L'histoire des divers contrats obtenus par la Compagnie péninsulaire d'abord, puis ajoutant à ce titre celui d'orientale, occupe une large place dans ce rapport. Nous passerons rapidement sur cette première partie de l'œuvre, qui a été déjà indiquée ici. Il suffit de rappeler que, successivement, chaque extension de service a été l'objet d'un traité obtenu en concurrence, et que chaque renouvellement a été marqué par une réduction de dépense, par une épargne réalisée, tantôt par le Post-Office britannique, tantôt par la Compagnie des Indes. Aujourd'hui, ces lignes ayant acquis tout leur développement en étendue, sinon en nombre, comprennent pour chaque grand voyage embrassant l'Europe, l'Égypte, l'Inde, la Chine, le Japon, l'Australie, une longueur de 19,867 milles marins à parcourir par mer, et de 982 milles à parcourir par terre, soit pour la traversée de l'isthme de Suez et pour celle de la France. Il n'y faut pas employer moins de huit paquebots qui, tous, doivent arriver à jour fixe, relâcher sur tel ou tel point à jour fixe, et réaliser une vitesse effective de 10 nœuds et plus. Le service direct rendu au pays, c'est le transport des dépêches postales. Nous sommes tous habitués à entendre parler souvent du nombre énorme des lettres, des journaux, des livres, des colis de toute sorte transportés par la poste. Chaque année il y a une statistique dressée, et les nombres vont toujours croissant. Sur nos routes de terre, sur nos voies ferrées, cette masse répartie entre un grand nombre de lignes, divisée à l'infini, ne représente pas pour l'esprit un poids et un volume considérables. L'un et l'autre le sont pourtant. Mais dès qu'il s'agit d'un de ces services lointains partant à intervalles, l'aspect des choses change. Que transportent les paquebots de l'Inde ? On en a dressé le tableau pour le mois de janvier des six dernières années. Ce tableau montre des chiffres toujours plus élevés. Ainsi, sur Bombay on dirige ordinairement de Southampton seulement 140 colis, réalisant un poids de 4 à 5 tonneaux, et occupant un espace de 12 tonneaux 22 pieds cubes. Il en est autrement pour le départ desservant à la fois l'Inde et l'Australie : le 20 janvier 1866, le *Ripon* emporta de Southampton, pour l'Inde, la Chine, l'Australie, 1,271 colis pesant 52 tonneaux 7 quintaux et mesurant 112 tonneaux 16 pieds cubes. De Marseille, le steamer correspondant prit 585 colis, si bien qu'à Alexandrie on comptait dès l'arrivée des deux navires 1,856 colis. L'augmentation depuis six ans est d'environ 58 pour cent quant au nombre de colis, et l'on fait observer avec raison que la malle seule suffirait presque au chargement d'un petit navire. En Angleterre, depuis la réforme postale inaugurée par M. Rowland Hill, un principe a toujours prévalu dans l'administration des postes. La poste, dit-on, ne doit pas être une source de revenu pour l'État. Dès que les dépenses sont couvertes par les recettes, et s'il reste un excédant, il faut s'efforcer d'appliquer cet excédant soit à une réduction du prix de transport, soit à des améliorations ou à des extensions de services. Telle est la théorie admise, mais les résultats ont tellement dépassé les espérances qu'il faudra bientôt considérer la poste comme une source très-honorable du revenu public, comme un impôt fort peu onéreux pour la communauté, et qui n'est acquitté qu'en proportion du service rendu. Ce sont les résultats agrégés des transports de la poste par terre et par mer qui ont amené un jour lord Stanley à émettre cette dernière opinion.

» Les services de mer néanmoins coûtent encore plus qu'ils ne rendent. Ainsi, pour parler de l'Inde seulement, la recette a un moment presque égalé, il est vrai, la dépense. On payait à la Compagnie péninsulaire et orientale 199,600 livres sterling, et la poste rendait sur les lignes parcourues par ses steamers 188,466 livres. L'écart était peu considérable, quoique partie de la somme dût être payée à des administrations étrangères. Aussitôt, en vertu du principe dominant que la poste ne doit pas bénéficier, l'administration abaissa le prix du port de la lettre simple de 1 sh. 3 d. à 6 d. Ainsi réduite, la taxe postale paye aujourd'hui près des trois quarts de la dépense occasionnée par la subvention. Qu'on continue dans cette voie, que le progrès constant des dix dernières années se maintienne, et un jour l'Angleterre tirera un bénéfice certain de ses contrats postaux avec les compagnies.

» Tels sont les résultats de ce premier service rendu par une compagnie de navigation, par la rapidité des transports postaux, ce besoin de premier ordre de notre époque. Au point de vue commercial, ce service ne saurait être estimé trop haut. Désormais chacun en comprend le prix, tant en France qu'en Angleterre. Notre pays a suivi nos devanciers dans cette voie; mais nos services sont encore trop nouveaux venus pour donner au point de vue des chiffres de recettes des résultats équivalents. Notre commerce d'ailleurs n'a pas dans certaines contrées la même importance, et l'on sait qu'il est en ces matières le plus fort des contribuables. Quels que soient les résultats pécuniaires, ce n'est pas d'ailleurs à la somme perçue qu'il faut mesurer l'utilité de nos lignes transatlantiques. Il est d'autres raisons qui ont leur valeur : raisons politiques, raisons commerciales. Et pour nous en tenir à ces deux points, nous voyons par exemple qu'en moyenne, durant les douze dernières années, la Compagnie péninsulaire a transporté 16,000 passagers de première classe, et 3,000 de seconde. Ce chiffre indique assez combien, grâce aux facilités de communication, sont devenus fréquents et faciles les voyages dans de lointaines contrées, qu'il fallait autrefois plusieurs mois pour atteindre, avec de plus grandes chances à courir et moins de confort. Si le commerce anglais a acquis dans ces mers de l'autre hémisphère le développement merveilleux qu'on constate, s'il s'est formé des centres européens importants, n'est-ce pas en partie aux moyens rapides mis aujourd'hui à la portée de chacun pour les voyages dans ces contrées? « L'armée, la marine, l'église, le commerce, dit la notice, ont chacun fourni leur contingent. Il serait difficile de trouver une famille dans la *gentry* du Royaume-Uni dont le nom ne serait pas représenté à son tour parmi les voyages allant ou venant de l'Orient par les steamers de la compagnie. » Là il y a service commercial et politique directement rendu. Le service politique apparaît plus directement encore dans les circonstances difficiles pour la mère patrie. L'insurrection de l'Inde éclate, et on transporte aussitôt par la voie rapide de l'Égypte dans la colonie menacée 235 officiers et 5171 soldats. C'est aux navires de la compagnie qu'on a recours dès qu'il s'agit d'amener des renforts des garnisons voisines de Maurice et du Cap. Trois ans auparavant, en pleine guerre de Crimée, les transports effectués par la Péninsulaire dans les mers d'Europe comprirent 1,800 officiers, 60,000 hommes et 15,000 chevaux. C'est ainsi, qu'au moment voulu, dès qu'un événement réclame le concours de transports rapides, la Grande-Bretagne trouve dans sa marine commerciale, dans les flottes de vapeurs appartenant à ses compagnies subventionnées, les ressources les plus vastes et les plus complètes pour lui venir en aide dans l'accomplissement de ses entreprises. Nous avons, nous, en France, senti également de quel puissant secours était une marine à vapeur pendant la guerre de Crimée. De cette époque datent les progrès les plus dignes d'attention qu'ait réalisés notre marine à vapeur, soit par son accroissement numérique, soit par l'étendue des lignes qu'elle parcourt. Les services transatlantiques organisés par notre pays sont venus ensuite. La France a désormais dans l'effectif de nos compagnies subventionnées et aussi de nos compagnies libres, qu'il serait injuste d'oublier, des ressources auxquelles elle pourrait recourir en temps de guerre, et qu'elle n'emploie peut-être pas assez en temps de paix.

» Après cette indication sommaire des services que rendent directement les grandes compagnies de navigation, et dont la Compagnie péninsulaire et orientale nous a fourni les plus remarquables exemples, il nous restera à examiner dans quelle mesure elle a contribué au développement de la richesse commerciale du pays.

» Si le développement des lignes de navigation lointaines à vapeur a été très-largement utile aux intérêts et à la fortune commerciale des nations qui se sont mises à la tête de ces entreprises, il n'a été ni moins utile, ni moins fécond en résultats pour les pays étrangers, que ces lignes ont reliés rapidement à l'Europe. L'accroissement des rapports commerciaux, l'extension de la richesse publique et privée qui en découlent, sont déjà quelque chose sans doute. Mais il y a plus. Un service de navigation ne touche pas sur un point, si minime soit-il sur la carte du globe, sans y amener une somme de travail souvent considérable, sans y créer une source de salaires, de profits, dont les habitants et leur ville tirent avantage. Nous pourrions citer bien des villes devenues prospères par ces motifs. Saint-Thomas, aux Antilles, Singapore, dans l'Inde, doivent leur développement en majeure partie à la navigation à vapeur. Pointe-de-Galles et Port-du-Roi-Georges ne seraient assurément rien, à peine des havres mal connus ou redoutés, sans le mouvement incessant des steamers qui les fréquentent, et ont besoin de dépôts placés sur leur route pour se ravitailler. Il est curieux de noter dans le détail quelle importance, mal appréciée en général, ont ces stations disséminées le long d'une grande ligne. Ainsi, pour la Compagnie péninsulaire et orientale, quinze stations pour le charbon seulement contiennent d'une façon à peu près permanente un stock de près de 90,000 tonnes. Ce stock suppose déjà un peu partout des magasins, des alléges, des navires transformés en dépôts flottants, des travailleurs employés dans les uns et à la manœuvre des autres. Les besoins propres du navire réclament, eux aussi, des dépôts de rechanges nombreux sur divers points, ailleurs des ateliers de réparations installés de façon à exécuter le plus grand nombre des gros travaux. Et ces derniers ne sont pas seulement en Angleterre. Séparée par l'isthme de Suez, obligée de scinder ainsi en deux sections son matériel naval, elle ne pouvait songer à ramener en Angleterre, par la voie du Cap, chaque bâtiment ayant besoin d'être réparé. Il faut des ateliers à Suez, où les steamers stationnent plusieurs jours pour l'ordinaire. Mais il faut plus encore à Bombay. Là, la compagnie possède deux cales sèches de réparations, dont l'une est sa propriété exclusive. Ces cales ont, l'une 400 pieds, l'autre 278 de longueur, 56 et 65 pieds de largeur, et une profondeur de 15 et 20 pieds. Les ateliers qui en dépendent sont les plus importants qu'ait créés la Péninsulaire. A Calcutta, deux cales encore longues, l'une de 375 pieds, l'autre de 310, larges de 65 pieds, profondes de 18 pieds 6 pouces. Ici encore des ateliers de réparations spécialement organisés pour le travail des coques et des chaudières. A Hong-Kong, d'autres ateliers de réparations. Ce sont là, on peut le dire, autant d'industries dont la compagnie a doté ces contrées, et où, par conséquent, on lui doit la création d'une source de richesses considérables. Au point de vue de ces contrées lointaines, ce ne sont pas là de médiocres avantages et dont il ne faille pas tenir compte. Dans ces mers de l'Inde, de la Chine, de l'Australie, les ateliers, établis d'abord par les compagnies de navigation et pour leur usage exclusif, rendent des services directs à toutes les marines du globe, certaines désormais de trouver loin des chantiers où les bâtiments se sont créés, tous les éléments de réparation de leurs avaries.

» A côté du grand service postal, il y a pour toute entreprise de navigation une série de services annexes, de petits courants servant à alimenter la ligne principale et à fournir à ses besoins. C'est une source de travail profitable aux industries du sol de la mère-patrie et à sa marine, quand il s'agit, par exemple, du charbon. On a vu tantôt à combien s'élève le stock qu'il faut entretenir d'une manière constante dans les diverses stations. Ce n'est là qu'une minime partie de la consommation annuelle. En dix ans la Compagnie péninsulaire et orientale a dépensé de ce chef plus de cent trente millions de francs, et elle y a employé chaque année à peu près cent soixante-dix bâtiments à voiles. On voit par ces deux chiffres ce que l'industrie minière et la marine anglaise peuvent avoir gagné à cette consommation. Ces transports s'augmentent encore des envois constants de machines, de chaudières, de pièces de rechange pour cette flotte. Il n'y a pas seulement le navire à équiper, à pourvoir de tous les objets nécessaires à sa navigation, à réparer quand il a subi des avaries, etc., il faut encore, dans l'organisation d'une grande compagnie de navigation, pourvoir à l'alimentation de tout un personnel considérable. Ici se présentent d'autres difficultés à vaincre, car outre le personnel, il faut compter avec le voyageur d'autant plus difficile à satisfaire que les traversées sont plus longues. Les directeurs de la Péninsulaire ont calculé qu'à certains jours il fallait nourrir à bord de leurs navires, disséminés sur tous les points, environ dix mille personnes. Ce n'est pas un des moindres soucis d'une entreprise de ce genre, surtout dans les escales lointaines, où l'on ne saurait en aucune façon compter sur les ressources ordinaires de nos ports d'Europe et d'Amérique. Il ne faut donc pas s'étonner si, toute entreprise maritime qu'elle soit, la Compagnie ait dû avoir au Caire, presque au point de jonction de ses deux services d'Europe et d'Asie, une ferme donnée par le vice-roi d'Égypte, la ferme de Goshen, d'où elle tire ses légumes, ses fruits, sa volaille. A Suez et à Aden, l'élément premier de toute alimentation, l'eau potable fait défaut. Il a fallu avoir des appareils distillatoires installés à terre. Enfin, un des articles les plus dispendieux de ce budget, c'est la glace.

Point de glace, bon Dieu, dans le fort de l'été,

a dit un de nos poëtes. Le voyageur des mers de l'Inde n'admettrait pas plus que le satirique du grand siècle le manque de glace à bord des steamers. Il en faut absolument dans ces étés plus forts et plus durables que ceux de Paris, et pour lui procurer cet élément de comfort, il est dès lors nécessaire que la Compagnie ait à Suez et à Aden des machines à faire la glace. Quelques chiffres donneront une idée du développement de ce service. La consommation d'une année a comporté 177,310 têtes de bétail (bœufs, moutons, etc.) ou de volailles; pour les liquides il ne s'agit pas de moins de 1,301,608 bouteilles et en provisions diverses de 14,602,514 livres anglaises. Pour la glace, on en emploie année moyenne 1,360 tonneaux, qui coûtent 175,000 francs soit à produire, soit à acheter.

» Il reste un détail à ajouter aux précédents pour que le lecteur puisse avoir une idée à peu près suffisante de ce petit gouvernement, dont l'administration n'est pas centralisée, mais est soumise à tant de difficultés qu'on s'étonne de les voir aussi admirablement surmontées. Ce détail concerne le personnel de la compagnie : employés, agents, marins, ouvriers européens et indigènes ; ils sont au nombre de 12,600 dont 8,250 naviguent, les autres ayant un emploi permanent à terre. Les natifs figurent dans ces chiffres pour 150 employés à terre, 1,914 chauffeurs, 3,450 ouvriers d'ateliers, 2,541 marins et 393 domestiques. Pour ce personnel qui concourt aux résultats obtenus, il est heureux de voir que les propriétaires des capitaux engagés dans cette vaste entreprise n'ont pas cru avoir rempli tous leurs devoirs quand ils ont loyalement payé le salaire de chacun. La compagnie encourage les contrats d'assurances sur la vie consentis par eux ; elle y subvient directement. Certains de ses directeurs ont abandonné une partie de leur revenu en faveur de ces subordonnés. Enfin, il y a à Southampton une école entretenue par une donation de l'un d'eux et par un subside constant de la compagnie, où les enfants des deux sexes des employés de tout rang de la compagnie reçoivent les bienfaits de l'éducation. Nous n'avons pas eu assurément la prétention de raconter complétement ce qu'est la Compagnie péninsulaire et orientale, l'une des plus grandes que compte l'Angleterre. Nous aurions, sans doute, encore bien des détails à ajouter. Mais il nous est agréable de nous arrêter à ce dernier trait du tableau, celui d'une compagnie commerciale au sein de laquelle on trouve et le temps et les moyens de songer aux intérêts intellectuels aussi bien qu'aux intérêts matériels, à ceux qu'on emploie et à ceux qui attendent un revenu de leur capital. L'exemple n'est pas si rare qu'on le pense, chez nos voisins du moins. Autant que nous, ils ont senti partout la nécessité de l'instruction ; ils ont toutefois mieux ou peut-être plus fortement senti ce besoin, et, avant nous, ils se sont mis à l'œuvre pour le satisfaire. Le problème de l'instruction pour tous, nous l'agitons heureusement aujourd'hui chez nous. Avant de songer à une instruction obligatoire, réalisons au moins cette partie de la tâche qui consiste à mettre l'instruction à la portée de tous. La moitié du chemin aura été parcourue. Mais pour atteindre ce résultat le concours de toutes les volontés est nécessaire. Les exemples que nous donnent certaines associations commerciales d'Angleterre et de France aussi ne pourraient, s'ils étaient suivis, que contribuer à aplanir les obstacles opposés par l'ignorance au progrès des lumières. Que faut-il donc faire? Les imiter.

» Em. Barlatier. »

CHAPITRE XIV

Décret sur l'organisation municipale en Algérie.

J'ai déjà dit, dans cet ouvrage, que j'en avais différé la publication des années, dans le but d'y pouvoir faire figurer une bonne réforme des institutions de la colonie. Mes espérances ont toujours été déçues à cet égard; les réformes promises ne sont jamais venues; mais celles que je redoutais avec les Algériens, se sont accomplies avec tout l'empressement que le gouvernement de la métropole semble prendre plaisir à mettre à s'écarter du chemin que lui trace la sagesse dans cette branche de ses attributions gouvernementales. Les modifications n'ont pas manqué dans les affaires algériennes, car elles ont été si nombreuses qu'on ne les peut plus compter; mais nous gardons bon souvenir de leur défectuosité, qui va toujours en s'aggravant, au lieu de diminuer, comme cela arriverait si l'on tenait compte des conseils de l'expérience acquise, quand on effectue une modification pour modifier les mauvais résultats donnés par une réforme précédente.

On nous annonçait depuis plus d'une année des mesures libérales, ayant notre émancipation pour objet, quand le *Moniteur* inséra le décret que nous donnons ici. Nous pensions qu'on nous entr'ouvrirait un peu plus la porte du droit commun, qu'on irait au moins jusqu'à nous permettre d'élire les membres de nos conseils généraux. Mais il faut croire que le gouvernement métropolitain, d'accord, sans doute, en cela, avec l'administration algérienne, n'a pas cru prudent de confier une telle mission à des parias, de longue date inexpérimentés dans la manière de jouir docilement des premières doses de la liberté. Les Algériens avaient cependant montré autant d'aptitude que bien des peuples fraîchement émancipés, à pratiquer la liberté politique, quand la révolution de 1848 est venue les tirer subitement de l'interdit qui pesait sur eux. Ces violentes ruptures de joug politique ne sont guères propres à donner la mesure de l'aptitude qu'a l'homme à jouir sagement de tous ses droits de citoyen. La pratique est indispensable pour pouvoir bien faire, en pareille circonstance; mais on s'arrange de sorte à empêcher l'accomplissement de cet urgent apprentissage à l'aide d'un nombre infini de lois restrictives. Puis le pouvoir vient vous dire d'un air triomphant, quand de courageux citoyens lui réclament les libertés pour lesquelles la nation a tant combattu et tant souffert : « Le peuple n'est pas mûr pour jouir des droits d'une nation libre comme l'Angleterre, les États-Unis, la Suisse, la Belgique, etc. »

Jamais il ne sera mûr avec le soin qu'on prend pour le retenir dans l'enfance nationale au profit d'une autorité sans partage. Mais qu'on y prenne garde, le régime de l'enfance ne convient pas à l'âge viril. Les peuples majeurs, avancés en civilisation, ont un impérieux besoin de toute la jouissance de leurs droits de peuples civilisés. Si cet aliment leur fait défaut trop longtemps, ils s'étiolent, se dépravent dans le matérialisme et les jouissances corruptrices, et finissent par disparaître en s'affaissant sous le poids de l'autorité qui les opprimait, au nom de l'ordre, de la famille et de la religion. Ce système conduirait infailliblement l'humanité entière dans le néant, s'il ne se trouvait pas toujours, sur quelques coins de la terre, des peuples qui tiennent haut et ferme le drapeau de la liberté et du progrès.

Pour en revenir à l'émancipation municipale des Algériens, je dirai qu'ils ont prouvé que ce premier degré de liberté octroyée n'est pas au-dessus de leur maturité politique ; car, malgré tous les obstacles qu'ils ont eu à surmonter dans la première élection, ils ont confié les affaires communales à des hommes qui offrent, dans l'ensemble, plus de garantie pratique aux intérêts publics que ceux qui leur cèdent la place par la volonté du suffrage. Certes, il n'était pas facile de procéder aussi bien dans l'accomplissement de cet acte de citoyen ; car, sans avoir pu se concerter entre eux avant l'élection, les électeurs pouvaient se fourvoyer et donner des résultats contraires à leurs bonnes intentions et à leur indépendance. L'administration affectait de rester neutre dans la lutte, mais si elle n'avait pas eu des préférences cachées pour certaines candidatures, elle n'aurait pas eu de motif sérieux pour s'opposer aux réunions électorales. Pourquoi porter des entraves à la libre expression des suffrages, quand on n'en redoute pas la solution ? La logique veut que l'administration ait pour but de favoriser la nomination de candidats agréables, en gênant le plus possible le libre exercice électoral ; car ces entraves ne nuisent guère qu'aux électeurs indépendants, parce que l'administration possède mille moyens pour diriger ceux qui se placent docilement sous son égide toute-puissante.

Le décret en vertu duquel les Algériens peuvent maintenant prendre une part directe aux affaires de la commune, ne laisse pas beaucoup de place à la critique, en le comparant au régime municipal de la France, mais on ne peut en dire autant de la réglementation à laquelle il a donné lieu. La réglementation est le fléau administratif de notre nation. Il faut qu'on réglemente à outrance tout ce qui concerne les administrés ; c'est ainsi que les administrateurs tiennent à prouver leur utilité et leur omnipotence. Par suite de la réglementation, la commune d'Alger a été divisée arbitrairement, de manière à permettre à vingt-sept suffrages d'une part, et à cinquante-trois de l'autre, de donner le mandat de conseiller municipal, qui ne pouvait être obtenu dans d'autres sections que par plus de deux mille voix. On se demande comment l'administration a pu adopter une mesure pareille, qui plaçait les habitants des annexes dans une si regrettable situation d'infériorité en la comparant à celle qui était faite à leurs concitoyens de la section ville. En un mot, l'administration algérienne s'est montrée tracassière et inintelligente dans la mise à exécution du décret qui forme la première étape de l'émancipation des Algériens. Les meilleures mesures sont toujours affaiblies, dénaturées, dès qu'elles sont passibles du tamis bureaucratique ; elles sortent infailliblement défigurées, meurtries du laboratoire secondaire où les triture l'autorité administrative pour leur imprimer le cachet des idées mesquines, étroites, routinières qui font la gloire traditionnelle des administrateurs et le désespoir des administrés.

En pareil cas, voyez ce qui arrive dans les colonies anglaises. Les institutions dont elles jouissent sont toujours plus libérales que celles de la métropole. L'aristocratie de la vieille Angleterre ne peut s'implanter dans aucune de ses nombreuses possessions coloniales, parce que les institutions s'y opposent. Rien n'est plus sage ; car pour bien développer les ressources d'une colonie, il faut lui attirer les bras et les capitaux par toutes les garanties que présentent des institutions libérales. Ce système est au-dessus de la compréhension de la France; sa manière d'agir nous donne le droit de le croire.

DÉCRET

SUR L'ORGANISATION MUNICIPALE EN ALGÉRIE

Napoléon,

Par la grâce de Dieu et la volonté nationale, Empereur des Français.

A tous présents et à venir, salut :

Sur le rapport de notre ministre de la guerre et la proposition du gouverneur général de l'Algérie;

Vu la loi du 5 mai 1855, sur l'organisation municipale de la métropole;

Vu nos décrets des 27 octobre 1858, 10 et 26 décembre 1860, relatifs au gouvernement et à l'administration de l'Algérie;

Vu l'ordonnance du 28 septembre 1847, réglant l'organisation municipale en Algérie;

Vu l'arrêté du 16 août 1848, sur ladite organisation municipale;

Vu nos décrets de 1854, relatifs à la reconstitution des différentes communes de l'Algérie, et notamment l'article dernier du décret du 8 juillet 1854, portant abrogation de l'arrêté du 16 août 1848 ci-dessus visé;

Considérant qu'il est nécessaire de modifier l'organisation municipale actuellement établie en Algérie par les actes ci-dessus visés, et qu'il nous appartient d'y pourvoir jusqu'à ce qu'il soit possible de régler définitivement la constitution de l'Algérie, conformément à l'article 27 de la constitution de l'Empire ;

Notre conseil d'État entendu,

Avons décrété et décrétons ce qui suit :

Art. 1er. Le corps municipal de chaque commune se compose du maire, d'un ou de plusieurs adjoints et de conseillers municipaux ;

Aucun traitement n'est affecté aux fonctions de maire et d'adjoint. Toutefois, les maires peuvent recevoir une indemnité dont le taux est fixé, pour chaque commune, par le gouverneur général, après avis du conseil municipal ; cette indemnité est portée au budget de la commune comme dépense obligatoire.

Art. 2. Les maires et les adjoints sont nommés par l'Empereur dans les chefs-lieux de département et d'arrondissement.

Dans les autres communes ils sont nommés par le préfet, au nom de l'Empereur.

Ils doivent être citoyens français ou naturalisés français et âgés de vingt-cinq ans accomplis.

Ils doivent, en outre, être résidants, propriétaires ou chefs d'établissement en Algérie.

Le maire et les adjoints peuvent être pris en dehors du conseil municipal.

Art. 3. Le maire et les adjoints sont nommés pour cinq ans.

Ils remplissent leurs fonctions, même après l'expiration de ce terme, jusqu'à l'installation de leurs successeurs.

Ils peuvent être suspendus par arrêté du préfet.

Cet arrêté cesse d'avoir son effet, s'il n'est confirmé dans le délai de deux mois, par le gouverneur général.

Les maires et les adjoints ne peuvent être révoqués que par décret de l'Empereur.

Art. 4. Le nombre des adjoints de chaque commune est déterminé par décret.

Ceux d'entre eux qui sont spécialement désignés pour une section de commune sont chargés, sous la surveillance et l'autorité du maire, d'y remplir les fonctions d'officier de l'état civil, et d'y assurer l'exécution des lois et des règlements de police.

Art. 5. En cas d'absence ou d'empêchement, le maire est remplacé par l'adjoint ou un des adjoints résidant au chef-lieu de la commune, dans l'ordre des nominations.

En cas d'absence ou d'empêchement du maire et des adjoints, le maire est remplacé par un conseiller municipal désigné par le préfet, ou, à défaut de désignation, par le conseiller municipal français ou naturalisé français, le premier dans l'ordre du tableau.

En cas d'absence ou d'empêchement, l'adjoint spécial d'une section est remplacé par un conseiller municipal de la section désigné par le préfet, ou, à défaut de conseiller municipal, par un notable habitant de la section, ou par tout autre intérimaire désigné par le préfet.

Art. 6. Dans les communes où la population musulmane est assez nombreuse pour qu'il y ait lieu de prendre à son égard des mesures spéciales, cette population est administrée, sous la surveillance et l'autorité du maire, par des adjoints indigènes.

Ces adjoints peuvent être pris en dehors du conseil et de la commune.

Ils peuvent recevoir un traitement dont le taux est fixé par le gouverneur général, après avis du conseil municipal. Ce traitement est porté au budget de la commune comme dépense obligatoire.

Art. 7. L'autorité des adjoints indigènes ne s'exerce que sur leurs coreligionnaires.

Indépendamment des attributions qui peuvent leur être déléguées par le maire, ils sont particulièrement chargés :

De fournir à l'autorité municipale tous les renseignements qui intéressent le maintien de la tranquillité et la police du pays.

D'assister les agents du Trésor et de la commune pour les opérations de recensement en matière de taxes et d'impôts ;

De prêter, à toute réquisition, leur concours aux agents du recouvrement des deniers publics.

Ils ne sont chargés de la tenue des registres de l'état civil musulman qu'en vertu d'une délégation spéciale du maire.

Ils siégent au conseil municipal au même titre que les autres adjoints.

En cas d'absence ou d'empêchement, l'adjoint indigène est remplacé par un conseiller municipal indigène désigné par le préfet ou, à défaut, par un notable habitant indigène ou par tout autre intérimaire désigné par le préfet.

Art. 8. Chaque commune a un conseil municipal composé de :

9 membres dans les communes de 2,000 habitants et au-dessous ;

12 dans celles de 2,001 à 10,000 ;

18 dans celles de 10,001 à 30,000 ;

24 au delà de 30,000

Art. 9. Dans chaque commune :

Les citoyens français ou naturalisés,

Les indigènes musulmans,

Les indigènes israélites,

Les étrangers,

élisent, conformément aux dispositions ci-après, leurs représentants respectifs au conseil municipal.

Art. 10. Sont admis à voter :

1° Tout citoyen français ou naturalisé français, âgé de vingt et un ans, domicilié depuis au moins un an dans la commune et inscrit sur les rôles des impositions et taxes municipales ;

2° Tout indigène âgé de vingt-cinq ans, ayant un an de domicile dans la commune ;

3° Tout étranger remplissant les mêmes conditions et ayant trois années de résidence en Algérie.

Les indigènes et les étrangers devront, en outre, se trouver dans une des conditions suivantes :

Être propriétaire foncier ou fermier d'une propriété rurale :

Exercer une profession, un commerce ou une industrie soumis à l'impôt des patentes ;

Être employé de l'État, du département ou de la commune ;

Être membre de la Légion d'honneur, décoré de la médaille militaire, d'une médaille d'honneur ou d'une médaille commémorative donnée ou autorisée par le gouvernement français, ou titulaire d'une pension de retraite.

Art. 11. Il est dressé, pour chaque commune, par sections municipales et par catégories d'habitants, une liste comprenant :

Les citoyens français ou naturalisés,

Les indigènes musulmans,

Les indigènes israélites,

Les étrangers,

remplissant les conditions énumérées en l'art. 10.

Sont applicables aux électeurs communaux de l'Algérie, en tout ce qui n'est pas contraire au présent décret, les dispositions du titre 2 du décret organique du 2 février 1852, celles du titre 1er du décret réglementaire du même jour, et celles du décret du 12 janvier 1866, sur les élections.

Art. 12. Sont éligibles :

1° Tous les électeurs français ou naturalisés français, âgés de 25 ans;

2° Tous les indigènes et étrangers âgés de 25 ans et domiciliés dans la commune depuis 3 ans au moins, inscrits sur la liste communale.

Art. 13. Chacune des trois dernières catégories d'habitants, désignés par l'art. 11, a droit de représentation dans le conseil municipal dès que sa population atteint le chiffre de 100 individus.

Le nombre des conseillers appartenant aux trois dernières catégories ne peut dépasser le tiers du nombre total des membres du conseil municipal ni être inférieur à trois.

Le nombre des membres à élire pour chacune des trois catégories ci-dessus désignées est fixé, pour chaque commune, par un arrêté du gouverneur général, le conseil de gouvernement entendu.

Art. 14. Les conseillers municipaux sont élus pour sept ans.

En cas de vacances dans l'intervalle des élections septennales, il est procédé au remplacement quand le conseil municipal se trouve réduit au deux tiers de ses membres.

Art. 15. Sont applicables à l'Algérie toutes les dispositions des trois premières sections de la loi du 5 mai 1855, sur l'organisation municipale en France, auxquelles il n'est pas dérogé par le présent décret.

Les dispositions du titre 1er de l'ordonnance du 28 septembre 1847 sont abrogées.

Art. 16. Des arrêtés du gouverneur général, délibérés en conseil de gouvernement, pourvoiront :

1° A l'organisation municipale des tribus délimitées en exécution du sénatus-consulte du 22 avril 1863;

2 A celles des territoires qui ne renferment pas encore une population européenne suffisante pour recevoir l'application immédiate des dispositions du présent décret.

Dispositions transitoires

Art. 17. Il sera procédé au renouvellement intégral des conseils municipaux, ainsi qu'à la nomination des maires et adjoints, conformément aux règles établies par le présent décret, dans le courant de l'année 1867 et aux époques qui seront fixées par arrêté du gouverneur général.

Art. 18. Notre ministre secrétaire d'État au département de la guerre et le gouverneur général de l'Algérie sont chargés, chacun en ce qui le concerne, de l'exécution du présent décret, qui sera inséré au *Bulletin des lois*.

Fait à Paris, le 27 décembre 1866.

NAPOLÉON

Par l'Empereur :

Le maréchal de France, ministre de la guerre,

RANDON.

CHAPITRE XV

Sur la création de l'impôt foncier en Algérie.

Dans un pays barbare récemment conquis par une nation civilisée, la perception de l'impôt s'effectue forcément d'abord d'une manière plus ou moins anormale. Il ne pouvait donc en être autrement en Algérie au début de la conquête; on le comprend du reste. Il ne pouvait s'agir alors que de la perception des contributions diverses. Ce fut l'administration des douanes qui perçut toutes les contributions jusqu'en 1846, époque à laquelle le service des contributions diverses fut organisé par une ordonnance royale en date du 2 janvier 1846.

L'article 65 de cette ordonnance a fixé à cinq le nombre des régies financières de la colonie, savoir : 1° enregistrement et domaine, 2° forêts, 3° douane, contributions diverses, 4° opérations topographiques (pour la reconnaissance de la propriété).

La même ordonnance a déterminé, en outre, les formes de comptabilité et toutes les dispositions administratives qui devaient assurer l'exécution du nouveau régime financier.

Les chefs de service des régies financières furent d'abord placés sous les ordres directs du directeur des finances et du commerce de la colonie; et plus tard, ils ont été mis sous les ordres des directeurs provinciaux des affaires civiles, en exécution d'une ordonnance royale du 1er septembre 1847.

Un arrêté du pouvoir exécutif, en date du 30 novembre 1848, avait rattaché au ministère des finances les deux services de l'enregistrement et des contributions diverses. Cet arrêté fut abrogé par un décret du 17 janvier 1850, qui rendit l'administration de ces deux services au ministère de la guerre. Ils sont aujourd'hui placés sous les ordres des préfets dans chaque province de la colonie. Cette subordination a été formellement établie par tous les décrets sur l'organisation administrative de l'Algérie, notamment par le dernier en date du 7 juillet 1864, article 18.

En Algérie, le service des contributions diverses est chargé de l'assiette et du recouvrement des impôts directs, (patentes) impôt arabe, redevances des mines, taxes de la chambre de commerce, taxes des poids et mesures, taxes sur les loyers, les prestations, taxe du jury médical, taxes des chiens, taxe d'irrigation, des licences sur les boissons et les tabacs, produits de la vente des poudres à feu et des tabacs français, droits de garantie sur les matières d'or et d'argent. Ce service remplace, par conséquent, les trois directions générales françaises des contributions directes, des contributions indirectes et de la comptabilité.

Le personnel de ce service a été pris d'abord un peu partout, mais plus spécialement parmi les agents des contributions indirectes de France. Le gouvernement algérien a créé lui-même un certain nombre d'employés coloniaux qu'il a rattachés à ce service. Ce personnel a suffi pendant longtemps aux nombreuses et nouvelles exigences qu'on lui imposait tous les jours; mais en 1861, le gouvernement paraissant décidé à établir l'impôt foncier, en Algérie, mit cette question à l'étude, et demanda provisoirement au ministre des finances quelques agents des contributions directes pour procéder aux travaux préparatoires à l'assiette de cet impôt.

Avant de m'occuper plus longuement de la marche qu'on a fait suivre à la création de l'impôt foncier en Algérie, je crois devoir dire un mot sur la position anormale qu'on a faite dans la colonie aux chefs des services financiers. On ne peut disconvenir que la position subordonnée qu'ils occupent est très-fâcheuse, attendu que les bureaux des préfectures sont généralement incompétents, et que, cependant, la direction leur donne le droit de prescrire des mesures qui sont souvent contraires aux propositions des directeurs. Il paraîtrait, du reste, que le gouvernement est dans l'intention de faire cesser ce regrettable état de choses en modifiant, sur ce point, le décret du 7 juillet 1864.

Revenons à l'impôt foncier en disant que sa création, en Algérie, marche difficilement. Cette mesure rencontre une grande hostilité, même au sein de l'administration. L'établissement d'un impôt quelconque sonne toujours mal aux oreilles des contribuables; mais l'hostilité de l'administration n'a pas les mêmes motifs. Son opposition sur ce point, à elle, prend sa source dans la répugnance qu'elle éprouve pour les choses qui contrarient sa routine. Une amélioration dans les affaires administratives est toujours mal accueillie par la bureaucratie, parce que ses habitudes routinières en souffrent plus ou moins. En procédant avec tous les ménagements demandés par un pays qu'il s'agit de régénérer, l'établissement de l'impôt foncier, loin de nuire au développement de la prospérité de la colonie, lui viendra en aide par l'usage qu'on fera d'abord de son produit. En effet, le décret du 2 juillet 1864 admet en principe l'établissement de l'impôt foncier sur les terres appartenant aux Européens, mais il a décidé aussi que cet impôt ne serait provisoirement perçu que sous forme de centimes additionnels au profit des départements et communes de la colonie. Cette source de revenu permettra d'effectuer des chemins vicinaux et autres améliorations très-avantageuses pour les populations rurales; les propriétés y trouveront une grande plus-value, ce qui ne laissera pas regretter les faibles charges d'un impôt qui donnera ces bons résultats à ceux qui seront passibles de cette taxe.

Mais cette nouvelle mesure demande de longs travaux préliminaires. Les évaluations foncières exigent, de la part des agents, des connaissances spéciales qui sont complétement étrangères aux employés des contributions indirectes. C'est donc seulement en organisant d'une manière complète le service des contributions directes, que cette importante opération pourra être menée à bonne fin.

Si je suis bien informé, ce projet est à l'étude au moment où je me livre à ces judicieuses observations; mais combien y restera-t-il? le dieu de la bureaucratie peut seul le dire!

Dans le décret qui autorise la création de l'impôt foncier sur les terres appartenant aux Européens, la mesure n'a pas été étendue jusque chez les indigènes, parce que les propriétaires musulmans ou israélites sont actuellement assujettis aux impôts arabes, et que l'impôt foncier serait pour eux un double emploi. Toutefois, le gouvernement de l'Algérie a prescrit d'évaluer, pour mémoire, les propriétés des indigènes, sauf à suspendre l'imposition jusqu'au moment où elles passeront entre les mains des Européens. Cette manière de procéder réalisera une grande économie de temps et d'argent en cadastrant ces propriétés au même moment qu'on se livrera à cette opération pour celles qui seront imposées immédiatement.

Le lecteur se rappellera sans doute ce que j'ai dit de la réforme qu'il serait urgent d'effectuer, concernant la perception de l'impôt arabe, en territoire militaire. Les agents des contributions diverses ne perçoivent que l'impôt des indigènes qui habitent les territoires civils; ils n'interviennent en rien dans la perception de l'impôt arabe en territoire militaire. J'ai dit ailleurs comment s'effectuait le recouvrement de ces taxes, et je ne crains pas de répéter ici que ce mode de perception ne servira jamais de modèle aux nations qui aiment une comptabilité inflexible en matière de revenu public. Le gouvernement ne peut méconnaître plus longtemps la nécessité de remédier à un état de chose qui donne lieu à des méfaits, d'autant plus regrettables, qu'ils peuvent être exagérés en échappant à une appréciation certaine de la part de la population qui en souffre et de celle qui les repousse au nom de l'équité et de notre dignité nationale. Il faut que tous les impôts, en Algérie, soient perçus et établis par des agents spéciaux comme en France, et soumis au même degré de contrôle que le ministère des finances impose en pareil cas à ses percepteurs. Aucun motif n'est admissible aujourd'hui pour justifier le mode de perception de l'impôt arabe en usage en territoire militaire; et nous aimons à croire que le gouvernement se fera un devoir d'accorder pleine satisfaction à l'opinion des Algériens sur cette délicate question.

CHAPITRE XVI

Manière de faire le vin et de le conserver.

L'Algérie étant naturellement destinée à devenir un grand pays vignoble, par suite des avantages exceptionnels que son climat et la conformation de son territoire offrent à la culture de la vigne, je crois devoir donner dans cet ouvrage un travail de M. A. C. Mermet, publié par lui dans le journal le *Sémaphore* de Marseille, sous forme de *feuilleton scientifique*. Sous le rapport de la production du raisin, le succès de cette culture ne laisse plus de doute, mais il nous reste encore à prendre les conseils de la science pour arriver à fabriquer le vin dans des conditions pleinement satisfaisantes. Les viticulteurs algériens doivent s'appliquer à donner à leurs produits toute la qualité qu'ils sont capables de fournir en les transformant en vins par les meilleurs procédés exigés par le climat et la nature de la grappe. Il faut bien se pénétrer d'une chose, c'est que la fabrication du vin, comme on la pratique en France, ne peut donner les mêmes résultats en Algérie, par suite de la différence qui existe entre les climats respectifs des deux pays. En oubliant de tenir compte de cette différence, bien des viticulteurs algériens ont fait fausse route et se sont attiré d'onéreuses déceptions, qui ont plus ou moins rejailli contre le développement de cette grande source de prospérité coloniale. Le travail de M. Mermet que je donne ici, contient des renseignements d'autant plus dignes d'être pris en sérieuse considération, qu'ils sont sanctionnés par l'expérience acquise; nous ne devons donc pas les négliger, car une fois que nous serons parvenus à donner aux vins algériens toute la qualité qui leur est propre, nous y trouverons une source de richesse incalculable, qui donnera lieu à un commerce d'exportation considérable après avoir satisfait aux besoins de la colonie.

Je sais que cet heureux résultat ne se réaliserait jamais, s'il dépendait du bon vouloir des viticulteurs du Midi de la France; car ils ne cessent de demander au gouvernement de la métropole les mesures les plus efficaces pour ruiner la culture de la vigne en Algérie. C'est ainsi que les Français se font un devoir de traiter leurs colonies ! Pour eux une colonie n'est bonne à quelque chose qu'autant qu'elle joue le rôle de vache à lait au profit de sa métropole. Les habitants de ces lointaines possessions doivent être trop heureux encore d'être mis au rang des parias et de travailler pour leurs métropolitains. Je ne m'abandonne pas à l'exagération en m'exprimant ainsi, car les preuves ne manquent pas pour appuyer ce blâme mérité. Il ne faudrait pas remonter bien haut dans l'histoire de la conquête de l'Algérie pour y trouver des prohibitions désastreuses, non-seulement dans la sphère commerciale et industrielle, mais encore dans le domaine de l'agriculture. Si je ne me trompe, et je ne le pense pas, la culture de la vigne a été longtemps prohibée dans notre grande et riche conquête africaine. Une telle prohibition de la part d'une nation comme la nôtre, en plein XIXe siècle, en dit plus sur son inaptitude à coloniser que tous les arguments que je pourrais puiser dans les montagnes d'erreurs qu'elle ne cesse de pratiquer avec une constance qui serait si bien placée à la poursuite de choses utiles.

Je ne saurais mieux terminer les observations qui précèdent qu'en donnant un amendement proposé à la commission chargée d'examiner le projet de loi sur le régime commercial de l'Algérie. Cet amendement est signé par

MM. Roulleaux Dugage, Peyrusse, Fabre et Pagezy, quatre députés du Midi. Ce document nous prouve que les viticulteurs de la métropole ne sont pas moins disposés en 1867 que jadis, à faire de l'Algérie leur vache laitière.

« Les droits de douane perçus sous le nom de droit municipal à l'entrée par mer ne peuvent être établis sur les produits naturels ou fabriqués, dont les *similaires* (vins) *sont récoltés* ou manufacturés en Algérie, et n'y sont pas frappés à l'intérieur de taxes égales à celles qui frappent ceux qui viennent de l'extérieur. »

Il ne nous reste plus qu'à compléter ce chapitre avec l'intéressant travail de M. Mermet.

BULLETIN SCIENTIFIQUE

PAR M. A. C. MERMET

DU VIN. — SA FABRICATION. — FERMENTS. — FERMENTATION

I

La France est incontestablement de toutes les contrées du monde la plus riche en vignobles. Ils couvrent une superficie du sol qui dépasse 2 millions d'hectares, représentant, année commune, 50 millions d'hectolitres de vin dont la valeur moyenne est d'environ 500 millions de francs.

La vigne est cultivée dans tous nos départements, dix exceptés. Quelques-uns d'entre eux réunissent de la manière la plus heureuse les conditions favorables au développement et au rendement de cet arbuste. L'Héraut produit plus de 7 millions d'hectolitres de vin[1], la Charente-Inférieure au delà de 5 millions.

Les variétés de vignes sont très-nombreuses; chaque canton a, pour ainsi dire, les siennes. En Bourgogne, le *Pinot* donne des vins de choix, le *Gamay* les vins ordinaires. Dans le Jura, c'est le *Ploussard* et le *Valet-Noir* qui sont en plus grande estime. Les vins de Jurançon et de Gan (Basses-Pyrénées) s'obtiennent par la fermentation du jus du *Sauvagnon*. A l'Ermitage (Drôme), la *petite Syra* fournit les vins rouges, la *Marsanne* et la *Roussanne* les vins blancs. C'est la *Roussette* que l'on cultive à Saint-Péray (Ardèche) pour préparer les vins blancs mousseux ou non.

Les coteaux bien isolés, comme celui de l'Ermitage, par exemple, dirigé du N. N. O. au S. S. E., sont choisis de préférence par les viticulteurs, car ils donnent d'excellents produits. Telle est l'influence de l'exposition et de la température que, sur le même coteau, on obtient, à des hauteurs différentes, des vins qui sont loin d'avoir la même valeur.

La limite de la culture de la vigne, en Europe, est dans les contrées où la température moyenne est inférieure à 10°,5. Mais cette condition climatérique ne suffit pas; il faut de plus, d'après M. Boussingault, que, pendant le cycle de végétation, le thermomètre, en moyenne, ne s'abaisse pas au-dessous de 15°, et durant l'été, au-dessous de 18°. Hors de ces conditions, même dans les contrées traversées par la ligne isotherme de 11 à 12°, on ne saurait avoir de bons vignobles.

La nature du terrain a aussi une action marquée, mais elle s'exerce sur le *bouquet* ou parfum des vins plutôt que sur leur qualité, car on en récolte d'excellents dans des sols très-variés. En Bourgogne, le terrain des Clos les plus ap-

---

[1]. Trois fois autant que le royaume de Portugal.

préciés est argilo-calcaire. Le sol de la Champagne est calcaire; les environs de Château-Neuf sont siliceux; des sables gras donnent le Médoc et le Grave; le vin de Lamalgue (Var) provient d'un schiste micacé; les coteaux de Beaune, de Rocoule, des Murets, qui donnent le vin blanc d'Ermitage, le célèbre coteau de Jurançon sont formés de poudingues; les vignes de l'Ermitage sont complantées dans des fragments de syénite (granit dans lequel le mica est remplacé par l'amphibole).

Il faut choisir avec discernement les engrais que l'on destine à la nutrition de la vigne, car ce végétal en subit facilement l'influence. L'engrais, s'il est trop actif, augmente la quantité de la récolte, mais au détriment de la qualité; s'il est d'une odeur forte et désagréable, il altère l'arome. Les engrais peu odorants et d'une action lente (noir animal, marc de raisin, rognures de cornes, chiffons de laine) conviennent le mieux. Du reste, ce ne sont que les *provins* que l'on est dans l'usage de fumer.

II

Tout le monde sait que le vin est le produit de la fermentation du *moût* ou jus de raisin. Mais en quoi consiste la fermentation? Quelles sont les pratiques de la vinification qu'il faut suivre pour servir de bons vins sur nos tables? Voilà ce que l'on ignore en général. Les crus de notre pays sont fort recherchés; malheureusement la plupart d'entre eux, à l'état de pureté, ne peuvent supporter de longs voyages; ils sont sujets à de nombreuses altérations et, jusque dans ces derniers temps, on a vainement tenté de les combattre avec efficacité. Les pertes chaque année ont été énormes, car les meilleures cuvées sont les plus délicates.

Consultez un propriétaire ou un négociant, il vous affirmera que, grâce à des méthodes intelligentes de fabrication, il ne livre à la consommation que des vins purs et irréprochables. N'en croyez rien. Si l'intérêt et l'amour-propre n'étaient pas en jeu, le producteur vous avouerait qu'il n'y a peut-être pas de cave en France qui ne renferme quelques tonneaux de vins avariés, tant sont communes les causes qui peuvent en dénaturer la qualité.

Jusqu'ici le mal a été considérable et difficilement combattu; on compte par millions les pertes annuelles de l'agriculture. Mais tout fait espérer qu'en suivant les prescriptions consignées dans une récente publication de M. Pasteur[1] dont on ne saurait trop recommander la lecture, on pourra à l'aide de procédés simples, peu coûteux, accessibles à tous, améliorer les vins, les soustraire aux maladies qu'ils contractent si facilement, les transporter au loin sans avoir recours à l'avinage ou à tout autre mode de conservation que l'on n'emploie qu'en nuisant à la qualité.

Avant de nous occuper de la préparation du vin, de sa conservation, de ses maladies, des moyens de les éviter ou de les guérir proposés par M. Pasteur, il nous paraît utile de résumer en peu de mots les découvertes de ce jeune savant sur les ferments et la fermentation, car les ferments ne sont pas seulement les agents principaux de la transformation du moût en vin, mais en eux réside la cause *unique* des maladies auxquelles ce dernier liquide est en butte.

---

1. *Études sur le vin : ses maladies, causes qui les provoquent, procédé nouveau pour le conserver et pour le vieillir.*

III

En 1863, on n'avait encore que des idées fausses sur les curieuses modifications que, dans des circonstances particulières, subissent certains corps, modifications qui constituent la *fermentation*.

Depuis longtemps on sait que la levûre de bière a la propriété de faire fermenter les dissolutions sucrées. On pensait que toutes les matières organiques azotées, dont l'albumine est le type, pouvaient devenir *ferment* pourvu qu'elles eussent éprouvé, sous l'influence de l'oxygène atmosphérique, un commencement d'altération. Pour M. Liebig, le ferment est un corps dont les molécules sont dans un état de décomposition et de mouvement; cet état se transmet à d'autres molécules qui se trouvent en repos et s'ébranlent à leur tour. Peu importe que le ferment soit organisé ou non. Si la levûre de bière agit comme ferment, cela tient aux altérations qu'elle subit elle-même.

Cette théorie d'un savant illustre n'est plus acceptable; elle est détruite par les expériences décisives du Directeur des études scientifiques de l'École Normale.

M. Pasteur appelle *ferments* des êtres organisés microscopiques, animaux ou végétaux, dont les germes se rencontrent dans l'air en quantité incalculable. Ces germes (œufs ou spores), placés dans des conditions particulières et en présence de certains corps, naissent, vivent et se développent aux dépens de ceux-ci qu'ils décomposent en principes constants et définis. C'est à ce mode spécial de décomposition que l'on donne le nom de *fermentation*. On voit donc que, contrairement aux opinions antérieurement reçues, les ferments n'agissent que pendant la durée de leur existence; ce n'est point la matière albuminoïde qui joue elle-même le rôle de ferment, elle ne fait que fournir les substances nécessaires à son développement.

Suivant la nature de l'être organisé et suivant celle des matériaux qu'il s'assimile pour vivre et croître, la fermentation prend un nom différent. Le ferment alcoolique est un petit cryptogame (*mycoderma vini*) qui se multiplie avec une étonnante rapidité par bourgeonnement en enlevant au sucre du moût divers éléments. Le sucre est décomposé, il se produit un dégagement abondant d'acide carbonique qui ne cesse que quand il n'y a plus de matière sucrée. Il reste dans la liqueur de l'alcool de petites quantités de glycérine et d'acide succinique.

La fermentation *acétique* est due à un ferment (*mycoderma aceti*) dont les fonctions consistent à enrichir l'alcool d'oxygène, ce qui le transforme en vinaigre ou acide acétique. Dès que ce parasite apparaît dans le vin, on peut craindre sa détérioration. La fermentation *lactique* est aussi déterminée par un champignon microscopique qui change le sucre en acide lactique. Le ferment *butyrique* est un animal infusoire, espèce particulière de vibrion qui, pour vivre, n'a pas besoin de respirer l'oxygène libre.

On a cru jusqu'ici que le vin était un liquide dont les principes sans cesse *en travail* réagissaient d'une manière continue les uns sur les autres. Cette croyance est une erreur. Les variations que subit la liqueur ne dépendent pas de sa composition normale, elles sont dues à des influences extérieures, à des végétaux dont les dimensions atteignent à peine un millième de millimètre et qui trouvent dans le moût les conditions nécessaires à leur développement. Ils modifient le jus du raisin soit en lui enlevant divers éléments dont ils se nourrissent, soit en formant des produits nouveaux, effets de leur multiplication.

On devine dès à présent qu'en détruisant d'une manière quelconque la vitalité des germes, tout mouvement doit cesser dans le vin. De là la conséquence claire et précise que le vin ne travaillant plus, on n'a plus à redouter les maladies qui trop souvent en dénaturent les propriétés.

Un fait d'un haut intérêt est acquis à la science. Nous ne saurions trop le répéter, ce ne sont pas les matières organisées contenues dans le moût, qui par suite d'altérations se transforment elles-mêmes en ferments. Nous savons maintenant que les germes des ferments sont en suspension dans l'atmosphère, que les substances organiques fermentescibles leur fournissent les aliments indispensables à leur accroissement et à leur reproduction, comme la terre arable fournit à la graine les conditions nécessaires pour qu'elle devienne plante.

IV

Les manipulations qu'exige la fabrication du vin varient suivant les contrées. Quel que soit le procédé employé, il comporte quatre opérations : le *foulage* du raisin, la *fermentation du moût,* le *décuvage* et le *pressurage*.

Le raisin est transporté dans des *bennes* du vignoble au cellier. Là, entassé dans de grandes cuves, il est foulé par piétinement, afin d'exposer momentanément le jus du fruit à l'action de l'air. L'oxygène intervient, comme l'a démontré une expérience bien connue de Gay-Lussac, dans la fermentation. Cependant il est reconnu que son rôle est nul dans la transformation du sucre en alcool et en acide carbonique. C'est donc le ferment qui réclame la présence du gaz pour passer de l'état de spore à la forme adulte sous laquelle a lieu la multiplication par bourgeonnement en dehors de toute influence de l'oxygène.

Dans un petit nombre de localités, on sépare, avant l'encuvage, le raisin de la *rafle;* cette pratique n'est pas générale, parce que, dit-on, l'égrainage rend le vin filant.

Si le thermomètre, dans le cellier, s'élève au-dessus de 15°, ce qui a toujours lieu à l'époque des vendanges (du 10 septembre au 10 octobre), la liqueur ne tarde pas à fermenter. La masse va s'échauffant, la température peut même atteindre 30°, en plein travail, quand les cuves ont des dimensions considérables. Les matières solides soulevées par le dégagement abondant de l'acide carbonique, effet de la décomposition du sucre, s'accumulent à la partie supérieure et forment une croûte ou *chapeau*. La fermentation se maintient ordinairement huit à dix jours [1]. On foule alors de nouveau jusqu'à que le chapeau soit complétement immergé. La masse liquide s'agite de nouveau, mais le mouvement est moins tumultueux. On procède ensuite au cuvage avant que tout le sucre ait été transformé en entier, sinon une partie de l'alcool passerait à l'état d'acide acétique.

On opère la vidange en soutirant le vin par un robinet placé près du fond de la cuve, et on le fait passer dans des fûts qu'on ne remplit qu'aux 4/5 de leur capacité et que l'on ne bouche pas pendant quelques jours, car la fermentation continue encore avec plus ou moins d'activité.

Le résidu du décuvage est porté au pressoir. Le jus exprimé est souvent réuni en entier à celui qui a été décuvé; d'autres fois on ajoute seulement au grand vin les premières parties extraites du marc par la pression. Les dernières sont mélangées avec de l'eau et on obtient une boisson légère et aigrelette connue sous le nom de *piquette* dans nos campagnes.

Le vin ainsi obtenu est *rouge* ou *jaune*, selon qu'il provient de raisins noirs ou blancs.

Si on veut de vin blanc, le fruit de la vigne est soumis à

---

[1]. Il est des cantons où le vin reste encuvé de quatre à six semaines. Dans ce cas, on ferme les cuves au bout de huit jours avec des couvercles lutés.

l'action de la presse avant que la fermentation se soit manifestée. Pourquoi? c'est que la matière colorante du raisin réside dans la pellicule du grain; et le liquide ne peut se colorer qu'autant que la fermentation du moût sera suffisamment avancée. Or, si elle ne commence que quand les pellicules restées sur le pressoir auront été séparées du liquide, celui-ci ne pourra pas prendre de coloration faute de matière colorante. La couleur du raisin n'a que bien peu d'influence sur celle du vin; ce sont des raisins noirs qui donnent le Champagne.

Le vin continue à fermenter dans les tonneaux et il s'éclaircit de plus en plus; les matières qui le troublaient se déposent et forment la lie. On procède alors à un premier soutirage.

Cette fois, les fûts sont entièrement remplis et bouchés avec soin presque partout. En Bourgogne, le vin est encore soutiré trois fois la première année, en mars, mai et septembre : deux fois les années suivantes, en juin et en octobre. Il reste, en moyenne, quatre ans en tonneaux. Cette durée varie selon les années, les crus et la capacité des fûts. Le Clos-Vougeot est conservé six ans dans le bois; pour le Chambertin, la Romanée, le Volnay, le Pomard, on se contente de trois à quatre ans.

Tous les mois on *ouille*, c'est-à-dire on remplace par du vin de même qualité celui qui s'est évaporé en traversant les pores du bois des tonneaux. L'ouillage, pour la plupart des viticulteurs, est une opération indispensable, afin de prévenir la présence de la *fleur* qui, d'après Chaptal, annonce et précède *constamment* la dégénération acide du vin. D'ailleurs, Batilliat a dit à son tour : « Il n'y a pas de bon vin dans un vase qui n'est pas plein. » Sur les bords du Rhône, à Tain, le remplissage paraît tellement nécessaire que, pendant les deux premières années, il est des propriétaires qui l'opèrent tous les huit jours, tant on est pénétré de cette idée que l'oxygène atmosphérique est l'ennemi du vin.

Nous étonnerons plus d'un lecteur en avançant que l'assertion de Chaptal est trop générale, que Batilliat est dans l'erreur, enfin que sans oxygène il n'y a ni bon vin, ni vin vieux. Le livre de M. Pasteur en main, il nous sera facile de convaincre les plus aveugles partisans de la routine. Mais n'anticipons pas.

En Bourgogne, et — nous pouvons ajouter — dans la plupart des contrées de vignobles, on procède fréquemment à l'opération du remplissage. Dans la région du Jura où on récolte entre autres l'excellent vin d'Arbois, et probablement ailleurs, non-seulement on se garde bien d'ouiller, mais on a soin, chaque fois qu'un soutirage a lieu, de laisser du vide dans les tonneaux. Le propriétaire s'inquiète peu de la couche blanche et épaisse de fleurs qui recouvre constamment le vin et sous laquelle le liquide paraît limpide.

Qui a tort, qui a raison? Chaque province est dans le vrai; chacune d'elles, à la suite d'observations séculaires, est arrivée à une sorte de perfection relative dans les pratiques qu'elle suit. Les cépages ne sont pas partout les mêmes, la nature du vin, selon les climats, peut donc exiger des manipulations différentes.

Un fait observé par M. Pasteur rend compte, selon nous, d'une façon satisfaisante, de la nécessité de l'ouillage en Bourgogne, de son inutilité dans le Jura. La fleur des vins du Clos-Vougeot, de Pomard, etc..., est presque toujours formée du *mycoderma aceti* dont il faut se débarrasser à tout prix, parce qu'il acidifie promptement la liqueur. Le *mycoderma vini* apparaît de préférence dans les vins de Franche-Comté. Tandis que l'effet du premier cryptogame est d'absorber l'oxygène de l'air pour la porter sur l'alcool qui se change en acide acétique, l'action du second place, comme nous le verrons, le vin, sous le rapport de son aération, dans des conditions avantageuses. L'ouillage est donc d'une nécessité absolue en Bourgogne; dans le Jura, cette pratique est au moins inutile.

La fleur n'est donc pas toujours le signe de la dégénération acide du vin; il peut donc y avoir du bon vin dans un vase qui n'est pas plein. Bientôt, nous nous assurerons que sans oxygène il n'y a pas de vin vieux.

Un grand nombre de propriétaires sont dans l'habitude, vers le printemps, de *coller* les vins dans le double but de les rendre plus limpides et d'éliminer un principe albuminoïde qu'ils tiennent en suspension. Ce principe, à l'époque de l'année où la température commence à s'élever, tend, par sa présence, à raviver la fermentation, ce qu'il convient d'éviter.

Pour des vins blancs, on fait usage de colle de poisson, parce qu'elle se coagule malgré la faible quantité de tannin qu'ils contiennent. On colle les vins rouges avec du sang, de la gélatine ou du blanc d'œuf. Ces substances en s'unissant au tannin forment un composé insoluble, lequel se dépose entraînant avec lui un peu de la matière colorante et tout ce qui peut contribuer à troubler la liqueur. Souvent, afin de prévenir, dit-on, l'acidité, on ajoute un peu de sel ordinaire aux matières clarifiantes.

Au bout d'un temps variable, suivant les contrées et la nature du vin, celui-ci est mis en bouteilles.

V

Le vin est la boisson hygiénique par excellence, à la condition toutefois d'être naturel, de n'avoir pas été allié, sous prétexte de conservation, à des substances inoffensives, sans doute, mais qui en modifient les qualités plus profondément qu'on ne saurait l'imaginer.

Outre l'eau et l'alcool, le vin contient des matières colorantes, du tannin, des acides tartrique et malique libres, des tartrates (parmi lesquels le bitartrate de potasse est le plus abondant), de petites quantités de principes gommeux et gras, de l'albumine végétale. Il renferme encore des sels, tels que le phosphate de chaux, le sulfate de potasse, le chlorure de sodium. La plupart de ces produits existaient dans le moût.

Notons encore au nombre des substances dont l'analyse a constaté la présence :

1e L'acide carbonique auquel le Champagne doit d'être mousseux. Pour obtenir ainsi ce gaz en excès, on met dans chaque bouteille 4 à 5 p. 0/0 de sucre candi, dissous dans son poids d'eau ;

2° L'acide acétique provenant d'une fermentation trop prolongée ;

3° L'acide succinique et la glycérine. La saveur sucrée de certains crus est due à la glycérine, qui peut entrer dans la proportion de 6 à 8 grammes par litre ;

4° L'éther acétique engendré par la réaction de l'acide acétique sur l'alcool ;

5ª L'éther œnanthique, composé mal défini ; on lui attribue le *bouquet* du vin ; mais peut-être varie-t-il suivant la nature et la provenance de celui-ci.

C'est l'alcool qui donne aux vins la force et la propriété enivrante ; cependant, d'après M. Berthelot, la vinosité n'est pas due seulement au principe alcoolique. Il y a dans le jus de raisin fermenté un ou plusieurs principes qui, indépendamment de l'alcool, concourent à le rendre généreux.

La richesse alcoolique d'un vin se détermine facilement au moyen de l'alambic de Salleron, plus facilement encore à l'aide d'un instrument ingénieux dont M. Valson a donné le principe. Le *liquomètre* — c'est son nom — permet de la déterminer en deux ou trois minutes.

Le tableau suivant indique les quantités d'alcool anhydre contenues dans 100 volumes de vins bien connus :

Vin de Lissa	23,47	Vin de Frontignan	11,76
de Madère	20,48	de Côte-Rôtie	12,45
de Porto	20,22	du Rhin	11,11
de Roussillon	16,67	de Bordeaux (le plus	
d'Ermitage bl.	16,03	spiritueux	11,00
de Malaga	15,87	de Tokay	9,08
de S.-Georges	15,00	de Bordeaux (le	
de Sauterne bl.	15,00	moins spiritueux.)	7,05
de Chypre	15,00	de Bourgogne	
de Grave	12,30	rouge	7,66

Les vins des Bouches-du-Rhône et du Var contiennent de 10 à 14 p. 0/0 d'alcool.

VI

Nous avons déjà eu occasion de dire que les vins, surtout les vins vieux, exigent des soins particuliers quand ils doivent être consommés dans des contrées lointaines, parce qu'ils sont exposés à de nombreuses maladies. Ils peuvent *s'acidifier, tourner, pousser;* devenir *gras, filants, amers;* prendre le *goût du fût.* Ces altérations qui portent le plus grave préjudice au commerce sont connues depuis longtemps; depuis longtemps aussi l'empirisme a cherché à les combattre et parfois il l'a fait avec succès.

Les Romains et les Grecs se servaient de poix-résine et d'aromates pour donner de la durée aux vins.

On obtient des effets satisfaisants par l'emploi du sucre; les vins liquoreux, on le sait, sont moins que les autres susceptibles de se détériorer.

Dans le Languedoc, on mêle directement de l'alcool aux vins; plus généreux, leur transport à l'étranger présente moins de chances d'avaries.

En Bourgogne, le vinage est indirectement pratiqué par addition de sucre à la vendange.

Le *méchage* des fûts est une pratique ancienne dans l'art de faire le vin. Le soufre, s'oxydant à l'air, donne de l'acide sulfureux qui, comme tous les anti-septiques, paralyse l'action des ferments. Le tonneau dans lequel on a brûlé des mèches soufrées s'imprègne du gaz acide et devient, au moins pendant quelque temps, un milieu conservateur.

Il est des pays où on *plâtre* le vin. Le plâtre introduit dans la cuve où s'opère la fermentation du moût a une action marquée sur le vin ; il le dépouille d'une partie de la matière colorante, le rend vermeil, plus limpide et assure davantage sa conservation. Que se passe-t-il? Le sulfate de chaux réagit sur le bitartrate de potasse sans que le degré d'acidité de la liqueur soit modifié; une partie de l'acide tartrique se précipite à l'état de tartrate de potasse; une quantité équivalente d'acide sulfurique entre en solution à l'état de sulfate acide de potasse (MM. Bussy et Beugnet).

Un habile œnologue, M. de Vergnette-Lamothe, prétend que l'action du froid sur les vins les conserve et les améliore. Une basse température, selon lui, sépare une partie solide composée de bitartrate de potasse et de principes colorants et azotés. Le vin exposé pendant une semaine à un froid de 9 degrés acquiert du nerf et de la vivacité, sa richesse alcoolique augmente, il est à l'abri d'une nouvelle fermentation, et sa durée est sans limites.

Malheureusement, ces procédés de conservation sont incertains. Ils ne réussissent pas toujours, bien s'en faut. D'ailleurs, ils nuisent aux propriétés hygiéniques du vin. Ainsi, le plus usité dans le Midi, le vinage, non-seulement restreint la consommation, mais encore est préjudiciable aux qualités que l'on recherche dans les vins de table.

Le vin a deux qualités fort distinctes : c'est un excitant et c'est aussi un aliment. Celui que la France expédie à l'étranger est presque toujours *viné*, sinon il s'altérerait. Dans nos vins exportés, la qualité excitante domine donc. Aussi n'en boit-on qu'un verre ou deux à chaque repas, et le riche seul en fait usage. Combien ne serait-il pas avantageux d'avoir un procédé de prompte exécution, peu coûteux, pour rendre nos vins, sans altérer en rien leur composition, propres à supporter de longs voyages, et à être servis purs et à bas prix sur la table de l'ouvrier anglais comme sur celle du lord.

Tout nous donne lieu d'espérer que M. Pasteur a résolu l'important problème qui intéresse à un si haut degré l'industrie viticole. Le célèbre chimiste, à la suite de travaux dirigés avec autant de patience que de talent, est parvenu à trouver d'abord la cause des maladies du vin, puis les moyens de les combattre.

VII

Ces maladies ont été attribuées jusqu'ici à l'action spontanée d'une matière albuminoïde modifiée par une *cause inconnue*... Étrange théorie, si théorie il y a. Quelle est donc cette cause occulte qui rappelle la *vertu dormitive* de l'opium? M. Pasteur, peu satisfait d'une semblable explication, a repris la question. Avant d'émettre une opinion, il a examiné au microscope les vins malades, et il a reconnu que les altérations, quelle que soit leur nature, sont exclusivement produites par des végétaux appartenant au monde des plus infiniment petits, car leurs dimensions dépassent rarement un millième de millimètre. L'organisation de ces champignons est des plus simples. Ce sont des filaments, des chapelets d'articles ou de grains. Ils se multiplient par bourgeonnement ; les chapelets s'égrènent, les articles s'étranglent, se séparent en deux globules qui s'étranglent à leur tour en grandissant, et ainsi de suite.

Quand des matières azotées sont associées à de l'alcool et exposées à une température convenable, des mycodermes prennent naissance et, selon leur espèce, il se développe telle ou telle maladie.

Personne ne conteste aujourd'hui que tous les vins renferment les germes de ces ferments vivants. Cela étant, voyons s'il n'est pas possible de les priver de leur vitalité, sans altérer la liqueur, de façon à s'opposer au développement d'une maladie quelconque. On aura ainsi fondé un art nouveau de faire le vin propre à l'extension du commerce de ce produit précieux de la terre.

Mais d'abord il est utile de faire connaître les caractères des principales maladies et les préceptes fournis par l'empirisme pour les guérir.

VIII

L'*acescence* est la plus commune et, d'après Chaptal, la plus naturelle des maladies du vin, car elle est une suite de la fermentation alcoolique. Les vins ordinaires (que l'on ne conserve que peu d'années) et les vins de choix quand ils sont nouveaux aigrissent rarement. Si la *fleur* apparaît à leur surface elle n'est formée que du *mycoderma vini*, être à peu près inoffensif. Les vins fins, au contraire, tournent aisément à l'aigre en vieillissant parce que les circonstances favorables à la multiplication du *mycoderma aceti* augmentent avec le temps.

L'accès de l'air dans les tonneaux, la température élevée du cellier sont les causes principales qui engendrent l'acidité; il doit en être ainsi : l'air apporte sans cesse dans les vases le germe du cryptogame qui est le véritable fabricant du vinaigre, et la chaleur le fait éclore. On s'assure que le mycoderme joue seul un rôle actif en en semant un peu à la surface d'un liquide composé d'eau et d'une faible proportion d'alcool et d'acide acétique déjà formé. A mesure que la plante se développe, l'alcool s'acidifie; on ajoute de l'alcool frais, du vin ou de la bière, et on a bientôt un vinaigre propre à la consommation, contenant 7 0/0 d'acide acétique.

On peut remédier à l'acescence (Malagutti) en ajoutant au vin *piqué* du tartrate neutre de potasse. Il se forme un bitartrate peu soluble qui se dépose et de l'acétate de potasse. Ce dernier sel étant peu sapide, l'acidité disparaît.

M. Pasteur a proposé un autre moyen. Après avoir déterminé le titre acide du vin aigri, on le compare à celui d'un vin analogue et sain. Cela fait, on sature la différence des deux titres acides par une dissolution de potasse concentrée et dosée. Cette opération donne les meilleurs résultats, quand la proportion d'acide acétique ne dépasse pas deux grammes par litre. Un fait digne d'attention, c'est que le bouquet de certains vins, masqué par la présence de l'acide, reparaît après la saturation par l'alcali.

Vers la fin du printemps et au commencement de l'été, il arrive trop souvent que le vin *tourne*. En l'examinant dans un verre, on reconnaît qu'il est troublé par le mouvement d'ondes soyeuses, et on voit que la surface liquide est terminée par une ceinture de petites bulles. Si le tonneau est plein et bien fermé, le liquide suinte aux joints des douves, les fonds se bombent et, en pratiquant une petite ouverture, il jaillit avec force au loin; il a, comme on dit vulgairement, *la pousse*. Le vin non-seulement perd sa limpidité, mais il devient de mauvais goût, plat, faible comme si on l'avait additionné d'eau.

Le vin tourne, dit-on encore aujourd'hui sans raison, parce que la lie se soulève et remonte à la surface. M. Pasteur a reconnu que cette maladie est due, sans aucune exception, à la présence de filaments organisés qui ont moins d'un millième de millimètre de diamètre. Ce ferment, quand il réagit sur le vin, dégage de l'acide carbonique ; de là naît *la pousse*. De nombreux soutirages sont le meilleur remède contre cette maladie, car ils éloignent les dépôts qui sont un foyer de corruption. Le collage, le lavage des fûts et leur purification par l'acide sulfureux sont aussi recommandés.

Le ferment des vins tournés offre la plus grande ressemblance avec le ferment lactique ; aussi n'est-il pas rare de rencontrer de l'acide lactique dans ces vins. Les vins rouges sont les plus sujets à la tourne. Cependant cette altération atteint souvent les champagnes, les clairets mousseux du Jura, la bière elle-même qui prennent alors une saveur très-désagréable.

La *graisse* attaque fréquemment les vins blancs faibles de divers vignobles, particulièrement ceux de l'Orléanais et du bassin de la Loire. Le vin perd sa limpidité, file comme de l'huile quand on le transvase. On a attribué cette maladie à un principe azoté, sorte de *gluten soluble*, capable de déterminer dans le vin la fermentation visqueuse. Pour obtenir le vin blanc, on fait fermenter le moût quand la rafle en a été séparée. Il en résulte que la liqueur manque de tannin qui est fourni par la partie ligneuse de la grappe. Le tannin aurait éliminé le principe azoté en formant avec lui un précipité insoluble.

M. François de Châlons-sur-Marne, acceptant cette explication, a fondé sur l'emploi du tannin un remède fort apprécié en Champagne. Il conseille de verser dans un hectolitre de vin 100 à 150 grammes de tannin. Le remède peut être efficace, mais la cause de la maladie n'est pas celle que l'on assigne. M. Pasteur a trouvé dans tous les vins filants un ferment spécial composé de chapelets de petits globules sphériques agglutinés par une matière muqueuse. Les germes de ce ferment sont probablement empruntés à des grains de raisin qui ont pourri sur le cep.

On a dit avec raison que l'*amertume* est une maladie aristocratique, comme la goutte, car elle ne nuit qu'aux vins vieux qui sont toujours des meilleurs crus, car on ne conserve que les vins les plus en renom. Tous les vins rouges peuvent contracter cette maladie, surtout les vins si délicats et si estimés de la Côte-d'Or.

Au début du mal, le vin prend une odeur *sui generis*, sa couleur devient moins vive, son goût fade. La saveur amère est imminente si on n'y prend garde; tous ces caractères ne tardent pas à se développer rapidement. Bientôt le vin prend le goût de l'amertume, de l'acide carbonique se dégage. La maladie peut s'aggraver, la couleur s'altère complétement, le vin n'est plus buvable. Une bouteille de Pomard de 15 francs, une fois atteinte des premiers symptômes, vaut à peine 1 franc.

Dans ce cas encore on constate l'action d'un cryptogame particulier. On remarque dans une goutte de vin examiné au microscope, des branchages rameux, plus ou moins articulés, que l'on pourrait confondre à première vue avec le ferment du vin tourné.

IX

A côté de ces ferments organisés qui produisent les maladies du vin, on doit encore considérer les réactions purement chimiques qui peuvent se passer dans la masse liquide et en modifier la qualité. C'est ici le lieu d'examiner l'influence de l'oxygène dans la vinification. Elle a été diversement appréciée.

On sait que la présence de ce gaz est indispensable au début de la fermentation; le ferment en a besoin pour que son germe se transforme en cellule adulte. Mais, en dehors de cette action de l'oxygène, il en existe une autre qui mérite d'être prise en considération et sur laquelle on est loin d'être d'accord.

Pour la majorité des savants et des viticulteurs, l'oxygène atmosphérique est le plus redoutable ennemi du vin. A son contact plus ou moins prolongé, la liqueur *s'évente*, c'est-à-dire s'affaiblit, perd son bouquet. M. Berthelot a en effet démontré que l'évent résulte de l'absorption d'une petite quantité d'oxygène. C'est encore ce gaz qui acétifie le vin, qui détermine la formation de la fleur qui recouvre souvent sa surface. Le bon vin, d'après M. Boussingault, ne contient jamais en dissolution que de l'azote et de l'acide carbonique. Il faut par tous les moyens possibles mettre le vin à l'abri de l'influence de ce gaz, et c'est ce que l'on recherche dans l'ensemble des pratiques de la vinification, depuis l'encuvage jusqu'à la mise en bouteille.

M. Pasteur n'est pas de cet avis et il nous paraît avoir éclairé d'une vive lumière la question des maladies du vin et le rôle dévolu à l'oxygène dans la vinification. Selon lui, c'est ce gaz qui *fait* le vin, qui modifie les principes acerbes du premier âge, qui le *vieillit*. Loin d'affaiblir le vin et de lui enlever son bouquet, l'oxygène lui donne au contraire sa qualité et ce n'est qu'après l'absorption d'un certain volume de ce gaz que l'on doit songer à la mise en bouteilles. Enfin, l'action de l'oxygène employé avec ménagement est aussi bienfaisante que celle des végétaux microscopiques l'est peu.

Pour expliquer ces observations contradictoires, il faut, dit M. Pasteur, distinguer l'action brusque et l'action lente de l'air sur le vin. Toutes les pratiques de la vinification ne sont-elles pas propres à soumettre le vin à une aération progressive en même temps qu'elles s'opposent à une aération abondante? Le méchage, l'ouillage ne sont-ils pas commandés plutôt par la nécessité d'empêcher les maladies en gênant le développement des mycodermes que par la nécessité de se débarrasser de l'oxygène de l'atmosphère ? On ne s'expliquait pas jusqu'ici l'usage de conserver plusieurs années le vin dans des tonneaux pour le bonifier; aujourd'hui, on s'en rend compte; une évaporation continue a lieu à travers les pores du tonneau, le vide intérieur est longtemps et peu à peu rempli par de l'air dont l'oxygène se combine avec les principes multiples très-oxybles du vin, tandis que l'azote reste en dissolution, remplaçant, au fur et à mesure qu'il disparaît, l'acide carbonique entraîné avec la vapeur d'eau. Pendant les soutirages, le même effet se produit.

Mais on objectera peut-être que de tous les faits que nous venons de signaler, il ne découle que des présomptions. Ayons donc recours à l'expérience directe, elle nous donnera des preuves décisives.

Que l'on conserve dans une cave des flacons remplis de vin encore sous marc et hermétiquement bouchés, de manière à intercepter toute communication entre l'air et le liquide. Au bout de deux ans, celui-ci aura la couleur violette, l'odeur de levûre, la saveur verte et acerbe qui caractérisent le vin nouveau. Rien ne sera changé. Ce même vin exposé au soleil n'offrira pas la moindre différence avec le précédent. Si on l'avait traité à la façon ordinaire, son contact plus ou moins facile avec l'air aurait déterminé un dépôt, un changement de coloration; les qualités du vin vieux se seraient déjà manifestées.

Que conclure de ces expériences? C'est que les modifications qui vieillissent le vin doivent être attribuées à l'absorption de l'oxygène de l'air et au dégagement de la majeure partie de l'acide carbonique dont le vin est saturé lors du premier soutirage.

Pour convaincre les incrédules, M. Pasteur s'est livré à des recherches nouvelles qui donnent pleinement raison à sa théorie. Plusieurs flacons remplis *en partie seulement*, à moitié ou aux deux tiers de vin sortant depuis peu de la cuve, et bien bouchés ensuite, furent partagés en trois groupes. Le premier fut déposé dans une cave obscure; le second, exposé à la lumière diffuse; le troisième, au soleil.

Au bout du même temps, en examinant les vins, on reconnut que l'air avait agi d'une manière bien différente sur les trois groupes. Pour obtenir les mêmes résultats, l'action est plus lente à l'obscurité qu'à la lumière, et encore les effets, dans ces deux circonstances, ne sont-ils pas toujours identiques. Nous l'avons fait remarquer plus haut, le vin nouveau renfermé dans des flacons privés d'air ne prend aucun bouquet, il conserve la saveur et son odeur primitives, qu'il soit soumis ou soustrait à l'influence des rayons solaires. Quant au vin exposé à l'air, il dépose considérablement; s'il est blanc, sa teinte se fonce; s'il est rouge, elle s'éclaircit. Au soleil, au bout de six semaines ou deux mois, il vieillit outre mesure; le rouge prend le goût du rancio; le blanc, celui du madère. Quelques semaines d'exposition à l'air confiné et à la lumière produisent les mêmes résultats que dix et vingt ans de tonneau.

Donc, la combinaison de l'oxygène avec le vin est la cause essentielle de son vieillissement. Cette combinaison, assez rapide au soleil, exige d'autant plus de temps que le liquide a séjourné dans un lieu plus obscur. Dans tous les cas, elle doit se faire avec lenteur. D'ailleurs, il ne faut pas pousser trop loin l'oxydation, dans la crainte d'affaiblir le vin, de l'user, d'enlever au vin rouge toute sa couleur. Il y a donc une époque déterminée, variable pourtant pour chaque cru, et, suivant l'année, pour le même, qu'il faut choisir quand on veut opérer le passage du liquide du tonneau dans la bouteille.

On sait que les vins de France qui ont voyagé sur mer, ceux surtout qui ont franchi le tropique, acquièrent des propriétés qui les rendent meilleurs. Ils en sont certainement redevables à l'oxygène atmosphérique plutôt qu'à l'élévation de la température. L'introduction de l'air dans les tonneaux est alors favorisée par une évaporation plus rapide à la surface des douves, par les chocs fréquents du liquide contre les parois des fûts.

Il est bien entendu que dans les expériences où le vin est en contact prolongé avec l'air, on a préalablement détruit dans les flacons les germes des végétaux parasites. Comment? Par un procédé qu'il nous reste à décrire et qui permet de conserver les vins indéfiniment.

DES VINS. — NOUVEAU PROCÉDÉ DE CONSERVATION. — ANIMAUX ET VÉGÉTAUX MICROSCOPIQUES

X

Les variations que le vin éprouve à la longue sont dues à des influences extérieures ; il vieillit par suite d'une combustion lente et progressive. Tels sont les résultats remarquables que M. Pasteur, à la suite d'expériences nombreuses et décisives, a consignées dans ses *Études sur le vin.* De là découle une conséquence du plus haut intérêt sous le rapport scientifique et industriel. Si les spores des végétaux microscopiques engendrent les maladies du vin, les germes une fois détruits, il doit être à l'abri de toute causes d'altération. Mais quel moyen mettre en usage pour le débarrasser de ces hôtes dangereux? Nous verrons qu'il est facile, qu'il offre le grand avantage de ne nécessiter l'addition d'aucune substance étrangère, fût-ce même de l'alcool.

Mais d'abord, qu'on nous permette une courte digression relative à une question de priorité.

« Il y a toujours dans les sciences, a dit Lavoisier, des personnes disposées à trouver que ce qui est nouveau n'est pas vrai, et que ce qui est vrai n'est pas nouveau. » Il suffit d'être tant soit peu initié à l'histoire de nos connaissances pour reconnaître la vérité des paroles de l'illustre chimiste.

Que d'exemples ne pourrions-nous pas citer ! Arago fait part à l'Institut, en 1840, de la découverte inattendue de Daguerre. — C'est impossible ! tel est le cri à peu près universel. Bientôt les épreuves du daguerréotype se répandent à profusion ; le doute n'est plus permis. Alors quelques *fouilleurs* de vieux livres soutiennent que l'honneur de l'invention revient à Charles, professeur, au commencement du siècle, au Conservatoire des arts et métiers, à Charles qui, au moyen d'une dissolution d'azotate d'argent, obtenait, sur l'écran d'une chambre obscure, la silhouette noire et informe d'un objet. Plus tard, M. Leverrier, à la suite de longs et savants calculs, parvient à fixer dans l'espace la position d'une planète dont personne n'avait jusqu'alors soupçonné l'existence. « Mettons-nous en route, dit un savant né malin, — pour nous assurer que la planète occupe réellement la place assignée. » Mais à peine l'astronome de Berlin eut-il aperçu Neptune dans le champ du télescope, que l'on voulut diminuer le mérite des prévisions du directeur actuel de l'observatoire de Paris. « Clairault, disait-on, avait ouvert la voie suivie par M. Leverrier avec plus de bonheur que de talent. Si le chemin tracé était si facile à parcourir, que n'y êtes-vous entrés les premiers, pourrions-nous répondre à ces prétendus érudits plus malveillants que disposés à rendre à chacun la justice qui lui est due. Il y a eu, il y aura toujours des critiques, savants ou non, jaloux ou quinteux, prêts à nier d'abord la valeur d'une découverte, sauf à proclamer plus tard qu'elle date du déluge quand sa vérité et son importance ne pourront être contestées.

A peine M. Pasteur avait-il publié son procédé de la

conservation des vins que des détracteurs élevèrent la voix pour le discréditer. Le vin chauffé perd sa valeur, disait l'un ; prend un mauvais goût, disait l'autre ; malheur à celui qui mettra en pratique la théorie du savant, sa ruine est certaine, ajoutait un troisième. Voilà ce que l'on soutenait à Marseille et ailleurs. Aujourd'hui que les expériences de M. Marès dans l'Hérault, de MM. Ottavi et Melloni en Italie, ont donné d'excellents résultats et affirmé la bonté du procédé Pasteur, on dénie à ce savant l'honneur d'avoir doté la fabrication du vin d'un précieux perfectionnement. M. Pasteur emploie la chaleur en vue de la conservation du vin, d'autres l'ont fait avant lui et avaient appliqué le chauffage sur une grande échelle. Examinons ce qu'il y a de fondé dans cette tardive assertion.

XI

De tout temps, personne ne le conteste, le chauffage sous diverses formes a été recommandé dans la préparation du vin. Suivant Columelle, pour donner au vin de la durée, on mêlait à la vendange des proportions variables, selon la qualité, de moût cuit réduit à la moitié ou aux deux tiers, dans lequel on avait fait infuser de l'iris, de la myrrhe, de la cannelle et de la poix-résine. C'était, comme le fait remarquer M. Pasteur, un vinage à la cuve réuni à une conservation par antiseptiques. Ce vin de Columelle ne pouvait être, on en conviendra, qu'une liqueur douce et épicée que les cabaretiers même de nos jours se garderaient bien d'offrir à leur clientèle quelque peu choisie qu'elle soit.

L'abbé Rozier rapporte que les vins de Crète étaient portés à l'ébullition quand ils devaient traverser la mer. Quelle boisson ! c'était une façon de vin cuit dont on est si friand dans le Midi.

En Grèce, dit Pline, un vin fameux, souvent employé comme remède, était préparé avec du raisin cueilli avant maturité et séché au soleil pendant quatre jours. Soumis ensuite à la presse, on le laissait vieillir dans des tonneaux exposés au soleil. Ce vin devait être très-coûteux et avoir une certaine analogie avec le vin *paille* que l'on fabrique aujourd'hui. Le naturaliste romain ajoute ailleurs, qu'en Campanie on exposait les bons vins en plein air, et qu'il est avantageux que les vases qui les contiennent soient frappés du soleil, de la lune, de la pluie et des vents.

Caton l'Ancien a donné une singulière recette pour faire du vin de Cos avec du vin d'Italie. Il faut, dit-il, après y avoir ajouté une *forte proportion* d'eau de mer, le laisser se faire pendant quatre ans au soleil. Ce détestable breuvage ne pouvait être qu'un purgatif amer et salé imaginé par l'ancêtre d'Harpagon, pour obliger sa famille et ses serviteurs à ne boire que de l'eau à leurs repas.

A la Guadeloupe, il y a absence complète de caves. Les vins, généralement de Bordeaux, sont conservés dans des bouteilles empilées sous les toits des maisons et exposées à toute l'ardeur du soleil des tropiques.

A Mèze (Hérault), la famille de M. Privas a importé d'Espagne, dit-on, il y a cinquante ans, un procédé encore employé aujourd'hui dans les immenses ateliers de M. Thomas. Il consiste à chauffer le vin nouveau, *mais seulement pour lui donner les couleurs du vin vieux*, pendant *plusieurs semaines* au *contact de l'air*, à une température *indéterminée*. Le liquide prend un goût *sui generis*, et il est ensuite mélangé à du *vin nouveau non chauffé*. Tout ce que l'on se propose d'obtenir à Mèze c'est de changer la teinte rouge violette du vin de l'année en la teinte rouge pelure d'ognons du vin de 2 à 3 ans. Mais quant à la destruction des mycodermes et à la conservation du vin, on n'y songe pas.

A Cette, on expose le vin au soleil, dans de grandes cours, pendant un an ou deux. Mais la température dans ce cas dépasse rarement 30° et est insuffisante pour produire de bons effets. On favorise simplement l'évaporation pour faciliter l'aération. L'exposition au soleil, telle qu'elle est pratiquée à Cette, se fait dans de si mauvaises conditions, que si le liquide n'était pas plusieurs fois viné pendant que les tonneaux sont sous l'influence des rayons solaires, il se transformerait certainement en vinaigre.

M. de Vergnette-Lamothe a proposé en 1865 de faire séjourner le vin pendant les mois de juillet et d'août dans un grenier faisant face au midi, ou de l'enfermer pendant deux mois dans une étuve à la température de 30 à 32°, si on opère en toute autre saison que l'été. Ce procédé serait plus propre à développer le mal qu'à le guérir, car la température du grenier serait insuffisante dans la Côte-d'Or pour détruire les germes, elle ne ferait que hâter leur développement. Avant M. Pasteur, l'œnologue bourguignon avait observé que le vin chauffé peut ensuite se conserver, mais il n'employait le chauffage que pour s'assurer si un vin pouvait ou non supporter un long voyage. Quand le liquide résistait à l'opération sans s'altérer, on pouvait courir les chances de l'exportation ; dans le cas contraire, il fallait le consommer sur place. Du reste M. de Vergnette avait si peu de confiance dans l'effet de la chaleur, que la conclusion d'un Mémoire qu'il a publié en 1850 [1] est la suivante : la concentration des vins par la congélation est l'*unique* moyen infaillible pour le conserver.

---

1. *De l'exportation des vins de Bourgogne dans les pays chauds.* — Travaux de la Société d'agriculture de Paris. 1850.

XII

Le chauffage, on le voit, date de longtemps et a été tenté sous bien des formes. Mais mal appliqué, incertain dans sa pratique, il n'a jamais été adopté avec confiance et d'une manière générale. Tout nous porte à espérer que malgré les obstacles de la routine, il n'en sera pas ainsi du procédé que nous allons faire connaître, et personne ne peut contester de bonne foi la priorité à M. Pasteur.

Pour détruire toute vitalité dans les parasites du vin, il suffit de le maintenir, pendant quelque temps, à une température de 50 à 60°. Cette opération préalable n'altère jamais sa couleur, sa saveur, sa limpidité, son bouquet. Elle peut même, quand une maladie est en pleine activité, l'arrêter au point où elle est arrivée.

Une commission composée de négociants en vins de Paris, dégustateurs exercés dont l'opinion doit peser d'un grand poids sur la question qui nous occupe, après s'être assurés par eux-mêmes des qualités de plusieurs sortes de vins traités par le procédé Pasteur, ont publié un Rapport qui lui est tout à fait favorable.

L'opération du chauffage, dit le Rapport, prévient surtout les maladies qui sont les causes des altérations des vins; elle *peut même les guérir*. Quant aux différences de goût remarquées dans les comparaisons des vins échauffés avec les mêmes vins qui ne l'avaient pas été, elles sont assez faibles pour échapper à neuf consommateurs sur dix, et le temps pourra peut-être les faire disparaître. D'ailleurs, l'imagination n'est pas sans avoir une grande influence sur la dégustation, puisque les membres de la commission s'y sont trompés eux-mêmes [1].

---

1. Le Rapport fait allusion à une supercherie bien innocente que M. Pasteur s'est permise. La Commission, à force de déguster, s'était

En présence d'une telle déclaration, formulée par des personnes compétentes et impartiales, on ne peut pas douter que les propriétaires des grands crus n'adoptent un procédé de conservation facile à appliquer, peu dispendieux, et qui le devient d'autant moins qu'il s'applique à des quantités plus considérables.

XIII

La disposition à laquelle M. Pasteur a donné la préférence pour exposer le vin à l'action de la chaleur est à la portée du premier venu. Il ne la propose cependant qu'à titre de renseignement. Si on ne la croit pas applicable au chauffage en grand, c'est à l'industriel à se mettre en mesure de rechercher les moyens qui lui semblent les plus sûrs et les plus économiques.

On peut opérer sur les vins, qu'ils soient nouveaux ou vieux, sains ou malades. Quand ils sont restés longtemps en bouteilles, il est prudent de les séparer d'abord des dépôts en les transversant à l'aide d'un petit siphon de verre, après 48 heures de repos.

On plonge, jusqu'à la cordeline, les bouteilles bouchées et ficelées dans un bain-marie. Pour les manier plus facilement, il convient de les disposer dans un panier en fils de fer. Parmi les bouteilles, il en est une pleine d'eau dans laquelle on a introduit le réservoir d'un thermomètre dont

---

habituée à trouver des différences entre les deux échantillons — l'un chauffé, l'autre non — d'un même vin que l'on offrait simultanément à chacun de ses membres. Pour s'assurer de la part qui revient à l'imagination dans les essais et du degré de confiance qu'on peut leur accorder, M. Pasteur remit entre les mains de chaque expert (sans qu'il s'en doutât), dans des verres séparés, le même vin, *sortant de la même bouteille*. Or, il advint que tous les dégustateurs accusèrent une différence entre les deux échantillons soumis à leur appréciation. — Avis aux experts qui ne doutent pas de la fidélité de leur palais.

la tige passe à travers le bouchon. On place le bain-marie sur un fourneau. Quand le thermomètre marque de 55 à 60°, on retire le panier que l'on ne remplace pas immédiament par un autre, parce que l'eau trop chaude pourrait en briser le contenu. Il faut soustraire un instant le bainmarie à l'action du feu avant d'introduire dans l'eau une fournée nouvelle.

La dilatation du verre, pendant son échauffement, tend à faire sortir le bouchon, mais la ficelle le maintient. Par suite du refroidissement, le volume du vin diminue un peu, car le liquide a suinté entre le bouchon et les parois intérieures du goulot. On frappe alors sur le bouchon pour l'enfoncer davantage et on le revêt de résine. Cela fait, on conserve le vin n'importe où, dans une cave ou dans un grenier, sans avoir à craindre pour lui la moindre altération.

On peut, pour chauffer les vins en bouteilles ou en tonneaux, employer des étuves à air chaud. Dans les contrées méridionales, il suffit d'une étuve exposée à l'action des rayons solaires. On sait, en effet, qu'avec une double ou triple enveloppe vitrée, il est possible de porter l'air intérieur à plus de 100°.

M. Pasteur fait encore connaître un modèle de chauffage et d'aération capable, dans le Midi, de rendre de grands services à la fabrication des vins d'imitation. On remplit *en partie* seulement des bonbonnes de verre de vin additionné d'alcool, de moût ou de sucre en proportion convenable pour qu'il ait plus tard le degré de force ou de douceur que l'on désire obtenir. Les bonbonnes sont d'abord soumises à une température de 55 à 60°, puis, après les avoir parfaitement bouchées, on les expose à toute l'ardeur du soleil. Le vin devenu inaltérable par la destruction des parasites, s'est au bout de quelques semaines, complétement dépouillé. On transvase alors, au moyen d'un siphon. La liqueur très-limpide, d'une belle couleur, a pris les principaux caractères d'un vin vieux et se trouve *madérisée* à un degré marqué.

Tel est le procédé que nous avons nous-mêmes soumis à de nombreux essais sur des vins ordinaires de 1865 et 1866 que nous nous sommes procurés à Sainte-Marthe, à Saint-Henri, à Fuveau et dans le Var. La date de nos expériences est trop récente pour qu'elles aient pu nous fournir jusqu'ici des résultats dignes de fixer l'attention. La saison d'ailleurs est peu favorable au genre d'essais que nous avons entrepris, à cause de la basse température de l'atmosphère et de l'absence fréquente du soleil. Nous dirons seulement aujourd'hui, nous réservant de revenir sur ce sujet, que les vins contenus dans des bouteilles remplies aux deux tiers seulement et placées sur un balcon depuis le 30 octobre de l'an dernier, ont pris une coloration plus vive et qu'on ne remarque pas sur leur surface la moindre trace de parasites. Des vins de mêmes provenances, de même âge, non chauffés et placés dans les mêmes conditions, ont perdu leur limpidité, se sont couverts d'une couche épaisse de fleurs, ils sont complétement altérés.

XIV

Le procédé Pasteur ne diffère pas et, du reste, le premier il le déclare, de celui d'Appert pour la conservation des substances alimentaires.

Si le temps qui juge en dernier ressort la valeur de toute innovation, confirme les espérances que le savant Académicien fonde sur la déduction de la théorie qu'il a établie, et sur les nombreuses expériences qu'il a faites en Franche-Comté et en Bourgogne, il en résultera des avantages incalculables pour notre agriculture. L'usage des vins français dont les maladies qu'ils contractent avec tant de facilité, ont considérablement restreint l'exportation, se généralisera de jour en jour. Toutes les contrées de la terre recevront à bas prix des vins naturels ; un immense débouché sera ouvert au commerce du Midi.

« M. Pasteur a rendu non-seulement un service positif, inappréciable à l'agriculture, mais, une fois de plus, il a montré quelle est la méthode qui permet à la science de résoudre les problèmes importants et complexes que l'économie rurale pose si souvent, et, devant lesquels, livrée à elle-même, la pratique est ordinairement impuissante [1]. »

XV

Nous avons vu que la vinification est due à un microscopique cryptogame, nous avons dit encore que toute maladie du vin, que toute fermentation résulte de la présence de germes animaux ou végétaux d'espèces diverses donnant naissance à des êtres à chacun desquels est réservée une mission spéciale. Très-faciles à semer, se multipliant à l'infini et rapidement, résistant à tout remède, ils s'attaquent à la plupart des corps organisés. Chaque espèce choisit la station qui lui convient ; là elle développe une action chimique exclusivement due et indispensable à l'exercice de son existence. Cette action lui est aussi nécessaire que l'est pour nous la respiration. Ainsi, à la levûre qui, pour le savant, est le *Torula cerevisiæ*, supprimez le sucre, ce champignon périt comme périrait un oiseau dans une atmosphère privée d'oxygène.

C'est le microscope qui a révélé l'existence de ce nouveau monde. A mesure que ce précieux instrument gagne en puissance, le règne animal et le règne végétal

---

[1]. M. Dumas, Sénateur, membre de l'Institut.

s'enrichissent d'individus offrant des propriétés communes et établissant entre les deux règnes une sorte de continuité. Ces êtres invisibles, dont le mode de génération est encore un mystère [1], ont un rôle important dans la vie du globe, parce que leur nombre est prodigieux et que leur multiplication dépasse tout ce que l'imagination peut concevoir.

L'action qu'ils exercent est souvent bienfaisante et nécessaire. S'ils n'existaient pas, les corps organisés, après leur mort, ne se décomposeraient que lentement ; la terre, durant des siècles, resterait couverte des débris des générations précédentes. C'est grâce à un petit champignon que les boissons fermentées, le vin, l'alcool, le rhum, le cidre, la bière, sont obtenus ; c'est un vibrion qui fait cailler le lait et donne le fromage.

Mais, dans le plus grand nombre des cas, l'influence des infiniment petits, se tourne contre le monde apparent, et c'est avec raison que La Fontaine a dit :

> Parmi nos ennemis,
> Les plus à craindre sont souvent les plus petits.

---

[1]. Un fait acquis à la science c'est que toute matière ayant eu vie, maintenue humide, au contact de l'air, à une température de 15 à 25°, se peuple à l'intérieur et à l'extérieur d'animaux infusoires ou de plantes mucédinées dont l'espèce varie avec la matière observée.

Les savants ne sont pas d'accord sur l'origine des êtres qui naissent dans les circonstances que nous venons d'indiquer. Les *Hétérogénistes* admettent, non que la vie puisse naître de rien, comme on le leur a faussement attribué, mais qu'il est possible qu'une vie qui s'éteint, se fractionne en d'autres existences qui commencent. Les *Panspermistes*, plus confiants dans les lois générales de la nature, soutiennent que les êtres microscopiques, comme les êtres supérieurs, naissent de parents semblables à eux et qu'ils transmettent la vie à des individus qui leur succèdent et leur ressemblent. La discussion, depuis longtemps engagée entre les partisans de la *génération spontanée* et leurs adversaires, s'est ranimée dans ces dernières années. Jusqu'ici l'hétérogénie, malgré le talent de M. Pouchet, de Rouen, et de MM. Joly et Musset, professeurs de la faculté des sciences de Toulouse, n'ont pas eu l'avantage dans la lutte soutenue contre eux par M. Pasteur, le chef actuel des Panspermistes.

L'*oïdium* envahit le raisin ; le *blanc* les arbres fruitiers. D'autres mucédinées attaquent la pomme de terre, rouillent le blé, ergotent le seigle, dessèchent l'olive. La muscardine détruit le ver à soie, la trichine pénètre dans les organes du porc et les dévore. Ajoutons que toute substance animale ou végétale qu'un cryptogame ou un infusoire a altérée ne peut sans danger servir d'alimentation à l'homme.

Que de grandes calamités publiques dues à des êtres dont la nature a été si prodigue! Peut-on affirmer qu'ils sont étrangers à l'insalubrité de l'air, à la corruption des eaux, à l'apparition de ces épidémies terribles qui, sous le nom de peste ou de choléra, dévastent trop souvent notre planète.

M. Geoffroy-Saint-Hilaire se plaisait à raconter, dans ses cours à la Sorbonne, l'anecdote suivante :

Sur le point de quitter l'Égypte, le général Bonaparte, entouré des généraux et des savants qu'il devait ramener en France, s'entretenait avec ceux-ci de diverses questions philosophiques. — « Le métier des armes, dit-il à Monge, n'a pas été de mon choix, les circonstances m'y ont poussé. Plus jeune, j'avais dans l'esprit de devenir inventeur ; j'ambitionnais la gloire de Newton ? « C'eût été fort difficile, répondit Monge, car Lagrange a dit cette parole aussi juste que profonde : Nul n'atteindra la gloire de Newton ; il n'y avait qu'un monde à découvrir. »

« Newton, il est vrai, répliqua le jeune général, a résolu le problème du mouvement dans le système planétaire : c'est beau, magnifique, pour vous autres surtout gens de mathématiques ; mais si j'avais appris aux hommes comment se produit le mouvement dans les petits corps, si j'avais découvert la loi des affinités moléculaires, j'aurais résolu le problème de la vie de l'Univers et j'aurais dépassé Newton de toute la distance qui sépare l'intelligence de la matière. Lagrange se trompe, *il reste un monde à découvrir, c'est celui des détails.* »

Les animaux et les végétaux microscopiques doivent avoir une large part dans la production des curieux et intéressants phénomènes qui se passent dans ce monde vaguement entrevu par le grand capitaine et dont les travaux de M. Pasteur ont confirmé l'existence. Le patient observateur à qui est réservée la gloire de déterminer « le rôle que jouent dans la nature ces êtres chétifs, si peu connus, nos ennemis redoutables ou nos ouvriers laborieux, nos bourreaux ou nos bienfaiteurs [1], » cet observateur prendra place dans l'histoire à côté des hommes de génie qui ont le plus contribué aux progrès des connaissances positives, car il aura rendu à la chimie, à la physiologie, un service dont on ne saurait mesurer la haute portée [2].

CHAPITRE XVII

Remarques sur les Algériens de race européenne; conseils donnés par le dey aux autorités françaises au moment de quitter le pays en exécution de la capitulation de la ville d'Alger.

Je laisserais subsister une lacune importante dans ce travail, si je ne me livrais pas à quelques remarques sur la population de la colonie, composée de presque toutes les nations européennes. Quand on parle des Algériens, il est entendu qu'il s'agit seulement de la population européenne et des natifs issus de cette race. Le reste est désigné sous

---

1. M. Jamin.
2. *Extrait des leçons faites, au Lycée de Marseille, aux élèves de 4º année de l'enseignement secondaire spécial.*

la dénomination d'Arabes ou indigènes, qu'ils soient musulmans ou juifs.

Avant d'aller résider en Algérie, j'avais souvent entendu parler des Algériens d'une manière peu satisfaisante pour cette nouvelle population. Le début du peuplement d'une colonie s'effectue presque invariablement de la même manière sur toutes les parties du globe. Au point de vue de la moralité, les premières nations du monde laissent plus ou moins à désirer, et cette imperfection est encore plus accentuée dans les colonies naissantes, qui ne sont d'abord occupées que par des gens partis de la mère-patrie pour des causes impérieuses et variées. Les uns s'éloignent pour aller chercher un avenir moins pénible que celui qu'ils voient se dresser devant eux sur la terre natale. Les autres partent pour des motifs qui les poussent à changer de milieu pour se soustraire à la déconsidération publique qu'ils ont encourue par des méfaits d'une gravité plus ou moins répulsive; d'autres s'expatrient par goût pour le spectacle et les aventures qu'offrent les pays inconnus; d'autres enfin sont exilés par la main de fer d'une politique implacable qui ne peut souffrir d'hostilité à sa lâche oppression.

Voilà donc les éléments divers qui donnent de l'essor aux pays naissants et les services qu'ils rendent à l'humanité; ces éléments sont trop précieux pour que l'humanité les traite avec une sévérité de jugement dont elle s'abstient envers de vieilles populations qui ne servent guère qu'à propager l'abaissement moral en lui servant d'exemple dans tous les rangs de la société. Une chose certaine, c'est que cette première couche d'un pays nouveau ne pèche pas par l'intelligence. Les Algériens ne font pas exception à cette règle; il n'est pas besoin de séjourner longtemps parmi eux pour reconnaître que l'ensemble intellectuel de cette population mélangée est supérieur à celui de la métropole et aux autres nations européennes.

Les gens bien posés, sous le rapport de la fortune et autres avantages sérieux, ne doivent que rarement cette position à leurs capacités personnelles; de telles gens seraient impropres à implanter la civilisation par un rude et énergique labeur, au sein de la barbarie ; du reste, de telles gens n'abandonnent pas légèrement leur vie paisible et confortable pour se consacrer à la grande cause du progrès. Ils sont incapables de se livrer à une tâche si glorieuse, mais ils s'en dédommagent bien en dédaignant et critiquant ceux qui l'accomplissent au péril de leurs jours. Puis quand le diamant est dégrossi par le travail gigantesque des ouvriers de la première heure, les gens bien posés se donnent la peine alors de s'emparer de la meilleure part des avantages qu'offre ce pays fraîchement lancé dans la voie de la prospérité et de la régénération; la fortune dont ils sont favorisés leur donne les moyens d'arriver à ces heureux résultats sans efforts. Que de fois n'ai-je pas désiré que la France pût voir par mes yeux ces énergiques colons, faisant sauter hors de terre les racines des broussailles et du palmier nain, par un soleil ardent au cœur de l'été dans une région méridionale! Si la France avait vu le noble et touchant spectacle offert par ces rustiques pionniers dans l'accomplissement de leur tâche collective, elle ne pourrait leur refuser son indulgence pour leurs défauts; indulgence dont elle a si grand besoin elle-même pour ses imperfections!

L'Algérie devait donc avoir infailliblement ce point de départ comme toutes les autres colonies du monde; et il est bien à regretter de ne pouvoir pousser plus loin la comparaison avec les colonies anglaises, car les Algériens jouiraient depuis longtemps des institutions coloniales qu'ils appellent en vain.

On accuse les Algériens d'être processifs par suite du manque de scrupule dont ils font preuve trop souvent, dit-on, dans les transactions. Je sais de bonne source que, dans les premiers temps, des personnes ont porté l'indélicatesse dans les affaires jusqu'à l'escroquerie par abus de confiance; mais je sais aussi que choses semblables se sont vues et se voient souvent dans les pays en voie de formation. On comprend que je n'excuse pas ces méfaits; je les explique. Il est impossible qu'on ne soit pas processif dans une colonie comme l'Algérie, qui est gouvernée par des décrets, des arrêtés, des ordonnances sans nombre et superposés les uns sur les autres, se contredisant, se contrecarrant souvent de manière à rendre le droit de tous et de chacun aussi confus et ténébreux que possible. Comment ne pas être processif avec une telle législation? Sur ce point, je dirai que j'ai visité bon nombre de pays dans mes longs voyages, et je regrette de ne pouvoir déclarer ici, pour l'honneur des peuples civilisés, que j'en ai trouvé où les tribunaux chômaient. Je les ai toujours vus, au contraire, surchargés de besogne, sans même en excepter la France, ma patrie.

On dit encore qu'il y a un grand laisser-aller dans les mœurs des Algériens. Il ne faut pas perdre de vue que ce pays nous est venu par la conquête des armes, et que l'armée a composé la première couche de la population nouvelle avec les gens qu'elle attire forcément à sa suite en pareille circonstance. On sait, par conséquent, que la moralité ne marche pas de conserve avec l'armée dans le chemin de la vie; il est même permis de dire que si elles se rencontrent, celle-ci ne manque jamais de faire disparaître l'autre, faute de pouvoir vivre avec elle en bonne harmonie. Or, comme l'Algérie a non-seulement été conquise par l'armée, mais qu'elle n'a cessé d'être administrée et gouvernée par elle, il serait vraiment miraculeux que la moralité du pays n'ait pas grandement souffert de ce fâcheux état de choses. Malgré la permanence de l'omnipotence gouvernementale de l'armée dans notre colonie, le laisser-aller qu'on reprochait et reproche encore à la société, peut sans crainte accepter en ce moment la comparaison avec les mœurs de l'Europe, en général, et avec celles de la métropole en particulier. Les Algériens pourraient, je pense, accepter une enquête sur ce sujet sans trop redouter les résultats qu'elle fournirait. La rage du luxe et des jouissances sensuelles, dont toute la vieille société de l'Europe est possédée, ne lui permet pas de critiquer le laisser-aller qui peut plus ou moins exister ailleurs, car ses réprimandes seraient sans autorité.

A mesure que la population algérienne augmentait, que les ressources de la colonie se développaient, l'état social se modifiait à la satisfaction du progrès ; et aujourd'hui, en tenant compte du point de départ, la société algérienne n'est pas au-dessous de celles qu'on prétendrait lui offrir en exemple. Cette amélioration sociale grandira de plus en plus dans notre conquête sous la moralisante influence du travail ; et son essor redoublerait, si le pays venait à être doté des institutions qu'on lui doit au nom de la civilisation que cette énergique population naissante est chargée de faire fleurir sur cette terre inculte comme ses indigènes.

Avant de dire un mot des changements survenus dans les mœurs des juifs indigènes, je crois devoir faire précéder mes remarques par les conseils que le dey donna aux autorités françaises au moment où il allait s'éloigner pour toujours de la terre d'Afrique.

Écoutons-le parler, la chose en vaut la peine :

« Débarrassez-vous, dit-il, le plus tôt possible, des janissaires turcs. Accoutumés à commander en maîtres, ils ne pourront jamais consentir à vivre dans l'ordre et la soumission. Les Maures sont timides ; vous les gouvernerez sans peine. Mais n'accordez jamais une entière confiance à leurs discours. Les juifs établis dans cette régence, sont encore plus lâches et plus corrompus que ceux qui habitent Constantinople. Employez-les, parce qu'ils sont très-intelligents dans les matières fiscales et de commerce; mais ne les perdez jamais de vue ; tenez toujours le glaive suspendu sur leur tête. Quant aux Arabes nomades, ils ne sont pas à craindre : les bons traitements les attachent et les rendent dociles et dévoués; des persécutions les aliéneraient promptement. Ils s'éloigneraient avec leurs troupeaux et porteraient leur industrie jusque dans les plus hautes montagnes, et même dans le Beled-el-Gérib, ou bien ils passeraient dans les États de Tunis. Pour ce qui est des Kabyles, ils n'ont jamais aimé les étrangers ; ils se détestent entre eux. Évitez une guerre générale contre cette population nombreuse et belliqueuse; vous n'en tireriez aucun avantage. Adoptez à leur égard, le plan constamment suivi par les deys d'Alger : c'est-à-dire, divisez-les et profitez de leurs querelles.

» Quant aux gouverneurs de nos trois provinces, dont j'ai eu lieu d'être mécontent dans cette dernière campagne, changez-les. Ce serait de votre part une bien grande imprudence que de les conserver. Comme Turcs et comme mahométans, ils ne pourront que vous haïr. Je vous recommande surtout de vous tenir en garde contre Mustapha-Bou-Mezrag, bey de Titery; c'est un fourbe. Il viendra s'offrir ; il vous promettra d'être fidèle; mais il vous trahira à la première occasion. J'avais résolu depuis quelque temps de lui faire trancher la tête. Votre arrivée l'a sauvé de ma colère. Le bey de Constantine est moins perfide et moins dangereux. Habile financier, il rançonnait très-bien les peuples de sa province et payait ses tributs avec exactitude. Mais il est sans courage et sans caractère. Des hommes de cette trempe ne peuvent pas convenir dans des circonstances difficiles. Je viens d'en faire la triste expérience.

» Le bey d'Oran est un honnête homme; sa conduite est vertueuse; sa parole est sacrée. Mais, mahométan rigide, il ne consentira pas à vous servir. Il est aimé dans sa province ; votre intérêt exige que vous l'éloigniez du pays. »

Au moment où je rapporte ces paroles d'adieu prononcées par le dey d'Alger, il s'est écoulé trente-sept ans, et la France doit reconnaître qu'elle a eu tort de ne pas en faire son profit. Hussein était un homme supérieur par organisation ; il ne lui a manqué qu'un milieu civilisé pour jouer un rôle remarquable dans l'histoire des grandes nations modernes. Ses observations révèlent une rare justesse d'appréciation, au point de vue du système d'un gouvernement barbare dont la tâche consiste à dominer une barbarie turbulente, rapace et corrompue, de manière à la maintenir dans cette situation au profit de l'absolutisme le moins scrupuleux. Depuis l'époque où Hussein portait ce jugement sagace sur les diverses races qui peuplaient et peuplent encore l'Algérie, ont-elles modifié sensiblement leurs habitudes, leurs mœurs, leur caractère respectif ? Personne ne pourrait soutenir l'affirmative avec connaissance de cause. Les juifs ont seuls fait un pas dans le chemin de la civilisation. Mais il est encore par trop facile de reconnaître que le portrait que le dey avait fait de leur caractère n'était pas exagéré. En effet, ils n'ont rien perdu de leur habileté fiscale et mercantile, ni de la soif ardente qu'ils ont pour le lucre. Des richesses matérielles et toujours des richesses de cette nature, sont l'objet de toutes leurs préoccupations ; et cette violente passion étouffe chez eux les grands sentiments qui donnent à l'homme une juste idée de la mission que lui impose en ce monde sa supériorité naturelle sur le reste de la création. C'est parmi les juifs que se trouvent aujourd'hui les plus grandes fortunes de la colonie. Des gens qui joignent presque toujours, à une avarice sordide, l'intelligence des affaires, doivent forcément atteindre le but qui fait seul le bonheur de leur existence. Dans tous les pays étrangers que j'ai visités en ma vie, j'ai trouvé les juifs occupés à faire du commerce avec une passion ardente du gain. Je n'en ai jamais vu se livrer à la culture de la terre. Je crois que cette race ne se résignerait à embrasser cette noble carrière, que si elle y était poussée par les premiers besoins de l'existence.

Les familles juives de l'Algérie, présentent un curieux sujet d'observation à ceux qui remarquent l'influence que notre domination exerce en ce pays conquis. C'est plutôt dans le costume que dans les mœurs que notre influence se fait sentir parmi les israélites indigènes ; c'est par là qu'ils ont commencé à se rapprocher de nous. Une simple casquette de velours noir, fut d'abord la première preuve évidente de ce rapprochement, m'ont affirmé les Algériens de la première heure de la conquête. Je le crois d'autant mieux, que je retrouve encore aujourd'hui le type de cette casquette chez ceux qui ne cèdent qu'avec résistance à cette transformation extérieure. Peu à peu le costume mesquin des Européens fut adopté complétement par la jeunesse bien posée et bien disposée à suivre nos modes, pour qu'on la confonde avec nous à l'extérieur ; mais gardant rigoureusement ses mœurs et ses habitudes séculaires de sectaire et de famille. Les juifs indigènes s'emparent très-volontiers de nos manières extérieures et de nos vêtements, parce qu'ils sont flattés de ressembler aux conquérants et d'effacer les signes ostensibles qui distinguent encore les conquis. Les juifs ne sont pas réfractaires à la domination française ; loin de là, ils l'acceptent de tout cœur, car rien de plus heureux ne pouvait leur arriver. Sous la domination des Turcs, ils étaient des parias opprimés et méprisés, autant par les Arabes que par les dominateurs du pays. S'ils parvenaient à ramasser de la fortune, elle était toujours à la merci de leurs oppresseurs ; ils s'estimaient favorisés du destin quand on leur laissait la vie sauve en les dépouillant. Ils sont aujourd'hui dans une position différente sous la protection commune de nos lois. Si nous ne les apprécions qu'au point de vue de la fortune, ce sont eux qui occupent les premiers rangs de la société. Il se trouve déjà plusieurs millionnaires parmi eux, et le nombre ne peut manquer d'augmenter par suite de leur rare aptitude à traiter les affaires commerciales, de leur sordide avarice et de l'élasticité des principes qui président à leurs transactions. Ils se vengent bien maintenant du rôle abject que leur imposaient les musulmans avant notre arrivée. Il n'y aurait peut-être rien d'exagéré à dire que les Arabes sont aujourd'hui à la merci des Juifs ; ils viennent chaque jour les solliciter humblement de bien vouloir délier leurs bourses bien garnies en leur faveur, et à des conditions les plus satisfaisantes pour ces enfants d'Israël. Personne ne peut faire une sérieuse concurrence aux Juifs dans leurs rapports d'affaires avec les Arabes; car étant indigènes les uns et les autres, ils parlent la même langue et peuvent traiter ensemble sans avoir besoin de recourir aux gênants services des interprètes, comme cela est presque toujours nécessaire en pareil cas quand les Européens ont des rapports d'intérêt avec les musulmans. Un autre avantage considérable que les Juifs possèdent en traitant avec les Arabes, c'est de pouvoir, mieux que personne, se mettre à l'abri du mauvais vouloir que les indigènes montrent à remplir les engagements qu'ils contractent. Il faut qu'un débiteur n'offre aucune ressource à un créancier juif, pour que ce dernier reste en perte avec lui; et sur ce terrain, les fils de Moïse peuvent, sans crainte d'avoir le rôle de dupe, se mesurer avec les adorateurs de Mahomet.

Les Juifs algériens ne se livrent pas à l'agriculture et fort peu aux spéculations sur les propriétés rurales ; quand ils en achètent, ce n'est pas par la voie ordinaire qu'ils les acquièrent, mais par suite de prêts usuraires effectués à réméré pour simplifier l'expropriation de l'emprunteur, toujours prévue par cette classe de sagaces capitalistes. Dans ce genre d'opération, le Juif est destiné à rendre d'importants services à la colonisation algérienne, par les terres qu'il arrachera au fameux sénatus-consulte qui a donné notre conquête aux conquis. Les richesses immobilières que les Israélites aiment à garder, sont les biens de ville. Les plus belles maisons d'Alger leur appartiennent aujourd'hui, et chaque jour ils en font construire de nouvelles ou en achètent. Ils finiront par se rendre possesseurs de la ville entière, s'ils poursuivent ce genre de spéculation avec les bénéfices qu'ils obtiennent des diverses branches de commerce qu'ils exploitent.

Certaines familles opulentes se sont donné des ameublements luxueux à la façon européenne : mais j'ai souvent entendu dire qu'elles ne savaient pas jouir de ce faste intérieur à notre manière. Les habitudes antérieures les dominent encore trop puissamment pour que les nôtres puissent déjà lutter contre elles. Elles se meuvent aussi gauchement au sein de ce luxe intime que le ferait une paysanne affublée d'une robe de cour pour se livrer à ses occupations rurales. Mais cette gaucherie disparaîtra rapidement, si j'en juge par l'aisance gracieuse que les jeunes Juives de la haute classe montrent dans leur mise européenne.

La plupart des familles juives présentent un curieux aspect en se livrant au plaisir de la promenade, surtout le samedi, jour de repos religieux rigoureusement observé par ces sectaires, en Algérie. Ces familles offrent souvent tous les degrés de progrès vers nos modes. Certains hommes se contentent de bas, au lieu d'aller jambes nues comme jadis ; le reste de leur costume est à peu près oriental. La mère de famille porte assez généralement une toilette mixte se composant de nos étoffes, et presque invariablement d'un châle, soit en cachemire ou en crêpe de Chine. Mais la robe ne se gonfle pas à l'aide d'un ballon de crinoline ; elle n'a qu'une modeste ampleur qui se rapproche assez des sacs dans lesquels la mode actuelle (juillet 1867) se permet de fourrer *les femmes du bon ton*. Le corsage est orné d'un plastron richement brodé en or; la coiffure se compose de bandes d'étoffe brodée, aux extrémités flottantes, se mariant avec une draperie de mousseline blanche encadrant le menton à la façon de certaines coiffures de nos religieuses. Les enfants des deux sexes sont de plus en plus vêtus comme les enfants européens. Quant aux jeunes filles et aux jeunes gens, ceux qui portent l'ancien costume forment une exception qui sera bientôt imperceptible dans la foule des convertis à nos modes. La jeune génération israélite des villes de l'Algérie, en cultivant son intelligence dans nos lycées et nos écoles, prend facilement nos mœurs et nos habitudes. L'amour traditionnel pour les richesses ne l'abandonne pas, mais elle s'éloigne sans regret, néanmoins, de la sordide avarice que les anciens pratiquent avec une inflexible piété. Cette bifurcation dans la conduite des pères et des fils de cette race laborieuse et habile est, du reste, indispensable pour empêcher des agglomérations exagérées de richesses individuelles, pouvant devenir ainsi de sérieux obstacles au développement de la prospérité publique.

On s'étonne avec raison que les Israélites algériens se montrent si indifférents au droit que leur confère un récent décret de se faire citoyens français, eux qui doivent l'heureuse position où ils sont à notre domination dans le pays. Le principal motif qui les empêche de profiter de cette faveur consiste dans les charges que la conscription impose aux Français. Les Juifs algériens sont peu belliqueux de leur nature et peu désireux de débourser deux à trois mille francs pour s'exonérer du service. Puis leur culte les retient bien un peu aussi dans le chemin du passé, quand il s'agit d'accepter nos institutions civiles dans toutes leurs attributions sociales.

Dans la sphère du progrès moderne, les Arabes sont introuvables. Ils n'acceptent ni nos mœurs, ni nos costumes. Selon eux, un musulman est trop au-dessus d'un chrétien pour qu'il s'abaisse à lui emprunter autre chose que son argent et à la condition tacite qu'il ne le lui rendra jamais, s'il peut s'en dispenser par un moyen quelconque. Les indigènes aiment mieux notre justice que la leur, parce qu'elle est plus équitable et plus éclairée. Ils ont accepté aussi avec empressement les générosités sans égales du sénatus-consulte qui leur a donné toutes les terres de l'Algérie ; mais en dehors des choses avantageuses que je viens de citer, les Arabes ne veulent rien recevoir ni prendre de nous ; se considérant comme nos supérieurs, ce serait pour eux s'abaisser que de sortir de l'ornière où ils croupissent et où les chefs les retiennent par tous les moyens possibles.

CHAPITRE XVIII

Décret impérial ayant pour objet de rendre les terres insaisissables, pour dettes contractées par les indigènes antérieurement à la constitution régulière de la propriété en exécution du sénatus-consulte du 22 avril 1863.

Napoléon,

Par la grâce de Dieu et la volonté nationale, Empereur des Français,

A tous présents et à venir, salut :

Vu le sénatus-consulte du 22 avril 1863 ;

Vu la délibération du conseil du gouvernement de l'Algérie ;

Vu l'avis de notre gouverneur général de l'Algérie ;

Sur le rapport de notre garde des sceaux, ministre de la justice et des cultes,

Avons décrété et décrétons ce qui suit :

Art. 1er. Les terres réparties, en exécution du sénatus-consulte du 22 avril 1863, entre les membres des douars, sont insaisissables pour dettes contractées par ceux-ci, antérieurement à la constitution régulière de la propriété.

Il en est de même du prix d'aliénation desdits immeubles, qui n'aurait pas encore été payé.

Les fruits de ces terres non encore déplacés, les animaux et ustensiles servant à leur exploitation sont également insaisissables pendant cinq années, pour les mêmes dettes, sauf le cas où, lesdites terres ayant été précédemment possédées à un autre titre par le propriétaire actuel, le créancier de celui-ci aurait eu alors, d'après les lois régissant son contrat, le droit de saisir les fruits et autres objets sus-désignés.

Les créanciers dont le droit est né depuis la constitution régulière de la propriété peuvent, à la seule condition d'y avoir intérêt, opposer aux créanciers antérieurs l'insaisissabilité établie dans les paragraphes précédents, alors même que le propriétaire débiteur y aurait expressément renoncé.

Art. 2. Notre garde des sceaux, ministre secrétaire d'État au département de la justice et des cultes ;

Notre ministre secrétaire d'État au département de la guerre,

Et notre gouverneur général de l'Algérie, sont chargés, chacun en ce qui le concerne, de l'exécution du présent décret.

Fait au palais de Compiègne, le 13 décembre 1866.

NAPOLÉON,

Le garde des sceaux, ministre de la justice et des cultes,
J. BAROCHE.

Le maréchal de France, ministre de la guerre,
RANDON.

Cette mesure atteindra-t-elle le but qu'on avait en vue en l'adoptant? Il y a bien des motifs pour en douter. Le crédit est une source de richesse pour ceux qui en jouissent, à l'aide d'une honorabilité longuement pratiquée. En donnant le droit aux indigènes, qui se trouvent dans la position indiquée par le présent décret, de se soustraire aux engagements contractés par eux antérieurement, on ne peut guère admettre qu'ils puissent désormais se procurer de l'argent sur la foi des promesses ordinaires basées sur la confiance. Le crédit des indigènes, si mal établi déjà, et pour cause, se trouve anéanti par cette mesure répudiatrice. Je veux bien admettre que l'usure intervient presque seule dans les engagements que l'on a mis hors du droit commun. Mais l'usure saura bien se venger de cette déchéance quand d'impérieux besoins remettront ses anciennes victimes à sa merci. Il faut être usurier audacieux, je dirai même téméraire, pour traiter avec les Arabes; ceux-ci n'ont pas le choix des prêteurs; ils sont forcés d'aller à ceux qui pensent être assez *rusés*, je donne cette expression pour ne pas m'écarter des convenances, pour se tirer de l'opération avec les honneurs de la guerre, ou plutôt de l'affaire. Cette mesure porte un cachet si discordant avec les bons exemples qu'il est urgent de donner aux barbares qu'on veut régénérer, que je regrette profondément de la voir figurer dans les institutions de notre nouvelle conquête, institutions déjà si défectueuses et si nuisibles au développement de la prospérité et de la bonne réputation de notre grande colonie! Il y avait, je crois, des moyens préférables à adopter pour atteindre le but qu'on se proposait en cette délicate circonstance. On aurait pu sauvegarder les intérêts des indigènes et ceux de leurs créanciers en prenant des délais suffisants pour amortir les dettes de manière à ce que les débiteurs n'en fussent pas sérieusement gênés dans la poursuite de leurs opérations rurales.

Pour les dédommager des intérêts usuraires qu'ils avaient subis dans ces engagements, on aurait pu les supprimer dans l'accomplissement de cette liquidation. Je le répète, je crois que la mesure manquera son but, parce qu'elle est sortie des grands principes qui servent de base à une sage et équitable législation chez les peuples civilisés.

CHAPITRE XIX

Esquisse historique de la marche de la civilisation ancienne et moderne; la part que l'Algérie est destinée à prendre dans le progrès de l'avenir.

L'Algérie moderne est appelée à jouer un grand rôle dans la transformation qui commence à s'opérer sur le vaste continent, où elle n'occupe aujourd'hui qu'un point imperceptible en ne s'arrêtant qu'à la surface, mais déjà immense sous le rapport de la puissance morale.

On sait que les bords du Nil et de l'Euphrate furent les premiers témoins des efforts que les peuples primitifs firent pour sortir de l'état de grossière ignorance où ils vivaient. Du premier de ces deux fleuves, un courant d'émigration s'est dirigé vers l'est de l'Asie, en emportant le modeste trésor des connaissances acquises à la lueur naissante du flambeau civilisateur. Les résultats obtenus sur l'incommensurable continent aséatique, par cette antique émigration, appréciés au point de vue du progrès actuel, ne peuvent soutenir la comparaison avec ceux obtenus par le courant qui s'est répandu dans la direction contraire, c'est-à-dire vers l'ouest.

En effet, rien n'est plus facile à constater. La Grèce a puisé ses premières connaissances intellectuelles en Égypte et en Phénicie. Elle les a cultivées avec un si rare succès, que de nos jours encore les arts et les lettres sont tenus d'aller y chercher des modèles inimitables. Rome hérita des richesses artistiques et littéraires de la Grèce, et y ajouta une nouvelle législation, un gouvernement mieux institué, qui répandit la civilisation jusqu'à l'océan Atlantique, sur les plages duquel l'influence romaine se fit sentir depuis Gibraltar jusqu'aux régions polaires de la Norvége. Puis survint un événement qui formera toujours la plus belle page de l'histoire ancienne de l'humanité ; un événement qui a jeté les bases impérissables du progrès moral et social du monde. Je veux parler du christianisme, dont les divins préceptes s'offrirent aux hommes avec une sublime simplicité de compréhension instinctive.

La religion chrétienne, en rapprochant la créature du Créateur, dégagea la lumière des ténèbres et révéla, dans une pureté limpide, la morale qui peut seule donner à l'homme une juste idée de sa supériorité intellectuelle sur le reste des êtres, et le retenir dans la voie de la rectitude où se trouve la vraie ligne de démarcation entre notre espèce et les autres. Le paganisme, sentant bien qu'il ne pouvait subsister concurremment avec le culte de la fraternité, de l'égalité émanant des lois divines et humaines, livra une lutte acharnée au christianisme; mais comme le mensonge doit toujours finir par être vaincu par la vérité, quand il usurpe ses droits sacrés, l'empire romain, cet antagonisme corrompu et corrupteur des peuples libres, s'écroula en s'affaissant sous le souffle régénérateur de la religion nouvelle. L'empire romain avait marqué sa puissance sur les nations civilisées, en les jonchant de ruines et en les couvrant d'ignominie. Ces désastres plongèrent l'Europe dans les ténèbres et le chaos du moyen âge, et ce ne fut qu'à l'aide d'efforts prodigieux que la civilisation surgit de nouveau des décombres sur lesquelles régnait une tyrannie implacable sous le nom de féodalité.

La domination romaine fut anéantie avec tant de précipitation qu'elle ne put être remplacée immédiatement par les institutions que le christianisme offrait à la sagesse humaine. L'empire du monde fut donc ainsi laissé à la merci de la force brutale. Il vint alors, des régions du Nord, des hordes barbares qui s'emparèrent des conquêtes de Rome, en détruisant les plus beaux monuments du passé et en se faisant gloire d'effacer les moindres traces de la civilisation qui les avait précédés sur ces points du globe. Ces barbares n'avaient d'autre but que le meurtre et le pillage ; mais après avoir détruit sur leur passage les églises et les prêtres du nouveau culte, ils s'inclinent eux-mêmes ensuite devant cette religion, et l'acceptent en la pratiquant avec une piété aussi véhémente qu'ils avaient montré de fureur à la combattre. Les débuts de cette troisième phase de la civilisation ne permettaient guère de croire qu'elle aurait un jour un éclat plus brillant que celui qu'elle avait jeté sur la Grèce et l'Italie. En effet, il n'était guère permis d'espérer de voir surgir la lumière intellectuelle chez des guerriers qui se repaissaient de crimes, et se faisaient un amusement de lancer en l'air les captifs pour les recevoir au bout de leurs piques. Mais les droits de la justice reprirent peu à peu l'influence que le bien leur donne sur le mal ; et dès lors la civilisation se retrouva sur le chemin du progrès, dissipant de plus en plus l'obscurité qui lui cachait le passé et l'avenir.

La découverte de l'Amérique contribua dans une mesure incalculable au développement de la civilisation moderne, en offrant un refuge aux esprits supérieurs qui voulaient se soustraire à la persécution, soit religieuse, soit politique, dont ils étaient l'objet dans le vieux monde. Ce fut pour penser, parler, écrire, discuter et prier librement, que les amis dévoués au progrès allèrent en nombre toujours croissant sur ce nouveau continent transatlantique ; et c'est là qu'il faut encore aller aujourd'hui pour pouvoir émettre en toute liberté les idées généreuses qui épouvantent les hommes qui dominent les peuples en les retenant dans l'ignorance et sous le joug de la force violente. Mais s'il est possible de retarder la marche de la civilisation, on ne peut du moins que l'entraver; sa puissance, comme sa durée, ne reconnaît que Dieu pour guide et pour maître invincible. Cette assertion pourrait, au besoin, s'appuyer sur ce qui se passe maintenant en Asie, où la tyrannie a voulu étouffer la pensée pour régner en demi-dieu sans contrôle sur les peuples innombrables de cette vaste partie du globe.

La civilisation orientale a son centre en Chine et ses postes avancés au Japon. Elle embrasse des centaines de millions d'hommes et son mouvement s'effectue en sens inverse de celui de la civilisation européenne, c'est-à-dire qu'elle va de l'ouest à l'est. Son essor est lent et semble être resté stationnaire durant plusieurs siècles. Mais si la civilisation asiatique est moins active que la nôtre, c'est que les peuples de cette partie du monde se sont laissé plonger dans l'erreur avec un excès plus que regrettable de docilité, au lieu de faire un suprême effort pour se régénérer avec l'esprit de vérité comme les nations occidentales. Il est juste de dire cependant que la civilisation orientale avait fait des découvertes de premier ordre longtemps avant nous, telles que la production de la poudre à canon, l'invention de la boussole, de l'imprimerie, découvertes dont nous sommes si fiers à titre d'inventeurs. On fait aussi un mérite aux Chinois d'avoir vécu des milliers d'années sous la même forme de gouvernement; je crois que cette opinion n'est pas celle des esprits éclairés, car l'état de barbarie où se trouvent la Chine et le reste du monde oriental, est la conséquence naturelle de la défectuosité des institutions surannées sous lesquelles ces peuples sont immobiles. En matière de civilisation, les nations qui n'avancent pas rétrogradent. Ce n'est pas impunément que les hommes négligent de remplir les devoirs multiples que le progrès leur impose, car cette négligence fait la source de la majeure partie des maux qu'ils souffrent dans le chemin de la vie. C'est de là que vient la grande somme d'oppression et d'iniquité qui part du sommet des trônes pour s'appesantir sur les peuples.

Les deux civilisations primitives dont il vient d'être parlé, étaient séparées par un immense espace avant la découverte de l'Amérique ; mais aujourd'hui cette distance est plus d'à moitié effacée. La civilisation occidentale domine maintenant sur toute l'étendue du continent américain, et relie les deux grands océans en donnant une main à l'Europe et tendant l'autre à l'Asie, qui sera bientôt contrainte de l'accepter. Par sa position intermédiaire, le peuple américain est appelé à jouer un rôle inappréciable dans la sphère du progrès civilisateur. Le prodigieux développement que prend cette jeune nation mérite donc à tous égards de fixer l'attention du reste du monde.

Depuis le xviie siècle, le commerce n'a cessé de se porter avec une ardeur croissante vers la Chine pour lier des rapports avec elle. Ces efforts mercantiles étaient provoqués par les avantages qu'offrait un cours régulier d'échange entre l'Europe et un peuple de cent cinquante millions de producteurs et de consommateurs. L'émancipation des colonies anglaises, dans l'Amérique du Nord, et l'abolition du monopole de la compagnie des Indes, en Angleterre, ont donné une impulsion irrésistible au commerce des nations civilisées. Si la pression brutale que le gouvernement britannique a exercée envers la Chine, pour y faire pénétrer ses produits industriels, n'a pas soulevé une plus sérieuse réprobation de la part des autres peuples, c'est parce qu'ils y voyaient, comme résultat final, de nouvelles sources de prospérité générale, basée sur la réciprocité commerciale.

Certes, on ne peut nier l'iniquité de la première guerre que l'Angleterre a faite à la Chine, puisque cette lutte avait pour but principal l'écoulement d'une drogue aussi funeste à la santé qu'à l'intelligence de l'homme. Mais il est bon d'ajouter que le gouvernement chinois avait un motif autre que celui qu'il avouait pour prohiber l'opium étranger. La défense d'admettre ce poison dans le Céleste Empire datait de loin déjà, quand on résolut de la faire rigoureusement observer. Jusque-là, les mandarins s'étaient abstenus d'exécuter ce décret prohibitif, moyennant de grosses et secrètes redevances, exigées par eux des importateurs d'opium. Mais lorsque le gouvernement chinois s'aperçut que la consommation de ce narcotique par ses administrés était devenue assez considérable pour faire fléchir la balance commerciale en faveur de l'Angleterre, il voulut mettre un terme à cet état de choses en prohibant l'entrée de l'article qui causait ce déficit au préjudice de l'empire. L'Angleterre n'hésita pas à prendre les armes pour frayer à son opium le chemin que lui obstruait le décret d'un souverain barbare; et cette guerre mit en évidence toute l'infériorité qu'avait la civilisation asiatique en luttant contre la civilisation occidentale. Non content de cette humiliante et dispendieuse leçon, le Céleste Empire en chercha une autre plus humiliante et plus dispendieuse encore, après laquelle il fut obligé de s'incliner cette fois devant la supériorité de ses adversaires dans sa propre capitale. La Chine reconnaît donc aujourd'hui que la puissance du progrès peut se passer de murailles protectrices, puisqu'elle est assez forte pour renverser celles qui s'opposent à sa marche.

Avant les découvertes maritimes de Christophe Colomb et de Vasco de Gama, l'Europe ne communiquait avec la Chine que par l'intermédiaire des Arabes. Ceux-ci étaient alors les arbitres des transactions commerciales qui s'effectuaient entre les deux civilisations. Mais quand la lumière régénératrice a commencé à briller avec éclat en Europe, elle s'est obscurcie de plus en plus en Arabie. La persévérance et l'énergie que montraient les peuples de l'Occident à servir la cause de la civilisation semblaient affaiblir, dans une mesure inverse, les sectaires du prophète imposteur.

Maintenant que le progrès moderne s'est donné un auxiliaire invincible en Amérique, il dirige de son foyer européen un autre courant vers l'Orient. Le Nouveau-Monde ne restera pas au-dessous de la noble mission que la Providence semble lui avoir confiée. Les prodiges qu'on y a faits depuis un demi-siècle donnent la mesure de ceux qu'on y accomplira dans l'avenir. La civilisation actuelle a des moyens d'action qui lui permettent de faire en un jour ce qui lui demandait cent ans à son début. Les voyages se font avec une rapidité qui efface les plus grandes distances. Il y a loin de la voie ferrée au sentier tortueux que suivaient les anciens en se rapprochant par un besoin instinctif. Les premières émigrations n'eurent probablement d'autres guides que les chaînes de montagnes, les rivières et les forêts. Voilà le point de départ de la carte géographique. Rien n'a plus contribué au développement de la civilisation que l'invention de la navigation.

Il est difficile de se faire une juste idée de l'émotion que les premières peuplades éprouvèrent en voyant leur marche interrompue par la présence de la mer, dont l'existence n'était pas même supposée par cette antique émigration. Pour elle, cette immensité liquide était une frontière infranchissable qui se joignait au ciel au fond de l'horizon. Le désir de vaincre cet obstacle fut la cause première de la navigation, et il est probable que l'homme reçut sa première leçon de science nautique des oiseaux aquatiques. L'idée de construire un canot lui sera venue ensuite en voyant des arbres flotter en cédant au courant qui les avait déracinés. Aussi grossière et imparfaite que fût cette construction primitive, elle coûta peut-être plus d'efforts intellectuels que l'érection des palais qui sillonnent aujourd'hui l'empire de Neptune. Le canot d'écorce fut le prélude des splendides édifices maritimes qui relient maintenant toutes les parties du globe, comme un pont relie les bords opposés d'un fleuve ; et ce point de départ de la navigation a donné des résultats qui permettent d'apprécier le développement que l'humanité a su obtenir de la culture intellectuelle.

Les nations maritimes se distinguent des autres par leur esprit d'entreprise, leurs richesses publiques et la prépondérance dont elles jouissent à l'extérieur. La destinée de l'humanité a été puissamment influencée par la direction qu'a prise la première émigration ; par la nature du sol des régions qu'elle occupait à mesure qu'elle les envahissait ; mais surtout par les avantages qu'elle sut obtenir du concours de la mer.

Il n'est pas déraisonnable de croire que l'immobilité de la civilisation de la Chine est l'effet de son ignorance de l'art de la navigation. Si les Japonais et les Malais sont plus entreprenants, plus hardis que les autres peuples asiatiques, ils le doivent à la navigation, à l'aide de laquelle ils ont peuplé les îles de l'océan Pacifique. D'un autre côté, si les habitants de l'intérieur de l'Afrique restent comme ensevelis dans le cœur de ce vaste continent, il faut l'attribuer à l'absence de fleuves et de bras de mer ; ces moyens faciles de communication, en donnant un accès naturel à la civilisation, auraient arraché déjà ces peuplades africaines à la barbarie des siècles.

La race européenne, ou plutôt les peuples qui ont envahi l'Europe ne se sont pas laissé vaincre par les obstacles dans leur émigration. Ils ont franchi les chaînes du Caucase, des Alpes, la mer Noire, la Baltique, l'archipel de la Grèce, l'Adriatique et la Méditerranée. De tels obstacles étaient difficiles à surmonter; mais les efforts qu'ils imposaient contribuaient grandement à la mission civilisatrice que ces peuples étaient appelés à remplir par la suite; car l'énergie de l'homme s'affaisse quand elle cesse d'être stimulée par les difficultés de la vie. Les Phéniciens perdirent graduellement l'empire de la mer; Athènes fut l'heureuse rivale de Tyr; une cité grecque régna sur l'Égypte conquise; Carthage fut vaincue par Rome, et l'Europe prit le sceptre du monde.

A cette époque reculée, toute la civilisation était concentrée autour de la Méditerranée; cette mer était presque la seule sur laquelle la navigation avait lieu. Mais la boussole de Colomb parut, et un nouveau continent vit les navires européens aborder ses plages. Puis une nouvelle Europe se forma sur cette terre nouvelle, et la civilisation prit son essor dans cette direction avec la rapidité de la foudre. L'océan Atlantique est devenu aujourd'hui ce qu'était jadis la Méditerranée; et l'Amérique possède un foyer civilisateur qui agit avec une vigueur prodigieuse en tous sens, à l'aide de sa puissance commerciale, et des institutions qui régissent le jeune peuple de ce pays.

Mais c'est une erreur de croire que les qualités distinctives des Américains du Nord soient toutes de source anglo-saxonne. Je vais entrer à ce sujet dans des détails qui ne manquent pas d'intérêt pour ceux qui aiment les appréciations impartiales.

La race anglo-saxonne se distingue par un égoïsme national et individuel poussé dans ses dernières limites. Elle n'a de confiance qu'en elle; ne compte que sur elle, collectivement et individuellement. Elle met son indépendance et sa liberté au-dessus de tout, et ne recule devant aucun sacrifice pour les conserver. Ce sentiment de sa dignité la porte naturellement à aimer la forme du gouvernement qui donne à la fois le pouvoir à chacun et à tous. C'est pour mieux jouir de son indépendance qu'elle n'admet dans sa société que les gens qui lui sont recommandés par des amis intimes; elle repousse les demeures communes; la maison est pour elle une forteresse où personne ne pénètre sans la permission expresse du chef de la famille.

Il est des qualités qui deviennent des défauts quand elles sont poussées à l'excès. Par exemple, l'amour excessif de son indépendance rend la race anglo-saxonne un peu antisociable. En comptant sur l'individualité avec exagération, elle n'a d'égard que pour le *moi*, et cet égoïsme la porte à fouler aux pieds les droits d'autrui pour faire triompher l'iniquité qui sert ses intérêts. Cet égoïsme est la cause première de la contradiction que présente la politique anglaise dans son action extérieure; il lui arrive souvent de combattre sur un point du globe des principes qu'elle défend sur l'autre, parce que, d'un côté, ces principes nuisent à ses intérêts nationaux, et que, de l'autre, ils les servent. Par ses instincts naturels, la race anglo-saxonne offre un élément plus puissant à la force centrifuge qu'à la force centripète, et cette tendance instinctive la rend beaucoup plus apte à vivre sous le régime républicain que sous le régime monarchique.

Il est certain que la conquête de l'Angleterre par les Normands fut un heureux événement pour la race anglo-saxonne; car la race celtique exerça une si grande influence sur la race vaincue, qu'elle transforma une simple peuplade barbare en une nation de premier ordre, en lui donnant les éléments de cohésion qui lui manquaient pour pouvoir établir un gouvernement à la fois libéral et puissant.

Les Américains du Nord ne doivent-ils pas les avantages qui les distinguent encore des Anglais à une plus grande dose de sang de races étrangères à la race anglo-saxonne? En répondant affirmativement à cette question, on restera dans le vrai, selon moi.

Si les Américains du Nord sont moins exclusifs que les Anglais dans la sphère sociale et gouvernementale, s'ils sont plus expansifs, plus disposés à se récréer en commun, soit en fréquentant les théâtres, les concerts ou autres réunions de plaisir, ils le doivent au mélange de sang dont ils sont composés, et cette circonstance les rend plus propres que les Anglais à propager les principes généreux et irrésistibles qui font l'invincible puissance de la civilisation. Puis il faut dire que l'égoïsme de l'Angleterre est dû, en grande partie aussi, à sa position insulaire. C'est de l'extérieur que cette nation tire toute sa force, au lieu que les États-Unis tiennent toute la leur de la place qu'ils occupent sur le globe. Une immense surface, favorisée au plus haut degré par la nature, offre aux Américains des éléments de grandeur et de prospérité que l'Angleterre ne pourra jamais rencontrer dans ses possessions lointaines et disséminées.

La possession d'une vaste étendue de sol fertile qu'on sait utiliser constitue la fondation des plus florissantes nations, parce que, faute de productions territoriales, la vie est non-seulement pénible et précaire, mais impossible. Le peuple qui reçoit d'ailleurs les produits alimentaires qu'il consomme, n'est jamais aussi puissant ni aussi indépendant que le peuple qui trouve chez lui son alimentation. Dans toutes les sociétés plus ou moins bien organisées, la terre forme le principal élément conservateur des institutions gouvernementales, aussi bien chez les nations démocratiques que chez les aristocratiques; car les intérêts agricoles dominent tous les autres, par la simple raison qu'on ne peut vivre sans manger, et que les produits du sol, soit animal ou végétal, forment la seule nourriture de l'homme civilisé.

L'agriculture constitue toute la prospérité de la Chine, et les bases de sa puissance. Ses plus sages et ses plus illustres hommes d'État, ont toujours reconnu et enseigné la science agricole comme la première de toutes ; comme le palladium de la stabilité sociale et des vertus publiques; comme une source inépuisable d'indépendance nationale et n'ayant au-dessus d'elle que la culture intellectuelle. Les Chinois attachent tant d'importance au travail agricole, qu'ils en ont fait un culte. C'est à ce culte que le chef de l'empire, qui se classe, en ce pays extraordinaire, au nombre des dieux du paganisme, vient, chaque année, rendre hommage dans une solennité magnifique de simplicité. Ce monarque de trois cents millions d'hommes descend de son trône éblouissant d'or et de pierres précieuses pour se mêler à son peuple, et tracer, en grande pompe agricole, et de ses propres mains, un sillon dans la terre, en signe d'hommage rendu aux travaux champêtres, sur lesquels repose tout l'édifice social de notre humanité.

C'est à la manière dont le sol d'un pays est possédé qu'on reconnaît les principes qui prédominent dans l'esprit et dans les institutions politiques d'une nation. Les monarchies absolues, comme en Russie, en Égypte, aux Indes et en Chine, s'arrogent des droits presque sans bornes sur la possession de la terre; la propriété particulière territoriale y est à la merci, faut-il dire, de la volonté du souverain. En Angleterre, la constitution de la propriété rurale constate l'existence d'une puissante aristocratie nationale; de même qu'on reconnaît les équitables principes de la démocratie à la manière dont le territoire est possédé en France et aux États-Unis.

Les peuples qui sont enracinés dans le sol de la patrie, ont une force, une vitalité nationale qui résiste aux victoires de l'ennemi. Les Persans, les Grecs, les Romains, les Arabes et les Turcs ont tour à tour envahi l'Égypte, détruit ses monuments, mais non les sources indestructibles de sa prospérité agricole. La Chine et les Indes ont souffert les mêmes ravages de l'envahissement étranger; mais la richesse de ces pays est restée invincible, parce qu'elle provient de la fertilité du sol.

L'agriculture a pour tendance naturelle la dispersion de la famille humaine sur toute la surface du globe; et l'industrie agit d'une manière inverse; elle demande une grande agglomération d'individus pour se donner les éléments qui lui sont indispensables pour lutter avec succès contre la concurrence, et atteindre la perfection de travail qui formule les avantages matériels qu'elle peut tirer de la supériorité de ses produits. Ces deux tendances opposées ont des conséquences différentes, pour les mœurs des peuples. Le cultivateur mène une vie simple, dont la bienfaisante influence se fait sentir chez lui au physique et au moral. L'ambition a peu d'empire sur ses goûts, sur son caractère et sa conduite; l'indépendance de sa paisible existence le dédommage de la rusticité de ses manières et de l'obscurité champêtre qui l'isole du monde raffiné.

La classe industrielle est plus civilisée, mais moins robuste par suite de sa vie sédentaire, partageant son temps entre le travail et le plaisir. Les lettres, les arts, les sciences sont cultivés avec amour dans les grands centres de population; mais cette culture a le malheur d'engendrer bien des vices et bien des besoins de jouissances, qui ne peuvent guère s'assouvir que par la corruption, et une dépendance servile envers les dispensateurs de la richesse pécuniaire, que personne ne doit confondre avec la richesse réelle.

Si le progrès social n'est pas un vain mot, comme tout semble le prouver, il arrivera qu'un jour, l'homme probe et laborieux n'aura plus à souffrir des étreintes de la misère, ni de celles de l'oppression. Chaque matin, en se levant, il n'aura plus à s'inquiéter de sa nourriture de la journée et de son gîte de la nuit. C'est par la belle et fraternelle pratique de la réciprocité que les nations, comme les individus, arriveront à résoudre le grand problème social qui bouleverse le monde en ce moment, depuis un pôle jusqu'à l'autre. La rivalité internationale étouffe l'œuvre de la civilisation. Mais les peuples agricoles seront toujours les plus stables par la nature même des sources de leur prospérité. Ce qui est arrivé à Tyr, à Carthage, à Athènes et à Palmyre, arrivera toujours aux nations qui oublieront que la terre est la base de toute puissance en ce monde. Ces fameuses cités de l'antiquité ont brillé du plus vif éclat durant un court espace de temps. Elles éclipsaient le reste du monde en l'éblouissant; puis elles s'éteignirent comme la lumière d'un météore qui ne fait que paraître et disparaître dans les régions célestes. Des splendeurs de ces villes célèbres, on retrouve à peine quelques ruines pour attester leur éphémère existence aux yeux des nations modernes. L'histoire nous fournit d'autres exemples moins éloignés vers le passé, de semblables décadences commerciales et industrielles. Florence, Pise, Gênes et la Hollande elle-même ne sont plus de nos jours que l'ombre de ce qu'elles furent jadis, quand elles exploitaient presque seules le commerce du monde. L'Angleterre n'échappera pas à cette destinée, en dépit de sa rare aptitude industrielle, commerciale et maritime. Elle ne s'écroulera pas comme Tyr, Carthage et Palmyre; mais elle déclinera grandement de sa puissance actuelle, dès que la civilisation aura donné de l'essor à l'industrie chez les peuples qui consomment les montagnes de produits industriels manufacturés, dans des conditions anormales, par cette nation égoïste autant qu'intelligente dans l'art de dominer par la puissance matérielle de l'or. Le jour où la nation anglaise ne sera plus la première marchande du globe, sa nationalité restera soumise aux chances d'une bataille.

Si je suis entré dans ces détails, c'est pour mieux faire ressortir la part que les États-Unis sont appelés à prendre dans l'œuvre de la future civilisation, par suite des immenses avantages que leur offre le vaste pays qu'ils occupent. Cette nation ne dépend que d'elle-même, puisque sa puissance et sa prospérité ont leur base commune dans les produits de la terre. Les forêts, les mines et la fertilité du sol ont fait et continuent de faire du peuple américain le plus riche et le plus indépendant du monde. La terre est le trône de cette jeune nation; et c'est de tous les trônes le seul qui sait résister aux commotions populaires, parce qu'il ne s'écarte jamais de la mission qu'il est chargé de remplir au nom de la nature. En effet, les générations peuvent, les unes après les autres, se faire une guerre fratricide ; les dynasties peuvent succéder à d'autres dynasties en variant les systèmes d'oppression et de ruine; les luttes intestines peuvent effacer un peuple du monde; les temples religieux et autres monuments de l'art architectural peuvent s'écrouler dans la poussière des siècles; les plus beaux navires peuvent disparaître sous les flots des mers en fureur ; tous ces affreux désastres peuvent survenir sans que la nature cesse d'exister et de manifester sa puissance et sa sagesse avec le calme majestueux que lui donne l'éternité, qui forme la durée de son existence. Voilà pourquoi les nations qui sont riches de la richesse du sol, par sa culture, peuvent toujours être les plus puissantes et les plus indépendantes.

Étant à la fois agricole, industriel, commercial et maritime à un rare degré, le peuple américain a fait un pas de géant dans la sphère du progrès. Mais il n'y aurait rien de surprenant que la république se fractionnât dans la suite pour éviter des prépondérances régionales par trop exigeantes envers d'autres. Les extrêmes sont toujours nuisibles à quelque chose par leur nature même; et quand une nation dépasse dans son étendue des limites raisonnables, elle arrive à perdre les éléments de sa force en perdant une grande partie de l'homogénéité qui est indispensable à sa cohésion nationale. Ce fractionnement de la jeune confédération peut s'effectuer sans effusion de sang, aujourd'hui qu'il n'y a plus d'esclavage à faire disparaître pour que la question puisse, dans son principe fondamental, être résolue à la satisfaction des parties par l'intermédiaire du congrès de l'Union. Je crois que la Californie sera la première à demander cette division, car elle possède tous les éléments nécessaires pour former une grande et puissante nation par elle-même. Du reste, la nature lui a donné une ligne de démarcation bien tracée et qui la sépare d'une manière bien évidente de la confédération primitive, à l'aide de hautes chaînes de montagnes. Par sa proximité, l'Orégon fera cause commune avec la Californie, et le rôle civilisateur de cette république californienne aura pour domaine les îles du Pacifique et le Japon, avec lequel cette partie des États-Unis est maintenant en rapport direct par un service de steamers mensuel ou bis-mensuel.

Le centre de l'Union peut parfaitement former une confédération particulière maintenant que l'esclavage a disparu des États du Sud. Il n'y a plus de causes sérieuses d'antipathie entre les populations qui peuplent cette vaste région centrale, par suite de cette récente émancipation des noirs. Les grands fleuves qui sillonnent le pays en allant se jeter dans le golfe du Mexique, forment des liens puissants d'intérêt commun entre le sud et le nord-ouest, et rien n'a plus d'influence sur le rapprochement des peuples que la prospérité qu'il produit. Ce résultat peut d'autant mieux s'effectuer dans l'Union américaine, que tous ses habitants parlent la même langue, aiment les institutions démocratiques, ne diffèrent guère dans leurs mœurs publiques et privées.

Les amis du progrès social et politique ne doivent pas s'alarmer du fractionnement possible de la grande confédération actuelle, car cette division ne fera que fortifier les principes qui ont en si peu de temps formé une nation de premier ordre sur un continent sauvage ignoré du monde civilisé, il y a moins de quatre siècles.

L'Angleterre aura toujours une grande consolation à tirer de sa puissance passée, le jour où elle se verra descendre du rang de la suprématie qu'elle exerce depuis si longtemps parmi les premières nations de l'Europe. Elle pourra dire avec fierté qu'elle a su peupler de sa race les plus belles parties du globe. L'avenir appartient à cette race anglo-saxonne, parce que la liberté fait la base de ses institutions partout où elle se rend maîtresse d'un pays nouveau; et au moyen de ses institutions libérales, elle s'assimile les autres races sans cesser de les dominer. Dans cent ans d'ici, il suffira de parler l'anglais pour pouvoir se faire comprendre chez toutes les nations de la terre; car cette langue étant destinée à être celle des peuples libres, elle s'imposera un jour au reste du monde pour les avantages qu'elle offrira dans les rapports commerciaux que les communications multiples rendront de plus en plus nécessaires au bien-être de l'humanité.

Si la France n'a pas laissé de racines profondes dans les pays lointains qui lui ont appartenu, c'est parce qu'elle ne s'y est jamais implantée en pratiquant les grands principes de liberté, qui donnent la virilité en favorisant le développement du progrès. Si notre nation ne veut pas s'exposer à passer bientôt dans les rangs secondaires et au nombre des peuples déchus, il est temps qu'elle se place sous l'égide de cette liberté régénératrice, et d'y mettre aussi ses colonies qui étouffent sous le régime rétrograde qu'on leur inflige. On me dira peut-être que les races sont ce qu'elles doivent être, et qu'elles donnent les fruits qui leur sont propres. C'est une erreur facile à démontrer par la préférence que l'émigration européenne donne avec tant de persistance aux pays qui jouissent de bonnes institutions. Le climat, il est vrai, exerce plus ou moins d'influence sur le caractère collectif des peuples; mais cette distinction morale se modifie plus ou moins, selon la fréquence des rapports que les peuples pratiquent entre eux. Les nations du Nord passent pour être plus aptes à se livrer à l'étude des hautes connaissances intellectuelles, par le calme et la persévérance qu'elles mettent à s'instruire. L'Allemagne a produit des hommes qui ont consacré toute leur existence à l'étude d'une seule branche de la science. Mais il est permis de croire que ces grands efforts d'esprit ne sont pas nécessaires à certaines organisations. La preuve, c'est que les anciens Grecs nous ont transmis dans les principales branches des connaissances humaines, des trésors qui, en vieillissant, ont plutôt gagné que perdu. L'éducation a plus d'influence encore sur l'homme que le climat. Les Chinois de Canton, vivant sous la zone torride, sont plus graves, plus appliqués au travail que les Russes de Saint-Pétersbourg. Ce même sujet de comparaison peut se répéter en rapprochant les nègres du Congo et les Indiens du Brésil, des Islandais. Ceux-ci sont bien plus agréables, socialement parlant, que les autres qui vivent dans une atmosphère éblouissante de lumière solaire et de splendeurs naturelles.

Si les Français avaient autant de jugement que d'esprit, ils auraient le droit de se considérer comme les plus favorisés du monde. Mais le défaut de sens pratique laisse chez eux une funeste lacune que l'éducation et les institutions pourraient combler dans une bonne mesure. Notre nation a fourni néanmoins des grands hommes dans toutes les carrières. Elle compte, en effet, de grands poëtes, de grands prosateurs, de grands philosophes, de grands métaphysiciens, de grands chimistes, de grands astronomes, de grands artistes en tous genres et de grands capitaines. Mais dans le domaine de la politique, nous sommes d'une infériorité désolante. Nous ne savons rien apprécier par nous-mêmes ni pour nous-mêmes. Nous nous laissons abuser comme des enfants par les paroles, sans chercher à comprendre si elles s'accordent avec les faits. En politique, la versatilité des Français est si grande qu'elle est devenue proverbiale. Ils passent d'un extrême à un autre sans prendre le temps de songer aux conséquences que ces évolutions peuvent avoir pour le pays. Pour nous priver des bienfaits de la liberté, nos gouvernements nous disent que nous sommes incapables d'en jouir, et ils s'appuient sur notre instabilité politique pour justifier l'oppression dont ils nous gratifient dans l'intérêt de notre *bonheur*. C'est un bonheur qui finira par tuer la nation, si elle ne cesse bientôt d'être moins heureuse.

A l'époque où nous vivons, les gens de bien se demandent pourquoi les peuples ne savent pas encore se soustraire à la guerre. La guerre est le plus grand fléau de l'humanité, puisqu'elle la ruine en même temps qu'elle la décime. Toutes les nations de l'Europe succombent aujourd'hui sous les charges que leur imposent les armées permanentes. C'est une calamité publique menaçante à tous les points de vue, et dont il est plus que temps de s'effrayer. Pour donner la mesure des charges que l'armée fait peser sur les peuples de l'Europe, il est utile de placer ici un résumé statistique que j'ai sous les yeux. Le budget de la guerre des diverses nations européennes se formulait ainsi en l'année 1862 :

Un milliard de francs pour l'Angleterre; cinq cents millions pour l'Autriche; cent soixante-dix millions pour la Prusse; cinq cent vingt-cinq millions pour la Russie; six cent vingt-cinq millions pour la France; deux cents millions pour la Turquie; trois cents millions pour les petits États allemands; trois cent huit millions pour l'Espagne; la Belgique, le Portugal, la Suisse et divers autres États donnent un chiffre de huit cents millions environ ; ce qui porte le total de ces dépenses ruineuses à quatre milliards cinq cents millions par an.

Mais depuis la dernière guerre d'Allemagne, ces dépenses menacent de tarir les ressources de l'Europe par l'exécution de nouvelles réorganisations des armées, qui prendront désormais le plus pur du revenu public, et toute la jeunesse du pays. Il n'est pas besoin d'être bien perspicace pour voir les désastres qu'un tel système produira chez les peuples qui le pratiqueront, ou plutôt qui le laisseront pratiquer. Le budget de la guerre de la France égale, s'il ne dépasse, son budget général d'il y a cinquante ans. On me dira que les ressources du pays ont plus que doublé depuis; mais je répondrai que ce n'est pas une raison pour les gaspiller.

La phase actuelle de la civilisation est une des plus pénibles à franchir; car elle égare l'esprit en l'éblouissant. C'est à cet égarement qu'il faut attribuer la passion effrénée que la présente génération a pour le luxe et les richesses qui le donnent. C'est à cet égarement qu'il faut attribuer aussi le relâchement des mœurs, et le peu de scrupule qu'on montre en poursuivant la fortune. Être logé et vêtu somptueusement, sont deux choses indispensables pour mériter la considération publique, même quand ce luxe est le fruit de l'improbité audacieusement pratiquée. Cette audace, il est vrai, passe, de nos jours, pour de l'habileté et du savoir-faire. Le mal que je signale ne doit pas être mis sur le compte de la civilisation, mais sur celui des hommes qui la trahissent en faussant ses nobles principes régénérateurs au profit d'une coupable ambition personnelle. Ce mal disparaîtra quand les masses populaires seront assez éclairées pour pouvoir le discerner d'avec le bien; car alors le mensonge ne pourra plus usurper les droits et la puissance de la vérité.

L'avidité que notre génération montre pour les richesses

matérielles, ne restera pas complétement stérile pour l'œuvre complexe de la civilisation; car le besoin de s'enrichir pour pouvoir assouvir un excès de jouissances plus ou moins immorales, a donné un essor extraordinaire au progrès industriel; et c'est par le travail que les peuples égarés par la soif des jouissances sensuelles se relèveront de l'abaissement où ils se laissent aller aujourd'hui avec une si fâcheuse docilité. Le charlatanisme s'est emparé du commerce et de l'industrie pour les spolier de la loyauté qui doit toujours en faire la base en tous pays. Vous voyez dans toutes les grandes villes des marchands qui ne cessent d'être en liquidation factice, pour mieux attirer les acheteurs et les mieux tromper. Cette fausse liquidation est annoncée à l'extérieur du magasin en gros caractères sur une grande bande de calicot, qui déclare qu'on vend les marchandises à 50 p. 0/0 au-dessous du cours; et quand ce piége ne prend plus de dupes, la liquidation cesse, et l'*honnête* marchand continue son commerce par les moyens ordinaires jusqu'au moment où il croira pouvoir recommencer fructueusement sa ruse. Le progrès condamne sévèrement cette manière de traiter les affaires, car elle viole les nobles principes de la probité. Les peuples qui foulent aux pieds la probité peuvent s'enrichir pendant un temps; mais ce système les tuera infailliblement, s'ils persistent à le pratiquer.

La France qui s'est flattée à juste titre, jusque dans ces derniers temps, d'avoir le monopole du bon goût dans les objets de mode, est bien déchue aussi dans cette sphère de la belle fantaisie, car en fait de modes nouvelles, elle ne sait plus inventer que des costumes affreusement ridicules; pour se résigner à les adopter, il faut avoir une grande propension à s'offrir à la risée des gens sensés. Après avoir donné aux femmes le diamètre d'un donjon, la mode les cerne maintenant dans des sacs et leur donne une assiette pour coiffure. Les hommes ont des vêtements non moins étriqués ; les tailleurs doivent faire de fabuleux bénéfices, s'ils n'ont pas réduit leurs prix en lançant cette mode si peu exigeante au point de vue de la quantité de l'étoffe. Cette dépravation du goût, chez nous, en dit plus qu'on ne le suppose sur notre abaissement moral auquel contribue tant une littérature dévergondée. L'esprit et le corps se tiennent au même niveau ; un esprit cultivé sagement ne s'abandonnera jamais à une mode qui le dégrade par le ridicule du mauvais goût, et à une littérature qui le crétinise.

L'excès du mal amène le remède quelquefois, et nous devons souhaiter qu'il en soit ainsi pour la France. Le progrès semble s'effacer du globe à certaines époques pour mieux éprouver la foi de ses apôtres ; mais quand il voit que l'humanité chancelle sous le poids de la défaillance morale, il se montre par un coup d'éclat qui rend la virilité aux jeunes générations efféminées par l'abus des plaisirs que la corruption leur avait enseignés. Certes, il n'y aurait rien d'étrange à supposer que le souffle de la civilisation se soit servi de l'éventail d'un barbare pour provoquer la conquête de l'Algérie par la France, afin de donner un nouveau courant civilisateur vers cet Orient, dont les peuples s'affaissent dans le néant par les soins du fanatisme et de l'ignorance. Soyons bien convaincus que les destinées que l'avenir réserve à notre Algérie ne sont pas celles d'une simple colonie. Que la France le veuille ou ne le veuille pas, notre conquête s'est faite au nom du progrès et de la civilisation, et marchera dans cette voie malgré tous les obstacles que lui pourra créer sa métropole. Un jour viendra où cette grande colonie jouira des institutions qui sont indispensables à la mission régénératrice qu'elle est tenue de remplir sur le vieux continent africain. Peu à peu elle s'adjoindra alors tout le nord de ce continent, depuis la mer Rouge jusqu'à l'Atlantique. Ensuite elle plantera des jalons dans l'intérieur pour préparer les voies à son expansion, pour extirper la barbarie que les ténèbres enveloppent depuis un temps inconnu dans le sein immense de cette partie du globe. La France a donc les meilleurs motifs qu'une nation civilisée puisse désirer, pour aider dans toute la mesure du possible l'Algérie à marcher vers sa glorieuse destinée. Car le développement de sa nouvelle population ne peut avoir pour objet l'oppression des indigènes, ni leur ruine, comme certaines gens ont intérêt à le faire croire; mais bien leur régénération, s'ils sont encore capables de se laisser régénérer. Toutefois, s'ils sont descendus trop bas pour pouvoir jamais se relever au rang des hommes, nous n'aurons rien à nous reprocher dans leur disparition, car elle se serait effectuée aussi infailliblement en notre absence qu'en notre présence sur cette terre sauvage.

Le percement de l'isthme de Suez jouera un grand rôle aussi dans l'avenir du nord de l'Afrique. Cette œuvre restera une des plus utiles, des plus grandes, des plus glorieuses de la civilisation moderne; et le nom de son promoteur se transmettra de génération en génération à la postérité, comme celui d'un des plus illustres bienfaiteurs de l'humanité.

Oui, M. Ferdinand de Lesseps a montré dans la poursuite de cette noble tâche toutes les rares et précieuses qualités qui font le grand homme et l'homme de bien; union difficile à rencontrer chez la même personne. Car ce qu'on est convenu d'appeler un grand homme, ne travaille guère qu'à se grandir au détriment de ses semblables.

Le percement de l'isthme de Suez place M. F. de Lesseps si haut dans mon estime, que les expressions me manquent pour rendre hommage à son mérite exceptionnel. Sa conduite, dans cette gigantesque entreprise, n'a rien de commun avec celle de ces *faiseurs* qui ne s'appliquent qu'à ramasser les millions en ruinant les actionnaires des opérations qu'ils lancent avec tout le bruit éclatant qu'il faut donner au mensonge pour qu'il puisse usurper la place de la vérité. La conduite du promoteur du percement de l'isthme de Suez n'a pour guide que les grands intérêts du monde civilisé, et sa puissance est prodigieuse parce qu'elle émane d'une intelligence supérieure secondée par l'intégrité, la persévérance, la foi dans le succès et une grande indépendance de caractère prenant sa source dans une position sociale honorablement assise sur une fortune personnelle, suffisante pour un homme qui n'en fait pas l'élément de son ambition. Ce nouveau chemin raccourci qui va bientôt relier l'Europe et l'Asie, donnera un mouvement commercial incalculable sur les eaux de la Méditerranée ; et l'Algérie est située de manière à prendre une part directe des bienfaits qui résulteront de cet essor maritime au profit de la prospérité universelle. Le percement de l'isthme de Suez, je le répète, est une entreprise unique au monde; et soyons bien certains que les promesses qu'elle fait par anticipation seront dépassées par la réalité. Si la gratitude reste une des grandes vertus de l'humanité, un jour viendra où toutes les villes maritimes des côtes méditerranéennes, élèveront une statue à l'homme illustre qui a doté le monde de cette œuvre civilisatrice internationale. La France peut se glorifier de lui avoir donné le jour, et se flatter de ne pas craindre de voir diminuer les titres de grandeur de cet éminent citoyen par l'accomplissement de choses plus grandioses et plus utiles.

CHAPITRE XX

Conclusion.

Tout ce que j'ai dit dans le cours de cet ouvrage peut donner, je pense, une idée satisfaisante des ressources naturelles de l'Algérie, et des rares avantages que la France peut trouver en aidant intelligemment cette belle conquête à les développer. Si j'ai conduit le lecteur en Amérique, ce fut pour y aller chercher des exemples meilleurs que ne pouvait m'en offrir aucun autre pays, en matière de colonisation. Dans un travail de cette nature, il faut s'attacher à puiser la force de l'argumentation dans des exemples d'une valeur irrécusable; et personne n'oserait nier que les Américains et les Anglais sont des colonisateurs par excellence. Leur supériorité en ce genre d'entreprise, je l'ai suffisamment démontrée dans ce qui précède, je n'ai pas à y revenir ici.

Les colonies dotées de bonnes institutions donnent un essor considérable à la prospérité des nations maritimes, en favorisant le développement du commerce extérieur et de la navigation marchande. Sans ses colonies, l'Angleterre aurait de la peine à se maintenir au rang de nation de troisième ordre. La Hollande n'est riche et relativement puissante que par ses fertiles et vastes colonies. Les Américains, dont le pays est baigné par les deux grands Océans, sentent, néanmoins, le besoin d'avoir des possessions coloniales; et c'est ce besoin qui les presse à s'emparer des plus belles îles des Antilles, et même à posséder quelque chose sur les bords de la Méditerranée.

Si la France avait, dans l'intérêt de sa prospérité et de sa prépondérance commerciale et politique, besoin de se donner une colonie, pourrait-elle souhaiter en avoir une préférable à son Algérie ? Poser cette question c'est la résoudre. L'Algérie ne laisse rien à désirer à une nation comme la nôtre, qui perdrait la moitié de sa puissance nationale, de son influence politique, si elle ne dominait pas sur les eaux et le littoral de la Méditerranée. Avec ses *deux cent cinquante lieues de côtes africaines sur cette mer intérieure*, notre nation peut attendre sans alarme la solution infaillible de cette fameuse question d'Orient. Si Constantinople tombe au pouvoir d'un conquérant puissant, il nous sera facile de nous dédommager de cet empiétement d'une nation rivale en prolongeant notre littoral algérien à l'ouest et à l'est, pour maintenir notre prépondérance au niveau des besoins de notre puissance et de nos intérêts sur ce point. La France a donc les meilleures raisons du monde pour se hâter de peupler sa conquête d'une nombreuse population européenne, qui, seule, peut y fortifier son autorité et lui fournir les éléments indispensables à la prospérité commune de la colonie et de sa métropole. Les fautes qui ont été commises jusqu'ici dans cette œuvre nationale, sont imputables au gouvernement; mais le gouvernement n'aurait pu les pousser si loin si notre nation remplissait les devoirs qui lui incombent dans la direction des affaires du pays.

J'ai dit, au commencement de ce livre, que l'Algérie avait fait plus de progrès qu'on ne le pense en France, mais qu'elle était restée bien au-dessous du développement qu'on aurait pu lui donner avec les moyens d'action dont on a pu disposer au profit de cette grande entreprise. J'ai souvent appelé en sa faveur de bonnes institutions, comme étant le meilleur remède qu'on puisse appliquer au mal que je signalais ; et je veux donner ici une preuve de la valeur de cette assertion, en m'appuyant sur l'opinion d'un homme qui fait autorité en matière de systèmes bons à suivre pour les colonies qu'on veut rendre prospères. Cette opinion est celle de M. Antelme, et je la prends dans un discours qu'il a prononcé dans un banquet donné à Port-Louis (île Maurice) pour célébrer l'inauguration d'un nouveau service maritime entre la France et notre colonie de la Réunion, effectué par les Messageries Impériales, comme embranchement de leur service de Chine.

M. Antelme est un homme considérable par la position qu'il occupe dans la colonie anglaise, autrefois la nôtre, et restée sœur de celles que nous possédons encore dans ces parages. Écoutons parler un colon qui nous raconte comment les colonies veulent être gouvernées pour se donner la prospérité :

« A mes yeux, l'établissement d'un second service postal à vapeur entre Maurice et Suez est l'événement le plus heureux pour cette colonie. On ne saurait méconnaître que tous les progrès que cette colonie a déjà accomplis depuis ces quinze dernières années, et qu'elle est en voie d'accomplir encore, sont dus à deux choses insignifiantes en apparence, mais considérables dans leurs résultats. La substitution de gouverneurs civiliens aux gouverneurs militaires et l'établissement d'une communication à vapeur par un de ces gouverneurs civiliens entre Maurice et Aden.

» Il y a une quinzaine d'années, peut-être pas si longtemps même, Maurice communiquait avec l'Europe par la voie du Cap, et voyait se succéder à la tête de son gouvernement de vieux généraux dont on débarrassait les cadres de l'armée active en les envoyant dans les colonies. Élevés dans les camps, ils ne comprenaient rien aux affaires. Toute leur politique consistait à faire ce que leurs prédécesseurs avaient fait et à mettre ainsi leur responsabilité à l'abri.

En un mot, pour ne pas faire de faux pas, ils restaient toujours à la même place. C'était le gouvernement de l'immobilité et de la routine.

» D'un autre côté, nos communications avec la métropole étant alors plus rares et plus difficiles, il en résultait que le bureau colonial nous connaissait peu, — et que, de notre côté, il faut l'avouer, nous nous formions des idées bien erronées sur le compte de l'Angleterre. Nous étions si peu connus alors dans la métropole qu'un jour, à propos de je ne sais quelle discussion, un membre du Parlement ayant demandé où était situé Maurice, le ministre des colonies répondit que Maurice faisait partie des Antilles anglaises.

» A cette époque, messieurs, quelques colons formèrent une association dont le but était d'éclairer le gouvernement de la métropole et de solliciter les réformes indispensables pour le développement de notre prospérité. Cette association, oubliée aujourd'hui après avoir rendu de grands services, était appelée le Comité des Quinze. Je me souviens avec plaisir d'y avoir travaillé dans l'intérêt général, en compagnie du président de ce banquet. Le Comité ne tarda pas à être convaincu qu'il n'y avait rien à espérer pour la colonie tant que nous aurions des gouverneurs militaires et s'attacha, dès lors, à demander des gouverneurs civiliens. (Nombreuses marques d'approbation.)

» Il arriva qu'à peu près à la même époque, les autres colonies, fatiguées comme nous des gouverneurs militaires, demandèrent aussi, de leur côté, des gouverneurs civiliens. Bref, notre demande fut enfin accueillie, et notre premier gouverneur, sir George Anderson, fut nommé. Il passa malheureusement fort peu de temps à la tête de notre administration et fut remplacé par sir James Higginson. On sait que la production de l'île doubla en cinq ans sous ce gouverneur. L'une de ses premières idées aussi fut d'établir une communication à vapeur entre Maurice et Aden. Rapprocher ce pays de l'Europe, c'était ouvrir pour lui une ère de prospérité. Grâce à la rapidité de ces nouvelles communications, notre colonie attira bientôt l'attention du commerce anglais et nous vîmes deux des plus grandes banques de Londres établir successivement des succursales à Maurice. Et ces grandes compagnies de crédit foncier, appelées à changer entièrement la face de ce pays, croyez bien, messieurs, qu'elles sont encore le fruit de notre communication à vapeur avec l'Europe. Quand on voit ce qu'a produit un seul service à vapeur, que n'est-il permis d'espérer d'une communication bi-mensuelle? »

Ce discours formule une sage leçon pour le gouvernement français, en lui démontrant ce que demandent les colonies pour prospérer, et un bon exemple à suivre pour les Algériens, pour obtenir les réformes qui leur sont indispensables.

Aux personnes qui considèrent l'Algérie comme un pays insalubre et funeste à l'existence de la race européenne, je vais les désabuser avec un fragment de statistique officielle concernant notre colonie. Les chiffres ont une éloquence inflexible en pareil cas, et les preuves sanitaires d'une région se tirent de l'écart qu'on trouve entre les naissances et les décès. Le dernier recensement de la population européenne s'arrête, si je ne me trompe, en 1865, et le résultat qu'il donne constate, à la grande confusion des adversaires de la colonisation, un accroissement considérable relativement parmi les Européens, provenant de l'excédant des naissances sur les décès. Ce dernier recensement donne une population européenne, à l'Algérie, de 254,158 habitants, dont 72,000 *sont nés dans la colonie*. Nous voyons donc dans ce résultat la preuve irrécusable que la race européenne trouve, en ce pays conquis, tous les éléments qui sont nécessaires à son développement.

Mais ce développement, déjà si rapide, n'est guère cependant que le prélude de celui que l'avenir promet, quand le sol sera livré à l'agriculture sur une large échelle, et l'air régénéré par les plantations d'arbres qui modifieront les chaleurs de l'été en absorbant une grande partie de l'ardeur solaire. Nous laissons la parole au fragment statistique dont il est parlé plus haut, pour compléter ce que nous pourrions dire sur ce point important de nos conclusions.

« Quelques écrivains malheureux, qui n'avaient pas vu l'Algérie depuis quinze ans, c'est-à-dire depuis une époque où la paix et la sécurité avaient remplacé partout l'état d'hostilités constantes et tous les inconvénients qui en sont la conséquence naturelle et forcée, ont prétendu qu'on mourait en Algérie plus généralement que partout ailleurs.

» Pour être assuré du contraire, jetons un coup d'œil sur les rapports suivants des naissances et des décès à la population. Ces chiffres sont parlants, ils convaincront tout le monde, et nous devons assurément des remercîments à l'administration supérieure pour les soins qu'elle a mis à les faire établir.

» Le nombre des naissances a été en 1864 de 8,408; il avait été de 8,537 en 1863 et de 8,648 en 1862; la moyenne est de 8,531 par an, soit en regard de la population moyenne exprimée par le chiffre de 214,158 habitants : 3,97 naissances par 100 habitants. En 1862, dernière année dont les résultats aient été publiés, le rapport a été, en France, de 2,66 par 100 habitants; différence au profit de l'Algérie : 1,31 p. 0/0.

» Le nombre des décès s'est élevé :
» En 1862, à 5,903;
» En 1863, à 6,347;
» En 1864, à 5,497;
» Année moyenne, 5,915.

» Population moyenne, 254,158 habitants.

» Rapport, 2,76 p. 0/0.

» En 1862, le rapport a été, en France : de 2,48 dans le département de la Seine : de 2,53 dans les agglomérations comptant plus de 2,000 habitants, le département de la Seine excepté;

» De 2,05 dans les campagnes.

» La mortalité en Algérie, parmi les Européens, serait donc supérieure de 0,23 p. 0/0 à la mortalité dans les agglomérations de plus de 2,000 habitants en France, c'est-à-dire que, pendant qu'il meurt 300 personnes dans ces villes, il en mourrait un peu moins de 301 en Algérie. Cet écart si faible serait déjà de nature à surprendre, si l'on songe à la mortalité relativement élevée qui doit se produire aux avant-postes de notre occupation, et cependant, en réalité, la différence est moindre encore, attendu que la statistique des décès en Algérie comprend les mort-nés, qui ne sont pas comptés en France. Or, le nombre des mort-nés est, en France, de 4,25 à 4,50 sur 100 conceptions; la proportion n'a point été relevée en Algérie.

» Quant au rapport des mariages à la population, il a été, pour la période triennale de 1862, 1863 et 1864, de 1,828, année moyenne, soit 0,85 mariages par 100 habitants, c'est-à-dire 1,70 habitants contractant mariage. Le rapport en France a été, en 1862, de 0,81 : différence au profit de l'Algérie, 0,04 p. 0/0. C'est là une réponse victorieuse à opposer à ceux qui assurent que les mœurs dans la colonie sont relâchées plus que partout ailleurs.

» On voit, par l'exposé qui précède, que plus la population européenne s'affermit, moindre devient le nombre relatif des décès. Les provinces d'Alger et d'Oran, les plus peuplées et les plus anciennement colonisées, sont celles qui en présentent le moins; la province de Constantine, qui en produit le plus, est aussi celle que les Européens ont le plus tardivement occupée, et habitent encore aujourd'hui en moins grand nombre.

» *Indigènes.* — Le relevé, d'après les registres de l'état civil, des naissances et des décès de musulmans, pendant l'année 1864, dans le ressort administratif des centres européens, donne, pour une population de 358,760 individus, 5,476 naissances et 6,449 décès, soit un excédant de perte de 973. Mais cette donnée ne se présente heureusement point avec la certitude d'un fait statistique.

» On ne saurait changer en quelques années les idées, les habitudes, les préjugés inhérents à tout un état social, et il est permis de supposer qu'un certain nombre de faits d'état civil échappent parmi les musulmans, surtout dans les campagnes, aux constatations légales.

» Dans la population israélite, le nombre des naissances et des décès en 1862, 1863 et 1864, a été, année moyenne, de :

    Naissances. . . . . 1,542.
    Décès. . . . . 875.

» Soit par 100 habitants :

    Naissances. . . . . 5 27.
    Décès. . . . . 2 96.

» Les Israélites meurent un peu plus que les Européens. Différence : 0 20 p. 0/0. Mais ils se multiplient dans une proportion plus grande. Différence : 1 30 p. 0/0.

» La population juive s'est élevée, pendant les années 1862, 1863, 1864, de 28,099 à 30,099 individus, soit 7 p. 0/0. A ce compte, elle doublerait, par ses seules forces de production, en 31 ans et 9 mois. »

Maintenant qu'il est bien établi que l'Algérie mérite de prendre place parmi les pays les plus favorisés de la nature, au point de vue de la salubrité et de la fertilité, il ne lui manque donc que de bonnes institutions pour trouver le chemin de la prospérité et y marcher à pas de géant. Car de bonnes institutions lui attireront infailliblement des bras et des capitaux européens. Le malheur de nos colonies vient de ce que la France ne s'en occupe jamais ; les neuf dixièmes des Français ne savent pas seulement où ces possessions lointaines sont situées. Il m'a été demandé, à moi, récemment à Paris, dans cette capitale du monde civilisé, si nous pouvions nous procurer du pain dans *ce pays sauvage*. Cette question m'a fourni l'occasion de dire que je n'en avais jamais mangé de meilleur, sinon de si bon, dans tous mes voyages. Sous ce rapport, je puis ajouter que la métropole ne pourrait soutenir la comparaison avec sa colonie en prenant l'ensemble de la qualité du pain qui se consomme dans les deux pays. On ne se figure pas les questions ridicules d'ignorance que les Français adressent aux habitants de l'Algérie qui visitent la mère patrie ; et cette ignorance regrettable a pour conséquence fâcheuse les erreurs que le gouvernement commet dans la direction des affaires de ces lointaines possessions. Si le public connaissait mieux la part que les colonies pourraient avoir dans la puissance et la prospérité de la mère patrie, étant bien administrées, son opinion pèserait sur l'omnipotence que s'arroge le gouvernement dans cette branche des affaires nationales sans avoir la compétence nécessaire pour résoudre convenablement les questions de cette nature de sa propre autorité.

Les reproches que j'adresse ici à notre nation sur son ignorance incroyable à l'égard de ses colonies, retombent en grande partie sur les journaux de Paris. Je m'écarterais de la ligne de conduite que je me suis tracée en écrivant ce livre, si je ne disais pas ce que je crois juste sur le compte de la presse parisienne. Les journalistes français s'abusent grandement s'ils pensent qu'ils sont à la hauteur de leur tâche collective pour ce qui regarde les choses qui sortent du domaine de la politique, des arts et des sciences. Le sens pratique leur fait généralement défaut. Ils auraient de bons exemples à prendre sous ce rapport dans la presse américaine et anglaise. Les journalistes de Paris agissent comme si la capitale composait seule l'univers. Ils n'écrivent que pour récréer les habitants de la merveilleuse cité, quand ils devraient s'attacher à les instruire, ainsi que le reste de la France. Il y a pourtant des choses bien utiles et bien importantes à traiter en dehors de celles qui se passent sur les boulevards. Croiraient-ils donc déroger à leur mission collective, les journalistes parisiens, s'ils s'occupaient des intérêts de nos colonies avec pleine connaissance de cause ? Je les tiens pour trop bons patriotes pour le supposer. La lacune regrettable qu'ils laissent dans leurs journaux, tient à ce qu'ils ne se rendent pas compte du rôle important que les colonies jouent et pourraient jouer, surtout dans le développement de notre commerce extérieur et de notre prépondérance nationale. L'idée ne serait jamais venue à un journaliste américain de sacrifier une partie de sa feuille aux élucubrations gastronomiques du baron Brisse ; mais cette idée futile est venue à un journaliste français placé au premier rang de nos publicistes. Ce fait est très-caractéristique et nous enseigne que le journal, chez nous, est loin d'être compris comme le demande la tâche que le progrès lui impose, dans l'intérêt de sa cause qui est celle de l'humanité entière. Il y a tant de mesures à combattre et à indiquer dans la sphère administrative, en France et dans nos lointaines possessions, qu'il serait bon de laisser de côté les friandises des gens qui ne vivent que pour manger, et de s'occuper des choses qui concernent ceux qui ne mangent que pour vivre et aider les autres à vivre. Il y a bien assez de ce qu'on appelle la petite presse pour offrir ces tristes petites choses au public. La grande presse a plus que

jamais un sacerdoce à remplir pour combattre le créti-
nisme que le manque de liberté engendre en favorisant le
succès de montagnes de productions stupides, écrites avec
des haches et des poignards pour les rendre attrayantes à
des lecteurs qui n'ont plus d'appétit intellectuel que pour
cette nourriture malsaine, par suite de l'abus qu'ils ont
fait de leurs facultés, au préjudice de leur bon sens et de
leur dignité.

Tout semble concourir aujourd'hui pour abaisser le jugement au profit de la vanité, qui est la mère de toutes les
sottises. On concentre tous les grands travaux dans les
grandes villes pour les rendre assez séduisantes pour dé-
peupler les campagnes à leur profit. Les bras manquent de
plus en plus aux travaux champêtres ; les charges budgétaires s'aggravent chaque année ; les prix des aliments de
première nécessité s'élèvent de jour en jour, et cet état de
choses ne peut s'arrêter que quand l'on aura rétabli l'équi-
libre entre les producteurs et les consommateurs. Vos travaux factices des villes que vous embellissez à outrance,
absorbent non-seulement la majeure partie de l'impôt, mais
encore des produits agricoles que vous frappez doublement en leur enlevant les bras dont ils ont besoin pour se
développer dans la mesure du possible. Avec un pareil système, comment pourrait-on diriger un courant d'émigration vers les pays agricoles qui manquent de bras ?

Vos villes grouillent de population inutile que vous ne
parviendrez pas à diminuer, car les masses que vos gigantesques et ruineux travaux y ont attirées, préfèrent y mener
une vie de misère que d'abandonner les habitudes dépra-
vées qu'elles y ont contractées.

Il n'y a qu'une chose pour laquelle je ne redoute pas
d'excès chez les peuples, c'est pour l'instruction. Mais il y
a encore un grand choix à faire dans la manière de la donner. La bonne exige la liberté, et il est inutile de dire que

nous ne sommes pas libres de prendre la bonne. Les sciences ne redoutent pas d'excès non plus ; mais il n'en est pas de même des arts ; car l'excès des arts a exercé une grande influence dans la chute de la Grèce ancienne et celle de la Rome antique en créant l'excès du luxe qui, à son tour, engendra toute espèce de corruption.

Quoi qu'il en soit, le progrès ne sera pas étouffé ; l'Algérie en offrira une preuve éclatante un jour, et ce jour approche constamment malgré les entraves que cette belle colonie éprouve dans les débuts de son développement. Les Algériens ne doivent pas oublier que leur tâche collective est de celles qui honorent le plus l'humanité. Courage donc ! et pour vous préserver de nouvelles déceptions ne comptez sérieusement que sur vous-mêmes, sans cesser néanmoins de chercher à vous attirer d'ailleurs de bons auxiliaires. Les plus mauvais jours sont passés, car le diamant est déjà dégrossi, et commence même à briller d'un vif éclat. L'union fait la force, ne l'oublions jamais. Nous allons bientôt nous trouver au nombre de TROIS CENT MILLE ; c'est le noyau d'une jeune nation, et si nous associons nos ressources et nos efforts individuels, nous ferons des prodiges avec la sage pratique des grands principes de l'association. Ces conseils que je vous donne, je me les adresse à moi-même ; et si j'ai entrepris ce livre, c'est pour chercher à jeter un peu de lumière sur cette question algérienne, dont tout le monde parle en France et dont si peu de gens s'occupent.

Il me reste, en terminant, à me faire l'interprète des Algériens en remerciant ici les membres du Corps législatif et du Sénat pour la défense de l'Algérie qu'ils ont prise chaque fois qu'ils en ont eu l'occasion. En agissant ainsi, ils n'ont fait qu'obéir, nous le savons tous, aux devoirs patriotiques que leur commande d'accomplir leur mandat de représentants de la nation ; nous savons tous cela ; mais nous savons aussi que tous les mandataires du peuple ne comprennent pas leur mission de la même manière, autrement notre belle colonie ne serait plus sous le régime qui la gouverne.

Je suis heureux de pouvoir rendre cet hommage mérité à tous les députés qui ont pris notre défense en combattant les mesures défectueuses dont notre conquête a été si souvent l'objet de la part du gouvernement métropolitain. Je regrette de ne pouvoir citer les noms de tous ceux qui nous ont prêté leur intelligent concours législatif, pour leur donner individuellement une preuve de notre sincère gratitude; mais ils sont priés de prendre la part qui leur revient à chacun de l'hommage que j'adresse plus particulièrement à tous les membres qui ont défendu notre cause par la parole avant de la défendre par leurs votes. Les noms de MM. Lanjuinais, Ernest Picard, Berryer, Jules Favre sont connus de tous les Algériens, non-seulement comme des orateurs illustres défendant pied à pied les grands principes de la démocratie, mais encore comme les zélés défenseurs d'une Algérie française dans toute la bonne acception du mot. Je veux dire une Algérie dotée de bonnes institutions pour les vaincus aussi bien que pour les vainqueurs. La race européenne, en Algérie, ne demande qu'à se rapprocher des indigènes pour leur offrir les meilleures chances de régénération par les exemples du travail et de la bonne harmonie. Je ne me suis jamais écarté de ces principes de justice en défendant la cause de la colonisation de notre belle conquête africaine. Je veux et j'ai toujours demandé que les Arabes soient affranchis du joug qui les plonge dans la misère en les dépouillant d'un travail libre qui stimulerait leur courage par une rémunération placée sous l'égide du droit commun émanant des lois du pays. Un des grands soins de l'Arabe, sous l'ordre de choses actuelles, est de paraître pauvre aux yeux de ses chefs, afin de pouvoir conserver devers lui le peu qu'il possède. Je demandais une fois à un indigène pourquoi il ne se donnait pas au moins une femme. « Parce qu'il faut l'acheter, me dit-il, et si j'achète une femme, mon chef me croira plus riche que je ne le suis, et s'arrangera de manière à me tirer ce que je pourrais avoir par les moyens qui sont en son pouvoir. » Voilà une cause de célibat qui ne mérite guère d'être respectée par nos institutions. Un colon me donna une autre preuve des soins que les indigènes prennent pour avoir toutes les apparences extérieures d'un extrême dénûment, même quand ils en sont à l'abri par des ressources cachées. Il avait trois chameaux à vendre sur le marché, le colon dont je parle; et deux ou trois chefs indigènes, couverts de beaux burnous, les lui marchandèrent. Les prix ne convenant pas aux parties, les chefs arabes s'éloignèrent, et quand ils furent assez loin pour laisser croire qu'ils ne voulaient pas acheter les chameaux, un indigène, couvert d'un burnous criblé de trous et dégoûtant de malpropreté, s'approcha du colon et lui dit: « Combien veux-tu au juste de tes bêtes? Le vendeur le lui dit, et l'Arabe accepta le marché. J'ai l'air bien misérable, ajouta-t-il, mais sois sans inquiétude, j'ai de quoi te payer. » Là-dessus, il invita le colon à le suivre dans un lieu isolé, où il tira de dessous son burnous une bourse bien garnie d'or dans laquelle il prit la somme convenue pour la vente des quadrupèdes. « Vois-tu, dit-il en remettant sa bourse dans sa cachette, si mes chefs me soupçonnaient de posséder ce petit trésor, je ne l'aurais pas longtemps. Je vais dire que j'ai loué ces chameaux à un *roumi* pour qu'on n'ait pas envie de me les prendre. »

C'est pour les mêmes motifs que les indigènes ont pris l'habitude de cacher leur argent dans la terre, et à l'insu de leurs familles pour éviter les indiscrétions. Il arrive souvent que les auteurs de ces cachettes meurent sans jamais avoir osé faire usage de ces trésors, dont le sol reste héritier, en attendant que le hasard les donne à ceux qui remueront cette terre inculte.

Je m'arrête ici pour donner à mon livre les limites que je me suis posées en le commençant. Mon but est connu de ceux qui l'ont lu, et si je l'atteins dans une certaine mesure, j'aurai trouvé la seule récompense que j'aie ambitionnée en m'imposant ce travail.

DOCUMENTS

POUR SERVIR A L'HISTOIRE DE LA COLONISATION EN ALGÉRIE

LETTRE SUR LA POLITIQUE DE LA FRANCE EN ALGÉRIE,
ADRESSÉE PAR L'EMPEREUR AU MARÉCHAL DE MAC MAHON, DUC DE MAGENTA,
GOUVERNEUR GÉNÉRAL DE L'ALGÉRIE

NOTE DE L'ÉDITEUR

Cette lettre a été imprimée, par ordre de l'Empereur, dix jours après son retour d'Algérie ; elle n'avait pas été rendue publique, parce qu'il importait à Sa Majesté que toutes les questions qui y sont traitées fussent préalablement discutées par les ministres et le gouverneur général. C'est après avoir pesé toutes les objections et fait subir plusieurs changements au texte primitif que l'Empereur en a autorisé la publication.

Monsieur le Maréchal,

La France possède l'Algérie depuis trente-cinq ans : il faut que cette conquête devienne désormais pour elle un accroissement de force, et non une cause d'affaiblissement.

Sous tous les gouvernements qui se sont succédé, et même depuis l'établissement de l'Empire, près de quinze systèmes d'organisation générale ont été essayés, l'un renversant l'autre, penchant tantôt vers le civil, tantôt vers le militaire, tantôt vers l'arabe, tantôt vers le colon, produisant au fond beaucoup de troubles dans les esprits et fort peu de bien pratique. Il s'agit aujourd'hui de substituer l'action à la discussion. On a bien assez légiféré pour l'Algérie.

Pénétré de cette pensée, j'ai mis par écrit le résultat des observations recueillies pendant mon voyage. Je n'ai point la prétention d'inaugurer un système nouveau. Je propose seulement de trancher quelques questions fondamentales, de les écarter à jamais de la controverse et de tracer en même temps un programme qui se compose presque exclusivement de règles de conduite à l'adresse des administrateurs de tous les degrés.

Mon programme se résume en peu de mots : gagner la sympathie des Arabes pour des bienfaits *positifs*, attirer de nouveaux colons par des exemples de prospérité *réelle* parmi les anciens, — utiliser les ressources de l'Afrique en produits et en hommes ; — arriver par là à diminuer notre armée et nos dépenses.

Deux opinions contraires, également absolues, et par cela même erronées, se font la guerre en Algérie. L'une prétend que l'expansion de la colonisation ne peut avoir lieu qu'au détriment des indigènes ; l'autre que l'on ne peut sauvegarder les intérêts des indigènes qu'en entravant la colonisation. Réconcilier les colons et les Arabes, en ramenant les uns et les autres dans la voie tracée par ma lettre du 6 février 1863 ; prouver par les faits que les derniers ne doivent pas être dépouillés au profit des premiers, et que les deux éléments ont besoin de se prêter un concours réciproque, telle est la marche à suivre ; les Européens doivent servir de guide et d'initiateurs aux indigènes pour répandre chez eux les idées de morale et de justice, leur apprendre à écouler ou transformer les produits, réunir les capitaux, étendre le commerce, exploiter les forêts et les mines, opérer les dessèchements, faire les grands travaux d'irrigation, introduire les cultures perfectionnées, etc. Les indigènes doivent seconder l'établissement des Européens, afin de trouver chez eux l'emploi de leur main-d'œuvre, le placement de leurs récoltes, de leurs bestiaux, etc.

Quand cette pensée aura été bien comprise et énergiquement appliquée, l'intérêt mutuel fera peu à peu, je l'espère, disparaître les antipathies.

Je vais examiner brièvement ce qu'on a fait et ce qui est à faire.

La population de l'Algérie se décompose à peu près de la manière suivantes :

Indigènes [1]	2,580,267
Européens [2]	192,546
Armée [3]	76,000

1. Arabes des villes............................	87.896	
Population musulmane des campagnes et du territoire civil..	57.897	145.793
Arabes des tribus...		2.374.091
Arabes étrangers..		32.286
Juifs indigènes..		28.097
Ces chiffres sont très-approximatifs......................		2.580.267
2. Français...		112.229
Étrangers...		80.317
		192.546

3. Situation de l'armée au 8 juin 1865.

Ce pays est donc à la fois un royaume arabe, une colonie européenne et un camp français. Il est essentiel de considérer l'Algérie sous ces trois aspects : au point de vue indigène, colonial et militaire.

I

LES ARABES

I. Position des Arabes. — Cette nation guerrière, intelligente, mobile sans doute, mais docile à l'autorité, mérite toute notre sollicitude. L'humanité et l'intérêt de notre domination commandent de nous la rendre favorable. Il ne peut entrer dans l'idée de personne d'exterminer les trois millions d'indigènes qui sont en Algérie, ni de les refouler dans le désert, suivant l'exemple des Américains du Nord à l'égard des Indiens; il faut donc vivre avec les Arabes, les façonner à nos lois, les habituer à notre domination, et les convaincre de notre supériorité, non-seulement par nos armes, mais aussi par nos institutions. En exerçant sur eux une justice équitable et rapide, en augmentant leur bien-être, en développant l'éducation et les sentiments de moralité qui élèvent la dignité humaine, nous leur montrerons que le drapeau de la France n'est pas allé en Afrique pour les asservir, mais pour leur apporter les bienfaits de la civilisation. Si les Arabes voient leurs besoins matériels et moraux satisfaits, il sera beaucoup plus facile de les maintenir dans le devoir. Les insurrections comme les attentats partiels, deviendront moins fréquents, et la sécurité affermie permettra aux Européens de se livrer sans crainte à leurs travaux. La pacification des Arabes est donc la base indispensable de la colonisation, et chercher les moyens de l'obtenir, c'est favoriser les intérêts européens. La politique ne conseille pas une autre conduite. La France, qui sympathise partout avec les idées de nationalité, ne peut, aux yeux du monde, justifier la dépendance dans laquelle elle est obligée de tenir le peuple arabe, si elle ne l'appelle à une meilleure existence. Lorsque notre manière de régir un peuple vaincu sera, pour les quinze millions d'Arabes répandus dans les autres parties de l'Afrique et en Asie, un objet d'envie; le jour où notre puissance établie au pied de l'Atlas, leur apparaîtra comme une intervention de la Providence, pour relever une race déchue; ce jour-là, la gloire de la France retentira depuis Tunis jusqu'à l'Euphrate, et assurera à notre pays cette prépondérance qui ne peut exciter la jalousie de personne, parce qu'elle s'appuie, non sur la conquête, mais sur l'amour de l'humanité et du progrès. Une habile politique est le plus puissant véhicule des intérêts commerciaux. Et quelle politique plus habile pour la France que de donner dans ses propres États, aux races mahométanes, si nombreuses en Orient, et si solidaires entre elles, malgré les distances, des gages irrécusables de tolérance, de justice et d'égards pour la différence de mœurs, de cultes et de races?

On prétend que la religion est un obstacle permanent à la soumission morale des Arabes, et que, si les Turcs ont pu maintenir le Tell avec 12,000 hommes, c'est que les dominateurs avaient la même croyance que les vaincus. Cette dernière assertion n'est point tout à fait exacte. Les Turcs sont *hanefi*, les Arabes *mleki*. Le centre religieux des premiers est à Constantinople, celui des seconds au Maroc. Les *Beni-Mezab* du sud de l'Algérie forment un rite séparé, non orthodoxe, et les indigènes professent pour eux un profond mépris. Il n'y avait donc pas entre les Arabes et les Turcs de liens religieux très-puissants; une réelle antipathie les divisait, et les beys eurent, comme nous, bien des soulèvements à réprimer.

Je conviens, néanmoins, que les questions religieuses n'ont pas été sans influence dans les insurrections; mais cette influence aurait pu être combattue avec succès, si l'on avait pris soin de donner aux Arabes toutes les satisfactions matérielles et morales qu'il était possible de leur accorder. Jusqu'en 1861, un premier obstacle s'opposa constamment à la réalisation de cette politique conciliante. L'idée avait prévalu de diriger, du sein de la capitale, des intérêts divers et compliqués, qui ne pouvaient être connus et satisfaits que sur place. Ainsi, pendant longtemps, privées d'une direction unique et ferme, les diverses administrations ont agi chacune dans son sens exclusif, sans se préoccuper des vues d'ensemble. Les différentes autorités sont restées à l'état d'antagonisme, et le gouverneur général n'avait pas les pouvoirs nécessaires pour mettre de l'unité dans l'administration et faire concourir tout le monde au même but.

Lorsqu'un peuple primitif se trouve tout à coup en rapport avec des populations civilisées, il prend facilement les défauts et les vices de cette dernière, si, par des mesures sages et énergiques, le gouvernement ne le prémunit pas contre ce danger. Aussi, rien de plus naturel que, sur plusieurs points, les Arabes, mis en contact avec la population européenne, aient vu leurs besoins s'augmenter avec moins de moyens d'y pourvoir, et leur bien-être diminuer au lieu de s'accroître [1].

---

[1]. La lettre suivante, écrite par une personne très-versée dans les affaires

II. Conduite envers les indigènes. — Les entraînements de la conquête ont amené une grande perturbation dans l'ancienne société arabe; l'organisation conforme à ses traditions et à ses mœurs a été

arabes donne de précieux renseignements sur l'état de la population indigène[*] :

« Sire,

» J'habite l'Algérie depuis vingt-huit ans, soit comme militaire, soit comme civil. J'ai passé plusieurs années auprès de l'émir Abd-el-Kader; je possède à un certain degré la confiance des Arabes, et j'exerce sur eux une influence incontestable. J'ai beaucoup étudié cette nation, qui fut jadis grande et noble, et qui, bien que dégénérée, conserve encore le souvenir de son ancienne splendeur. Je ne suis chargé d'aucune mission; c'est en mon nom personnel, et comme citoyen français, que je crois remplir un devoir en soumettant à Votre Majesté le résultat de mes observations.

» En 1861 et 1862, j'ai, sur l'ordre de M. le gouverneur général, et au moyen d'un subside qui m'a été alloué, parcouru une partie du Maroc et les Ksours du Sud. Des circonstances fortuites, entièrement indépendantes de ma volonté, ne m'ont pas permis de pénétrer à Figuig; mais je n'en ai pas moins recueilli des renseignements utiles sous le double point de vue politique et commercial.

» Un fait digne de remarque, c'est que chez les populations indigènes la misère augmente en raison de leur rapprochement des grands centres européens. Les tribus sahariennes sont riches et les Arabes du Tell sont ruinés. Dans ce brave *makhzen* d'Oran, si généreux, si dévoué, qui, depuis trente ans, a versé des flots de sang sous le drapeau de la France, on compte à peine dix familles ayant conservé leur patrimoine. Les mauvaises récoltes, l'usure, les frais de justice, telles sont les causes qui ont amené cet état de gêne d'abord, de misère ensuite, chez les plus anciens serviteurs de la France. Ce n'est pas sans éprouver une émotion pénible que je vois les fils des plus braves du makhzen, les descendants des premières familles arabes, réduits à la dernière extrémité, alors que des fortunes scandaleuses, dues à l'usure et à la fraude, se sont édifiées de leurs dépouilles. Il en est de même des Arabes du Tell, et ceux-ci n'auraient pas fait *cause commune avec les insurgés du Sud, si le malaise matériel auquel ils sont en proie n'avait influé sur leur état moral et par suite sur leur état politique*. Il faut, Sire, attribuer la grande insurrection du Sud aux machinations des commerçants marocains en relations suivies avec Gibraltar, qui craignaient une concurrence, impossible de notre part, car, en échange de nos produits, le Sud ne peut nous offrir que des nègres et des dattes; aux dissensions de la famille Ben-Beker, dont l'un des membres, Cheikh-Ben-Tayeb, ne suscite des embarras au gouvernement français que dans l'espoir, toujours déçu, d'obtenir un commandement important. Mais il faut attribuer l'insurrection du Tell à la détresse et à la crainte, crainte qui n'était que trop justifiée par les déclamations insensées de certains publicistes.

» Pendant le cours de mon voyage, j'ai trouvé des extraits des journaux

[*] Il a été fait allusion à cette lettre dans le cours de ce livre, à l'endroit où l'auteur fait des remarques personnelles sur cette lettre impériale, et il est bon de répéter ici que le souverain se serait bien gardé d'invoquer le témoignage de l'homme dont il est question, s'il eût été initié à sa conduite passée, bien connue en Algérie et surtout à Oran. Note de l'auteur.

détruite sans être remplacée. La société arabe ne constituait pas, ainsi qu'on l'a prétendu, une féodalité; c'était un peuple divisé en tribus, ayant à leur tête des familles dont le temps avait consacré l'influence.

algériens, traduits en arabe, et contenant les accusations les plus violentes contre l'autorité militaire, en même temps que les menaces les plus absurdes à l'adresse des populations indigènes. Les attaques systématiques d'une certaine partie de la presse, les menaces incessantes de dépossession, sont, avec la misère et l'usure, les principales causes de l'insurrection du Tell.

» Les Arabes aiment l'autorité militaire; il en est de même de la grande majorité des colons. Quelques hommes avides de popularité peuvent représenter à Votre Majesté les populations indigènes comme désirant vivre sous le régime civil : c'est une erreur; les indigènes, à très-peu d'exceptions près, et celles-là sont peu'honorables, désirent rester sous le régime militaire, avec lequel ils sont en conformité de mœurs et de goût : l'Arabe, avant tout, est soldat par instinct.

» Votre Majesté a assuré à la population indigène la possession du sol; bientôt chaque Arabe sera propriétaire foncier. Sire, le lendemain du jour où les indigènes seront propriétaires, les neuf dixièmes de la population arabe seront expropriés et leurs biens passeront à leurs avides créanciers. Je puis affirmer à Votre Majesté que les populations indigènes de la province d'Oran paient en intérêts usuraires aux Juifs prêteurs une somme quadruple de celle qu'ils paient à la France à titre d'impôts. Pour sauvegarder à la fois les intérêts des indigènes et ceux de leurs créanciers, il serait prudent de ne les constituer propriétaires qu'après avoir pris des mesures de nature à les mettre à l'abri des poursuites judiciaires en consolidant les créances, qui seraient alors productives d'intérêts et remboursables par voie d'amortissement, ainsi que sa majesté Napoléon Ier le fit jadis pour les paysans de l'Alsace et de la Lorraine.

» Que Votre Majesté daigne me permettre d'ajouter que, pour améliorer la position matérielle des indigènes, les créations de fermes-modèles, d'écoles arabes-françaises, d'écoles d'arts et métiers, d'institutions de crédits, sont les meilleurs moyens de colonisation et de civilisation.

» Sous le point de vue politique, fractionner les grandes tribus du Sud, augmenter le nombre des bureaux arabes militaires, dont les services sont aussi éminents qu'indispensables et qui forment la base fondamentale de l'administration arabe. Seuls les bureaux arabes protégent les indigènes, tout en les maintenant dans l'obéissance, et les nombreuses attaques dont ils sont l'objet émanent de certains hommes qui affichent la prétention de représenter seuls les intérêts coloniaux, alors que les indigènes, s'ils leur étaient abandonnés, ne seraient pour eux que des gens taillables et corvéables à merci.

» Conserver les grands chefs indigènes, qui, tous, jouissent d'une influence réelle, qu'ils pourraient mettre demain au service de l'insurrection, si le gouvernement de Votre Majesté ne se les attachait pas; et cependant ces hommes ont aussi été l'objet de bien des attaques.

» Puisse Votre Majesté excuser ma conduite, dans ce qu'elle pourrait lui paraître singulière! Mais Votre Majesté est venue en Algérie pour tout voir et tout entendre, et je n'ai d'autre but que l'intérêt que m'inspire la population indigène.

» Je suis, avec le plus profond respect, etc.

» Oran, 15 mai 1865. »

On a déconsidéré ces grandes familles et annulé leur importance. On a tenté de dissoudre brusquement la tribu ; on a bouleversé l'organisation de la justice musulmane ; enfin, on a détruit les vieilles coutumes d'une nation qui ne renfermait pas encore les éléments propres à constituer une démocratie viable; de sorte que, sans guides, ce malheureux peuple erre, pour ainsi dire, à l'aventure, ne conservant d'intact que son fanatisme et son ignorance. On a soumis les tribus aux formes tracassières de l'administration ; on leur a pris souvent les meilleures terres et cette dépossession partielle les a placées sous la menace d'un envahissement général. De plus, une grande partie des biens séquestrés a été louée à ces mêmes Arabes, obligés d'affermer le sol qui leur avait appartenu. Le progrès agricole ne pouvait dès lors excuser cette sorte d'expropriation. Des concessions obtenues par des sociétés françaises et étrangères offrent le spectacle d'immenses territoires restés incultes depuis bien des années.

L'Arabe, ainsi rebuté, éloigné des parties les plus fertiles de la plaine, s'est réfugié dans les montagnes. Là il a rencontré l'administration forestière, qui, s'emparant de vastes étendues de broussailles, où les arbres ne pousseront qu'en y dépensant des sommes considérables, a refusé d'abandonner les pacages à ses troupeaux [1]. Sur le

---

[1]. La note suivante, sur le régime forestier, faite pour la province d'Alger, explique quelle doit être la règle de l'administration.

Bien que le code forestier n'ait point été régulièrement promulgué en Algérie, il s'y trouve cependant appliqué de fait depuis les premières années de la conquête.

Toutefois il paraît essentiel, dans un pays où le contrôle de l'État, en pareille matière, constitue une véritable innovation, d'apporter dans l'exécution des règlements forestiers une modération et une prudence propres à concilier les exigences administratives et les intérêts de l'État avec les droits acquis et les usages consacrés par les traditions locales. L'administration ne peut oublier, en effet, qu'elle se trouve en présence de populations habituées à user avec une grande liberté, et même sans aucun esprit de prévoyance, des ressources forestières que présente le sol; ressources que, par son action réparatrice, la puissance exceptionnelle de la végétation a suffi pour conserver. Elle doit, dès lors, tenir largement compte des besoins et même des coutumes de ces populations lors de la prise de possession des cantons qui, en raison de leur nature boisée, sont placés par la loi dans le domaine de l'État ; d'autre part, elle doit amener graduellement les indigènes à respecter les réserves forestières comme une richesse précieuse dont ils sont les premiers à profiter, tant au point de vue de la satisfaction permanente de leurs besoins qu'en ce qui touche l'influence bienfaisante de cette végétation sur le régime des eaux et sur les conditions climatériques du pays. Mais on ne peut songer à faire accepter sans hésitation et surtout sans recourir à l'aide des théories économiques accueillies avec d'autant plus de méfiance qu'elles doivent apporter des restrictions à l'exercice de droits séculaires et gêner les libres allures d'un peuple jaloux de son indépendance.

Les besoins d'une sage politique et l'intérêt même de notre domination

territoire même qui était laissé à la population indigène, le service des forêts se montrait aussi rigoureux que dans la métropole; à une certaine époque (à Mascara 1857), des permissions spéciales étaient exigées pour laisser les tribus couper le bois nécessaire à la fabrication de leurs charrues.

Grâce au sénatus-consulte du 22 avril 1863, l'Arabe est aujourd'hui plus rassuré sur le droit de propriété; cependant il doit craindre que exigent encore que le service forestier n'étende point prématurément son action et qu'il se dépouille de ses formes trop rudes, qui sèment des rancunes et créent de sérieux obstacles à l'établissement progressif de son autorité. Il est plus profitable de prévenir les délits par les conseils bienveillants et par la persuasion que de les réprimer par les moyens rigoureux.

Il paraît donc opportun d'entrer largement dans cette voie, en empêchant surtout les agents inférieurs de cette administration de déployer un zèle intempestif et dangereux. Le rôle de ces agents modestes, et la plupart dévoués, est considérable; mais il doit être bien compris.

Les règles, tant de fois posées en matière d'administration forestière en Algérie, sont largement suffisantes et ne présentent aucune lacune qui puisse être invoquée pour excuser des fautes; mais il faut que ces règles soient partout interprétées dans un esprit de bienveillance, de conciliation, d'équité et de tolérance. Ainsi :

Tenir grand compte des coutumes traditionnelles et des nécessités d'existence d'une population pauvre qui, dans certains quartiers, puise ses principaux moyens d'alimentation dans le produit des forêts ;

Éclairer cette population sur l'étendue des droits qui lui sont reconnus et l'aider de nos conseils sur l'exercice de ces mêmes droits, qui doivent être bien clairement définis;

Donner à tous les besoins une satisfaction complète, qui prévienne les délits, en les rendant sans profit et sans utilité;

Négliger les infractions légères et réprimer avec modération les délits de quelque importance, mais seulement lorsque les avertissements préalables ont été impuissants;

Éviter avec le plus grand soin les duretés et les menaces, et user avec une extrême réserve des poursuites judiciaires : procéder presque exclusivement par voie de transaction, contrôlée par les autorités administratives locales, au point de vue des antécédents, de la position des inculpés et des circonstances dans lesquelles le délit a été commis;

Enfin, faire pénétrer peu à peu dans les habitudes des indigènes l'observation de nos règlements forestiers, qu'ils comprendront et respecteront insensiblement, avec d'autant moins de résistance que leur éducation aura été moins brusquement tentée et, pour cela même, plus sérieusement entreprise.

Quant à la reconnaissance successive et à la soumission au régime forestier des massifs boisés, une circulaire de Son Excellence le maréchal, gouverneur général, du 25 avril dernier, détermine, d'une manière aussi simple que rationnelle, quelle doit être la manière de procéder des commissions chargées de l'application du sénatus-consulte et auxquelles incombe, par suite, le soin de traiter les questions de délimitation qui s'y rattachent.

Ces instructions définissent nettement surtout les intentions de l'autorité supérieure à l'égard des vastes espaces peuplés de broussailles sans valeur et les dispositions de ce sénatus-consulte ne soient pas toujours exécutées dans l'esprit qui les a dictées, il doit se souvenir de la guerre obstinée que lui a faite le Domaine, qui, dans un intérêt mal entendu, revendiquait, sous des prétextes plus ou moins plausibles, un sol habité de père en fils, depuis des siècles, par des indigènes. Pendant longtemps cette administration a été juge et partie, ne répondant aux réclamations que par l'offre illusoire du recours au conseil d'État.

Un rapport officiel [1], choisi entre beaucoup d'autres, prouvera l'a-

---

dont le service forestier tend inconsidérément à s'emparer comme faisant partie du sol boisé, au grand détriment de l'agriculture. La marche à suivre est donc tracée pour l'avenir ; mais, en ce qui touche le domaine forestier de l'État, dès à présent régulièrement reconnu, un travail de révision est nécessaire en vue de retrancher, particulièrement en territoire civil, les dépendances forestières impropres, par la nature de leur peuplement, à une véritable régénération, et qui, tout en constituant une cause permanente de délits pour les populations voisines, privent ces mêmes populations de pâturages pour leurs troupeaux et d'espaces improductifs au libre parcours.

Le développement progressif des cultures, en restreignant de plus en plus les terrains de pâture qui existent sur les propriétés privées, aurait pour conséquence de paralyser la production du bétail, qui forme une des principales et des plus essentielles branches de la richesse agricole indigène.

Sur certains points, les effets de ce resserrement au profit du domaine forestier se manifestent visiblement par un malaise qui augmente au fur et à mesure que grandit la colonisation et que se généralise le progrès.

A l'administration appartient le soin de favoriser ce mouvement expansif de l'agriculture et d'aplanir les obstacles qu'un sentiment de prévoyance exagéré lui oppose pour la sauvegarde d'un intérêt secondaire.

Les communaux des villages doivent donc être agrandis par le prélèvement des parties de forêts couvertes de broussailles, et, sous ce rapport, voici quelle est la situation du département :

L'ensemble des forêts du territoire civil de la province d'Alger soumises au régime forestier, embrasse une superficie totale de 13,456 hectares, tant en futaies de diverses essences qu'en taillis simples ou taillis sous futaie.

Sur cette étendue, il peut être distrait, sans aucun inconvénient au point de vue forestier, 2,000 hectares environ de broussailles de diverses essences, plus particulièrement propres au parcours, mais dont certaines parties pourraient cependant être livrées au défrichement.

Quant aux forêts reconnues et soumises actuellement au régime forestier en territoire militaire, pour une superficie totale de 85,188 hectares, un prélèvement sera également praticable.

1. *Rapport du chef du bureau arabe de Mostaganem au commandant de la subdivision.* J'ai l'honneur de répondre à votre dépêche du 2 avril, n° 173, relative à l'inscription, sur les sommiers du Domaine, du territoire de plusieurs tribus de la subdivision. Cette mesure, qui a atteint les deux tiers de la superficie des terres de culture et de parcours du cercle de Mostaganem, a constitué un fait très-grave que le commandement local s'était efforcé de prévenir. J'ai retrouvé les traces de ces efforts énergiques et persévérants dans les registres de correspondances de mes prédécesseurs.

Dans une lettre du 13 janvier 1852, n° 47, M. le général du Luzy-Pélissac

charnement que mettaient les agents du Domaine à enlever aux Arabes leurs propriétés et à éluder les intentions du gouvernement et les ordres du gouverneur général. Aujourd'hui que toutes les administra-

signalait à M. le commandant de la province en les qualifiant sévèrement, les tendances du Domaine à vouloir s'emparer de tout le sol. « Aujourd'hui, disait-il, M. le vérificateur des Domaines prétextant que, par spéculation, les indigènes quittent les terres arrosables pour se borner à la culture des territoires des tribus, s'est mis à leur poursuite, et inscrit, par l'intermédiaire de son géomètre, les sekkas qu'ils y cultivent. Je ne sais jusqu'où M. le vérificateur continuera ses opérations ; s'il est conséquent avec lui-même, il devra louer toute la subdivision. » C'est, en effet, le but que se propose désormais cet agent. Avec un géomètre et sur les seules indications de ses soi-disant révélateurs arabes, il lève, inscrit et loue. Le commandant de la subdivision proteste contre cette singulière manière de procéder. Dans sa lettre du 27 mai 1853, il en rend compte en ces termes :

« On s'est contenté de courir sus aux Arabes labourant dans les plaines, de leur demander leurs noms et de les porter tels qu'ils les donnaient sur les états de locations. » Et, un peu plus loin, il ajoute : « Ces états ont été établis dans un but purement fiscal : celui de faire ressortir, à tout prix, un gros chiffre de locations, mais sans qu'on se soit inquiété aucunement des principes généreux et des instructions que renferme votre dépêche du 7 octobre 1852. »

Je crois utile, afin de vous éviter des recherches, de vous communiquer cette dépêche, à laquelle le service du Domaine qui l'a accepté un instant, ne tarda pas à se soustraire. Voici, en effet, ce qu'on lit dans une lettre du commandant de la subdivision, en date du 20 août : « En vertu des instructions que vous m'avez notifiées le 7 octobre 1852, M. le chef du bureau arabe et M. le vérificateur, après s'être entendus, convinrent de constituer immédiatement en réserves domaniales toutes les terres arrosables de l'Habra, de l'Hillil et de la Mina. Il m'a été rendu compte de ces conventions, auxquelles j'ai donné mon approbation. Plus tard, M. le vérificateur des domaines écrivit à M. le capitaine Arnandau la lettre dont je joins ici copie, dans laquelle il déclare renoncer aux conventions établies. Je vous ai informé de cette façon si singulière d'agir de M. le vérificateur, et j'espérais qu'il serait immédiatement fait justice de ces prétentions. Aujourd'hui il poursuit ses mêmes errements et veut se transporter sur les lieux pour arranger les obstacles qui se présenteraient à la perception, à l'aide du concours des caïds. Il me semble difficile d'admettre que M. le vérificateur perçoive des prix de locations que lui seul a jugé convenable de faire, contrairement à toutes conventions acceptées précédemment par lui, qui se pose en arbitre absolu de toutes les contestations.

» Je le répète, mon général, plusieurs tribus sont comprises sur les états de locations et n'ont pas d'autres terres de labour que celles que le Domaine leur a louées. Cette position exceptionnelle faite à ces tribus est souverainement injuste. Il ne leur reste plus qu'à déserter leur territoire pour aller se mêler à d'autres populations..... Je prends la liberté de recommander très-vivement cette question à votre sollicitude. Je verrais avec le plus grand regret des tribus entières injustement victimes d'une étourderie de M. le vérificateur des Domaines. »

Malheureusement cette étourderie, pour ne pas dire plus, devait avoir ses

tions, excepté la justice, sont soumises d'une manière absolue à l'autorité du gouverneur général, ces excès de zèle, s'ils viennent à se reproduire, pourront être réprimés.

résultats. Les protestations du commandant de la subdivision ne firent qu'imposer un temps d'arrêt aux menées fiscales du Domaine.

Les locations qu'avait consenties M. le vérificateur, dans les conditions si étranges dont il a été parlé plus haut, furent mises à néant, sur la proposition du commandant de la province, par décision de M. le gouverneur général. L'autorité locale porta cette décision à la connaissance de M. le vérificateur, en lui écrivant, à la date du 30 octobre 1853 :

« M. le gouverneur général a mis à néant les locations que vous aviez faites, non pas, comme vous le dites, après les avoir débattues contradictoirement avec les intéressés, mais de votre autorité privée, après avoir pris simplement les noms des indigènes qui cultivaient dans les plaines de l'Habra, de l'Hillil et de la Mina, sans consulter le bureau arabe, et sans même vous être informé si ces indigènes cultivaient dans des propriétés privées ou dans des terres *beylick*. »

Je bornerai là mes citations : celles que je pourrais encore faire n'ajouteraient aucun intérêt nouveau à la question. J'ai, du reste, prouvé surabondamment ce que j'avais en vue : à savoir, que le commandant local a constamment protesté contre les envahissements du Domaine et la légèreté avec laquelle ce service a traité ce qui, après la religion, était le plus grave, le plus solennel, le plus délicat en pays arabe, la propriété.

La liste des fautes et des erreurs qu'il a commises, en se soustrayant subtilement aux instructions qui régissaient la matière, serait longue à établir. Beaucoup de biens melk, reconnus par des titres authentiques, n'ont pas été à l'abri du fisc. Les indigènes détenteurs de ces actes, après avoir vainement cherché à les faire admettre, les ont livrés, de guerre lasse et à vil prix, à des agioteurs européens, devant lesquels le Domaine, si impitoyable envers les Arabes, fait fléchir ses prétentions. Il cédait le lendemain les terrains dont il refusait de se dessaisir la veille, parce que les nouveaux venus, plus familiers que les Arabes avec nos lois, le menaçaient de poursuites judiciaires qu'il jugeait prudent d'éviter. Qu'est-il résulté d'un semblable état de choses ? Ce spectacle scandaleux d'indigènes dépossédés, pour quelques écus, du patrimoine de leurs pères, au profit d'un certain nombre d'Européens qui, habiles à exploiter les circonstances et l'inexpérience des vaincus (le terme était à la mode à l'époque), ont réalisé des fortunes : j'en connais à Mostaganem même. Pouvait-on s'attendre à ce que le Domaine, qui se montrait si peu soucieux de la propriété particulière des indigènes, respectât les territoires collectifs ? Évidemment non.

Les anciennes tribus *maghzen* du cercle de Mostaganem, en raison de leur situation topographique, excitèrent sa convoitise, et de là à l'inscription de la totalité de leur territoire sur ses sommiers, il lui parut qu'il n'y avait qu'un pas. Pour atteindre ce but, il avança que, sous la domination précédente, lesdites tribus n'étaient que locataires des terres qu'elles détenaient, lorsqu'il était parfaitement prouvé, au contraire, qu'elles n'avaient jamais été soumises par les Turcs, en récompense du service militaire qu'elles faisaient, au payement d'une redevance territoriale quelconque. Mais le Domaine en avait jugé autrement: il poursuivit son idée, et, en 1853, on le vit louer de lui-même, à l'insu de l'autorité locale, qui le contrariait dans ses pro-

Une grande erreur a été d'appliquer à l'Algérie des lois faites uniquement pour des pays comme la France, où la culture est avancée, la propriété définie, la population nombreuse. La loi sur la chasse,

jets, des territoires entiers de tribus. Ces locations suscitèrent de vives et nombreuses réclamations, et elles furent annulées, en même temps que bien d'autres, par la décision déjà précitée de M. le gouverneur général.

Cette décision, qui portait la date du 18 octobre 1853, n° 3260, est assez instructive pour que je croie devoir en reproduire les termes :

« Considérant : 1° que le Domaine a procédé aux locations dont il s'agit sans la participation et l'assistance du bureau arabe; 2° que la plupart des noms des indigènes inscrits sur les états de locations sont défigurés, et considérant qu'il serait très-difficile de retrouver les individus auxquels ils s'appliquent; 3° qu'une partie des terres mises en location par l'agent des Domaines *avaient été, de tout temps, occupées par les Arabes à titre de sebga*; il y a lieu de considérer comme nuls et non avenus le travail préparé par le Domaine et l'approbation donnée primitivement à ces locations. »

Cette décision nette et précise donnait raison à l'autorité locale, condamnait le service des Domaines, et, ce qui est plus caractéristique encore, elle reconnaissait *sebga* les territoires appréhendés. On crut, dès lors, que ces territoires resteraient aux occupants, libres, comme par le passé, de toute redevance. Mais le Domaine n'abandonna pas son œuvre; il la continua avec un nouvel acharnement, et finit par obtenir, au mois d'octobre 1855, la consignation, sur ses sommiers, des terres qu'il convoitait depuis trois ans. Si ces arguments, après avoir été rejetés en 1853, furent accueillis à cette époque, je ne puis l'attribuer qu'aux déplorables idées qui avaient cours sur la propriété arabe. N'allait-on pas jusqu'à prétendre que cette propriété n'existait pas, et qu'il était loisible au gouvernement de disposer, comme il l'entendait, du sol arabe? Et cette étrange théorie se produisait presque au lendemain d'une loi qui la condamnait hautement*.

Je me résume en disant qu'à aucune époque, le commandement local n'a perçu, ni songé à percevoir un droit de location sur les tribus dont les territoires ont été inscrits sur les sommiers de consistance. C'est le Domaine seul, et non l'autorité politique, qui a fait naître la question, et a provoqué la solution que nous lui connaissons. Après s'être efforcés de prévenir celle-ci, mes prédécesseurs, comme moi-même, n'ont cessé d'appeler l'attention sur une position fâcheuse faite à des tribus qui, au point de vue du droit et des services qu'elles nous avaient rendus, méritaient un meilleur sort.

J'ai eu l'honneur de vous faire connaître toute ma pensée à ce sujet à l'occasion des opérations entreprises en 1863 et 1864 chez les Bordjia et les Abid

---

* En 1853 et 1854, j'étais directeur des affaires arabes de la province; je me rappelle parfaitement les tendances du Domaine, les interprétations erronées et spoliatrices qui avaient cours sur la loi du 16 juin 1851 (promulguée pourtant dans un tout autre but). Je me rappelle encore la résistance, non-seulement du commandement subdivisionnaire, mais encore celle de l'autorité provinciale. Ce ne sont donc ni le commandement, ni l'autorité publique qui ont soulevé ces questions de propriété dont la lettre de l'Empereur et le sénatus-consulte ont fait enfin justice. Si, fatigué par la lutte et sous l'influence des interprétations erronées qui avaient cours alors dans la colonie, l'administration centrale a acquiescé un moment aux exigences du Domaine, il convient, selon nous, de réparer certains faits qui, ajoutés à la lèpre de l'usure et aux tentatives de démocratisation du peuple arabe, sont, à mon avis, les principales causes du mécontentement des populations et de la triste situation actuelle.

par exemple, a donné lieu à bien des vexations sans véritable utilité [1].

III. TERRES AZELS. — Non-seulement la libre possession des biens dont les Arabes ont eu la jouissance leur a été disputée pied à pied, mais la modiation même de ces propriétés, incorporées au Domaine, est devenue pour eux une cause de ruine.

Les terres *azels*, c'est-à-dire les territoires appartenant à l'État, mais occupées depuis un temps immémorial par les indigènes groupés en tribus ou en douars, leur sont louées par, forme d'adjudication publique. Comme leur seul moyen d'existence est de vivre sur ces terres, ils renchérissent inconsidérément, et avec un tel excès, que des terrains affermés, il y a quelques années, 3,000 fr., sont montés, près de Constantine, jusqu'à 15,000 fr. Une *djebda* (environ 10 hectares) louée, il y a dix ans, 60 et 75 francs à peine, s'afferme aujourd'hui jusqu'à 250 et 300 fr.

Chéraga. Je n'ai rien à changer à mes conclusions. Je pense toujours qu'il faut se hâter de restituer aux anciennes tribus makhzen du cercle de Mostaganem les terres qui ont été inscrites indûment sur les sommiers de consistance; ces terres sont à peine suffisantes à leurs besoins, et, quoi qu'on dise, quoi qu'on fasse, on ne pourra se dispenser de les leur abandonner un jour. Que ce jour soit aussi rapproché que possible, la situation actuelle est des plus sérieuses; elle excite un mécontentement profond parmi les tribus intéressées et jette la défiance parmi les autres. *Nous ne saurions la maintenir sans léser la justice, sans faire perdre aux populations le peu d'espoir qu'elles ont encore dans les promesses qui leur ont été solennellement faites,* de leur garantir la propriété du sol qu'elles occupent depuis un temps immémorial.

Le passé ne prouve que trop qu'on ne s'est servi de la loi de 1851 que pour en torturer les termes et l'esprit. Il y aurait un véritable danger à ce qu'il en fût de même à l'égard du sénatus-consulte du 22 avril 1863. La théorie des faits accomplis ne peut, qu'avec certaines restrictions, être opposée à l'exécution de cet acte public. *En agissant ainsi, on consacrerait une fois de plus les grandes injustices qui, sans profit pour la colonisation, ont beaucoup contribué à amener cette désaffection générale de notre cause que nous avons à constater dans le pays.*

Si, ainsi que le rapportent les journaux, le gouverneur général, dans une récente tournée dans le Sahel, a eu à déplorer le triste lot fait aux indigènes de cette région dans la répartition du sol, Son Excellence serait peut-être plus péniblement affectée encore si, venant dans la subdivision de Mostaganem, son attention se portait sur la fâcheuse situation territoriale dans laquelle se trouvent plusieurs tribus dont le seul tort a été de servir fidèlement dans nos rangs depuis l'époque de leur soumission.

Je suis, etc.

1. En 1852, dans la province d'Oran, un jour de fête musulmane, tout un douar se met, sur son propre territoire et dans les broussailles, à chasser, sans permis, le lièvre au bâton : trois lièvres sont tués. Des poursuites ont lieu, et cinquante-trois Arabes sont condamnés chacun à 50 fr. d'amende, soit pour tous : 2,650 fr., plus 158 fr. de frais. Le douar fut ruiné.

Accablés par des adjudications aussi onéreuses, auxquelles vient s'ajouter la charge de l'impôt arabe, les fermiers, pour faire honneur à leurs obligations et pour tirer du sol leur subsistance, l'entretiennent dans une activité de production incessante et l'épuisent. Cette situation réclame un prompt remède.

IV. L'impot. — L'impôt arabe, en général, présente ce double inconvénient d'excéder les forces contributives de la population et d'atteindre le principe même du développement agricole. L'assiette de cet impôt est défectueuse. Il porte, en effet, sur les terres cultivées [1], sur les bestiaux, sur les arbres fruitiers [2].

---

[1]. Il se compte par charrue, soit l'étendue de terre labourée en un jour, c'est-à-dire environ dix hectares.

[2]. En 1864, il a été payé par tête de bœuf ou de vache 3 fr. 50, centimes additionnels compris, par chameau 4 fr. et 4 fr. 75, centimes additionnels compris. Ce chiffre est trop élevé. Une diminution sensible s'est fait remarquer dans le chiffre du gros bétail en 1864.

La misère des populations y est pour quelque chose; les producteurs, malgré les bas prix du cours, ont dû se défaire de leur bétail; mais l'élévation de l'impôt y entre aussi pour beaucoup.

Le propriétaire d'un troupeau de gros bétail composé de quarante-deux têtes, par exemple, au moment où se collecte l'impôt, aura à payer 147 fr. Son troupeau se compose, par tiers, de veaux, de vaches et de bœufs.

Les veaux valent en moyenne	17 fr. 50
Les vaches	50 »
Les bœufs	75 »

La valeur totale du troupeau sera donc de 1,995 fr., et l'impôt presque du dixième de la valeur totale, tandis qu'il ne devrait être que du dixième du produit, c'est-à-dire d'environ 52 francs, en évaluant à 10 francs en moyenne le produit par an de chaque tête de gros bétail, chiffre déjà assez élevé.

Les Seynia, comme toutes les tribus de la division de Constantine, ne payaient avant 1858 que l'impôt hokor et achour fixé à 55 francs par charrue : les rôles de 1845 n'ont pu être retrouvés.

En 1855, les Seynia comptaient 1,085 charrues et payaient 59,675 fr.

Soit par tête 4 fr. 31 c. (centimes additionnels compris),
Par feu 25 43 —

En 1858, on établit le zekkat au tarif suivant :

Chameau	3 fr. 54	(centimes additionnels compris).
Bœuf	2 36	—
Mouton	0 11	—
Chèvre	0 55	—

L'achour et le hokor furent réduits à 45 fr. par charrue. En 1864, le tarif du zekkat fut fixé ainsi qu'il suit :

Chameau	4 fr. 72	(centimes additionnels compris).
Bœuf	3 54	—
Mouton	0 51	—
Chèvre	0 22	—

En territoire militaire, si l'impôt est lourd, il n'est pas vexatoire : il est nettement déterminé, et l'Arabe sait qu'il doit tant pour le gouvernement, tant pour les centimes additionnels, consacrés à l'amélioration de la tribu : il se libère en une fois. En territoire civil, les choses se passent autrement; on vient à plusieurs reprises demander aux indigènes de verser le montant des diverses taxes municipales, et on les fatigue ainsi par des réclamations trop souvent répétées.

Ici, une véritable manœuvre fiscale mérite d'être relevée. Lorsque des centres européens se sont formés, on a trouvé utile d'annexer au territoire civil des tribus arabes, et cela dans un but facile à concevoir. L'Arabe adjoint à une commune européenne est astreint à payer, en dehors de l'impôt général, les impôts communaux, ressources précieuses pour les agglomérations urbaines, mais qui sont pour lui une lourde charge puisqu'il n'en tire que peu de profit[1]. On avait ainsi méconnu l'article 16 du décret du 16 décembre 1848, qui porte : « Les » tribus ou fractions de tribus arabes, vivant sous la tente dans les

---

Le zekkat et l'achour compris produisirent :

Par tête   8 fr. 74 (centimes additionnels compris).
Par feu   43   60   —

Dans toute la subdivision, la moyenne de l'impôt s'est élevée en 1864, à :

Par tête   7 fr. 20 (centimes additionnels compris).
Par feu   35   99   —

Sont exemptés de l'impôt les animaux nés depuis le 1er janvier de l'année.

Les tribus du cercle de Bougie, limitrophe de celui de Djidjelli, ne paient que la *lesma*, impôt unique que se répartissent les *Djemmaas*, suivant les usages locaux.

Cet impôt, entièrement conforme aux mœurs kabyles, n'exige pas les recensement annuels, si pénibles aux populations.

La *lesma* se payait, avant 1858, dans le cercle de Djidjelli; elle a été supprimée par le général Gastu et remplacée par les impôts hokor, achour et zekkat. C'est pour ne pas diminuer la part que les conseils généraux prélèvent sur l'impôt arabe (les 5/10es), qu'on a maintenu les chiffres exagérés pour le zekkat aussi bien que pour l'achour.

1. On lit dans une brochure de M. Georges Voisin le passage suivant :
« De l'aveu du préfet (M. Levert, session du conseil général d'Alger, 1860), les populations arabes, kabyles et sahariennes fournissent l'impôt, et la population européenne le consomme. Dans la province d'Alger, l'Européen est entretenu par l'Arabe à raison de 50 francs par tête; à Oran, à raison de 28 francs; à Alger, l'Européen ne reçoit que 18 francs. De là des plaintes amères contre le peu d'équité de cette répartition. Comment un conseil général nommé par l'administration, ne pouvant disposer que des fonds de subvention donnés par l'État, ne voulant pas payer d'impôts, peut-il compter pour une institution sérieuse? Comment serait-il autre chose qu'un instrument dont l'administration peut faire usage beaucoup plus pour imposer ses idées et ses projets que pour connaître la véritable opinion publique! »

» territoires civils, restent soumises à la juridiction et à l'administra-
» tion militaire. »

V. L'usure et la tribu. — Les Arabes, voyant leur fortune diminuer par la perte de leurs terres, et par l'accumulation des impôts, ont recours aux emprunts, ce qui amène bientôt leur ruine complète; car, faute de société de crédit, les emprunts, chez eux, se font à des taux exorbitants [1].

[1]. Voici comment on procède. Un indigène a besoin de 5,000 fr., par exemple. Il trouve, *s'il offre des garanties par lui-même et les siens*, à les emprunter pour six mois (durée moyenne des échéances). Mais, avant de recevoir cette somme, il est obligé de se rendre près d'un notaire pour certifier qu'il reconnaît avoir touché 7,400 fr. en pièces *sonnantes et ayant cours*. Les 2,400 fr. qu'il prend de plus à sa charge représentent l'intérêt de l'argent réellement reçu, à raison de 0 fr. 50 cent. pour 5 fr. par mois (taux moyen gravé dans la mémoire des indigènes) soit à 96 pour 100 par an. Mais ce n'est pas tout; le malheureux Arabe qui a contracté à des conditions aussi lourdes ne peut s'acquitter à l'époque convenue. Une citation lui parvient, et il accourt pour chercher à éviter des poursuites. On entre alors dans la période des atermoiements; si le débiteur a des ressources, son créancier consent à attendre, non sans s'être fait donner préalablement, de la main à la main, en dehors de toute convention écrite, ou 150, ou 200 ou 300 fr., suivant l'importance de la dette. Le nouveau délai expire, et l'indigène imprévoyant n'est point encore en mesure de se libérer. Il lui faut, comme la première fois, calmer son créancier, toujours à l'aide de versements qu'il effectue en pure perte, car ils ne servent qu'à modérer des impatiences et nullement à éteindre la créance. Enfin, arrive le moment de l'épuisement. L'Arabe, qui ordinairement a payé plus qu'il n'a reçu, est sans argent, il n'a plus de crédit et ne possède plus que des bestiaux et quelques quintaux de grain ou de laine. L'usurier redouble de menaces à son égard et l'amène à lui livrer, à 20 ou 30 pour 100 de rabais sur le prix courant des marchés, les produits dont il dispose encore. Si la valeur de ces produits suffit, l'indigène est dégagé de ses obligations, mais il est complétement ruiné; ou bien, si elle est insuffisante, et c'est le cas général, un jugement intervient contre l'Arabe; l'usurier fait saisir jusqu'à sa dernière chèvre, sa dernière natte, et prend assurance sur ses biens futurs.

L'exposé qui précède s'applique plus particulièrement aux prêts individuels. En dehors de ces prêts, il y en a d'autres collectifs, dont le taux d'intérêt est encore plus élevé! En voici des exemples:

Au mois de novembre 1861, deux douars de la tribu des Djebala (aghalik de Mostaganem), atteints par plusieurs mauvaises années consécutives, n'avaient pas de grains de semence; les principaux membres de ces douars, leur caïd en tête, eurent recours à un israélite de Mostaganem. Celui-ci consentit à leur livrer de l'orge au prix exorbitant de 36 francs le quintal. Cette somme devait être restituée à la récolte suivante, non en argent, mais en nature, au prix courant des marchés. Or, au mois d'août 1862, l'orge valait 7 francs le quintal, et les gens du Djebala durent rendre près de six quintaux pour un, c'est-à-dire qu'ils avaient emprunté à 600 pour 100. La pièce constatant cette convention, usuraire s'il en fut, est passée sous les yeux du chef du bureau arabe, en décembre 1862; elle avait été rendue au caïd

Les emprunts usuraires sont un des plus grands fléaux qui pèsent sur les indigènes ; ils menacent de détruire le bienfait du sénatus-consulte qui leur a ouvert un si large accès à la propriété. Il est à craindre, en effet, que lorsqu'ils seront tous propriétaires fonciers, une grande partie d'entre eux ne soient expropriés et que la totalité de leurs biens ne passent à leurs avides créanciers.

Les Arabes, ainsi qu'on est porté à le croire, n'ont pas vécu jusqu'ici dans cette espèce de communauté territoriale qui est la loi des peuples de l'Orient; ils ont une notion assez exacte du droit individuel et de la propriété [1]. Aussi le sénatus-consulte du 22 avril 1863 a eu pour objet, moins de faire, dans leurs habitudes, et leur état social, une révolution profonde, en constituant tout à coup chez eux la propriété individuelle, que de leur assurer un vaste domaine, séparé de celui de l'État, nettement défini et à l'abri de toute contestation.

Toutefois, quoique le partage de ce domaine entre les individus ait été sans doute dans la prévision du sénatus-consulte, il faut reconnaître qu'il serait imprudent de réaliser ce partage brusquement et sans précaution. Nous avons le plus grand intérêt à ne pas désorganiser les tribus, à ne pas pulvériser en quelque sorte la société musulmane, à ne point nous trouver tout à coup en présence de trois millions d'hommes sans biens civils et sans responsabilité. Il y a donc opportunité à concéder les titres de propriété individuelle, avec prudence et progressivement sans léser la constitution de la tribu. Ce n'est pas tout ! là où cette propriété aura été créée, des précautions devront être prises pour qu'elle n'échappe pas aussitôt aux propriétaires et n'aille pas aux usuriers. Les Arabes ne seront que trop disposés à s'en dessaisir.

VI. Justice. — Le tableau des mesures qui blessent les indigènes serait incomplet si on n'y ajoutait les abus d'une administration paperassière, les actes judiciaires, les procès-verbaux, les protêts, tout cet attirail dont l'huissier est l'agent principal et qui fonctionne avec une grande activité en Afrique.

Quant à la justice, on a chargé les tribunaux français de connaître, en appel et en dernier ressort, des questions qui sont chez les Arabes,

---

Zouaoui des Djebala, qui en était le détenteur, et, quand on l'a fait réclamer pour la joindre au rapport adressé au chef de la subdivision, on n'a pu la retrouver.

Des transactions aussi scandaleuses produisent des effets désastreux. Elles ne sont pas l'œuvre exclusive des israélites indigènes ; quelques Européens y ont pris part, sans cesser pour cela de parler de rapprochement et de fusion.

1. Dans les plaines fertiles, ce droit, souvent indivis dans une même famille, est largement appliqué.

du pur domaine de la religion, telles que les mariages, le divorce, les successions et autres matières réglées directement par le Coran. Les formes leur répugnent autant que le fond. Ils sont la proie d'agents d'affaires qui profitent de leur ignorance de la procédure pour les engager dans des frais considérables; et, d'ailleurs, comme il n'y a qu'une cour d'appel à Alger, les habitants des provinces de Constantine et d'Oran, qui plaident devant cette cour, sont tenus souvent de parcourir plus de 150 lieues pour aller soutenir leurs procès.

L'expérience a prouvé aussi que le système de l'article 30 du décret de 1859, qui règle le délai d'appel des jugements prononcés par les cadis, en le faisant courir du jour où le jugement a été rendu, donne lieu aux plus graves inconvénients. Il arrive, en effet, très-souvent, que les parties intéressées, ignorant les décisions judiciaires intervenues contre elles, laissent expirer le délai d'appel et sont frappées de déchéance. Il importe de disposer qu'à l'avenir les délais partiront du jour où les décisions auront été notifiées.

Plusieurs jurisconsultes, je le sais, sont opposés aux modifications qui auraient pour but de rendre aux tribunaux musulmans la connaissance de certaines questions litigieuses, mais il m'est démontré que l'on vit en France dans une véritable ignorance des choses arabes. Lorsqu'on émit l'idée de faire un départ d'attributions entre la justice française et la justice musulmane, les partisans du *statu quo* se récrièrent, affirmant que l'état actuel de la législation laissait aux indigènes le choix entre les deux juridictions, qu'ils pouvaient en appel se pourvoir, à leur gré, soit devant la cour impériale, soit devant les *medjelès* maintenus par un décret de 1859. D'après les documents officiels, les indigènes aimaient mieux s'adresser à nos tribunaux. Il était, disait-on, souverainement impolitique d'enlever aux Arabes cette faculté d'option. J'ai voulu approfondir le fait, et quel a été mon étonnement d'apprendre que les *medjelès* n'existaient que sur le papier; que nulle part il n'en avait été établi, et qu'ainsi la préférence des Arabes pour la justice française n'était qu'une fausse allégation !

Les frais de justice pèsent lourdement sur les Arabes, et l'application qui leur est faite des règles si rigoureuses de notre procédure civile achève quelquefois de les ruiner. Plusieurs de ceux qui, restés fidèles, marchaient avec nous contre une insurrection, ont été, pendant la dernière campagne, l'objet des plus actives poursuites de la part des usuriers, devant les tribunaux de commerce. Il a été rendu contre eux plus de deux cents jugements par défaut, devenus définitifs par suite de l'expiration des délais d'opposition et d'appel. Des cavaliers blessés n'ont pas retrouvé, en rentrant sous leur tente, un grain d'orge. La saisie avait tout enlevé. Les femmes et les enfants se nourrissaient de racines, tandis que le mari, le père, avait quitté sa famille pour verser son sang sous notre drapeau. Il me paraîtrait indispensable de rendre la loi moins rigoureuse.

MESURES PROPOSÉES.

1. Déclarer que les Arabes sont Français, puisque l'Algérie est territoire français, mais qu'ils continueront d'être régis par leur statut civil, conformément à la loi musulmane ; que, cependant, les Arabes qui voudront être admis au bénéfice de la loi civile française seront, sur leur demande, sans conditions de stage, investis des droits de citoyens français.

2. Proclamer l'admissibilité des Arabes à tous les emplois militaires de l'Empire et à tous les emplois en Algérie.

3. Exécuter loyalement le sénatus-consulte en respectant les droits acquis des Arabes.

4. Dans les tribus qui n'ont cédé aucune partie de leur territoire aux Européens, la commission chargée d'appliquer le sénatus-consulte ne devra admettre les droits du Domaine que sur les portions du territoire reconnues par la tribu elle-même comme appartenant à l'État à un titre quelconque, c'est-à-dire comme terre de *beylick*, biens *habbous*, ou immeubles provenant des successions vacantes.

Dans les tribus dont une portion du territoire a été livrée à la colonisation à un titre autre que ceux ci-dessus indiqués, on devra chercher à rendre aux tribus, s'il est possible, une quantité de terre équivalente à celle qui leur a été enlevée, et, dans tous les cas, suffisante pour leurs besoins.

Dans les tribus établies sur les territoires *azel*, on devra distinguer entre les tentes qui l'occupent à titre définitif depuis un temps immémorial, et celles qui ne l'occupent qu'à titre provisoire, depuis le temps, par exemple, que ces terres ont été louées à leur chef, étranger à l'*azel*.

Les premières devront être considérées comme propriétaires des terres cultivées par elles, et, s'il est reconnu que ces terres ne sont pas suffisantes, il devra leur être concédé, sur l'*azel*, des lots assez considérables pour leur permettre de vivre dans de bonnes conditions.

Quant aux tentes étrangères à l'*azel*, la commission nommée *ad hoc* devra constater à quelle tribu elles appartiennent et les renvoyer à ces tribus, si celles-ci peuvent les recevoir. Si, au contraire, les tribus n'ont pas assez de terre pour recevoir ces tentes, la commission devra donner à ces dernières, sur l'*azel*, les terrains qui leur sont nécessaires.

5. Disposer que la propriété personnelle, lorsqu'elle sera créée en exécution du sénatus-consulte du 22 avril 1833, sera insaisissable au créancier pour les dettes antérieures à la constitution de la propriété.

6. Comme à la fin de l'année prochaine presque tous les territoires *azels* auront été soumis à l'application du sénatus-consulte, dégrever en attendant, d'une partie de l'impôt, les douars qui ont affermé des *azel* anciennement cultivés par eux.

7. Déclarer que l'expropriation pour cause d'utilité publique ne pourra être faite qu'en vertu d'un décret de l'Empereur, ainsi que cela se pratique en France.

8. Établir des registres de l'état civil aussitôt que les douars auront été constitués en commune et que les *djemmaas* seront organisées.

9. D'après le décret du 7 avril 1865, toutes les tribus organisées ont été replacées en territoire militaire, à l'exception d'une fraction de la tribu des Gharabas ; il serait désirable de faire disparaître cette exception.

10. Restreindre les réserves forestières ; les réviser de manière que les Arabes ne soient pas privés du seul moyen qu'ils aient de faire paître leurs troupeaux.

11. Faire un partage d'attributions et de compétence entre les juridictions françaises et les juridictions musulmanes, de telle sorte que ces dernières ne connaissent que des affaires ressortissant de la loi religieuse, et que les autres procès soient déférés aux tribunaux français. Pour l'étude de cette grave question, former une commission où seront appelés des tolbas et légistes musulmans.

Déclarer que le délai d'appel fixé par l'article 30 du décret de 1859, devra partir du jour de la notification du jugement prononcé par le cadi.

Les concussions des *adouls* sont un des maux de la justice arabe. Afin d'y mettre un terme, peut-être y aurait-il lieu d'assigner à ces officiers ministériels un traitement fixe en ne leur accordant des vacations que pour le transport. Le coût des actes serait versé au nouveau domaine, ce qui compenserait et au delà le nouveau sacrifice imposé au Trésor.

Suspendre pendant la guerre tous les délais de la procédure civile à l'égard des Arabes qui combattent sous nos drapeaux.

L'assistance judiciaire pour les Arabes indigents existe, mais ils n'en profitent pas. Leur faire comprendre les bienfaits de l'institution.

12. Organiser un consistoire musulman par province, et nommer un conseil de fabrique pour chaque mosquée de 1re classe. Le consis-

toire musulman remplirait pour le culte le même office que les consistoires protestants et israélites. Il serait, en outre, consulté sur les œuvres de bienfaisance et d'assistance publique intéressant les musulmans. Instituer également une commission composée des mêmes éléments que la première, avec adjonction de quelques personnages religieux et lui demander son avis sur le projet d'organisation des consistoires.

Entourer de quelque solennité officielle la célébration des grandes fêtes musulmanes.

13. Établir un *medjelès* par subdivision, en même temps étendre les ressorts des cadis; apporter une plus grande surveillance dans le choix de ces magistrats; régler l'admission et l'avancement dans la magistrature indigène.

14. Désigner un tribunal de première instance par province, auquel sera dévolu exceptionnellement le droit de prononcer souverainement sur les appels dans les affaires qui ne présenteront pas le caractère religieux défini plus haut, jusqu'à concurrence de 10,000 fr. au moins, en attendant que chaque province puisse être dotée d'une cour impériale.

15. Les *zaouïa* sont, en général, des écoles, des réunions de tolbas ou de gens prenant ce titre, qui se groupent autour d'une mosquée, vivant d'aumônes, des revenus des biens appartenant à l'établissement, des redevances que paient certaines tribus. Afin d'éviter les écarts possibles des directeurs de zaouïa, former dans chaque zaouïa une sorte de conseil d'administration sur lequel on essayerait d'agir pour donner à l'enseignement une bonne direction.

16. Ne déférer aux conseils de guerre que la connaissance des faits réputés crimes; attribuer aux commissions disciplinaires, établies dans chaque cercle, le jugement des délits. Aujourd'hui des délits, commis à Tugurt, c'est-à-dire dans le désert, sont jugés à Constantine, et l'on oblige ainsi les inculpés et les témoins à un voyage de près de 400 lieues, pour aller et revenir.

17. Constituer le plus vite possible et sans attendre les opérations prescrites en exécution du sénatus-consulte la *djemmaa* des tribus, conseil municipal non électif qui surveillera et contiendra le chef indigène en l'assistant dans toutes les affaires intéressant la commune.

18. Autoriser les *douars* constitués à contracter des emprunts en offrant leurs communaux comme gage, jusqu'à ce que leurs ressources budgétaires soient régularisées.

19. Prendre en territoire militaire, pour l'assiette de l'impôt, la moyenne des contributions pendant les dix dernières années, en dégager un impôt unique, invariable pour dix ans, le répartir par tribu, et

par fraction de tribu bien délimitée[1], et les faire percevoir par les *djemmaas*.

20. Dans le territoire civil, convertir en un impôt unique et fixer une fois pour toutes, les diverses contributions dues à la commune par l'Arabe admis dans un centre européen.

21. En territoire civil, élever le nombre des membres musulmans des conseils municipaux, en proportion de la population.

Nommer un adjoint indigène dans les communes où les indigènes sont en nombre suffisant.

22. Augmenter le nombre des membres indigènes pour les conseils des monts-de-piété, des caisses d'épargne, des prisons, de l'académie, etc...

Choisir ces membres de préférence parmi les notables n'occupant pas d'emplois salariés, afin d'augmenter le rapport et les contacts entre les populations française et indigène.

23. Créer à Alger une école supérieure pour les études de législation musulmane.

24. Développer l'instruction publique musulmane dans les communes du territoire civil, comme dans les villes. Suivre l'exemple de Cherchell, où les enfants des deux cultes fréquentent les mêmes écoles.

Réorganiser les écoles supérieures musulmanes, de façon à y recruter les agents de la justice musulmane et les secrétaires pour la langue arabe.

Créer une école d'arts et métiers par province (à l'instar de celle du fort-Napoléon, qui sera ouverte dans quelque mois).

Fonder des orphelinats musulmans pour les garçons et pour les filles dans chaque province.

25. Établir des salles spéciales pour les indigènes dans les hôpitaux, et assurer le service du culte pour les morts.

Propager la vaccine; donner des consultations gratuites; créer des infirmeries indigènes dans les cercles où il n'existe pas d'hôpital;

---

[1]. Cette fraction pourrait être la *ferka*, fraction parfaitement connue de chaque tribu; elle se compose, en moyenne, d'une centaine de tentes réparties entre six ou huit douars, lesquels sont de création tout administrative et française. Il ne conviendrait pas de descendre au-dessous de la ferka, car le douar n'offre pas au trésor assez d'éléments de solidité et de garantie. Chaque ferka, connaissant son impôt fixe pour dix ans, désignerait les chefs des douars qui formeraient en même temps et la *djemmaa* et le conseil des répartiteurs. Cette manière d'agir n'est pas nouvelle chez les Arabes; du temps des Turcs, l'impôt était fixe. Les *ferradine* ou répartiteurs *choisis* par les contribuables, établissaient le compte de chacun avec une exactitude remarquable.

attacher à chaque bureau arabe un médecin pour donner des soins aux tribus.

26. Transformer les prisons centrales affectées aux indigènes, en pénitenciers agricoles, un par province ; assurer le service du culte et respecter, autant que possible, les tombes musulmanes.

Réunir, en un lieu distinct, les indigènes condamnés aux travaux forcés, le contact des condamnées européens achevant de les pervertir.

27. Ordonner que dans les villes ce qui reste, entre les mains du Domaine, de maisons provenant de *habbou* (communautés religieuses), soit respecté, et qu'elles soient louées aux indigents musulmans, à bas prix, d'après l'intention des fondateurs qui ont constitué originairement ces *habbou*.

29. Proposer, tous les ans, au 15 août, un état des condamnés auxquels il est possible de faire grâce. Y comprendre principalement ceux qui, frappés sévèrement par notre code, n'auraient encouru qu'une peine légère si on leur avait appliqué la loi musulmane.

30. Recommander à toutes les administrations de se défaire des formes brusques et souvent méprisantes avec lesquelles on accueille les indigènes qu'un intérêt amène dans les bureaux.

II

COLONISATION

I. Règles générales. — On a beaucoup fait depuis 35 ans en Algérie : cependant, si la colonisation n'a pas prospéré autant qu'on pouvait le désirer, c'est qu'on n'a pas eu de plan d'ensemble, et qu'on s'est écarté des vrais principes de l'économie politique.

Quels sont ces principes ?

La liberté des transactions commerciales et industrielles, l'organisation du crédit, la concentration de la population dans des lieux propices, la simplification dans l'administration, et le développement des travaux publics.

Or, tout en voulant fonder une grande colonie sur les bords de la Méditerranée, au lieu de lui ouvrir de larges communications avec le reste du monde, on y a transporté notre régime de douanes et de restrictions maritimes.

Les institutions de crédit y ont été oubliées. La colonisation, qui aurait dû être concentrée sur le littoral, s'est éparpillée au loin sur toute la surface du territoire. La création artificielle de centres européens et les concessions gratuites l'ont découragée plutôt qu'elles ne l'ont excitée. Dans un pays nouveau, on a introduit les administrations nombreuses et compliquées, que l'expansion des intérêts et la multiplicité des affaires ont seules rendues nécessaires en Europe. Enfin, de grands travaux ont été entrepris, mais beaucoup ont été faits avec trop de luxe et sont improductifs.

Reprenons, une à une, toutes ces questions.

II. Liberté commerciale. — Lorsqu'un Européen arrive dans une colonie, il ne possède généralement pas de ressources suffisantes pour subvenir, par son simple travail, en peu d'années, à son entretien et à celui de sa famille. Il faut donc qu'il puisse trouver, dans sa nouvelle patrie, les objets de première nécessité au plus bas prix possible, et des avances à un taux modéré, qui lui permettent d'attendre un bénéfice que doit lui procurer son exploitation.

De ces considérations, il découle naturellement, que les ports de l'Algérie, déclarés *ports francs*, auraient dû être ouverts à toutes les marchandises du globe, et ceux de la métropole ouverts, sans droits, aux produits de la colonie. En outre, il était essentiel que la préoccupation du gouvernement se portât sur la création d'institutions de crédit, à l'usage des colons et des Arabes, car, tout pays, tout atelier, toute usine ne peut être mis en valeur qu'au moyen d'un outillage. Toute création d'outillage exige l'immobilisation d'un capital. Demander ce capital au temps et à l'épargne, c'est tourner dans un cercle vicieux, puisque l'épargne ne peut venir que du profit, et que le profit ne peut naître que d'un outillage bien entendu et d'un capital bien employé. Que faire donc ? User du crédit, cette force des temps modernes, et associer, pour la prospérité commune, l'avenir au présent. En dehors de ce principe simple et vrai, en Algérie, comme partout ailleurs, il n'y a rien à tenter de grand, de profitable et de sensé.

III. Emplacement de la colonisation. — Quant au système de colonisation, il était indispensable de le bien définir, en le subordonnant aux exigences de la sécurité générale.

La colonisation en Algérie a précédé, en quelque sorte, l'affermissement du pouvoir militaire qu'elle devait suivre, elle a marché avec nos colonnes, a établi des centres à soixante ou cent lieues de la mer, au milieu des montagnes, au bord du désert, affaiblissant ainsi l'occupation militaire qu'elle paralysait, forçant l'armée, pour défendre ces établissements, à se répandre sur un espace immense, au lieu de se concentrer dans un seul but stratégique.

Les colons éloignés du littoral, sans voies de communication faciles, se sont trouvés dans des conditions précaires et n'ont pu vivre qu'à l'aide des ressources fournies par l'occupation militaire; réduits à la misère, lorsque celle-ci venait à lui manquer. Prenons pour exemple Aumale. Cette petite ville n'est pas encore reliée avec Algér par une route commode : 300 colons résident dans ses murs, 900 en dehors; ils n'ont aucun débouché pour leurs denrées; tous les objets qu'ils tirent d'Alger leur coûtent excessivement cher [1]; ceux qu'ils produisent leur reviennent à des prix beaucoup plus élevés qu'aux Arabes, qui, n'ayant pas les mêmes besoins et travaillant dans des conditions plus avantageuses, cultivent à meilleur marché; de sorte que, dans plusieurs localités, le travail des Européens est moins rémunérateur que celui des indigènes.

Dans l'espoir d'augmenter la population coloniale, on a eu recours à deux expédients également impuissants : la création artificielle de centres européens et les concessions gratuites. Aucun d'eux n'a tenu ce qu'on s'en était promis.

IV. CENTRES EUROPÉENS. — La création artificielle de centres européens a amené bien des mécomptes. En effet, lorsque le gouvernement fonde un village et qu'il y appelle des colons, il prend l'engagement moral de les installer dans des conditions favorables à leur prospérité. Il ne suffit pas qu'il leur ait donné la terre et même la maison; il faut, pour être conséquent avec lui-même, qu'il leur procure l'eau, l'assainissement du sol, de bonnes routes pour écouler les produits et les établissements nécessaires pour le culte et l'instruction; il faut surtout qu'il fournisse aux colons des avances ou des moyens de crédit, afin de leur permettre de vivre avant d'avoir retiré un certain produit de leur travail. S'il n'a pas fait tout cela, il a manqué de prévoyance, d'humanité et je dirai même de bonne foi, car il n'a pas pu vouloir appeler en pays étranger des Européens, des Français, pour les voir mourir de misère. Or, ces obligations que nous venons d'énumérer, le gouvernement ne peut les remplir sur une vaste échelle sans compromettre ses finances.

Ce que je viens de dire n'empêche pas de réserver des terres du Domaine pour venir en aide à la formation des centres européens, lorsqu'ils écloront, pour ainsi dire, spontanément, sans peine, du sein des populations attirées par la facilité des communications, la fertilité du sol, au milieu du travail et de l'aisance commune. En dehors de ce mode d'intervention, la main de l'État doit se retirer.

Il faut donc réunir tous les efforts de la colonisation autour des trois provinces et tâcher, par tous les moyens, de ramener dans ces zones, que je nommerai de colonisation, ceux qui se sont égarés au loin. En effet, si les populations européennes sont groupées, elles vivront par l'échange des produits, et par cette foule de petites indus-

---

1. Le transport d'une tonne d'Alger à Aumale coûte 60 fr.

tries qui naissent dans les sociétés civilisées. Ainsi, l'agriculture ne sera pas la seule source de profits, et, à côté de leur champ, le cordonnier, le tailleur, le charron, le manœuvrier, etc., trouveront un emploi lucratif de leur temps. L'élément européen, concentré et compacte, acquerra une grande consistance, une grande confiance en lui-même, et fera naître parmi les colons ce bien-être que l'humanité et la politique nous obligent de développer sans cesse ; car les Européens ne se rendront en Afrique qu'attirés par l'exemple de ceux qui, établis depuis longtemps, y auront accru leur aisance. On se tromperait fort si l'on croyait que les Irlandais et les Allemands qui vont en Amérique y arrivent avec les capitaux et les moyens nécessaires pour acheter des terres. Ce qui les appelle dans ces pays, comme les Basques à la Plata, c'est l'élévation du prix de la main-d'œuvre. Tout homme valide, dans ces contrées du nouveau monde, est à même de gagner un salaire très-élevé, en exerçant les métiers les plus humbles. Aussi, au bout de quelque temps, chacun peut amasser quelque argent et alors devenir propriétaire.

V. CONCESSIONS. — Le système des concessions gratuites de terrains était également défectueux : le sol est la première richesse d'un pays, et donner pour rien ce que d'autres peuvent vendre, c'est déprécier la valeur territoriale, empêcher les transactions sérieuses, favoriser de stériles spéculations ; c'est aussi décourager l'activité individuelle au lieu de l'exciter, car l'homme n'attache pas un grand prix à ce qu'il a obtenu sans peine [1].

On avait d'ailleurs soumis les concessionnaires à des obligations gênantes dont la rigueur ne pouvait guère être maintenue, et il arrive que plusieurs d'entre eux conservent encore, depuis bien des années, leurs terres incultes, dans l'espoir de les vendre plus tard à un prix plus haut.

L'établissement de l'impôt foncier forcera les propriétaires à vendre ou à cultiver ; il permettra en outre aux communes de mettre, au moyen de centimes additionnels, leurs ressources au niveau de leurs besoins et d'entrer plus complétement dans l'indépendance de la vie civile.

En général, les concessions de forêts de chêne-liége ne réussissent pas davantage. La raison en est bien simple : des conditions onéreuses d'exploitation sont imposées aux concessionnaires sous peine de déchéance ; les choses ne sauraient se passer autrement. Mais les capitaux font défaut aux concessionnaires ; ils ne peuvent se les procurer

---

[1]. Le trafic des concessions était devenu si ordinaire qu'il n'était pas rare de voir des individus ne demander une concession que lorsqu'ils avaient trouvé un acquéreur.

en empruntant sur les titres de concession, le crédit leur est refusé; ils éprouvent de grandes difficultés pour satisfaire à leurs obligations; leurs opérations sont alors suspendues, et les forêts ne sont pas exploitées [1]. Le gouvernement aurait tout avantage à réviser les concessions en diminuant leur étendue et en les convertissant en propriétés définitives.

VI. Difficulté de l'immigration. — J'ai dit plus haut par l'application de quel principe la colonisation pourrait prospérer. Examinons cependant, pour la réfuter, une erreur trop accréditée et qui consiste à prétendre qu'une compagnie pourrait se charger d'introduire en Algérie de 40 à 50,000 Irlandais ou Allemands. Il est clair qu'une compagnie ne se mettra à la tête d'une telle entreprise que pour y trouver un bénéfice. Ce bénéfice est-il réalisable? Le transport de 50,000 émigrants coûterait au moins, de l'Irlande en Algérie, à raison de 100 francs par individu, 5 millions. Il faudrait entretenir ces individus pendant trois ans, ce qui, en supposant la dépense pour chacun d'eux, en moyenne à 500 francs, ferait 25 millions par an ou 75 millions pour trois ans. Il faudrait en outre, dès la première année, leur donner 300 francs par tête pour acheter des instruments, des semences et des bestiaux. Tout cela s'élèverait à un total de 95 millions que la compagnie aurait déboursés au bout de trois ans, sans compter les intérêts du capital engagé. Et encore j'ai supposé les conditions les plus avantageuses, puisque j'ai admis que la terre serait donnée gratuitement aux immigrants, et je n'ai compté ni le prix des maisons à construire, ni la mortalité, ni les déchets de toute sorte. Or, je le demande, croit-on qu'au bout de trois ans les immigrants pourraient être dans un état assez prospère pour verser à la compagnie un intérêt annuel de 8 ou 10 millions, somme à peine suffisante pour payer l'intérêt, l'amortissement, compenser les risques et rapporter un certain bénéfice?

Le plus sûr moyen d'accroître la population d'une colonie, je le répète, n'est pas d'y attirer, à grands frais et par des promesses trop souvent irréalisables, de nombreux immigrants, mais d'encourager les efforts des colons déjà établis, de favoriser leur bien-être et d'assurer leur avenir. Le spectacle de cette prospérité est le plus magnifique appel qui puisse être fait à la confiance des étrangers. Des courants d'immigration ne tardent pas à faire affluer tous les jours des forces nouvelles vers un pays où les capitaux trouvent un heureux placement et le travail un emploi lucratif.

VII. Développement des villes. — Il est indispensable que l'autorité supérieure mette des bornes aux exigences, louables d'ailleurs, des différents services, surtout à celles du génie militaire. Comme la guerre

---

1. Il y a cependant une ou deux exploitations qui prospèrent.

a été longtemps la première préoccupation en Afrique, tout a dû être subordonné aux nécessités de la défense.

Ainsi, il n'y a pas une ville de l'Algérie où l'on puisse signaler les faits suivants : la nature a tout préparé pour que des villes florissantes se développent dans des lieux favorisés par leur position au bord de la mer, par la beauté du climat et la richesse du sol; mais les administrations diverses sont venues s'y implanter avec leur besoins multiples et leurs prévisions exagérées. Le génie militaire entoure la place de fortifications, en réalité ou en projet; les abords les plus convenables au développement de la ville sont frappés de servitudes ; les terrains qui, dans la suite, pourraient acquérir une grande valeur, sont affectés à des services publics, tels que les arsenaux, les casernes, la gendarmerie, les manutentions, les magasins de fourrages et de campement, les dépôts de remonte, les logements pour les états-majors et les fonctionnaires civils et militaires, de sorte qu'il ne reste plus de place pour de nouveaux habitants.

Je ne prétends pas détruire ce qui a été construit, mais on doit, partout où cela est possible, et sans nuire aux intérêts réels de la défense, restreindre les servitudes, livrer à la colonisation des terrains que l'administration s'est réservés et qui ont déjà acquis une grande valeur, en échange d'autres terrains où les établissements des administrations pourraient être installés à beaucoup meilleur marché.

Ainsi, à Constantine, j'ai réduit la servitude du côté de Coudiat-Ati, afin de permettre d'y bâtir une halle indispensable, près du marché;.

A Oran, j'ai autorisé la suppression du mur d'enceinte de l'est et de ses servitudes;

A Bône, j'ai promis que la vieille enceinte, condamnée par le génie, serait abandonnée, à un prix modéré, par la guerre à la municipalité;

A Bougie, je me suis prononcé contre le système de fortifications qu'on avait adopté et qui entraînerait des dépenses considérables.

VIII. SIMPLIFICATION DE L'ADMINISTRATION. — AFFRANCHISSEMENT DE LA COMMUNE. — Il n'est pas non plus sans importance de simplifier les rouages administratifs et d'exiger des employés une solution prompte des affaires.

Il suffit de jeter les yeux sur l'*Annuaire administratif de l'Algérie* pour juger de la trop grande quantité dont se compose le gouvernement civil.

Dans toute l'Algérie, pour administrer 192,000 Européens répartis en 71 communes, il y a 3 préfets, 13 sous-préfets, 15 commissaires civils, total 31 hauts fonctionnaires, non compris la nuée de chefs de bureau et d'employés divers. Certains arrondissements, en France, pour un chiffre égal de population, n'ont qu'un sous-préfet. Pourquoi ne pas supprimer en Algérie la plupart des sous-préfets et des commissaires civils, ainsi que la masse d'agents qui marchent à leur suite, sauf à leur trouver des positions équivalentes dans la métropole? Combien de fois, en France, n'a-t-on pas proposé la suppression des sous-préfets? N'est-il pas avantageux, en Algérie surtout, de ne pas mettre d'intermédiaires entre les maires et les préfets, puisque les premiers en recevant du trésor des frais de représentation, qui leur sont alloués aujourd'hui par les communes et qu'on pourrait augmenter, deviendraient des agents rétribués par l'État? Mais si l'on diminue le nombre de fonctionnaires, il est indispensable d'envoyer en Afrique les plus expérimentés, les plus habiles, les plus passionnés pour le bien, et de les convaincre qu'ils seront jugés et récompensés suivant les progrès accomplis, et suivant leurs efforts à s'affectionner la population indigène et à faire prospérer la colonie européenne.

Les 71 communes se répartissent, en Algérie, de la façon suivante : 29 pour la province d'Alger; 18 pour celle d'Oran; 24 pour celle de Constantine. Le préfet de chaque département ne peut-il pas, avec ses nombreux bureaux, diriger un si petit nombre de communes, qui ne forment pas même un arrondissement de France?

Il y aurait lieu de supprimer les seize bureaux civils, qui coûtent 120,000 francs et qui ne sauraient plus rendre d'utiles services. Leurs agents ne peuvent se faire obéir que lorsque le pays est parfaitement tranquille. Le moindre refus de la part de leurs administrés les oblige à demander main-forte à l'autorité militaire, ce qui est arrivé plusieurs fois, et notamment à Tlemcen, en 1862. On remplacerait avec avantage les bureaux civils par la création, dans chaque mairie, d'un employé qui, connaissant la langue arabe, remplirait les fonctions d'interprète et serait chargé de la tenue des registres de l'état civil pour les musulmans.

Les services de la trésorerie, du domaine, des forêts, des bâtiments civils, des douanes, des travaux topographiques, emploient un personnel beaucoup trop nombreux.

La composition des conseils municipaux par la voie de l'élection serait une bonne mesure. Mais je crois qu'il faut faire plus. Il est important, dans un pays nouveau, de créer la vie municipale et de procéder à l'émancipation de la commune, en lui permettant d'emprunter et de se taxer à volonté.

Malgré le désir de simplifier l'administration, j'ai décidé qu'on aurait un évêché par province. Cette nouvelle institution m'a paru nécessaire, d'abord parce qu'il est impossible à l'évêque d'Alger, à cause de l'étendue de nos possessions, de visiter tout son diocèse, et ensuite parce qu'il est bon, en présence de tant de cultes divers, de relever l'importance des ministres du culte catholique.

MESURES PROPOSÉES

1. Déclarer la franchise de tous les ports de l'Algérie; supprimer ainsi toutes les douanes, et ne conserver l'octroi de mer que comme ressource pour les villes. Admettre en même temps dans la métropole, sans droits, tous les produits de l'Algérie.

Déjà, d'après l'avis du gouverneur général, j'ai décidé la suppression de la douane établie sur les frontières du Maroc : elle coûtait plus de 100,000 francs et n'en rapportait que 80,000.

2. Créer dans chaque province un comptoir d'escompte pouvant prêter aux colons, comme aux Arabes, à un taux modéré.

3. Tracer un périmètre à la colonisation autour des chefs-lieux des trois provinces.

Ainsi, dans la province d'Oran, le périmètre du territoire dans lequel les Européens pourront développer leurs intérêts sera circonscrit par une ligne qui, à l'ouest, partant de l'embouchure du Rio-Salado, remontera ce cours d'eau jusqu'au territoire du Bou-Tlelis, et de là se dirigera vers le sud en laissant intérieurement tous les établissements européens dans la direction d'Oran à Tlemcen, y compris le territoire d'Hennaya. Dans le sud, cette ligne, partant de Tlemcen, gagnera le territoire d'Hadjar-Roum, en suivant le pied des montagnes, puis celui de Sidi-Ali-ben-Youb, et ira jusqu'à Tenira pour revenir à Sidi-bel-Abbès. De là elle descendra le Sig jusqu'à Saint-Denis, embrassera Perregaux sur l'Habra, Bouguirat, l'Hillil, Relizane et les centres de population qui sont créés sur la ligne des chemins de fer dans la vallée du Cheliff, jusqu'à la limite des divisions d'Oran et d'Alger. Enfin la limite nord comprendrait le territoire de Mostaganem et remonterait la vallée du Cheliff.

Dans la province d'Alger, cette ligne renfermera les crêtes du petit Atlas qui entourent la Mitidja, laissant au nord tous les territoires européens qui s'étendent depuis Novi et Cherchell jusqu'à Dellys; de plus, une zone comprenant tous les centres déjà créés sur la route de Blidah à Orléansville et tous ceux à fonder dans la partie sud du Cheliff depuis Milianah jusqu'à la province d'Oran, enfin les établissements de Ténez et d'Orléansville.

Dans la province de Constantine, la limite nord devra comprendre, à partir de Sétif, les territoires déjà occupés ou à occuper sur la route de Sétif à Constantine jusqu'à l'Oued Decri ; de là gagner Milah pour redescendre dans la vallée de l'Oued Kebi jusqu'au territoire de Smendou, d'où elle atteindra Collo en suivant la vallée de l'Oued Guebbi.

La limite sud laissera en dedans les centres de population établis entre Sétif et Hammam Grouss; de là elle joindra le territoire d'Aïn Mlila, d'où elle se dirigera sur Aïn Ghoul; puis, laissant intérieurement le territoire de Guelma, elle décrira une courbe pour venir se lier avec Souk Arras et remontera vers le nord jusqu'à Mondovi, d'où elle arrivera à La Calle.

Dans la province d'Oran, les territoires de Nemours, de Mascara, de Tiaret, ne pourront prendre de nouveaux développements que lorsque les populations deviendront plus denses. Il en sera de même, dans la province d'Alger, pour le territoire d'Aumale; dans la province de Constantine, pour les postes de Bougie, Djidjelly, Collo et Batna. Quant aux postes de Maghnia, Sebdou, Daya, Saïda, Ammi-Moussa, dans la province d'Oran; les possessions de Teniet-el-hâad, Boghar, Tizi-Ouzou, Fort-Napoléon, dans la province d'Alger; enfin les postes de Bordj bou Arreridj, Biskra, Aïn-Beïda et de Tebessa, dans la province de Constantine; ils devront rester dans l'état actuel, sans que leurs territoires puissent être augmentés. Toutefois, on viendra en aide par des subsides aux colons qui demanderont à entrer dans les zones de colonisation.

4. Employer aux travaux suivants les 100 millions que le gouvernement de l'Algérie recevra en six ans : 30 millions pour les routes; 20 millions pour les ports; 30 millions pour les barrages, les canaux, les desséchements de marais, les puits artésiens; 15 millions pour le reboisement des montagnes; 5 millions pour réintégrer dans les zones de colonisation les Européens qui végètent loin des côtes.

5. Confier le service de correspondance et de transport à l'industrie privée. Elle remplacerait avec avantage les bateaux de l'État qui, n'étant pas emménagés pour ce service spécial, n'embarquent aucune espèce de marchandises, tandis que l'insuffisance des six places réservées aux passagers oblige tous les autres voyageurs à endurer sur le pont l'intempérie des saisons.

6. Dans l'exécution des travaux publics, introduire la plus stricte économie. Il ne s'agit pas, dans un pays nouveau, de faire des œuvres d'art, mais de satisfaire de la manière la plus simple aux besoins impérieux de la colonisation. Recommander aux provinces de mettre la plus grande réserve dans la construction de leurs édifices. Suivre la même règle pour les constructions qui sont à la charge de l'État. Les établissements civils et militaires créés à Oran, à Tlemcen, à Aumale, à Batna, etc., sont hors de proportion avec les besoins et les ressources du pays.

7. Renoncer à toute espèce de concessions, même pour les forêts, ainsi que le prescrit le décret du 31 décembre 1864, et changer les concessions en propriétés définitives, sauf à en réduire l'étendue.

8. Renoncer à la création de centres de population factices. Néanmoins réserver, sur le parcours des chemins de fer, des emplacements pour des villages, en adoptant un plan définitif.

9. En territoire civil, établir, le plus tôt possible, l'impôt sur les terres, en prenant pour base la qualité du sol, qu'il soit cultivé ou non, comme cela a lieu en France. Cette mesure, réclamée par les colons eux-mêmes, obligera les propriétaires à défricher ou à vendre.

10. Émanciper la commune en lui permettant de nommer les membres des conseils municipaux, de s'imposer pour ses besoins comme elle l'entendra et de contracter des emprunts.

11. Affranchir les colons du service militaire en France, l'alléger en Algérie, ainsi que cela sera expliqué dans le chapitre suivant.

12. Créer un évêché par province; élever l'évêché d'Alger au rang d'archevêché.

13. Réduire considérablement le personnel, et par suite les frais d'administration civile, lesquels montent chaque année à 3 millions et demi. Supprimer les seize bureaux arabes civils.

14. Désigner les auditeurs au conseil d'État pour les attacher au conseil du gouvernement. Les auditeurs, après cinq années passées à Alger, auraient la facilité de rentrer au conseil d'État comme maîtres des requêtes.

15. Assurer la sincérité des délibérations des conseils généraux, en exigeant dans ces assemblées l'introduction d'interprètes. Jusqu'à présent à Oran, le conseil général n'a pas permis aux indigènes d'avoir un interprète, de sorte qu'ils restent étrangers à ce qui se passe dans le conseil. Il n'y a dans les conseils généraux que des indigènes rétribués par l'État (sauf peut-être une exception pour Alger). Il serait important d'y placer des notables indépendants et riches.

16. Publier un vocabulaire des noms arabes, dans le territoire civil, car ces noms sont d'une transcription difficile en caractères français; en les écrivant comme on croit les entendre prononcer, tout le monde ne les orthographie pas de la même manière, chacun suit un système différent de transcription. Ainsi, le même nom figure tantôt d'une façon, tantôt d'une autre, sur les registres de l'état civil, sur les matricules de l'impôt, ou sur les sommiers du domaine, ou dans les dossiers du tribunal, ou sur les registres des greffes et des municipalités. Une orthographe uniforme et rigoureuse des noms est cependant indispensable pour les actes de l'état civil.

17. Chercher si l'on ne pourrait pas simplifier les procédures en matière civile, car une des choses qui lèsent le plus les Arabes comme les colons, c'est la longueur des formes judiciaires et administratives. Il serait bon, d'ailleurs, de faire en Afrique l'essai de réformes qui pourraient plus tard être appliquées en France.

18. Veiller à ce que les journaux ne sèment pas la méfiance et la désaffection entre les indigènes et les Européens par des attaques exagérées ou sans fondement.

19. Examiner si le conseil du gouvernement ne pourrait pas, pour beaucoup d'affaires urgentes, se dispenser du renvoi au conseil d'État, cause de bien des longueurs.

III

OCCUPATION MILITAIRE

La principale préoccupation du gouvernement est de rechercher les moyens de diminuer les charges qui pèsent sur la métropole, sans compromettre cependant la sécurité de nos possessions. A cet effet, j'examinerai les questions suivantes :

1° L'emplacement des troupes; 2° les tribus frontières; 3° les colonnes mobiles; 4° les bureaux arabes; 5° les spahis et les smalas; 6° les régiments d'infanterie indigène; 7° les fortifications.

1. EMPLACEMENT DES TROUPES. — Le chiffre élevé de l'armée d'Afrique est dû principalement à cette obligation d'avoir des garnisons dans 60 postes différents. De même qu'on a créé partout des centres civils, on a partout établi des centres militaires, sans donnée stratégique bien étudiée.

L'erreur a été surtout de construire dans tant d'endroits des établissements permanents considérables, qu'on est obligé d'occuper et de défendre, quand même l'intérêt serait de les abandonner. Ainsi, par exemple, il est question de transporter la subdivision de Sidi-bel-Abbès à Tiaret; si cette translation s'exécute, à quoi serviront les établissements militaires dispendieux faits dans la première ville ?

A ce propos, il n'est pas inutile de rappeler la circulaire du maréchal Bugeaud, en date du 8 mai 1846, parce qu'elle est pleine de ce bon sens pratique qui distinguait cet illustre capitaine. « Les circon-
» stances me conduisent à vous rappeler ce que j'ai souvent écrit et
» répété : qu'au milieu du calme le plus parfait, nos troupes et nos
» moyens de tous genres doivent être préparés, placés et disposés
» comme au temps où la guerre avait la plus grande activité, comme
» au temps où Abd-el-Kader pouvait réunir 12 ou 15,000 hommes;
» car, ajoutai-je, la guerre peut renaître d'un moment à l'autre par le
» soulèvement du pays ou d'une fraction considérable; que si, dans de
» pareilles circonstances, nous sommes décousus, éparpillés, mal

» approvisionnés dans nos postes, nous offririons à l'ennemi une foule
» d'occasions partielles de nous faire éprouver des échecs dont les ré-
» sultats matériels et surtout moraux auraient les plus graves incon-
» vénients.

» — Vous savez combien aussi, souvent, je me suis élevé contre la
» multiplication des postes permanents vers lesquels la tendance était
» presque générale; on croyait en démontrer la nécessité absolue par
» une foule de motifs plus ou moins spécieux; il fallait un poste,
» disait-on, en tel ou tel endroit, pour surveiller le pays, pour l'admi-
» nistrer, pour en avoir des nouvelles et s'assurer si les chefs arabes
» remplissaient bien leurs obligations envers nous et envers leurs
» administrés : d'autres fois, c'était pour assurer telle ou telle commu-
» nication, pour que les convois et même les voyageurs isolés pussent
» trouver quelques ressources alimentaires sur leur route et un abri le
» soir contre les attaques nocturnes et les voleurs. On ne réfléchissait
» pas que, des besoins de cette nature se faisant sentir sur toute la sur-
» face de l'Algérie, il aurait fallu, pour être conséquent, y satisfaire
» partout et qu'alors l'armée eût été immobilisée dans des postes per-
» manents, grands et petits.

» Serait-il encore nécessaire de répéter que les postes permanents,
» qui ne peuvent être que très-faibles, en raison de leur multiplicité,
» n'assurent pas les communications et n'ont aucune action sur le
» pays; qu'ils ne gardent réellement qu'un point; que l'action réelle,
» la véritable puissance est dans les troupes qui tiennent la campagne,
» lesquelles ne conservent leurs forces dominatrices qu'autant qu'elles
» ne se subdivisent pas trop et que chacune des fractions est capable
» de vaincre toutes les forces réunies de la contrée qu'elle est chargée
» de maintenir dans l'obéissance; que non-seulement les postes mul-
» tipliés immobilisent une partie des forces de l'armée, affaiblissent
» numériquement les colonnes agressantes, mais encore qu'ils absor-
» bent une partie de l'action des troupes restées mobiles, puisque
» celles-ci sont chargées de les ravitailler, de satisfaire à leurs besoins,
» et souvent d'aller à leur secours, au lieu de faire des opérations utiles
» contre l'ennemi; que ces secours n'admettent pas de retard, qu'il
» faut souvent marcher par le temps le plus défavorable, et que de là
» peut naître une catastrophe. *Enfin que les postes qui ne sont pas démon-*
» *trés d'une nécessité absolue, doivent être soigneusement évités, car ils*
» *sont une source d'embarras, de faiblesse et de danger.*

» Les postes-magasins ou de ravitaillement, qui sont indispensables
» pour favoriser la mobilité des colonnes, n'ayant qu'une faible gar-
» nison, ne sont chargés, à proprement parler, que de leur défense;
» ils ne doivent pas prétendre à la domination du pays qui les envi-
» ronne, car ils en sont parfaitement incapables.

» Tant que le pays est calme et obéissant, le chef de ces postes doit
» sans doute surveiller l'action des chefs indigènes, se faire faire par
» eux des rapports sur tous les points de leur administration, les faire
» venir de temps à autre auprès de lui pour se faire rendre compte
» avec détail de la disposition des esprits, de l'état des perceptions, de
» la police, des amendes, des bruits qui circulent, etc., etc.

» Mais ce chef ne doit jamais sortir avec une fraction de son
» monde, soit pour rétablir l'ordre qui aurait été troublé, soit sous le
» prétexte de protéger le pays [1].

» Il peut tout au plus faire une sortie brusque de nuit, à courte dis-
» tance, pour arrêter des hommes signalés comme dangereux, ou pour
» tout autre coup de main partiel jugé nécessaire pour assurer la tran-
» quillité du cercle; mais le détachement qui serait fait, dans ces cas
» fort rares, devrait être rentré au point du jour. S'il y a des actes à
» réprimer chez une tribu ou grosse fraction de tribu, il faut attendre
» pour en demander compte, qu'une colonne vienne manœuvrer dans
» le pays; c'est alors qu'on pourra le faire avec efficacité et sans
» danger.

» La réunion en une seule colonne de tous les postes, qu'on éche-
» lonnerait d'après la routine, sur une communication, l'assurera
» beaucoup mieux, si cette colonne manœuvre convenablement, que
» ne ferait la division des forces des postes permanents.

» Ces principes excluent-ils les postes d'une manière absolue? Non,
» assurément; le principe de mobilité exige quelques postes de ravi-
» taillement. Loin d'être contraires au système, ils le complètent, car
» ils favorisent singulièrement la mobilité des colonnes, quand ils sont
» convenablement placés.

» Il faut quelques postes-magasins bien répartis, construits de ma-
» nière à ce qu'ils puissent remplir leur objet, en n'exigeant qu'une
» garnison de cent ou cent cinquante hommes au plus, pour s'y dé-
» fendre; malheureusement, c'est ce que nous n'avons pas su faire, et
» c'est ce à quoi il faut que nous arrivions, etc., etc. »

Je suis bien aise de m'appuyer sur l'opinion du maréchal Bugeaud, pour prouver qu'il est indispensable de réduire le nombre des postes occupés par l'armée; que les postes-magasins doivent être construits de manière à n'exiger qu'une très-faible garnison; que les colonnes mobiles sont les seuls moyens efficaces pour réprimer une insurrection; enfin, en Afrique, l'armée doit être toujours mobilisée.

On dit, il est vrai, que, par la circulaire précédente, le maréchal Bu-geaud condamnait une foule de petits postes qui ont été abandonnés,

---

1. Si le colonel Beauprêtre avait suivi cette règle, la catastrophe dont il a été victime ne serait pas arrivée.

tandis que les centres militaires existants ont été établis d'après ses indications. Mais je crois que le maréchal avait reconnu ceci nécessaire à titre provisoire, pour achever l'œuvre de la conquête, et non pour une occupation définitive. Et d'ailleurs, à mesure qu'on s'étend vers le sud il est clair qu'on peut supprimer les garnisons du littoral et celles qui s'en rapprochent le plus. Il faut reconnaître aussi que les centres militaires n'ont pas été formés, comme le voulait le maréchal, de manière à être défendus avec cent ou cent cinquante hommes, mais pour recevoir des garnisons six ou huit fois plus nombreuses.

Quant aux postes de l'extrême sud, ils ont été créés, d'une part, en vue de faciliter les relations commerciales avec le Soudan, et de l'autre, afin de maîtriser les populations turbulentes du Sahara. Dans la pensée de tous, la création des postes de Géryville, Laghouat, Djelfa, devaient ouvrir une ère nouvelle de prospérité à l'Algérie. En outre, tout désordre, toutes tentatives d'insurrection, seraient désormais impossibles.

Le Sud, disait-on, est le foyer des tempêtes; pour les prévenir, il faut occuper fortement le pays. Or, si l'occupation de ces postes méridionaux a facilité pendant longtemps la pacification et intimidé les nomades, elle ne nous a pas amené, comme on se l'était promis, le commerce des caravanes, qui n'était entretenu que par celui des esclaves, et elle a eu l'inconvénient de nous entraîner à des expéditions bien coûteuses, sans empêcher les insurrections de s'avancer jusqu'au Tell. L'importance des postes du Sud repose tout entière sur l'influence morale qu'ils exercent : ce sont des sentinelles avancées chargées de surveiller le pays; ils doivent être constitués de manière à pouvoir se défendre d'eux-mêmes, sans aucun secours, pendant un an ; mais ils ne sont pas destinés à servir de base d'opérations qui permettent de nous lancer à la poursuite d'un ennemi insaisissable, car, lorsque nous portons la plus grande partie de nos forces dans le Sud, l'ennemi, par nos derrières, pénètre dans le Tell, ou alors l'insurrection devient générale, comme cela a failli arriver cette année même; notre Tell, complétement dégarni, est à la merci de tout homme venant du Sud, à travers nos colonnes, d'un Si Lala, par exemple, ou d'un derviche comme Bou Barla ou Boussif, descendus des montagnes et traînant à sa suite quelques milliers de Kabyles. Évidemment cette situation laisse la colonie européenne, comme nos tribus, à la merci des événements.

L'important est d'avoir toutes nos troupes régulières concentrées sur des points stratégiques bien choisis dans le Tell, de ces points qui commandent à la fois le Sahara et les débouchés des hauts plateaux; qu'elles soient organisées en colonnes mobiles prêtes à fondre à l'improviste sur l'ennemi; alors la frontière sud du Tell, parfaitement occupée par des troupes françaises appuyées du makhzen, devient un rempart solide et presque inexpugnable; nous sommes partout en force; nous mettons à l'abri de tout contact dangereux des tribus soumises, dont la fidélité n'est pas douteuse, mais dont on ne peut méconnaître l'esprit mobile et ardent. Le passé renferme la leçon de l'avenir.

En conservant donc les postes avancés dans le Sud, il faut en restreindre la garnison au plus faible effectif possible; il faut surtout écarter progressivement et sans secousse les colons qui végètent autour de ces postes, et sont pour nous une cause de sérieuse préoccupation et de grandes difficultés.

II. Makhzen. — Pour maintenir les frontières, je désire qu'on revienne, en l'améliorant, au système turc des makhzen, c'est-à-dire, des tribus auxquels on impose un service militaire sur la frontière en échange d'immunités qui leur sont accordées, telles qu'exemption d'impôts, distinctions honorifiques, etc.

Le makhzen se composerait dans chaque province, de plusieurs tribus. En temps ordinaire et en cas de désordre ou de refus d'impôt, elles seraient engagées les premières et nous dispenseraient souvent de l'envoi de colonnes européennes. Le jour où la guerre éclaterait en Europe, où nos tirailleurs et nos spahis auraient été transportés sur le continent, nos tribus makhzen, compromises depuis longtemps, resteraient fidèles, comme l'ont été les douars et les smalas de la province d'Oran, et comme l'a été dernièrement, au gouvernement tunisien, la tribu des Drids.

Nous empruntons à un mémoire du général Ducros, les détails suivants sur l'organisation des makhzen :

« Makhzen, dans le sens précis du mot, signifie *gouvernement :* le
» makhzen est l'homme du gouvernement, l'agent faisant partie de la
» colonne, chargé du recouvrement de l'impôt annuel; il était consi-
» déré à la fois, comme agent du fisc et comme soldat.

» Le beylick de Titery, dont on a formé la subdivision actuelle de
» Médéah, possédait deux tribus makhzen appelées, comme dans les
» autres provinces, *douars* et *abid* ou *zmala* suivant la tradition. »

Leur fondation remonte à Kheir-ed-Din-Pacha qui voulait, par leur établissement, se former une base solide et permanente de troupes auxiliaires, ayant à la fois, l'influence politique du commandement et celle toute militaire et stratégique de la force, en même temps que créer, par les priviléges dont cette force était revêtue, une source constante d'antagonisme entre les tribus arabes.

Dans le principe, tout chef de tente qui venait s'établir avec sa famille sur le territoire des douars ou des abid, était inscrit comme cavalier du makhzen : il recevait un cheval et un fusil. La nourriture et le harnachement du cheval restaient à la charge de l'inscrit. A la mort du cavalier, s'il n'avait personne pour le remplacer dans son service effectif, son cheval et son fusil étaient repris par l'État. Le makhzeni était donc fixé à vie sur ce territoire, où il était attaché par les intérêts et retenu par les jalousies des tribus voisines, et, à la longue, ces smalas, composés, dans le principe, d'éléments si hétérogènes, avaient fini par former de véritables tribus, parfaitement compactes et homogènes. Ainsi se sont formés les makhzen.

Le gouvernement remplaçait tous les chevaux du makhzeni mort ou hors de service. Des animaux nécessaires pour la remonte du beylick étaient fournis par les tribus raïa, soit à titre d'impôt, soit comme *gada* ou amende. Le makhzen, et c'était là la source de sa force et de sa prépondérance, était complétement exempt de corvées et de tous impôts, quels qu'ils fussent, *rerama*, *achour* ou *moûna* pour les cultures, récoltes, produits faits sur le territoire du gouvernement.

On fournissait aux cavaliers nécessiteux les grains pour ensemencer leurs terres et pour nourrir leurs chevaux; ils étaient tenus de réintégrer ces avances, dans les magasins de l'État, sur leur première récolte.

Toutes les fois que le cavalier makhzeni était appelé à faire le service qui l'éloignait pour plus de huit jours de la smala, il touchait la ration journalière d'homme et de cheval allouée au soldat régulier. En échange de ces prérogatives, le makhzeni rendait des services multipliés. Le cavalier makhzeni assistait, comme agent du fisc, le caïd dans l'opération du recensement, la perception des impôts. Il était l'exécuteur des ordres de l'autorité à laquelle il était en quelque sorte inféodé. Enfin, comme auxiliaire, il remplissait le premier rôle : un douar, une fraction de tribu refusaient-ils l'obéissance, aussitôt le bey dépêchait une petite colonne de makhzenis chargés de faire rentrer les récalcitrants dans le devoir.

On ménageait ainsi l'emploi décisif des troupes régulières. On épargnait ainsi tout échec à l'autorité supérieure, qui n'intervenait alors qu'en dernier ressort. En somme, l'institution des makhzenis constitua le principal moyen de l'autorité des beys : c'était un moyen pratique et économique, politique et militaire de domination.

Les douars et les abids composaient, avons-nous dit, le makhzen de l'ancienne province du Titeri. Les douars avaient été installés sur des terrains confisqués en partie aux Oulad Heddim et en partie aux Oulad Saïd, terres revenues au *Bit el mal* par droit de vacance. Les abids occupaient le territoire des Akhoum, devenu vacant par l'extinction des possesseurs. Sous les derniers beys, ces tribus pouvaient fournir un effectif de 600 cavaliers pendant l'absence desquels les fantassins, presque tous parents ou *khammès* des makhzenis, étaient chargés de la garde du territoire des smalas. Les abids avaient, en outre, l'honneur de fournir exclusivement les *mekalia* ou gardes du corps du bey. Ces cavaliers au nombre de quinze, étaient commandés par les bach-mekali.

Dans le principe, les tribus makhzen étaient commandées par un seul agah. Plus tard, les beys en nommèrent deux dans les douars et deux dans les abids. Le chaouch de l'agah était son khalifa. Le gouvernement avait établi en principe de renouveler très-fréquemment les agahs, tant pour surexciter les ambitions à bien servir l'Etat, que pour récompenser les services de guerre. La position de l'agah du makhzen était très-convoitée. Elle se payait jusqu'à 1,500 boudjous[1], sans compter les étrennes ou coutumes (*aouaïd*) aux fonctionnaires du douar.

Les tribus makhzen, outre leurs droits spéciaux, percevaient certaines redevances des fiefs qui leur avaient été concédés comme récompense de services de guerre, redevances partagées entre les agahs et les makhzenis.

Si, à cette époque, nous avions su et pressenti ce qu'était la force redoutable des makhzen; si, et ils ne demandaient pas mieux, nous en avions fait un des points d'appui de notre conquête, nul doute qu'elle n'eût été plus solidement établie.

La position faite aux tribus makhzen par nos prédécesseurs nous assurait leur concours, et, en nous bornant à réformer les abus, nous nous serions établis avec moins d'hommes et moins d'argent, mais plus d'ordre et de stabilité dans l'ancienne régence d'Alger.

L'emploi de ces précieux irréguliers permettait de ménager l'emploi des troupes régulières peu nombreuses d'ailleurs, dont disposaient les pachas. Composées presque exclusivement d'artilleurs, les troupes turques étaient éparses sur le territoire de la Régence, et formaient les garnisons d'un certain nombre de *bordjs* ou fortins, pour la plupart élevés sur les ruines et avec les matériaux des *Castella* romains.

De solides murailles, quelques réduits, une fontaine, sept ou huit pièces d'artillerie et des approvisionnements pour trois mois en faisaient d'inexpugnables forteresses.

Ce n'était qu'à la dernière extrémité que les *Yoldach* et les *Zebantout* sortaient de leurs murailles pour frapper des coups décisifs. Dans la plupart des razzias des colonnes, les makhzenis étaient seuls à donner, mais ils chargeaient l'ennemi avec d'autant plus d'audace qu'ils se sentaient soutenus par une infanterie aguerrie. Souvent, la plupart du temps même, les Zebantout ne tiraient pas un coup de fusil. Ils ne donnaient que dans le cas fort rare où le makhzen était repoussé, ou

1. Le bechmak ou droit d'investiture.

bien lorsqu'il s'agissait de déloger l'ennemi de terrains inaccessibles à la cavalerie. Les garnisons des forts se ralliaient aux colonnes qui, au printemps, parcouraient les divers outhan [1].

Dans les cas de sortie des fantassins réguliers, et pour en tirer tout le parti possible dans ce pays, où la rapidité d'action est la première condition des opérations militaires, les Turcs avaient organisé de fortes réserves de bêtes de somme : mulets dans le Tell, chameaux dans le Sud [2].

Une insurrection, un mouvement éclatait-il sur un point quelconque, les Zebantout montaient immédiatement sur leurs bêtes, la troupe suivait le makhzen : non-seulement elle arrivait rapidement sur le théâtre de l'action, mais encore elle y arrivait toute fraîche. Des agents spécialement réservés pour ce soin accéléraient la marche des convois ; ces individus, véritables serre-files, étaient armés de longs bâtons, avec lesquels ils frappaient les animaux. Ils devaient, en outre, relever les Zebantout maladroits qui se laissaient choir.

On conçoit quelle action devait exercer une troupe combinée ainsi de makhzenis, de fantassins aux allures rapides, toujours prêts aux combats. La garnison de chaque bordj se composait de trois seffra ; chaque seffra comprenant réglementairement 23 hommes, on peut évaluer la moyenne des garnisons à 60 hommes. Ils étaient placés sous les ordres d'un agah ou caïd, aidé d'un kiaïa et d'un kodja.

Ce fonctionnaire réunissait tous les pouvoirs en sa main. Il était chargé de la perception du *Meks* sur les marchés, lesquels étaient un puissant moyen d'action entre les mains de l'autorité turque. Dans le beylick du Titery, le bordj de Berouaghia était occupé par deux seffra à l'extrémité est du Titery; celui de Sour er Rozlan (Aumale), était occupé par trois seffra, le bordj Souari avait pour garnison des soldats du bey et non des Yoldach.

Comme application directe et immédiate, c'est la subdivision de Médéah que nous prendrons pour exemple. Hâtons-nous d'ajouter que les mesures suivantes sont également applicables aux subdivisions d'Aumale et d'Orléansville, à celles d'Oran et de Sidi-bel-Abbès. Nous nous bornons à ces citations, convaincus que nous sommes, que, sauf

---

1. Cette colonne ou *Mehalla* était, dans le Titery, composée :
1º De l'agah, commandant en chef;
2º D'un chaouch, commandant la maison du sultan ;
3º D'un kiaïa de l'agah ;
4º D'un boulak-bach ou d'un oukil el Hadj ;
5º De quinze tentes, comprenant chacune 14 soldats, 2 azara (domestiques), 1 tobback (cuisinier), 1 beherak (enfant de troupe chargé du service intérieur de la tente).

2. Ainsi il y avait toujours deux cents mulets à Berouaghia et deux cents à Ben Chikao pour ce service spécial.

des modifications de détail, l'institution des makhzen et des smalas est partout excellente en principe.

Dans la subdivision de Médéah, la tradition nous indique naturellement les tribus que recommande d'ailleurs leur situation topographique sur la limite du Tell, l'excellent esprit qui les anime, et les preuves de dévouement qu'elles n'ont cessé de donner à la cause française.

Ces tribus sont au nombre de quatre : les Titris, les Douairs, les Abids, les Oulad Ahmed ben Sâad.

Comme base première et essentielle de ce projet sommaire, ces tribus seront exemptes de tout espèce d'impôts pour les terres et produits faisant partie du territoire affecté auxdites tribus. Elles seront également exemptes de toutes corvées ou réquisitions en hommes ou en animaux.

Il serait même opportun sinon nécessaire, de les exempter du service des prestations, lesquelles seraient exécutées par les tribus Raïa qui se trouveraient, par rapport au caïd makhzen, dans la position où se trouvent placées aujourd'hui celles aux ordres du caïd el kiad.

En revanche, chacune de ces tribus nous devra en tout temps, au premier appel : 100 cavaliers bien montés et convenablement harnachés, 100 fantassins jeunes et vigoureux.

Chaque cavalier recevra ses armes du gouvernement ; un sabre, un pistolet, un fusil. Comme signe distinctif, et sans autre uniforme, ils porteront le zemdani ou burnous noir, et un cordon rouge enroulé avec la corde en poil de chameau qui ceint la tête. Chaque fantassin sera armé d'un fusil à silex [1].

Mais, en temps de paix, les armes de ces derniers seront conservées dans des dépôts spéciaux : Berouaghia ou Moudjelam, par exemple. Elles ne seraient remises aux fantassins qu'en cas de troubles ou d'éloignement des cavaliers makhzen, pour la garde des territoires de la tribu.

Les tribus makhzen seront tenues d'entretenir une réserve de 150 mulets ou chameaux, réservés spécialement soit pour le transport de nos fantassins, soit pour le besoin de nos ravitaillements ou de nos ambulances.

Deux fois par année, un officier des affaires indigènes, un vétérinaire, désignés à cet effet, s'assureront du bon état de ces animaux

---

[1]. Ce qui ne constituera pas, par conséquent, une bien grande charge pour nos arsenaux, qui fourniront des armes modèle 1822, que la dépense de transformation a empêché de modifier jusqu'ici.

L'officier d'artillerie chargé des inspections d'armes dans la province, s'assurera annuellement du bon état et de l'entretien de ces armes.

qui, d'ailleurs, étant la propriété des makhzen, seront utilisés à toute espèce de travaux dans la tribu. Dans le cas où on ne voudrait faire agir que des forces indigènes, ces mulets ou chameaux serviraient au transport des fantassins du makhzen lorsqu'ils voudraient agir de concert avec le goum [1].

Les cavaliers et fantassins du makhzen doivent leur service gratuitement, à première réquisition. Cependant, toutes les fois que les exigences du service nécessiteront leur absence du pays pour plus de six jours, les cavaliers toucheront 1 franc par jour, une ration d'orge, une ration de biscuit et une ration de sucre et de café; les fantassins, 1 franc par jour, une ration de biscuit, une ration de sucre et de café.

Les tribus makhzen étant exemptes de tout impôt, leurs caïds toucheront, en remplacement du dixième de l'impôt, une solde de 100 francs par mois; ils continueront à percevoir la part qui leur est afférente sur celles de ces amendes frappées par eux. Les dépenses du makhzen ou du Titery pourraient donc être évaluées à :

1° 4 caïds à 1,200 francs.............	4.800
2° 200 cavaliers, en moyenne [2] 120 francs par an.	24.000
3° 400 fantassins à 45 francs par an........	18.000
Formant un total de....	46.800

L'exemption d'impôt pour ces quatre tribus ne serait en moyenne [3] que de 55,311 francs (achour et zekkad réunis) [4].

III. COLONNES MOBILES. — Afin de pouvoir, par la suite, réduire le nombre des troupes que nous avons en Algérie, il faut non-seulement diminuer les postes, mais encore organiser en permanence des co-

---

1. L'expérience a prouvé tous les avantages que nous pouvions retirer, au triple point de vue politique, militaire et économique, en n'employant dans le Sud de nos possessions algériennes que des forces essentiellement indigènes. Il nous suffira de rappeler ici la razzia faite sur les Oulad-Naïl par les mouvements combinés des goums du Titery et de Boghar; l'expédition de Si Chérif bel Arch, avec ces mêmes Oulad-Naïl contre les fractions insurgées des Lahara, qu'il poursuivit jusque dans les Beni Mzab, plus récemment la prise de Si Mohamed ben Abdallah par les goums et Si bou Beckr dans les dunes de Metlili. On ménage ainsi la santé et la vie de nos soldats ; en lançant les goums, nous n'engageons jamais notre drapeau, et nous nous réservons, chose précieuse, toute liberté d'action.

2. En calculant, pour les cavaliers, une moyenne de soixante jours de service par an, et pour les fantassins, trente jours.

3. Cette moyenne est déduite du double impôt payé par ces tribus pendant les quatre dernières années.

4. Total, 102,111 fr., en ajoutant une somme égale pour le makhzen du Sud, nous arrivons à un total de 200,000 francs, avec lesquels nous pouvons entretenir huit cents cavaliers et autant de fantassins.

lonnes mobiles. Ces colonnes, au nombre de trois par province, seraient toujours sur le pied de guerre, et l'une d'entre elles aurait assez de mulets et de chevaux de bât pour pouvoir monter tous les fantassins et même les hommes du train ; elles seraient composées chacune ainsi qu'il suit :

Un bataillon d'infanterie de ligne.	600 hommes.
Un bataillon de chasseurs.	800 —
Une section d'artillerie de montagne. . . .	70 —
Deux escadrons de cavalerie.	205 —
Train et ambulance.	105 —
Un détachement du génie.	20 —
Total.	1800 hommes.

Si une insurrection grave survenait, on augmenterait de deux ou trois le nombre des bataillons de la colonne.

Mais si l'on ne voulait pas se servir de ces mulets pour monter les troupes, ils seraient toujours d'une immense utilité comme réserve, et on ne serait plus obligé, comme dans la dernière insurrection, de lever dans les tribus, des quantités aussi considérables de mulets, qui meurent sur les routes, parce qu'ils sont impropres au service, et d'imposer ainsi aux indigènes des charges énormes.

Cette organisation, je n'en doute pas, nous rendrait plus forts que nous ne le sommes aujourd'hui, car les colonnes mobiles de 1800 hommes pourraient, dès le premier moment, étouffer toute tentative d'insurrection et atteindre l'ennemi à l'improviste.

Ces colonnes seraient toujours tenues en haleine, et elles parcourraient les endroits principaux de la province. On dira peut-être que ces 4,000 à 5,000 mulets causeront une dépense considérable ; mais, grâce à ce système, l'effectif actuel de l'armée d'Afrique pourrait être réduit de 30,000 hommes, les insurrections seront impossibles, et les expéditions coûteuses, comme celle de cette année, ne se reproduiront plus.

Un général qui est resté vingt-cinq ans en Afrique, me disait à ce sujet « Le maintien de notre domination sur les Arabes est aujour-
» d'hui une question de vitesse et d'à-propos, bien plus que de force :
» le principe de la permanence des colonnes mobiles est parfait. En
» temps ordinaire, les garnisons n'assurent pas la domination : elles
» sont d'ailleurs, par moment, surmenées. Les colonnes mobiles
» répartiront plus utilement l'emploi de nos troupes. Elles sauveront
» les tribus des horreurs et des désastres des réquisitions, qui nous
» font tant d'ennemis et ruinent le pays. Rien n'égale le triste sort du

» requis, à la suite d'une colonne. Arraché à ses travaux, traité bru-
» talement, point ou mal payé, pas nourri, couchant à la belle étoile,
» sa bête ereintée, que doit-il se passer dans le cœur de cet homme,
» quand il vient à regagner sa tribu? »

L'armée d'Afrique serait donc ainsi composée : dans chaque province : trois colonnes mobiles de 1,800 hommes chacune, soit 5, 400 ; de plus, pour tenir garnison dans l'intérieur, 7, 900 hommes, ce qui, avec l'effectif des colonnes mobiles, donne 13,300 hommes pour chaque province. Total pour les trois provinces 39,000 hommes. A ce chiffre il faut ajouter 10,000 hommes non combattants, comprenant la gendarmerie, les compagnies de discipline, les ouvriers, les infirmiers, les condamnés, etc... Le tout porterait l'armée d'occupation à environ 50,000 hommes.

IV. BUREAUX ARABES. — L'organisation des bureaux arabes, qui a produit de si bons résultats, doit en grande partie la réputation dont elle jouit à la valeur et à l'intégrité des hommes employés dans ce service. En Algérie, plus que partout ailleurs, on peut dire : tant vaut l'homme, tant vaut la chose. Si, dans nos sociétés nivelées, la valeur individuelle s'efface devant l'emploi, il n'en est pas de même dans la société arabe, où l'individu a bien plus d'autorité que la fonction. Là, pour longtemps encore, tel officier fera régner la tranquillité dans un territoire où tout autre déchaînerait le désordre et l'anarchie. Là surtout, nous devons nous occuper de la valeur des éléments qui forment le point de contact entre les Européens et les Arabes ; nous assurer que, dans leur mission délicate, nos agents déploient les qualités indispensables au succès, c'est-à-dire qu'ils se montrent calmes, patients, équitables, indulgents pour les petites fautes d'un chef qui nous est dévoué ; qu'ils encouragent dans la voie du bien ceux qui sont engagés, frappent sans hésiter les fauteurs de désordre, se tiennent au courant des mouvements de l'opinion, et surtout ne froissent jamais l'orgueil de ces seigneurs de la tente, classés par les hasards de la conquête dans une position d'infériorité devant eux.

Il est important que les fonctions délicates de chef de bureau ne soient pas données à de jeunes officiers sans expérience. Il y a donc lieu de déclarer qu'on n'admettra à ces fonctions que des officiers du grade de capitaine. Les lieutenants ou sous-lieutenants rempliraient le poste d'adjoints ou de stagiaires. Je sais d'une manière positive, que le langage et la conduite imprudente de quelques officiers des bureaux arabes n'ont pas été sans influence sur l'esprit de certains chefs qu'ils ont poussés dans l'insurrection. Il faudrait admettre comme règle que tous les régiments de l'armée fourniront un officier aux bureaux arabes, sans en exclure les officiers des armes spéciales, dont les connaissances peuvent être très-utiles en Afrique, et dont les occupations, en temps de paix, sont moins importantes que dans les autres armes.

Les bureaux arabes ne sauraient être considérés comme une institution administrative, ayant une action et une autorité propre. Les officiers qui les composent doivent tout à fait rentrer dans le commandement, mais il est essentiel que ce commandement, au lieu de recevoir d'eux l'impulsion, soit capable de la leur imprimer; qu'ils se bornent à transmettre les ordres des commandants supérieurs près desquels ils sont placés ; qu'il n'aient pas de cachet particulier : de plus, pour bien marquer cette dépendance, que toutes les lettres des indigènes soient adressées aux commandants supérieurs. De cette manière, les officiers de bureaux arabes ne seront que les officiers d'état-major du commandement pour les affaires arabes; l'amour-propre des chefs considérables par leur naissance et par les fonctions qu'ils remplissent ne sera plus humilié par un jeune lieutenant, auquel ils paraissent être subordonnés aujourd'hui. Dans les revues ou réunions de goum, le commandement sera laissé au chef indigène le plus élevé en grade : les officiers des bureaux arabes se tiendront à côté de lui, et on ne verra plus un jeune sous-lieutenant donner des ordres, souvent mal compris, à des chefs blanchis à notre service.

Il importe d'exiger des bureaux arabes moins d'administration, s'il est possible, et plus de politique. En rendant aux chefs indigènes les détails administratifs et de simple police, on dégagera le service des affaires arabes d'occupations fastidieuses et qui ne sont pas sans inconvénients. Le chef du bureau politique, à Alger, ceux des directions divisionnaires, à Oran et à Constantine, ne quittent presque jamais le lieu de leur résidence, à moins d'insurrection, et c'est alors trop tard. Enfermés dans leurs bureaux, écrasés par la correspondance et par la centralisation du travail administratif, ils n'ont pas le temps de faire de la politique. Ce que je dis d'eux s'applique également, en grande partie, aux chefs de bureaux subdivisionnaires. C'est ainsi que la tâche délicate des relations permanentes avec les indigènes est confiée, la plupart du temps, aux officiers débutant dans les affaires arabes. Ces officiers remplissent leurs fonctions avec tout le zèle de la jeunesse, mais aussi avec son inexpérience des hommes et des choses. Ce sont leurs rapports qui nous tiennent au courant de l'état de l'opinion chez les indigènes, et les événements ont prouvé que nous n'avons pas été toujours bien renseignés. Il est donc nécessaire qu'ils soient sans cesse en contact avec les tribus, sans se mêler de l'administration locale ; qu'ils visitent les chefs, écoutent leurs réclamations, leurs griefs ; leur expliquent avec patience le but des mesures qui sont prises à leur égard et qu'on dénature si souvent à dessein. Leur rôle consiste à transmettre aux populations les intentions, les conseils, les vues du commandement, et à faire connaître, en tout temps, à leur chef respectif ce qui se dit, ce qui se prépare en pays arabe.

V. Milice européenne. — L'armée, aujourd'hui, ne peut trouver aucun appui auprès de la population virile des colons. Ceux-ci n'ont aucun esprit militaire, et ne sont pas exercés au maniement des armes. Dans l'idée de rendre la charge de la conscription moins lourde, et cependant de créer en Algérie, au moyen des colons, une force militaire de quelque valeur, je croirais utile d'adopter la disposition suivante : tous les Français, âgés de vingt ans, habitant l'Algérie depuis un certain nombre d'années, tireront au sort. Ceux qui, par leur numéro, seront appelés à servir, compteront pendant sept années dans la réserve, organisée comme en France ; ils y recevront l'instruction militaire, l'uniforme, etc., ils seront dispensés du service actif. En cas de nécessité les régiments de la ligne résidant en Afrique pourront appeler dans leurs rangs, les hommes faisant partie de cette réserve. L'exonération sera permise.

Les Français nés ou établis en Algérie jouiront ainsi de l'immense privilége de n'être employés que dans la réserve.

VI. Les Turcos. — Ce que l'Afrique peut produire de plus utile à la France, ce sont des soldats. En effet, cette race arabe si belliqueuse, habituée à vivre en plein air, peut fournir d'utiles contingents, alléger pour la métropole le poids de la conscription et compenser jusqu'à un certain point le nombre de soldats que nous sommes obligés d'entretenir en Afrique. Si nous y maintenons 50,000 Français et que, d'un autre côté, nous ayons, en temps de guerre, en Europe, 20,000 Africains, l'occupation de la colonie ne nous aura affaiblis que de 30,000 hommes.

Il s'agit donc d'augmenter, soit le nombre des régiments, soit celui des bataillons de turcos sans accroître les charges du budget de la guerre. Chaque Africain enrôlé viendrait ainsi, dans notre effectif général, diminuer le nombre des jeunes gens français enlevés à l'agriculture, et chaque rengagement compenserait une exonération. Pour atteindre ce but, il y a lieu d'augmenter l'effectif des troupes indigènes ; en donnant une prime de 300 francs pour le premier enrôlement et pour tout rengagement la prime de 2,000 francs. Afin d'éviter un accroissement d'effectif et de dépenses, je retrancherais, des cent régiments d'infanterie française existants, une compagnie du bataillon de dépôt.

Je n'ignore pas que beaucoup d'officiers qui ont servi en Afrique, et dont l'opinion est d'un grand poids à mes yeux, ne sont pas favorables à une augmentation des troupes indigènes et à l'établissement des makhzen. A n'envisager les choses que d'un point de vue exclusif, il est, sans contredit, plus avantageux de n'avoir que des troupes françaises en Algérie, car, sous tous les rapports, elles sont préférables aux autres. Mais là n'est pas toute la question : il s'agit principalement de trouver le moyen de maintenir nos possessions en dépensant le moins d'hommes et le moins d'argent, et le Gouverneur général de l'Algérie doit toujours songer à l'éventualité, très-improbable aujourd'hui, mais que par prudence on doit prévoir, d'une guerre européenne qui nous fermerait la mer et le forcerait à défendre notre conquête avec les seules ressources de l'Afrique.

Il convient donc que de longue main il cherche à s'affectionner les populations, à les discipliner, afin de pouvoir, à un moment donné, employer toutes les forces du pays. L'habileté d'un général en chef est de faire en sorte que la guerre, pour ainsi dire, nourrisse la guerre, en sachant profiter de ce que la contrée où il a transporté son armée lui offre d'hommes et d'approvisionnements. Les exemples de l'histoire ne sont pas à dédaigner : jamais un conquérant n'a pu, avec les seuls moyens fournis par la métropole, suffire aux besoins de ces expéditions. Si Annibal est resté dix-huit ans en Italie et a vaincu les armées romaines, c'est en joignant à ses Numides des Espagnols, des Gaulois, des Italiens même ; César a soumis les Gaules en appuyant ses légions par des auxiliaires gaulois ; toute sa cavalerie était gauloise, et le peuple vaincu lui a fourni plus tard ses meilleurs soldats. Fernand Cortez a fait la conquête du Mexique avec quelques centaines d'Espagnols, secondés par des milliers d'Indiens qu'il avait su attirer à sa cause. Aux Indes, les Anglais ne pourraient conserver leur vaste empire sans le concours des troupes indigènes, et, malgré la défection des Cipayes dans le dernier soulèvement, force a été de les réorganiser après les avoir dissous. Toujours, lorsqu'on occupe un pays étranger, on doit savoir y trouver des hommes et des subsides.

L'Afrique a formé d'excellents généraux et d'excellents soldats ; mais, par sa position à quelques heures de Toulon, elle ne nous a peut-être pas assez habitués à chercher dans le pays même les éléments d'entretien de l'armée.

Nous avons pu nous assurer de ce fait dans nos expéditions en Orient, en Italie, au Mexique. La première pensée des intendants a été de faire venir de France, à grands frais et avec superfluité, tous les objets nécessaires, et de les entasser dans une place du littoral, au lieu de chercher à exploiter le pays, théâtre de la guerre. C'est, qu'en effet, il est bien plus commode de faire transporter par les bateaux à vapeur les approvisionnements nécessaires que de les trouver sur place ; mais aussi les expéditions deviennent ruineuses pour la métropole. L'application de ce système a augmenté considérablement les dépenses de la guerre de Crimée.

VII. Les Spahis. — Les trois régiments de spahis peuvent rendre de grands services, mais il importe qu'ils soient plus militairement organisés, et que les cultures des smalas, le service des bureaux arabes, ne viennent pas les distraire de leur métier de soldat.

L'institution des smalas de spahis me parut tout d'abord une idée excellente; elle me souriait d'autant plus que, voulant l'appliquer à l'infanterie indigène, j'espérais ainsi établir sur la ligne frontière du Tell une ligne de colonies militaires qui auraient pu venir efficamment en aide à la défense.

Mais comment ne pas se rendre à l'évidence des faits ? Il sera toujours très-difficile de rendre agriculteurs les indigènes qui s'engagent comme soldats, ceux-là surtout qui entrent dans la cavalerie. Un général me disait : « On veut enrôler dans les escadrons de smalas, » des hommes de grandes tentes, y faire venir des cavaliers, des » jeunes gens de famille qui ont horreur du travail manuel, qui par » leur position, ne connaissent d'autre occupation que la chasse, » les courses à cheval, les fantasias; autant vaudrait, à Paris, enrôler » les membres du jockey-club dans un escadron du train. » Aussi, dans les smalas qui ont réussi, on m'a assuré que les seuls travaux agricoles qui aient quelque importance, ont été exécutés par des Européens.

L'agriculture, l'enseignement de nos pratiques rurales, sont une des bases sur lesquelles repose l'institution des smalas. Ces établissements devaient être pour les indigènes des fermes écoles où on se proposait de les initier à nos méthodes agronomiques, à nos cultures perfectionnées, à l'usage de nos instruments aratoires; mais pour arriver à ce résultat, il fallait s'adresser à la population réellement agricole, aux fellahs, et aux khammès, et non à des cavaliers qui ont pour le travail manuel la répugnance instinctive de toute aristocratie guerrière. A cette observation on objecte que, si le spahis ne travaille pas lui-même, il fera travailler son khammès. Erreur plus forte encore, car les obligations du khammès sont parfaitement définies : elles se réduisent à un seul labour, à la moisson, et au dépiquage. Hors de là, ne demandez rien au khammès, il abandonne immédiatement la smala, sauf à y revenir, si, dans sa tribu, on exige de lui quelque corvée. De là nombre de réclamations pendantes entre les officiers chargés des affaires indigènes et les commandants des smalas, dont les attributions en pareil cas sont mal ou non définies. D'ailleurs le séjour du spahis ou de son khammès dans la smala est trop éphémère pour qu'il soit possible de les attacher à cette œuvre. En effet, le spahis est lié par un engagement de trois ans, le khammès pour un an seulement; quels avantages peut-on obtenir en agriculture, en arboriculture surtout, dans un si court espace de temps? Le résultat général est une quantité d'abus, d'affaires litigieuses où, par suite du conflit des autorités, le commandement perd toujours un peu de son prestige, et la justice quelques-uns de ses droits.

Il y a pour les smalas, comme pour les colonies indigènes, dont j'avais eu l'idée, un grand empêchement : c'est le mélange, dans un même escadron, du cadre indigène et du cadre français. Les Arabes, habitués à vivre en tribu, dans la tente, dans des pays arides, peuvent, jusqu'à un certain point, se faire à une vie de privations et d'isolement. Ils ont, d'ailleurs, la faculté de se marier, et la famille remplace bien des choses ; mais comprend-on l'officier français qui veut faire son éducation militaire et qui est relégué, comme dans la smala d'Aïn-Touta, dans une caserne isolée, au milieu d'une plaine aride, en dehors de tout centre civilisé, n'ayant aucune occupation sérieuse, forcé de rester dans l'oisiveté, loin de tout contact européen ? Il végète dans un isolement difficile à supporter, et son installation laisse beaucoup à désirer. Tous les bordjs sont mal construits, restent inachevés et tombent en ruines. Il n'y a pas de routes pour y arriver ; de là, la cherté des transports et les sommes considérables qu'ils ont coûtées. Les cadres, dégoûtés d'un service sans attraits, ne sont stimulés ni par un intérêt pécuniaire ni par l'espoir d'un avancement exceptionnel, et les officiers qui voudraient cependant faire quelque bien, voient leurs bonnes intentions paralysées par le règlement du 1ᵉʳ mai 1862, si minutieux, si difficile dans son application, mettant tout le monde en suspicion, effrayant les honnêtes gens qui sont peu rompus à la comptabilité, et favorisant les Kabyles, qui échappent au contrôle par la complication des écritures.

Le remède à cet état de choses est difficile à trouver, mais, afin de rendre les smalas supportables, on pourrait peut-être n'exiger des cadres français qu'un service de semaine.

Il serait bon de créer dans chaque régiment de spahis un escadron composé d'hommes, non mariés, qui s'engageraient à rester hors de l'Algérie pendant tout le temps de leur service. On en formerait un régiment de marche qui pourrait être détaché en France ; en temps de guerre, il fournirait d'excellents éclaireurs.

En outre, il me paraît utile de séparer, des régiments de spahis, les hommes employés aux bureaux arabes, soit à titre permanent, soit à titre temporaire. Aujourd'hui, sur un effectif de 884 hommes du 3ᵉ spahis, par exemple, 181 sont employés aux bureaux arabes ; ils ne marchent jamais à leur tour de rôle, quoiqu'un registre tenu dans chaque bureau constate le contraire ; ils ne font jamais de corvée, mais ils sont occupés aux missions qui rapportent. C'est à eux que sont généralement attribuées les récompenses. Aussi, cette position est-elle très-enviée : elle produit une quantité de petites intrigues et de petites jalousies, nuisibles au bien du service autant qu'à la discipline.

Tant que les bureaux arabes auront la main sur les spahis, en s'abritant derrière la signature des commandants de subdivision, le commandement des chefs de corps sera toujours difficilement exercé.

Il faut donc réduire de 200 hommes environ l'effectif de chaque régiment de spahis et créer un corps à part, recruté au choix des commandants territoriaux, formant une espèce de gendarmerie (*mokalis*), exclusivement attachée aux bureaux arabes, portant le burnous bleu au lieu du burnous rouge. Les commandants territoriaux auront ainsi des gens à eux, qu'ils récompenseront à leur gré, sans que ce soit au détriment des régiments de spahis, et en dehors de l'action des chefs de corps.

VIII. FORTIFICATIONS. — Il n'est pas douteux que le rôle du génie militaire est de chercher avec les ressources de son art à mettre les côtes et les places de l'Algérie dans le meilleur état de défense possible; mais tout est subordonné aux moyens dont la métropole peut disposer, et il y a lieu de considérer si l'utilité des travaux est en rapport avec la dépense.

Or, en France, nous avons de grandes places à terminer; nous avons même, en raison de la nouvelle artillerie, des fortifications à refaire. Est-il donc possible de songer à fortifier également toutes les places de l'Algérie? D'ailleurs, il faut bien le reconnaître, si une guerre générale venait à éclater, les puissances maritimes chercheraient à soulever les Arabes et enverraient des flottes sur les côtes d'Afrique; mais il n'y a aucune espèce de probabilité qu'elles y tentassent un débarquement.

Tout ce qu'on peut donc désirer pour l'Algérie, c'est de mettre les trois chefs-lieux à l'abri d'un coup de main et d'avoir des bâtiments cuirassés pour défendre les côtes; aujourd'hui les batteries casematées ou non, me paraissent complétement insuffisantes contre une escadre cuirassée. Il est donc au moins superflu que le génie militaire fasse, même sur le papier, tous ces projets qui ne peuvent pas se réaliser, qui cependant engagent certaines dépenses et empêchent d'aviser à ce qui est indispensable; je n'hésite pas à déclarer que, demander des crédits de plusieurs millions pour augmenter les fortifications d'Oran, d'Alger ou de Bougie, etc., est une idée fausse, qui entraîne des servitudes nuisibles à la colonisation, et, pour la métropole, des sacrifices inutiles.

MESURES PROPOSÉES

1. Réduire le nombre des centres militaires.
2. Porter la plus grande partie des forces près de la lisière du Tell.
3. Diminuer insensiblement l'importance politique et militaire des postes de Géryville, de Laghouat, de Djelfa. Rattacher les tribus de ces cercles à celle de la lisière du Tell, chez lesquelles ces tribus viennent s'approvisionner. Rappeler de ces lieux tous les colons.
4. Créer sur la lisière du Tell des tribus makhzen.
5. Réduire peu à peu l'effectif de l'armée à 50,000 hommes et créer des colonnes mobiles montées de 1,800 hommes.
6. Apporter la plus grande attention dans le choix des chefs des subdivisions militaires et des bureaux arabes. Éviter les mutations fréquentes parmi les chefs de ces bureaux, et les maintenir dans le même poste aussi longtemps que le permet l'intérêt de leur carrière militaire. N'appeler comme chefs de bureau que des capitaines; admettre dans ce service les officiers des armes spéciales; les réduire à n'être que les officiers d'état-major des commandants de subdivision.

Recommander expressément de ménager en toute circonstance l'amour-propre des chefs arabes, et laisser à ces derniers le commandement lorsqu'on réunit les goums.

7. Organiser la milice européenne en exemptant les jeunes gens, tombés au sort, du service en France, et les placer dans la réserve en Algérie, suivant les règles établies pour la constitution de la réserve dans la métropole.
8. Augmenter l'effectif et le nombre des bataillons de turcos, et retrancher, en France, une compagnie par régiment d'infanterie. Chaque rengagement de turco compenserait une exonération en France.
9. Améliorer les smalas de spahis, créer un régiment de marche et former un corps spécial pour les bureaux arabes.
10. Simplifier le système des fortifications et des servitudes.

IV

RÉSUMÉ

D'après ce qui précède, j'aime mieux, vous le voyez, utiliser la bravoure des Arabes que de pressurer leur pauvreté, rendre les colons riches et prospères que d'importer à grands frais des émigrants étrangers, maintenir nos soldats dans des positions salubres que de les exposer au climat dévorant du désert. En réalisant ce programme, nous obtiendrons, je l'espère, l'apaisement des passions et la satisfaction des intérêts. L'Algérie ne sera plus alors pour nous, comme je l'ai dit en commençant, un fardeau, mais un nouvel élément de force. Les Arabes, contenus et réconciliés, nous donneront ce qu'ils peuvent nous donner de mieux, des soldats, et la colonie, devenue florissante par le développement de ses richesses territoriales, créera un mouvement commercial éminemment favorable à la métropole.

Votre expérience et vos lumières, Monsieur le Maréchal, me sont un sûr garant du zèle que vous mettrez à réaliser tout ce qui peut concourir au bien de l'Algérie.

Sur ce, je prie Dieu, Monsieur le Maréchal, qu'il vous ait en sa sainte garde.

NAPOLÉON

Fait au palais des Tuileries, le 20 juin 1865.

Alger, le 12 février 1863.

LETTRE DE L'EMPEREUR

AU MARÉCHAL PÉLISSIER, DUC DE MALAKOFF, GOUVERNEUR GÉNÉRAL DE L'ALGÉRIE

Monsieur le Maréchal,

Le Sénat doit être saisi bientôt de l'examen des bases générales de la constitution de l'Algérie, mais, sans attendre sa délibération, je crois de la plus haute importance de mettre un terme aux inquiétudes excitées par tant de discussions sur la propriété arabe. La bonne foi comme notre intérêt bien compris nous en font un devoir.

Lorsque la Restauration fit la conquête d'Alger, elle promit aux Arabes de respecter leur religion et leurs propriétés. Cet engagement solennel existe toujours pour nous, et je tiens à honneur d'exécuter, comme je l'ai fait pour Abd-el-Kader, ce qu'il y avait de grand et de noble dans les promesses des gouvernements qui m'ont précédé.

D'un autre côté, quand même la justice ne le commanderait pas, il me semble indispensable, pour le repos et la prospérité de l'Algérie, de consolider la propriété entre les mains de ceux qui la détiennent. Comment, en effet, compter sur la pacification d'un pays lorsque la presque totalité de la population est sans cesse inquiétée sur ce qu'elle possède? Comment développer sa prospérité lorsque la plus grande partie de son territoire est frappée de discrédit par l'impossibilité de vendre et d'emprunter? Comment enfin augmenter les revenus de l'État lorsqu'on diminue sans cesse la valeur du fonds arabe qui seul paie l'impôt?

Établissons les faits : On compte en Algérie 3 millions d'Arabes et 200,000 Européens, dont 120,000 Français. Sur une superficie d'environ 14 millions d'hectares, dont se compose le Tell, 2 millions sont cultivés par les indigènes. Le domaine exploitable de l'État est de 2,690,000 hectares, dont 890,000 de terres propres à la culture, et 1,800,000 de forêts ; enfin 420,000 hectares ont été livrés à la colonisation européenne; le reste consiste en marais, lacs, rivières, terres de parcours et landes.

Sur les 420,000 hectares concédés aux colons, une grande partie a été soit revendue, soit louée aux Arabes par les concessionnaires, et le reste est loin d'être entièrement mis en rapport. Quoique ces chiffres ne soient qu'approximatifs, il faut reconnaître que, malgré la louable énergie des colons et les progrès accomplis, le travail des Européens s'exerce encore sur une faible étendue et que ce n'est certes pas le terrain qui manquera de longtemps à leur activité.

En présence de ces résultats, on ne peut admettre qu'il y ait utilité à cantonner les indigènes, c'est-à-dire prendre une certaine portion de leurs terres pour accroître la part de la colonisation.

Aussi est-ce d'un consentement unanime que le projet de cantonnement soumis au conseil d'État a été retiré. Aujourd'hui il faut faire davantage, convaincre les Arabes que nous ne sommes pas venus en Algérie pour les opprimer et les spolier, mais pour leur apporter les bienfaits de la civilisation. Or, la première condition d'une société civilisée, c'est le respect du droit de chacun.

Le droit, m'objectera-t-on, n'est pas du côté des Arabes; le sultan était autrefois propriétaire de tout le territoire, et la conquête nous l'avait transmis au même titre. Eh quoi! l'État s'armerait des principes surannés du mahométisme pour dépouiller les anciens possesseurs du sol, et, sur une terre devenue française, il invoquerait les droits despotiques du Grand Turc.

Pour accomplir une pareille mesure il faudrait refouler la population arabe dans le désert et lui infliger le sort des Indiens de l'Amérique du Nord, chose impossible et inhumaine.

Cherchons donc par tous les moyens à nous concilier cette race intelligente, fière, guerrière et agricole. La loi de 1851 avait consacré les droits de propriété et de jouissance existant au temps de la conquête, mais la jouissance, mal définie, était demeurée incertaine. Le moment est venu de sortir de cette situation précaire. Le territoire des tribus une fois reconnu, on le divisera par douars, ce qui permettra plus tard à l'initiative prudente de l'administration d'arriver à la propriété individuelle. Maîtres incommutables de leur sol, les indigènes pourront en disposer à leur gré, et de la multiplicité des transactions naîtront entre eux et les colons des rapports journaliers, plus efficaces, pour les amener à notre civilisation, que toutes les mesures coercitives. La terre d'Afrique est assez vaste, les ressources à y développer sont assez nombreuses pour que chacun puisse y trouver place et donner un libre essor à son activité, suivant sa nature, ses mœurs et ses besoins.

Aux indigènes, l'élevage des chevaux et du bétail, les cultures naturelles au sol.

A l'activité et à l'intelligence européennes, l'exploitation des forêts et des mines, les desséchements, les irrigations, l'introduction des cultures perfectionnées, l'importation de ces industries qui précèdent ou accompagnent toujours les progrès de l'agriculture.

Au gouvernement local, le soin des intérêts généraux, le développement du bien-être moral par l'éducation, du bien-être matériel par les travaux publics. A lui le devoir de supprimer les réglementations inutiles et de laisser aux transactions la plus entière liberté. En outre, il favorisera les grandes associations de capitaux européens, en évitant désormais de se faire entrepreneur d'émigration et de colonisation, comme de soutenir péniblement des individus sans ressources, attirés par des concessions gratuites.

Voilà, Monsieur le Maréchal, la voie à suivre résolûment, car, je le répète, l'Algérie n'est pas une colonie proprement dite, mais un royaume arabe. Les indigènes ont comme les colons un droit égal à ma protection, et je suis aussi bien l'Empereur des Arabes que l'Empereur des Français. Ces idées sont les vôtres, elles sont aussi celles du ministre de la guerre et de tous ceux qui, après avoir combattu dans ce pays, allient à une pleine confiance dans son avenir une vive sympathie pour les Arabes. J'ai chargé le maréchal Randon de préparer un projet de sénatus-consulte dont l'article principal sera de rendre les tribus propriétaires des territoires qu'elles occupent à demeure fixe et dont elles ont la jouissance traditionnelle à quelque titre que ce soit.

Cette mesure, qui n'aura aucun effet rétroactif, n'empêchera aucun des travaux d'intérêt général, puisqu'elle n'infirmera en rien l'application de la loi sur l'expropriation pour cause d'utilité publique : je vous prie donc de m'envoyer tous les documents statistiques qui peuvent éclairer la discussion du Sénat.

Sur ce, Monsieur le Maréchal, je prie Dieu qu'il vous ait en sa sainte garde.

NAPOLÉON.

Quand on écrira plus tard, en toute liberté, l'histoire complète de la conquête et de la colonisation de l'Algérie, les documents que nous plaçons à la fin de ce volume seront consultés attentivement par les hommes qui se chargeront de faire l'historique impartial de cette grande entreprise nationale. Une chose les surprendra sans doute autant que nous-même, c'est que dans les deux documents qui précèdent, émanés du souverain de la France, on se préoccupe bien plus de créer un royaume arabe, en Algérie, que de la coloniser. La rumeur publique prêtait bien cet étrange projet au parti des arabophiles, qui repousse le développement de la colonisation, et pour cause bien connue ; mais on se plaisait à croire que le chef de l'État n'avait jamais songé à prendre au sérieux un projet irréalisable de sa nature et dont la simple tentative de réalisation ne pourrait manquer de remettre en question la conquête de notre colonie. La formation d'un royaume arabe dans notre possession africaine! mais c'est chercher à donner de la cohésion à des peuplades barbares et éparses, offrir, conséquemment, le meilleur moyen possible de nous chasser du pays, ou du moins de nous forcer à le reconquérir une seconde fois.

Le souverain est très-sobre d'éloges envers les colons dans les documents qui font l'objet de ces remarques ; mais en récompense il en accorde libéralement aux indigènes. C'est une « race intelligente, fière, guerrière et agricole. » L'intelligence naturelle ne lui fait pas défaut, mais sa fierté et son caractère belliqueux ne lui font guère honneur.

En effet, l'Arabe ne se bat pas pour la gloire, mais pour se livrer au carnage et au pillage. Quant à ses aptitudes agricoles, il est bien permis de les révoquer en doute en voyant les broussailles qui couvrent le pays dans presque toute son étendue. Son mode de culture, qui consiste, depuis un temps immémorial, à gratter la terre avec une charrue en bois, et à ne jamais faire usage d'engrais, ne peut guère non plus être offert en exemple aux bons cultivateurs modernes. Aussi les colons algériens se gardent bien de le suivre.

Le maréchal Pélissier appréciait les Arabes d'une manière qui diffère de celle que nous trouvons dans les deux lettres impériales qui précèdent. Nous croyons utile de donner ici les observations adressées au conseil supérieur du gouvernement de l'Algérie, par le maréchal, à titre de gouverneur général de la colonie, à l'occasion de la discussion d'un projet de décret impérial sur la constitution de la propriété chez les Arabes. Dans ce projet, la colonisation trouvait la place que lui assignait une domination sage et équitable; on n'y admettait pas que la France fût venue en conquérante outragée en cette partie de l'Afrique pour y fonder un royaume au profit des barbares qui se faisaient un devoir et un plaisir depuis des siècles de fouler aux pieds les grands principes de la civilisation, qui sont ceux de la cause sacrée de l'humanité. Laissons la parole au maréchal gouverneur général.

La plupart des discussions qui ont lieu sur le cantonnement des tribus ne reposent guère que sur des malentendus. On prête aux indigènes des droits et une nationalité auxquels ils n'ont jamais songé. Aujourd'hui même, les tribus sont étrangères aux doctrines qui ont cours sur la propriété du sol affecté à leurs labours et au pacage de leurs troupeaux.

Sous le gouvernement turc, les tribus algériennes étaient à la merci du dey qui les plaçait et déplaçait au gré de sa politique, ou d'après les nécessités du commandement et de la police du pays. Des garanties, il n'y en avait pas plus pour les biens que pour les personnes ; à ce régime, le seul que les tribus puissent invoquer dans le passé, si loin que remonte leur histoire, le gouvernement français veut faire succéder un état de choses stable et régulier : le projet de décret n'a pas d'autre but.

La nationalité des Arabes n'existait pas plus que les droits collectifs de propriété qu'on leur attribue, avec des définitions puisées dans des codes et dans des jurisprudences qui n'ont pas été faits pour eux et qu'ils ne connaissent pas.

Chaque tribu formait une agglomération particulière, souvent en guerre avec l'agglomération voisine qu'elle pillait quand l'occasion s'en présentait. A part les représailles exercées, ou des révoltes partielles contre le pouvoir, la vie politique se renfermait dans le cercle de quelque marché.

Dans les argumentations on est trop radical. On se met trop au point de vue des idées et des coutumes des nations policées. On oublie que les peuples ont des âges comme les individus; que la société arabe est dans l'enfance; que ses instincts sont guerriers; qu'elle recourt volontiers aux armes; qu'elle supporte avec impatience notre domination; que les lois, pour être justes, doivent être en rapport avec le degré de lumière des hommes auxquels elles s'appliquent. On oublie aussi que nous sommes très-réellement des envahisseurs, et que ce n'est pas l'appareil de nos tribunaux qui empêche les Arabes de voir en nous autre chose que des hôtes incommodes qu'ils se hâteraient de jeter à la mer, s'ils n'étaient contenus par une main ferme, investie vis-à-vis d'eux de pouvoirs en quelque sorte discrétionnaires. Enfin, on ne réfléchit pas assez que ce n'est jamais à l'aide des procédés ordinaires que l'on pose les assises premières d'une société. L'histoire de tous les peuples est là pour l'attester.

Au lieu de s'appesantir et de discuter sur des nuances de forme, il faut dire : l'Algérie renferme près de 20 millions d'hectares cultivables. Elle n'a que 3 millions d'habitants. La propriété y est généralement sans valeur, frappée d'immobilité, de mainmorte. D'immenses parties du territoire sont incultes, couvertes de bois ou de broussailles, composées de terres vagues qui, à toutes les époques et dans toutes les législations, ont été considérées comme vacantes et sans maîtres. La population souffre de cette situation digne des temps barbares qui lui ont donné naissance, et dont elle perpétue la durée : nous lui devons un meilleur sort.

Il faut dire encore : Tout nous commande de fixer en Algérie une population européenne nombreuse et forte. D'abord pour transformer le sol, ensuite pour le conserver. L'effectif de l'armée ne pourra toujours être maintenu à son chiffre actuel. Il faut prévoir le jour où il aura diminué, et mettre dès lors nos établissements en état de se défendre eux-mêmes, aussi bien contre des attaques extérieures que contre des soulèvements intérieurs. Pour cela, il n'est pas indifférent que la population européenne soit placée au hasard ; il faut qu'elle occupe les points stratégiques, les grandes voies de communication et qu'elle s'y développe avec sécurité et liberté.

Et comme il peut y avoir place pour tout le monde, sans sacrifier absolument aucun intérêt à un autre, il faut de toutes les exigences qui se produisent, faire une cote mal taillée ; donner en père de famille la terre à celui qui est à même d'en tirer parti ; en assurer la propriété incommutable à celui qui a déjà su la mettre en valeur ; à défaut, offrir de justes compensations ; faire entrevoir à chacun les moyens d'améliorer sa situation en se défiant, toutefois, des velléités cupides qui s'agitent autour de l'administration. Enfin il importe d'atteindre ces résultats par les moyens les plus simples, les plus expéditifs et les plus économiques : ceux-là seront toujours les plus justes.

Nous devons, de plus, faire en sorte, comme on l'a dit, d'augmenter parallèlement le rendement de la terre, par les améliorations dont elle est susceptible, et par de grands travaux d'utilité publique. Faire que 10,000 hectares qui, à présent, peuvent à peine nourrir 500 familles, en reçoivent 2,000, au moyen de dessèchements, d'aménagements des eaux, d'exploitation des bois, de sondages artésiens, d'ouvertures de routes, de créations de centres de protection et d'administration.

On a critiqué la disposition du décret qui suspend l'action des tribunaux pendant la durée des opérations du cantonnement. Il a été répondu que c'est afin de marcher avec plus de certitude, d'ensemble et d'unité. On a répondu aussi que la loi de 1851 a bien suspendu la liberté des transactions.

En l'état actuel des choses, la justice ordinaire n'a occasion de s'occuper que très-accidentellement des questions de propriété dans les territoires de tribus, où la nature des biens, les aptitudes des populations, leurs goûts sédentaires ont permis à la propriété privée de se constituer : la dérogation n'a donc pas grande importance par elle-même.

Mais ce n'est pas cela seulement qu'il faut considérer : les intérêts que soulève la constitution ou la régularisation de la propriété, demandent à être instruits et réglés *sur place*, et non théoriquement, sur plaidoirie. Pour bien les apprécier, il faut vivre au milieu des indigènes, posséder leur langue, leurs mœurs, connaître l'historique de leur tribu, pénétrer leur existence intime, s'être assez identifié avec leurs besoins pour démêler la vérité, ou avoir les moyens d'en poursuivre la recherche avec succès.

Nos magistrats ont incontestablement la science des lois. Leur grande équité, leur impartialité inspirent à tous les sentiments de respect les plus étendus. Mais ils n'ont jamais été en contact avec les populations primitives dont il s'agit de fixer le sort. Ils sont enchaînés par des procédures lentes, quand il faut aller sommairement au but, compliquées, quand il faut être compris d'intelligences grossières et méfiantes, coûteuses, quand il faut éviter les frais.

Qu'on laisse donc aux commissions de cantonnement qui séjournent dans des pays où les habitudes de la vie européenne n'ont pas encore pénétré, le soin d'y préparer l'ordre de choses nouveau que nous voulons inaugurer pour améliorer la situation morale et matérielle des indigènes, et pour assurer au développement de la richesse publique des facilités qui lui manquent.

Cette manière d'envisager cette grave question, de la part du maréchal Pélissier, suffit pour donner une haute idée de son intelligence, de son patriotisme et du degré de sens pratique dont il était doué. Ce discours prouve qu'il connaissait bien les peuplades barbares qu'il avait combattues pendant presque toute la durée de sa glorieuse carrière militaire ; et c'est pour cela qu'il était, comme tous les hommes sensés, partisan dévoué d'une puissante colonisation et des institutions libérales qui peuvent seules la développer rapidement.

LETTRE PASTORALE DE MONSEIGNEUR L'ÉVÊQUE D'ALGER

Alger, le 13 février 1863.

Monsieur le Curé,

Les circonstances sont graves pour l'Algérie chrétienne ; aussi la plus inexprimable émotion s'est-elle emparée de tous les cœurs lorsqu'un document récent et solennel est venu nous apprendre qu'une constitution définitive allait être prochainement donnée à la colonie.

Notre premier devoir, à nous, pasteur des âmes, est de calmer et de rassurer, par notre attitude autant que par nos paroles, l'anxiété générale des esprits

Laissant à l'économie politique ce qui est proprement de son domaine, au gouvernement général ce qui relève de sa haute sollicitude, et à l'activité des efforts particuliers ce qui peut procurer l'intérêt de chacun et de tous, nous élèverons nos regards plus haut. Sachant que « les souverains règnent par Dieu, et que, par lui, les législateurs décernent ce qui est juste et utile aux nations, nous lui demanderons de répandre sur les maîtres de nos destinées temporelles, l'esprit de vérité, de justice, de sagesse et d'amour, sans lequel rien ne se fonde, ne se développe et ne s'affermit. »

Nous ferons cette prière avec d'autant plus de confiance que par leur foi, leur vertu chrétienne de plus en plus croissante, par leurs rudes labeurs et par leur patience invincible, nos colons nous semblent mériter davantage de la voir exaucée ; car leur mission est vraiment providentielle ; leur cause est juste et ils n'appellent à son profit ni la spoliation, ni l'injustice, ni le refoulement, ni la guerre, ni l'oppression, ni la servitude contre qui que ce soit ; que le glorieux chef de la colonie a plus à cœur son intérêt et qu'il est plus en mesure d'éclairer la haute raison de l'Empereur et la sagesse du Sénat sur les moyens de les servir et de leur donner un nouvel essor ; qu'après tout, Dieu ne faisant pas les choses à demi, il n'a pas ressuscité d'une tombe douze fois séculaire la foi de Cyprien, d'Augustin et de Fulgence, pour la replonger, après trente-deux années de gloire, de dévouement, de sacrifices et d'efforts de tous genres, dans la nuit de la barbarie; et qu'enfin la France voudra faire comme Dieu et ne pas avoir versé sur le sol algérien le sang de ses braves par torrents, son or par milliards, la sueur de ses colons, l'influence de ses capitaux et les premiers feux de sa civilisation, pour les délaisser un jour entre les mains de ceux qui, pendant douze siècles, avaient été la terreur et le fléau de la chrétienté. Non, Monsieur le Curé, glorieuse de ses labeurs autant que de ses triomphes, l'Algérie chrétienne ne sera pas abaissée, amoindrie, entravée par la constitution promise; rapportée triomphalement ici par la Providence, après avoir illuminé de ses rayons toutes les plages, tous les sommets, et jusqu'aux déserts de la Régence barbaresque, la croix n'aura pas à s'incliner devant le croissant; et la croix est la fortune de la colonisation.

On ne connaît pas toute la valeur d'un principe religieux; on la reconnaîtra: car il suffit à lui seul pour vaincre tous les tâtonnements, toutes les oppositions et toutes les résistances.

Peut-être aussi, Monsieur le Curé, n'apprécie-t-on pas non plus suffisamment, en France, les immenses travaux agricoles et les mille autres progrès de la colonie, malgré les obstacles de tout genre contre lesquels a constamment lutté son courage; l'occasion va les mettre en lumière.

Peut-être enfin, dans ces questions délicates, ne songe-t-on pas assez à recourir à celui qui tient entre ses mains le cœur des rois et les destinées des peuples: appelons Dieu à notre aide, intéressons à nos efforts Jésus et sa divine Mère.

Après cela, confions-nous à la bonté de notre cause, à la justice de l'Empereur, à la sagesse du Sénat, au dévouement de l'illustre chef de la colonie, aux profondes sympathies de tous ceux qui l'ont précédé dans le gouvernement de l'Algérie, ou qui ont pris part à son administration, dans la force de l'opinion, et, enfin, dans la magnanimité de la France.

Donc, Monsieur le Curé, point de lâche pusillanimité, point d'exagération dans l'inquiétude, point de découragement, et surtout point de pensée d'abandon; calme et confiance jusqu'à la fin. Le calme dans l'union, c'est la force; la confiance, c'est le salut. Encore une fois, le moment n'est pas venu, il ne viendra jamais, nous l'espérons fermement, de recouvrir notre blason d'un voile funèbre et d'en effacer la devise inspirée: *Resurgens non moritur*. Ni Dieu, ni la France, ni l'Empereur ne le permettront.

A ces causes et l'Esprit-Saint invoqué, nous ordonnons et avons ordonné ce qui suit:

Article premier. Les prières des Quarante Heures et du salut de chaque dimanche, pendant le Carême, seront faites, cette année, pour demander à Dieu la prospérité spirituelle et matérielle de l'Algérie.

Art. 2. Cette lettre circulaire sera lue dans toutes les paroisses, chapelles et oratoires de notre diocèse.

Art. 3. Les communautés religieuses de l'Algérie sont invitées à faire une communion spéciale aux fins de la présente circulaire.

Recevez, Monsieur le Curé, l'assurance de notre sincère attachement,

† Louis-Antoine-Augustin,
Évêque d'Alger.

Cette lettre pastorale fut adressée au clergé de la colonie par le prélat algérien, à la suite de la publication de la lettre que l'Empereur adressa au maréchal Pélissier, gouverneur général de l'Algérie, ayant pour objet de lui recommander de mettre un terme à l'émotion profonde que causait, parmi la population européenne de la colonie, le sénatus-consulte qui rendait les Arabes propriétaires de la presque totalité des terres cultivables et autres composant notre conquête. Cette lettre pastorale donne la mesure du caractère énergique de cet évêque, et de l'usage qu'il savait en faire quand les circonstances lui semblaient l'exiger. Il aimait l'Algérie avec tendresse, et n'aurait pas changé son siége épiscopal colonial contre un des plus recherchés dans la métropole. Ce prélat, sorti des rangs du peuple, montrait beaucoup plus d'indépendance dans sa conduite officielle que ne le font généralement les hommes qui sont dans cette position. Le document qui précède en fournit une preuve éclatante.

SÉNATUS-CONSULTE

Relatif à la constitution de la propriété en Algérie, dans les territoires occupés par les Arabes. (22 avril 1863.)

Article premier. Les tribus de l'Algérie sont déclarées propriétaires des territoires dont elles ont la jouissance permanente et traditionnelle, à quelque titre que ce soit.

Tous actes, partages ou distraction de territoires, intervenus entre l'État et les indigènes, relativement à la propriété du sol, sont et demeurent confirmés.

Art. 2. Il sera procédé administrativement et dans le plus bref délai :

1° A la délimitation des territoires des tribus ;

2° A leur répartition entre les différents douars de chaque tribu du *Tell* et des autres pays de culture, avec réserve des terres qui devront conserver le caractère des biens communaux ;

3° A l'établissement de la propriété individuelle entre les membres de ces douars, portout où cette mesure sera reconnue possible et opportune.

Des décrets impériaux fixeront l'ordre et les délais dans lesquels cette propriété individuelle devra être constituée dans chaque douar.

Art. 3. Un règlement d'administration publique déterminera :

1° Les formes de la délimitation des territoires des tribus ;

2° Les formes et les conditions de leur répartition entre les douars et de l'aliénation des biens appartenant aux douars ;

3° Les formes et les conditions sous lesquelles la propriété individuelle sera établie et le mode de délivrance des titres.

Art 4. Les rentes, redevances et prestations dues à l'État par les détenteurs des territoires des tribus, continueront à être perçues comme par le passé, jusqu'à ce qu'il en soit autrement ordonné par des décrets impériaux rendus en la forme des règlements d'administration publique.

Art. 5. Sont réservés les droits de l'État à la propriété des biens du *beylick* et ceux des propriétaires des biens *melk*.

Sont également réservés le domaine public, tel qu'il est défini par l'article 2 de la loi du 16 juin 1851, ainsi que le domaine de l'État, notamment en ce qui concerne les bois et forêts, conformément à l'article 4, § 4, de la même loi.

Art. 6. Le second et le troisième paragraphe de l'article 14 de la loi du 16 juin 1851, sur la constitution de la propriété en Algérie, sont abrogés ; néanmoins, la propriété individuelle qui sera établie au profit des membres des douars ne pourra être aliénée que du jour où elle aura été régulièrement constituée par la délivrance des titres.

Art. 7. Il n'est pas dérogé aux autres dispositions de la loi du 16 juin 1851, notamment à celles qui concernent l'expropriation pour cause d'utilité publique et le séquestre.

Cet acte de prodigalité nationale, que rien ne justifiait et que tant de choses repoussaient, causa une grande et légitime émotion parmi les Algériens. Ils firent tout ce qu'ils purent pour amener le gouvernement de la métropole, avant la passation de cette loi, à ne pas pousser la générosité hors des limites que lui assignaient l'équité et l'intérêt de la France, en cette grave circonstance ; mais leurs patriotiques observations ne furent pas écoutées. Des délégués furent envoyés d'Alger à Paris pour défendre, dans la mesure du possible, la cause de la colonisation près de l'Empereur et du Sénat ; ils ne purent se faire admettre près du souverain, et la haute chambre resta sourde également à la voix des mandataires des colons. J'ai dit, dans le cours de cet ouvrage, qu'on n'avait pas même fait, dans ce sénatus-consulte, la moindre réserve au profit des voies de communication à établir, ni en faveur de nouvelles créations de centres agricoles européens. On n'a même pas stipulé que les frais considérables occasionnés par l'exécution de cette mesure, seraient supportés par ceux qui en profitent. Une telle générosité n'a jamais été pratiquée envers les colons. Les concessions de terres incultes qu'on leur accordait, étaient toujours frappées de clauses résolutoires onéreuses et menaçantes ; des réserves nombreuses y étaient stipulées en faveur de l'État, qui semblait, dans ces occurrences, donner d'une main et retirer de l'autre ce qu'il donnait. Car, en outre de la rente qui pesait sur ces terres en friche concédées par le Domaine, il y avait des réserves établies pour la création des routes, d'autres pour l'exploitation des mines et carrières qui pourraient exister sur lesdites concessions. Aucune de ces minutieuses précautions n'a été prise dans la loi qui fait l'objet de ces remarques.

L'indigène était seul digne des sollicitudes gouvernementales à l'époque de la passation de ce sénatus-consulte, et le colon ne semblait guère bon qu'à jouer le rôle de paria dans notre belle conquête, pour y céder le pas à la barbarie et lui donner plus de relief. Cet étrange système, pour ne pas dire plus, s'est continué jusqu'à ce moment (1867), avec plus ou moins de réticence ; mais les résultats qu'on en a obtenus et qu'on en obtient encore, sont si funestes aux intérêts des vaincus et des vainqueurs, que l'on commence à comprendre qu'il serait bon, sinon d'y renoncer complétement, du moins de lui faire subir de grandes modifications dans le sens du développement de la colonisation.

Les commissaires du gouvernement ont déclaré, dans le cours de la discussion de ce sénatus-consulte, qu'il y avait une réserve de 900,000 hectares de terres domaniales spécialement destinées à la colonisation ; mais ces promesses semblent à leur tour destinées à ne jamais se réaliser. En effet, les terres domaniales depuis lors sont introuvables en Algérie. Ce n'est qu'à l'aide de recherches laborieuses que l'administration algérienne parviendra à fournir les 100,000 hectares qui sont accordés à la Société générale algérienne. Que sont donc devenus ces 900,000 hectares ? Un ministre, comme M. Baroche, n'a dû en parler qu'avec pleine connaissance de cause. Mais il n'est, cependant, que trop certain que les terres domaniales, en Algérie, ne se retrouvent presque nulle part aujourd'hui.

Il est dit aussi dans ce sénatus-consulte, que la propriété individuelle sera établie chez les indigènes dans la mise à exécution de cette rare libéralité nationale. L'établissement de la propriété individuelle chez les Arabes, est une mesure qui peut seule modifier les mauvais résultats que le sénatus-consulte produit forcément sur le développement de la colonisation ; mais on procède à l'exécution de cette loi prodigue de manière à remettre l'établissement de la propriété individuelle le plus loin possible. Un chef de service de notre colonie, avec qui je m'entretenais de cette importante mesure, me disait que le moyen le plus prompt, le plus économique, consistait à faire cette longue et dispendieuse opération en commençant par l'établissement de la propriété individuelle. Il en parla, si je me souviens bien, à ses supérieurs; mais son moyen expéditif ne fut pas goûté.

FIN

TABLE DES MATIÈRES

CHAPITRES
- I. — Pour bien connaître un pays, il faut le voir........................ 1
- II. — Esquisse géographique sur l'Algérie............................. 3
- III. — Rapprochement historique entre l'Afrique et l'Amérique............ 9
- IV. — De l'Amérique... 34
- V. — Ce que faisaient les Arabes pendant que les Européens se réveillaient du sommeil abrutissant du moyen âge........................ 94
- VI. — Fertilité du sol, productions agricoles et salubrité du climat de l'Algérie.. 120
- VII. — De la colonisation de l'Algérie, considérée dans son passé, son présent et son avenir... 136
- VIII. — Les deux voyages de l'Empereur en Algérie...................... 189
- IX. — Société générale algérienne; remarques dont elle est devenue l'objet de la part des Algériens; lettre de Mirès sur le même sujet........ 222
- X. — Pièces soumises à l'appréciation du lecteur, afin qu'il puisse savoir comment les Arabes et les colons sont traités par l'administration.. 246
- XI. — Document officiel, ayant pour objet la définition des zones où peut se développer la colonisation sous l'égide administrative........... 254
- XII. — Sur l'urgence de réformer le système actuel de perception de l'impôt arabe.. 262
- XIII. — Ce que sont et ce que devraient être les services maritimes subventionnés reliant l'Algérie à la France............................ 270
- XIV. — Décret sur l'organisation municipale en Algérie.................. 294
- XV. — Sur la création de l'impôt foncier en Algérie..................... 304
- XVI. — Manière de faire le vin et de le conserver...................... 309
- XVII. — Remarques sur les Algériens de race européenne; conseils donnés par le dey aux autorités françaises au moment de quitter le pays en exécution de la capitulation de la ville d'Alger...................... 345

CHAPITRES

XVIII. — Décret impérial ayant pour objet de rendre les terres insaisissables, pour les dettes contractées par les indigènes antérieurement à la constitution régulière de la propriété en exécution du sénatus-consulte du 22 avril 1863.. 356

XIX. — Esquisse historique de la marche de la civilisation ancienne et moderne; la part que l'Algérie est destinée à prendre dans le progrès de l'avenir 359

XX. — Conclusion 383

DOCUMENTS pour servir à l'histoire de la colonisation en Algérie................ 399

FIN DE LA TABLE DES MATIÈRES

Imprimerie L. TOINON et Cᵉ, à Saint-Germain.

www.ingramcontent.com/pod-product-compliance
Lightning Source LLC
Chambersburg PA
CBHW070201240426
43671CB00007B/512